西柏坡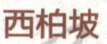

会宁　　延安

西柏坡来电

——新中国从这里走来

万　凯　赵新月　等　著

遵义

井冈山

瑞金

辽宁人民出版社

© 万凯 等 2012

图书在版编目（CIP）数据

西柏坡来电：新中国从这里走来 / 万凯等著. —沈阳：
辽宁人民出版社，2014.7（2022.5重印）
ISBN 978-7-205-08008-2

Ⅰ.①西… Ⅱ.①万… Ⅲ.①中国共产党—党史—史
料—1947～1949 Ⅳ.①D231

中国版本图书馆CIP数据核字（2014）第128777号

出版发行：辽宁人民出版社
　　　　　地址：沈阳市和平区十一纬路25号　邮编：110003
　　　　　电话：024-23284321（邮　购）　024-23284324（发行部）
　　　　　传真：024-23284191（发行部）　024-23284304（办公室）
　　　　　http://www.lnpph.com.cn
印　　刷：辽宁新华印务有限公司
幅面尺寸：170mm×240mm
印　　张：21
字　　数：320千字
出版时间：2014年7月第1版
印刷时间：2022年5月第5次印刷
责任编辑：张天恒
装帧设计：丁末末
责任校对：吴艳杰
书　　号：ISBN 978-7-205-08008-2

定　　价：63.00元

作者名单

万　凯	赵新月	安振国	刘　伟
黄韧宗	靳新平	张　才	田继增
刘　伟	赵江华	董建根	苏　巍
杨素强	牛振乾	李　莉	张志红
程　华	张雅毛	宋莉荣	孙瑞帅

目录
MULU

［政体奠基］

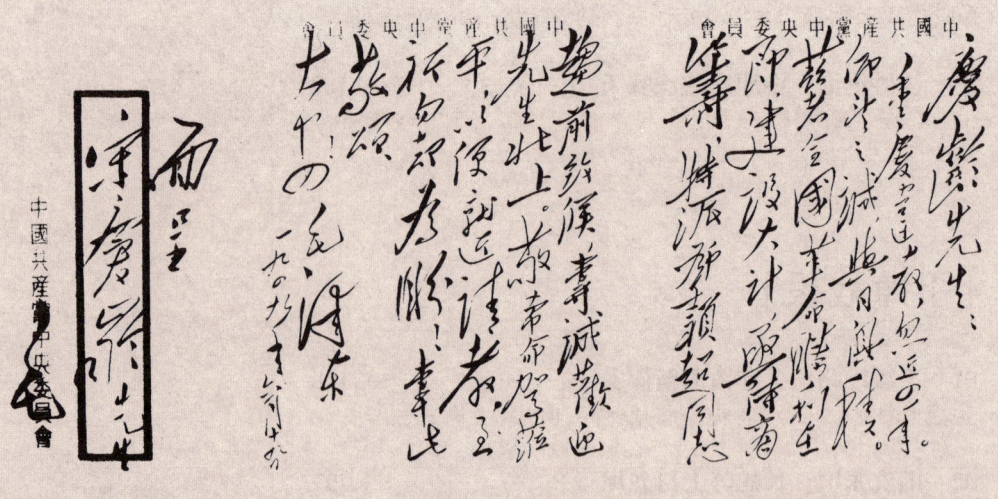

［日出东方］

引言

电报谈兵：风云际会小山村

太行东麓汇群英，运筹帷幄费思中。
电报谈兵扫寰宇，雄韬伟略万世功。

坐落于北京市中心天安门广场东侧，与人民大会堂相对称布局的中国国家博物馆不仅是中国最大的综合性历史博物馆，也是世界上单体建筑面积最大的博物馆，更是一座系统展示中华民族文化历史的综合性博物馆。在国家博物馆"复兴之路"展区陈列的一千多件珍贵文物中，一台只有鞋盒般大小的便携式发报机特别引人注目。

这台发报机被装在一个木匣里，发报机的仪表盘为白色，外面的玻璃罩已有裂痕，频率调节旋钮也已锈迹斑斑。正是这台看似普通的发报机曾经在解放战争时期，一直伴随着毛泽东和中共中央机关。它见证过中共中央和解放军总部转战陕北的沟沟壑壑，见证过辽沈、淮海、平津三大战役的硝烟战火，更见证过新中国成立前西柏坡无数个不眠之夜的阑珊灯火，为此，这台发报机被人们赞誉为"功勋发报机"。它被收藏以前最后工作和战斗的地方，就是中国共产党领导中国革命、解放全中国的最后一个农村指挥所——西柏坡。

接下来，就让我们跟随"功勋发报机"在新中国成立前的战

功勋发报机

斗足迹，回到那段战火纷飞的岁月，回到那个偏远的小山村——西柏坡。

西柏坡不但交通便利、物产丰富，而且人民群众基础好。1931年，平山县就建立了党组织。抗日战争时期，由2300多名平山儿女组成的"平山团"被编入王震领导的三五九旅，被誉为"太行山上铁的子弟兵"。古往今来，由同一地方的农民一次性组成整团建制，这在战争史上是一个奇迹。

那么，"功勋发报机"是如何辗转来到西柏坡，这里又演绎着怎样的革命故事呢？

★★★★★

西柏坡

原本是河北省平山县一个只有百十来户人家的普通山村。地处平山县中部，滹沱河北岸，石家庄以西90公里，恰在平原与山区的交会地带，三面环山，一面临水，河渠纵横，绿树成荫，俯可瞰华北平原，仰可瞻太行峰巅。沿滹沱河河岸大道即可直入平原，向后则可以深入太行腹地，进能攻，退能守，交通便捷，利于机动。

1946年6月，蒋介石撕毁双十协定，对中原解放区发动进攻，全面内战爆发。1947年3月，蒋介石调集以胡宗南为首的25万国民党军队，从南、西、北三个方向进攻延安，企图逼迫中共中央、解放军总部和西北解放军东渡黄河。当时西北解放军只有两万多人，双方兵力相差悬殊，形势非常危急。

中共中央为此召开会议，在这次会议上，毛泽东分析了全国战场的形势，为了拖住国民党军队的主力，缓解各个解放区的压力，也为了激励全国人民的斗志，毛泽东、周恩来、任弼时等率领中央机关撤离延安，转战陕北，指挥全国的解放战争。刘少奇、朱德、董必武、彭真等组成中央工作委员会（简称"中央工委"），向华北转移，并于同年5月进驻西柏坡。

1947年5月4日，中央工委到达西柏坡，很快就发出了第一封电报：

> 中央并叶杨，华东局、邯郸局、东北局：
>   我们已于辰江抵平山与聂萧罗见面。
>
> 朱刘

为了适应战争环境，进驻西柏坡后，中央工委对外称"工校"，刘少奇称胡校长（胡服），朱德称朱校董。这个"工校"机关的各部门，围绕西柏坡分散在附近的10多个村庄。西柏坡，这个风光秀美的小山村此时便成了中国共产党的重要政治军事指挥中心之一。

中央工委到晋察冀要进行的是中央委托的工作。1947年6月14日，毛泽东对中央工委当前的任务作出明确批示："就全局看，本月当为全面反攻开始月份，你们在今后六个月内如能：一、将晋察冀军事问题解决好；二、将土地会议开好；三、将财经办事处建立起来，做好这三件事，就是很大成绩。"

中国的特殊国情，决定了土地问题之于中国革命和中国社会发展的重要作用。改革封建的土地制度是中国共产党领导的新民主主义革命的中心内容，是当时支持解放战争顺利进行、打败蒋介石的关键环节。刘少奇率中央工委到达西柏坡后开展的首要工作，即是从1947年7月至9月召开全国土地会议，制定、颁布实施《中国土地法大纲》，彻底解决土地问题。

对这次会议制定的《中国土地法大纲》，美国人韩丁在著述中感叹："新发布的《土地法大纲》在中国的作用，恰如林肯的《黑奴解放宣言》在美国南北战争期间的作用。"①上海《密勒氏评论报》这样评论："中共采取了两种斗争方式，一是土改，二是军事。决定最后胜负的在于前者不在后者。"

多年后，败退到台湾的蒋介石也曾不无后悔地告诉蒋经国："我错就错在当初没有鼓动农民来帮我，毛泽东就是沾了农民的光。"

国民党军"全面进攻""重点进攻"解放区相继失败后，中国人民解放军转入战略进攻。为了能更直接地掌握全国战况，也为了中央书记处成员能更及时地研究、决策新形势下面临的许多重大问题，指挥全国解放战争的胜利进行，毛泽东、周恩来、任弼时商定，中央和军委机关东移，前往西柏坡同中央工委会合。

1948年3月21日，毛、周、任率领中央机关从陕北米脂县杨家沟出发，踏上了东移的征途，离开了他们生活、工作、战斗了13个春秋的陕北。他们行程2000多公里，同年5月，终于和中央工委在西柏坡会合。从此，西柏坡就成为当时中国革命的最高统帅部。这一年毛泽东55岁、朱德62岁、刘少奇50岁、周恩来50岁、任弼时44岁，五大书记正处于精力充沛、年富力强、经验丰富的人生黄金期。

西柏坡中共中央大院由若干个普通的北方农家小院组成，自东而西，依次是周恩来、任弼时、毛泽东、刘少奇的居所，后院是朱德居所，还有军委作战室和机关食堂。考虑到朱老总的年岁较大，为便于躲防敌人空袭，毛泽东特意把朱老总的住处安排在紧邻防空洞的地方。

---

①[美]韩丁.翻身——中国一个村庄的革命纪实[M].北京：北京出版社，1980：7.

从1948年5月到1949年3月，不到一年的短短时间，在西柏坡，中共中央、中央军委和毛泽东运筹帷幄，指挥了震惊中外的三大战役；在西柏坡，召开了具有历史意义的七届二中全会，描绘了新中国的宏伟蓝图；还是在西柏坡，面对即将到来的伟大转折，毛泽东向全党发出了"两个务必"的谆谆告诫："务必使同志们继续地保持谦虚、谨慎、不骄、不躁的作风，务必使同志们继续地保持艰苦奋斗的作风。"

历史是如此垂青这个普通的小山村。作为中国共产党武装夺取政权的最后一个农村指挥所，西柏坡在中国革命史上写下了浓重的一笔。中共中央在西柏坡如何与全国各解放区联系？如何与前方指挥员沟通？那就是电报！这个小村庄永不消逝的电波印刻着历史另一种辉煌记忆。

今天的西柏坡纪念馆依山势而建，分上、下两层，革命文物有2000多件，其中一级品8类15件。在纪念馆二层，有一条独具特色的电报长廊，其两侧共刻有毛泽东起草的37封电报文稿。当时的通信手段极不发达，指挥部与前方远隔千山万水，正是一封封电报，像条条纽带紧紧连接着中共中央与前线部队；正是一道道电波，像无形的画笔悄然勾勒着新中国的蓝图。

可以想见，滴滴答答的发报声急促又富有节奏，耳际之音，琵琶落雨，如箭在弦。在未发明电报以前，人类长途通信的主要方法有：驿送、信鸽、信狗以及烽烟等。19世纪30年代，在英国人和美国人发明电报之后，电报迅速成为人类迅捷、可靠的即时远距离通信方式。1931年1月，在第一次反"围剿"战斗中，红一方面军缴获了张辉瓒的半部电台，只能收而不能发。此后，毛泽东再三指示要特别注意完整缴获敌军的通信器材，因此，红军使用的电台几乎都是缴获的。到解放战争时期，中国共产党已经建立了相对成熟、相对完备的电报通信系统。

电报对某些电文的传递不是直接拍发和接收的，尤其是汉字书写的电文，需将文字译成可用电信号传达的电码后才能用发报机向外拍发。电码有全社会共同约定的，也有个别人或集团之间互相约定的。全社会共同约定的电码供公众公开使用，叫明码；由个别少数人或集团之间互相约定的电码，主要用于保密活动，所以叫密码。中国共产党在西柏坡时期用电报传送的秘密公文属于密码电报，通常在电文的右上角标注有"绝密""机密""秘密"等字样，表示保密等级。

据有关方面统计，三大战役期间中共中央平均每个月收发电报的总字数达到140万字。周恩来曾经诙谐地说："我们这个指挥部一不发枪，二不发粮，三不发兵，只是天天收发电报，就把国民党给打败了。"

在众多的电报中，我们不难发现，在电报的右上角，一般都标有不同数目的字母"A"，那是用来表示电报的急缓等级。其中一个A为平报，限3天内发出。两个A为急报，限2天内发出；3个A为加急报，限1天内发出；4个A、5个A为特急电报，AAAA级限6小时内发出；AAAAA级限2小时内发出。有

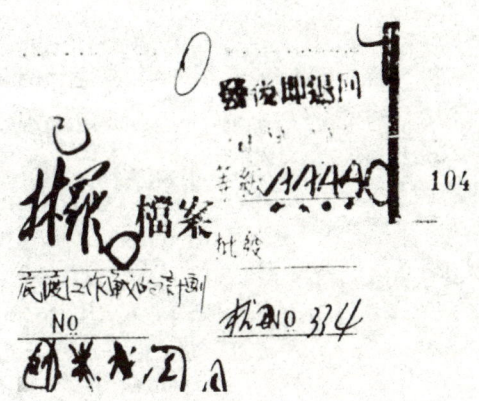

1949年2月11日，毛泽东起草的《同意三月底渡江作战的计划》电报手稿（局部）

时，"A"后边还缀个"毛"字，表明是毛泽东起草的电报，要立即发出。三大战役期间的电报多为AAAA级。只要是4个A以上的，则表示刻不容缓，必须立即送呈周恩来，随即签发，并注上请毛、朱、刘、任阅。当时周恩来担任中央军委副主席，并兼任人民解放军代总参谋长。如军情特别重大，周恩来自己不能决定时，他一定要亲自请示毛泽东。

人们或许以为，当时的西柏坡应该是天线林立，滴滴答答的发报声不绝于耳，事实果真如此吗？在西柏坡，中共中央、中央军委主要通过电报，与全国各解放区和前方指挥所进行联系。这些电报是在哪里起草、从哪里发出的呢？又是如何保密的呢？

当时，为了中共中央的安全，中央各部门都以西柏坡为中心，星罗棋布地分布在附近的村落。

在众多部门中，驻在东岗南村

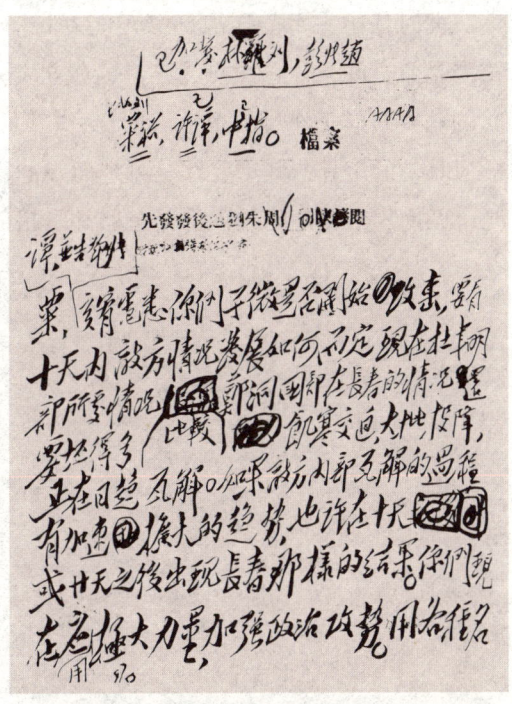

1948年12月28日，毛泽东起草的《加强对被围之敌的政治攻势》电报手稿

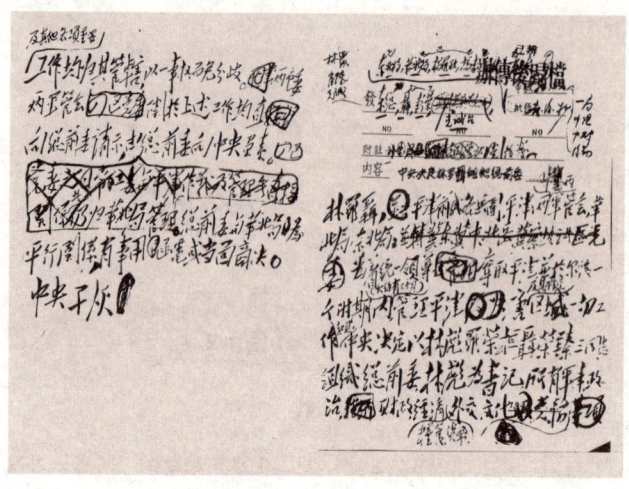

1949年1月10日，毛泽东起草的《中央决定林彪、罗荣桓、聂荣臻组织总前委》电报手稿

的军委二局和驻在东黄泥村的中央社会部是情报机关。先驻在通家口，后搬到郡家庄村的军委三局负责通信。党中央、中央军委与全国各解放区、野战部队以及国统区我地下工作人员进行无线电通信联络，很多都是靠"三局"的电台来实现。那台国宝级"功勋发报机"就归三局管理。当时，外地来的

电报，电台接收后送到西柏坡的中央大院；中央给外地的电报，再通过周围村庄的电台一字字发出。

据时任中央军委作战部参谋的刘长明回忆："那时的电报啊，第一就是多，第二是急，晚上休息没点儿，有时候早一点儿，有时候一夜不能睡觉。"曾在当时的军委三局工作过的范宝海回忆："我们电台，作为毛主席、党中央'千里眼顺风耳'的工具，其重要性是可想而知的，工作非常忙，不论是总台调配间，还是'两间房'调配间，人员、机器都是超负荷运转，大小机器全部开动，连备份

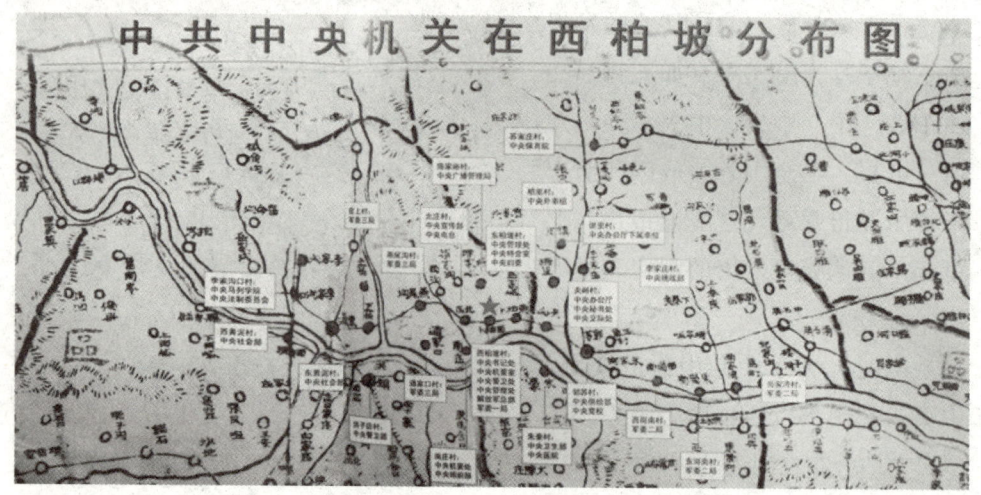

中共中央机关在西柏坡分布图

机都用上了，机器一旦故障，更为紧张，彻夜赶修。值班、抢修机器，每天24小时连轴转，不知道度过多少个不眠之夜。"

而时任军委二局局长兼政委戴镜元在回忆录中则说："如果收到重要情报，我会亲自送到军委，每天都至少要骑马跑一趟西柏坡。而我的手下每天往西柏坡跑的次数，就无法计算了。"

1949 年的春天来得很早。一个阳光灿烂的上午，毛泽东在西柏坡接见了当时军委二局的骨干同志，并同大家合影留念。在照片上，军委二局的同志站在中间，毛泽东则站在一侧，传递出毛泽东对二

1949 年春，毛泽东在西柏坡接见军委二局骨干

局同志的尊重。那个时候，中央其他领导也都对中央社会部、军委二局和三局高看一眼，厚爱三分。

电报往来如雪片，电报里对如何部署兵力、从哪儿开刀打起等问题都讲得非常详细，这些军事机密万一被国民党破译，后果不堪设想。开始于20世纪30年代末的第二次世界大战，制胜的要素之一就是——己方电报不泄密，破译敌方电报。知己知彼，百战不殆。对当时的战争而言，"知彼"必须包括破译对方的电报密码、密信、密语。那么，关于这一点，中国共产党的情报人员又是如何做的呢？

其实，毛泽东对包括电报在内的情报工作的高度重视，起源于井冈山时期。从第二次反"围剿"开始，红军便开始截获破译国民党军的电码。第三次反"围剿"一开始，毛泽东在红军秘密转移途中问："电台缺了什么就不能工作？"答："真空管。"毛泽东要自己携带，但又怕碰坏，还不放心，于是又问："还缺什么也不能工作？"答："电键。"于是，毛泽东下令卸下电键让自己的警卫员保管。1932年初，中央军委决定成立军委二局，专门执行无线电侦察任务。长征前，军委二局已成为中共中央、中革军委的秘密武器。

长征开始时，国内没有建立有线电话网，蒋介石下达命令主要通过无线电报发送，红军的电码破译活动达到高潮，对敌军电令破译成功率几乎达到百分之

百。当时负责电讯侦察的军委二局提供的准确情报帮助红军摆脱了很多危险。长征结束后，毛泽东赞扬说："有了军委二局，我们就像打着灯笼走夜路。"

1948年1月初，中央后委就派人到西柏坡同中央工委接头，开始布置通信接转方面的工作。1月下旬，军委二局、三局的先遣组30余人携带着必需的通信器材前往西柏坡。紧接着，第二批520多人的队伍携带更多物资也开拔了，保障了中共中央核心在搬迁期间的通信联络。

中国人民革命军事博物馆研究员王聚英感叹说："当年我们从西柏坡发出的电报，它的变密技术非常高。而国民党的密码技术虽然很复杂，但是它是有规律的，它是完全按照汉字古韵来排列。我们为了研究和掌握古韵规律，有的同志能够把《康熙字典》完全背下来。"

美国人曾责问蒋介石："你有飞机，可以坐飞机指挥，却为什么总打败仗？而毛泽东没有飞机，靠电报指挥，为什么却总打胜仗？"就连美国《时代》杂志记者爱泼斯坦也曾坦言，由于交通的阻断和困难，共产党内部通信联络不可能对千里之外的根据地在军事上和政治上给以具体指示。而事实上，中国共产党做到了，人民解放军做到了，靠的不是别的，正是这一封封密集往来的电报。

毛泽东在西柏坡的居所只有16.3平方米。在这所旧民房里，毛泽东通过电报指挥了包括三大战役在内的24场战役，共歼灭国民党军队222万多人。特别是在指挥平津战役期间，他还同时关注、指挥着淮海战役等五个战役。

1948年5月28日，毛泽东为中共中央军委起草，发给了华东野战军司令员兼政治委员陈毅、副司令员粟裕、中原野战军司令员刘伯承、政治委员邓小平、华东野战军山东兵团司令员许世友、政治委员谭震林这样一封电报。根据中央档案馆公开的毛泽东手稿记载，这是他亲手起草、从西柏坡发出的第一封电报，即《许谭兵团是否进入鲁西南依情况而定》：

陈粟，并刘邓，许谭：

感九时电悉。（一）陈锡联兵团担负钳制十八军务使不能东援之任务，望刘邓按情部署实行之。（二）许谭兵团是否应以一个纵队进入鲁西南协助歼击五军，以八十四师、十二师等是否向鲁西南增援五军而定。如果许谭兵团在津浦路济兖段之行动能够钳制八十四师、十二师，使其不能向西增援，则该兵团抽调一个纵队向西参加打五军时，有可能吸引八十四师或十二师随同向西（即我集中，敌亦集中），反不如在远距离钳制该两师为有利。如果许谭在济兖段之行动未能达到钳制八十四师及十二师之目的，以致该两师中有一个师向西增援，则许谭自然应当以主力钳制济兖段敌之主力，而抽调一个纵队向西。或者许谭主力已能钳制八十四师、十二师使不敢动，而有一个纵队之余力使用于西面，则亦可抽出一个纵队向西。此事由粟裕按照上述情况，临时命令许谭办理。

"以上两方案究以何者为宜，请酌定""究应如何？望斟酌电告""但一切由你们自己决定""如何部署，盼告""对该电内容哪些可以实行，哪些与情况不符不能实行，表示你们的具体意见""你们另有何种更有效之方法，盼告""以上意见妥否，望复"等等，类似这样的字眼在毛泽东与各战区的司令员、政委们商讨战策中，常常可以看到。正是这些博采众长、善于纳谏的决策方法，成了中共中央、毛泽东在决策过程中获得制胜主动权的良方。

在那些捷报频传的日子里，毛泽东偶尔也"奢侈享受"一下，那就是让厨师在粗茶淡饭中增加一碗红烧肉"犒劳"自己以示庆贺。当时，为了能及时处理前方的请示电报，毛泽东总是随来随复，有时一小时就要起草两三份电报，发报台经常是这份尚未发完，下一份又送到了，于是只好先将最急的发出。时任中央军委作战部参谋的刘长明回忆说："毛主席这个人有个特点，他搞作战指挥，在回答（复）电报的时候通常是深思熟虑，他也不外出，就在屋里自己这么思考。"在这样紧张的日子里，毛泽东经常把吃饭当成负担，来来往往的电报牵动着他每一根神经。

毛泽东在西柏坡的办公室

在长征组歌中有一句这样唱道："调虎离山袭金沙，毛主席用兵真如神。"西柏坡时期，毛泽东起草的一封封电报不仅决胜千里，还曾四两拨千斤，演绎过一场精彩的"新空城计"，面对蒋介石、傅作义偷袭西柏坡的计划，区区四封电文就吓退了国民党十万军队，这在世界军事史上传为佳话。而有关粟裕"抗命电报"的故事也成为中共领导人虚怀若谷、从善如流、实事求是的生动写照。西柏坡电报在三大战役中影响着时局的变化，在开国建制、协商共和、护送民主人士北上这些绝密行动中，同样发挥了神奇的作用，其惊心动魄丝毫不亚于炮火连天的正面战场。

解放战争堪称是人类历史上以少胜多、以弱胜强的经典。从西柏坡发出的电报内容涉及政治、军事、城市管理、土地改革、统一战线等诸多领域，一封封电报见证着新中国成立前夕的那段峥嵘岁月，铭记着毛泽东等共产党领袖们的智慧、意志、理想和信念。

从1921年到1949年，从上海、井冈山、延安、西柏坡到北平，中国共产党人走过了不平凡的岁月。今天，从空中俯瞰西柏坡，它依然那么偏、那么小。但滹沱河里流淌的是新中国从这里走来的那段历史；柏坡岭上，铭刻的是中国共产党领袖们电报谈兵、决胜千里的壮美传奇。永不消逝的电波依然在小山村上空回荡，滴滴答答的节奏犹在耳边，穿过历史天空，西柏坡来电将永久驻留在共和国的光辉史册中。在本书接下来的内容中，将逐一解读这一封封电报背后尘封的秘密，为您讲述故事里面的故事，揭秘战争背后的战争。

决战
前夜

　　1947年5月，中央工委进驻西柏坡。1948年5月，中共中央、毛泽东来到西柏坡，与中央工委会合。从此，西柏坡成为中国共产党领导中国革命、解放全中国的最后一个农村指挥所。

　　1947年7月，全国土地会议召开，《中国土地法大纲》颁布；人民币发行，统一财经；9月，中共中央政治局扩大会议——九月会议——召开；清风店战役、豫东战役取得胜利，石家庄、开封、襄樊、济南等战略要地相继解放。

　　决战前夜的一系列会议及战役，为夺取全国政权统一，为我党我军同国民党反动派展开战略大决战，从政治、思想、组织、物质上奠定了基础。

土地改革：地动山摇喜翻身

> 耕者有田庆翻身，千年一梦幻成真。
> 暴风骤雨连阡陌，地动山摇震乾坤。

1947年3月，国民党军队在向解放区的全面进攻遭到失败以后，改为向山东解放区和向陕北发动重点进攻。中共中央从敌我力量对比的实际情况出发决定撤离延安。当时，有个美国的女记者名叫安娜·路易斯·斯特朗，就曾经不无忧虑地问过毛泽东："您对取得最后胜利有过怀疑吗？"毛泽东说："那就要看我们的土地改革工作完成得好不好。如果我们能够解决土地的问题，那么我们就一定会胜利。"面对大兵压境，毛泽东不提军事上的得失，反而十分重视土地改革，这让斯特朗大出意料。

1947年3月18日，中共中央整装撤离延安，他们走的时候，带走了一切可以带走的东西，当然这里面也包括进行土地改革的愿望和要求。

其实在1946年5月份的时候，中共中央就曾经发出了由刘少奇主持起草的《关于土地问题的指示》，这就是中国革命史上著名的《五四指示》。它标志着党的土地政策已经从实行减租减息向实现耕者有其田转变。内战全面爆发后，各中央局和中央分局、解放区各级政府为了切实贯彻执行《五四指示》，抽调了大批干部组成工作队奔赴农村，广泛发动农民群众，进行土地制度的改革运动。这次土改运动的中心内容是发动并依靠广大农民群众，通过反奸、清算、减租、减息等方式，从地主手里获得土地，实现"耕者有其田"。当时的土地改革取得了很大的成绩。仅在1946年下半年的时间里，晋察鲁豫区、东北、苏皖解放区都有半数以上的农民获得了土地，陕甘宁边区未经土地改革的地区也在1947年春基本上完成了发行土地公债、征购地主超额土地分给无地少地农民的任务。经过土地改革，各解放区农民的生活普遍改善了，生产积极性也大大提高了。广大解放区农民革命热情高涨，掀起了参军支前的高潮。仅1946年10月，全解放区就有30万农民参加了解放军。实践证明，《五四指示》所规定的政策是稳妥的、正确的。

人民解放战争转入战略进攻的新形势，要求解放区更加普遍深入地开展土地制度的改革运动，以充分调动广大农民革命和生产的积极性，使正在胜利发展的解放战争获得了源源不断的人力、物力支持。

农民拥护土地改革

而与此同时，刘少奇也一直没有停止全国土地会议的筹备工作。1947年3月19日，也就是中共中央撤离延安的第二天，刘少奇就为中共中央发出了致各中央局、分局电。电报内容是这样的：

> 延安情况紧急，五四土地会议之地点及日期，恐须看以后情况之发展再行决定。望各地出席会议代表暂在原地待命，待中央通知后再起身，但东北代表应即起身到山东或晋察冀待命。

来到西柏坡后，刘少奇继续为筹备全国土地会议而奔忙。经过一系列的调查研究和准备工作之后，召开全国土地会议的条件已经成熟。5月31日，中央工委以刘少奇、朱德联名向各中央局发出通知："全国土地会议急需召开，兹决定七月七日在晋察冀之平山县开会，望各地赴会代表于七月七日以前到平山报到。"还要求各区除区党委代表到会外，各地委也可以出席一个代表。

在筹备土地会议的过程中，由于工作太过繁忙，刘少奇几次胃病复发，毛泽东对刘少奇的身体状况十分关心。6月14日，毛泽东致电刘少奇、朱德："少奇身体有进步否，望安心休息一个月，病愈再工作。"在这份电报中，毛泽东还对当前的政治、军事形势做出了分析。电报内容是这样的：

就全局看，本月当为全面反攻开始月份，你们在今后六个月内如能：

一、将晋察冀军事问题解决好；

二、将土地会议开好；

三、将财经办事处建立起来，做好这三件事就是很大成绩。

在这份电报中，毛泽东再一次把土地问题提到了三件大事之中。刘少奇收到电报后心情非常激动，他对朱德说："我感到我们的责任太重大了，要推翻几千年的封建制度，要改变几千年来固有的土地关系，真跟推倒一座大山一样不容易！"为了筹备土地会议，刘少奇根本就没有把毛泽东和朱德劝他休息的话听进去，而是把全部身心和时间都投入到了准备召开的全国土地会议上。

7月10日，刘少奇向中共中央报告了全国土地会议的准备情况："我病已痊愈，身体恢复，可以工作。全国土地会议，只待晋绥及陕甘宁代表到达，即可开始。"

接到中央工委通知后，各地出席全国土地会议的代表110人，分别从晋绥、山东、陕甘宁、东北等解放区日夜兼程。他们除少数乘坐汽车外，大多数都是骑着马，穿过敌人的封锁线，经过千辛万苦赶到西柏坡的。

1947年7月17日，全国土地会议在刘少奇的主持下开幕。土地会议的会场就设在西柏坡村边、恶石沟东岸一处废弃的房基地上，这块空地平时用来做打麦场，工作人员利用周围的几棵树搭起了一个布篷，用来遮挡风雨和日晒，之后，又在空地中央平整出了一块高于地面的地方作为主席台，上面放了两张褪了色的条桌和几个长板凳，供领导讲话和两名记录员坐。参加会议的代表每人发一个小板凳，平时开会的时候带来，等散了会后再带回去。代表们手中都拿着本子，走进会场后自动地一排排坐下来。当时的会场是那么简陋、那么单薄，在大山的怀抱里，它显得那么小。然而，为了在中国的田野上挖开这第一锹黄土，支起这一个布篷，中共中央却酝酿筹备了几百天。而为了召开这样一个大会，中国共产党人

全国土地会议会场

则整整探讨了几十年。在战争时期，集中各地这么多代表，以历时两个月时间讨论土地问题，可以说这在中国共产党的历史上是个前所未有的创举。

这次会议最大的成果就是，制定了彻底消灭封建剥削制度的土地改革纲领《中国土地法大纲》。

《中国土地法大纲》明确规定："废除封建性及半封建性剥削的土地制度，实行耕者有其田的土地制度；乡村中一切地主的土地及公地，由乡村农会接收，连同乡村中其他一切土地，按乡村全部人口，不分男女老幼，统一平均分配。"

不知是一种历史的巧合，还是有意安排，《中国土地法大纲》颁布的这一天，正是10月10日，这个日子不由得让人想起了36年前的今天——1911年10月10日的辛亥革命和伟大的民主革命先行者孙中山先生。尽管"耕者有其田"是孙中山先生民生主义的核心思想之一，但他所领导的辛亥革命在推翻帝制的同时，却对其赖以生存的封建土地制度未伤毫发，以至于最终只能将他美好的"耕者有其田"的愿望镌刻在墓室的大理石上，以昭示后人，启迪来者。

《中国土地法大纲》

蒋介石在1930年也曾发布过地租不得超过粮食年产量37.5%的法令，可是国民党政府的中坚力量本身就是地主，或者和地主有着千丝万缕的联系，可想而知，这一法令一出台就遭到了抵制。直到1954年蒋介石才在台湾推行了这一政策，当然这是后话。

《中国土地法大纲》正式公布以后，各解放区又根据不同的情况制定了各自的实施办法和细则，使土地革命运动向纵深发展，解放区所在农村开始了前所未有的大变革，这一年的冬天也变得红火起来。祖祖辈辈延续下来的封建土地关系随着一张张旧地契的燃烧在大火中消失，而一张张散发着墨香的新地契又使村民们世世代代的愿望变成了现实。获得了土地的农民焕发出了极大的热情，它激活了旧中国一个人口众多的苦难阶级，这个阶级在改变自身命运的同时也改变着中国历史的走向。

十里店这个位于河北省武安县的小村庄，半个多世纪前，只是贫穷的中国农村的一个十分具体的角落，然而就是在这里深入开展的土地运动为这个山村带来了深刻的变革。变革吸引了两位来中国考察的外国学者——柯鲁克夫妇，他们把

这里发生的故事写成了一本与村庄同名的书《十里店》，告诉给了世界。

柯鲁克夫妇在《中国土地法大纲》颁布不久，就来到了中国的解放区，以观察员的身份住进了十里店，经历了这个村庄土地改革的全过程，如实记录了这里所发生的一切。

在《十里店》这本书里，记录了一个名叫王义的老人。王义是十里店村的一个普通的农民，也是柯鲁克夫妇笔下众多人物中的一个。现在，他的后代仍然生活在十里店。

在王义老人家的镜框里，有一张和《十里店》书中插图拍摄于同一时期的老照片。那个时候的中国，农民很少有照相的机会。在一个陈旧的箱柜里，王义的后代们珍藏着一个更加陈旧的小布包，布包里是值得这个农家世代珍藏的东西，其中就有那份土改时的地契。

不只是王义家，至今仍有许多农民家里还珍藏着当年的土地房产使用证。我们采访时，在今河北藁城市一个牛姓农户家里，也找到了一份当时的土地房产所有证（见照片），上面标注着每个家庭成员应分的土地面积和具体的位置。土地证上写着颁发日期是民国三十八年（1949）。这户姓牛的人家把这份土地证珍藏了整整62年。他们珍藏的不只是文物，还是一段历史。

柯鲁克夫妇

经过土改的解放区农民在经济上翻了身，政治觉悟也空前提高。在参军保民的口号下，大批青年农民潮水般涌入部队。解放区的老百姓把粮食、被服等战地物资源源不断地送上前线，而且还组成了运输队、担架队和锅炉队等随军组织，担负起了战地的勤务工作。各解放区还纷纷在当地建立起了民兵组织，配合解放军作战，保卫解放区。当时，在土改区有句口号，那就是"前方打老蒋，后方挖蒋根"。土地改革运动的暴风骤雨极大地冲击了几千年来中国土地上盘根错节的封建制度，动摇了国民党统治的根基。

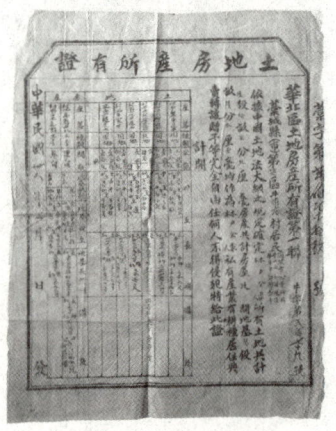

1949年，河北藁城县一牛姓农户分得的土地房产所有证

当时，刚刚创刊不久的《人民日报》最显著的位置上，只有两类报道，一类是战争，另外一类就是土改。而有关土改和农民的报道又是最为生动和详细的。有一篇题为"妇女支书任爱香"的长篇通讯，讲述的是一位贫苦农民的女儿，在获得土地之后，高高兴兴送夫参军的故事。那篇报道的主人公任爱香，是河北省磁县西小屋村人。当年风华正茂的妇女主任，如今已是白发苍苍。当年，就是在村头那座已经废置的宅院里，她送走了自己新婚不久的丈夫。任爱香清楚地记得，那是1947年的9月份，她的丈夫和另外17个年轻人一起，告别了刚刚到手的土地，胸前戴着大红花，骑着马，坐着轿，在人们的欢呼声和掌声中随军南下奔赴了前线。而任爱香的丈夫这一走，就再也没有回来。

在解放区，像任爱香一样，送夫、送子参军上前线的例子比比皆是。当时，解放区流传着这样三句话："把最后一个亲人送上战场；把最后一把小米充作公粮；把最后一寸布做成军装。"在西柏坡纪念馆第六展区的展品中有一双军鞋。从外表看，这只是一双普通的军鞋，在当地叫做"踢死牛"。它出自河北省武安县一位普通农村老大娘之手，针脚里缝进的是半个多世纪前的风雨，但讲述的却是兵民是胜利之本的大道理。

当时，朱德作为中央工委常委，不仅出席并参与领导了全国土地会议，做了重要讲话，而且在土地会议之后，还深入实际调查研究，具体指导土地改革运动。11月，他到冀中地区调查了解土地改革情况，在接见当地的干部和群众时，深刻讲述了土改与战争的关系，鼓励分得土地的广大翻身农民为保卫胜利果实，要积极参军参战，发展生产，支援前线。他视察了冀中农村，耳闻目睹了土改后的大好形势，深有感慨并赋诗一首《新农村》：

> 千门万户喜朝晖，处处村头现紫薇。
> 解放农人歌自得，专横地主莫高飞。
> 平田有份躬耕乐，得地无余心事违。
> 后起青年多俊秀，秋高试马壮而肥。①

---

① 朱德.朱德诗选集 [M].北京：人民出版社，1997：21.

这首诗既是对当时冀中解放区土地改革后农村大好形势的真实写照，也充分反映了对推翻了几千年封建剥削制度，翻身得解放后的农民崭新精神面貌的热情歌颂。

全国土地会议的召开和《中国土地法大纲》的颁布实施，有力地推动了全国解放区土地改革运动的深入开展。随之在中国大地上出现了一场空前规模的土地改革运动的高潮。《中国土地法大纲》作为一个纲领性的文件，尽管在总体上很明确，但在实际执行中却存在一些问题。比如说，《大纲》中有些规定不够具体，特别是没有规定划分阶级成分的明确标准，使群众发动起来后，缺乏界限分明的政策，因而扩大了打击面，侵犯了中农的利益。

1947年2月，中央派康生、陈伯达到晋绥，分别在临县的郝家坡和兴县的后木栏杆村搞土改试点。康生所在的临县，据121个行政村统计，被定为地主、富农的占总户数的16.3%；陈伯达在后木栏杆村，为了查三代历史，竟然派人去查看墓碑，全村53户，定为地主、富农的就有21户，占户数的40%。不少基层干部对康生等人这样的做法感到不满，于是康生把这些人当成是土改运动的阻力和"绊脚石"，提出要"搬石头"，让"贫雇农打天下、坐天下"，"群众要怎么办就怎么办"；抛开党的基层组织，甚至发展到解散党的县委。在全国土地会议上，康生还大讲他的"土改经验"，把"左"的错误做法系统化、合法化。而晋绥地区则愈演愈烈，发展到乱斗乱杀，破坏了当时的爱国统一战线。

刘少白，山西省兴县黑峪口村人。抗战期间他以开明绅士的身份为建设抗日根据地做出了贡献，曾经三次赴延安学习考察，并且受到过毛泽东的嘉勉。土地

刘少白

改革的时候，他和弟弟都献出了自己的土地和房屋，支持土改。但时隔不久，他就被诬陷为"假开明"，受到无端的批斗。毛泽东知道这件事后非常生气，他立即指示改正对刘少白的错误评价，恢复他的职务。毛泽东还告诫全党："主流向东时，卷起三朵浪花。哪三朵呢？一是侵犯中农的利益；二是破坏工商业；第三个，就是把党外人士一脚踢开。不把这些浪花翻掉，它会成为逆流。在这上面，要坚决地反对这种潮流。"①

当病中的任弼时读了《晋绥日报》发表斗争刘少白

---

① 陈毅记述1947年12月中央会议期间，毛泽东的一些谈话。

的长篇报道和《土改通讯》《后木栏杆调查报告》时，感到非常吃惊，同时也非常不安。他特地请晋绥分局书记李井泉来汇报情况。任弼时还利用在钱家河养病的机会，深入驻地附近的三十几个村庄，进行大量调查研究。他亲自访问农民，询问他们的生活和生产情况，亲自参加一些村庄斗争地主的大会，亲身感受广大农民所进行的这场伟大的土地改革运动。随后，在任弼时的促进下，中共中央于11月29日发出了《关于重发1933年"怎样分析阶级"等两文件的指示》。这对中共中央关于土改政策的完善，对于正在广大解放区兴起的土改运动，沿着正确的发展方向推进，起了重要作用。

1947年12月，中共中央召开了扩大会议，史称"十二月会议"。任弼时在12月27日的工作会议上，把土地小组讨论的意见集中起来，代表土地小组在会上发言。会议在充分肯定全国土地会议的前提下，针对许多地区发生的"左"的倾向，对土改运动中的中农问题、保护民族工商业问题等，制定了更加完善的具体政策。1948年1月18日，毛泽东批示转发任弼时《土地改革中的几个问题》的演讲等文件，对土改政策做了更明确的规定。

纠正了错误，端正了路线，土改运动从此更加深入，也更加民主。尽管那个时候农民还不会填写选票，但他们至少可以用手中的黄豆来表达他们的意愿。

西柏坡纪念馆中，至今还保存着一封解放区的农民写给毛泽东的一封信。信里是这样说的：

毛主席呀，没有你，我们真的饿死啦。这回我们都翻身了，分了地了，马分了，衣服粮食都有吃有穿，也都抱团儿了，一定打倒大地主打倒反动派。眼看到了冬天了，你那里很冷吧，给你捎去一件皮大氅，这是我们的翻身果实，也是我们的一点点心意。

哈尔滨固相区靠山屯全体翻身农民

解放区的农民用最朴实的语言表达了他们翻身后的喜悦心情和对党中央的感激之情。

正如毛泽东所说的那样："如果我们能够普遍地、彻底地解决土地问题，我们就获得了足以战胜一切敌人的最基本的条件。"土地问题的解决，极大地巩固了解放区，加强了对人民解放战争的支援。历史的发展证明，没有亿万获得土地的农民的支援，解放战争要取得胜利是不可能的。

统一财经：青砖灰楼记春秋

国共决战序幕开，财经统一迎未来。
董老挥笔银行立，灰楼春秋后人怀。

提起人民币，大家并不陌生。人民币已经和人们的生活息息相关，成为人们不可或缺的一部分。那么，大家了解人民币的前世今生吗？它是在什么背景、什么年代下产生的？中国人民银行又是在何时、何地诞生的？下面将为大家探秘中国人民银行旧址、人民币的诞生地，寻根60多年前人民币诞生的历史进程。

第一套人民币的复制版

左图是一张第一套人民币的复制版。它的编号非常特殊，00000001，共有8位数字，前面有7个零，也就是说它是第一套人民币中的第一张，因此非常珍贵。虽然面值为50元，但据这张人民币的收藏者石雷介绍，有人曾出几十万人民币来收购它。石雷曾担任中国人民银行总行货币发行科科长、发行局副局长。他说好多人给他写信，要买这张人民币，但他始终不吐口，买家最后出到了50万元，他还是不卖。买家百思不得其解。最后，他告诉对方，这张人民币反映了中国

石雷

人民银行的历史，也是消灭国民党的证据，因此，这张票子价值连城，千金不卖。自秦始皇以来，一个统一国家的重要标志之一就是货币的统一。而这张人民币是中国人民银行成立后发行的第一张人民币，中国共产党第一次在解放区统一了货币。因此，这张人民币意义非凡。

解放战争进行到1947年初，国民党军队在全国的战场上不断失利，在战略上逐渐陷于被动的局面；而共产党则无论在兵力数量，还是武器装备方面都大大增强。国共双方的力量对比开始发生逆转。解放区的面积不断扩大，华北、西北、华东各解放区逐步连成一片。但是各解放区的货币却不统一，种类繁杂，相互折算非常不方便。右图是当时各个解放区银行发行的货币。由于敌人的分割和封锁，从抗日战争一直到解放战争期间，各解放区都设有各自的银行，发行自己的货币。流入市场的货币种类繁多，有晋察冀边币、冀南币、北海币、西北农民币等。而这些边币则名称各异，比价不一致，折算非常困难，引发了经济交往中的矛盾，也不利于生产发展和推进解放战争的胜利。

时任中国人民银行总行货币发行科科长的石雷亲眼目睹了当时的现状。他说，当时的解放区因为自己造

解放区货币

纸，各种各样的颜色都有，再加上印刷技术不高，所以印的票子五花八门。中共中央已经注意到这一问题，于是在1947年1月3日发出一封电报，标题就是"关于召开华北财经会议的指示"。华北财经会议的内容为：**交流各区财经工作经验，讨论各区货物交流及货币、税收、资源互相帮助，对国民党进行统一的财经斗争，并由各区派人成立永久的华北财经情报和指导机关。**

　　说到华北财经会议，就必须提到一个人，一个为共产党财经工作做出巨大贡献的人，他就是董必武。1947年3月，中共中央撤离延安，当时已年过花甲的董必武随刘少奇、朱德组成中央工委奔赴华北。4月16日，当行至晋绥边区时，过去并未涉足财经领域的董必武接到了中央的一封电报。在电报中有这样一段话：

董必武

★★★★★

董必武（1886—1975）

　　湖北黄安（今红安）人。参加过辛亥革命，中国共产党创始人之一。1945年作为解放区代表参加联合国成立大会，并在宪章上签字。新中国成立后，曾任政务院副总理、国家副主席、全国人大常委会副委员长。董必武与林伯渠、吴玉章、徐特立、谢觉哉在延安被誉为"延安五老"。

　　为着争取长期战争的胜利，中央决定在太行成立华北财经办事处，统一华北各解放区财经政策，调剂各区财经关系和收支，并决定以董必武同志为办事处主任……

　　电报中还指示董必武，立即经五台转太行，赶赴河北邯郸，参加正在那里召开的华北财经会议。董必武带着家眷从陕北一路东行。走到山西五台县一个叫大槐庄的地方的时候，所带的干粮吃光了，警卫员只好跑到一个小店买烧饼，但是店家不收陕甘宁边区的货币，甚至连公家开的商店也只认晋察冀边区的货币，最后警卫员只好空手而归。孩子饿急了，董必武的夫人只好用一块新布料换了两个烧饼。这件事更让董必武感到，统一货币，势在必行。

　　这时的解放战争已进入大转变的前夕，华东野战军和西北野战兵团取得初步胜利，刘邓大军准备强渡黄河，挺进中原。而货币的不统一与解放战争的快速推进二者产生了矛盾，导致的结果是后方补给难以保障。因为当时解放战争已进入大兵团作战的阶段，这就要求各解放区的部队离开自己的根据地到外地作战，原来就近供应的模式已经不适

应新形势下战争的需要，各大解放区联合供应成为必然的趋势。

1947年3月25日，在邯郸冶陶镇召开由各解放区参加的华北财经工作会议，要解决的主要问题就是统一各个边区的财政和金融，支援即将来临的大规模战争。这次会议时间比较长。董必武到达时，会议已经接近尾声。于是，他便集中精力，连夜听取了情况汇报，并要求将两万多字的会议决议压缩成四千字转报中央。决议明确提出，目前财经工作的首要任务就是保障长期战争的军需供给，并且就如何统一财经管理提出了一系列具体的步骤和措施。据当事人介绍，这份决议最突出的就是研究出一个规律性的统计，究竟解放区的财力能养多少兵。因为各大解放区情况各异，负担也不同。一个兵力一年最低的生活保障是多少？老百姓的负担最大能达到什么程度？董必武说，我们的财经是在战争需要、供给标准和减轻人民负担三个矛盾中跳舞。战争需要必须满足，供给标准必要时还可降低，人民负担已很重，财政必须统一起来。

经过一段时间的筹备，1947年8月，华北财政经济办事处正式成立，地点就设在今天的石家庄平山县夹峪村。这个地方距离西柏坡仅仅1公里。随后，董必武将《华北财经办事处组织规程》上报中央，8月16日，中共中央批准了这个规程。华北财经办事处有八项任务，其中包括"掌握各个解放区的货币发行"和"筹建中央财政和银行"。

中共中央原定于1949年1月1日成立中央银行，发行人民币。然而，由于革命形势的迅速发展，中央银行提前成立了。时任中国人民银行总行货币发行科科长石雷对此做出了这样的解释：各大城市解放了，如果货币还没有统一，会

★★★★★

冶陶镇

位于河北邯郸武安的西南部，是著名的革命老区。1946年6月至1948年5月，中共晋冀鲁豫中央局、晋冀鲁豫边区政府、晋冀鲁豫军区司令部曾驻扎于此。董必武、刘伯承、邓小平、徐向前等老一辈革命家曾经生活战斗在这里。这里曾召开了著名的土地会议，在全国掀起了轰轰烈烈的土改运动热潮。

邯郸冶陶镇

出现一系列的问题，老百姓会责怪共产党没经验。所以，董必武请示中央，提前成立人民银行。军事上的迅速行动要求经济各方面都要及时跟上，成立统一的银行、发行统一的货币已经刻不容缓、势在必行。中央同意筹建中央银行。之后，银行的名称问题就提上了日程，"联合银行""解放银行""中国人民银行"等等摆在了董必武的面前。在广泛征求意见后，董必武认为：新创建的全国解放区银行的名称不仅要考虑目前货币统一问题，还要和将来建立人民共和国联系起来，今天创建的中央银行就是人民共和国的中央银行，所以叫"中国人民银行"较为合适。

1947年10月2日，董必武向中共中央发电，建议中央批准成立中央银行，并建议使用"中国人民银行"这个名称。半个月后，中央回电批准了他的建议。随即，在夹峪村正式挂出了"中国人民银行筹备处"的牌子，曾任陕甘宁边区财政厅长的南汉宸被任命为筹备处主任。当时南汉宸找到董必武，请他为新银行和人民币题写名称。起初，董必武推辞字写得不太好，让请林伯渠、吴玉章、徐特立等老同志来写。在南汉宸再三坚持下，才答应下来。董必武晚上回到家里，和他的夫人何莲芝说："莲芝啊，你给我找出一套干净的衬衣出来，晚饭后我洗过澡要换上的。我要按照我们中国人民的传统习俗，沐浴更衣，静心恭写。"夫人笑着问："写什么字，这么重要啊？"董必武说："中国人民银行这几个字，可是千金的重要。咱们中国百余年来，一直受着三座大山的压迫，今天革命即将全面胜利，我们要有自己的国家银行，发行全国统一的货币了，这还不是一件大事呀！"

就是在这里，1947年的年末，西柏坡一座普通的农家小院，一间普通的住房，一张普通的桌子，书法功底扎实、中过晚清秀才的董必武在裁好的纸条上开始了认认真真的试写。他前前后后试写了几十张纸，最后用这支普通的毛笔写出了极不普通的六个

南汉宸

★★★★★

南汉宸（1895—1967）

山西洪洞县人。1926年加入中国共产党，曾长期在冯玉祥、杨虎城部从事秘密工作和统一战线工作，利用他在国民党地方政府中的合法地位，多次帮助、营救和掩护过党的一些同志。解放后任中国人民银行首任行长，是中国人民金融事业的创建人之一。"文化大革命"中受到迫害，1979年得到平反昭雪。

字——中国人民银行。

成立银行的工作千头万绪，第一步名称已经确定，接下来进入了设计和印刷的阶段。董必武还亲自打报告请东北局支持，从苏联买来了印刷机和印钞纸，人民币顺利地进入了设计和制版阶段。

第一套人民币，毛泽东为何打破惯例，谢绝印自己的头像？因为根据国内外纸币设计的惯例，通常把执政党领袖或国家元首的头像作为券面主图，印在纸币上。当时，设计人员也把毛泽东

董必武旧居（复原）

的头像作为主图绘制在了人民币上，但在报请中央审查时被毛泽东谢绝了。毛泽东说："票子是政府发行的，不是党发行的。我现在是党的主席，不是政府的主席，因此不能在票子上印我的像。"

中华人民共和国成立后，毛泽东当选为中央人民政府主席。在一次会议休息时，已是中国人民银行行长的南汉宸当面请示毛泽东："主席现在已经是中央人民政府主席了，人民币上可以印主席像了吧？"

毛泽东笑了笑回答："中央人民政府主席嘛是当上了，但当上政府主席也不能印。制止歌功颂德，防止骄傲和功臣自居的现象，这几条在七届二中全会已作了规定，因此，现在也不能印我的像。"

不在人民币上印领袖像的意义重大，它打破了过去的传统习惯，用反映劳动生产建设和各族劳动人民形象为主的设计原则，这在新中国建立后陆续设计发行的第二、第三套人民币中得到了充分体现，也是在毛泽东生前人民币上未出现领袖像的原因所在。由于毛泽东坚持不印自己的头像，第一次设计的版面作废。1948年5月，钱币票版设计师王益久、沈乃镛奉命调往石家庄，重新设计第一套人民币，最后定的版面以解放区劳动、生产建设图景为主体。3个月后，首批人民币样稿顺利完成，并通过了毛泽东等中央领导的审阅。

今天，人们怀念董必武，都知道他在新中国成立以后曾经历任党和国家领导人。而他在主持华北财经办事处工作期间向中央提出的那几项建议也许并不为大

多数人所知，但正是这几项提议使人民币后来能够在占世界人口五分之一的人们手中流通。

中共中央文献研究室的杨瑞广对董必武做出了如下的评价：董必武主持华北财经办事处最大的贡献之一，就是筹备成立中国人民银行，发行全国统一的人民币。董必武站得很高，望得远，他坚信解放战争很快就会在全国取得胜利，所以他在从南京撤回延安的时候，向张治中讲了这样一句话："相见之期，为期不远。"

从1947年的8月刘邓大军千里挺进大别山，率先对国民党发起战略进攻，到1947年的年末董必武为第一套人民币题名，仅仅用了不到半年时间。又过了不到半年的时间，1948年5月，毛泽东到达西柏坡。中央在西柏坡召开了第一次政治局扩大会议，史称"九月会议"。

会议中一项重要的内容就是研究发展生产、统一财经的问题。毛泽东强调："金融工作、货币发行就必须先统一。"金融，这时已经上升为中共最高决策者的首选词汇之一。历史已经到了共产党建立统一的国家银行的前夜，中华五千年文明史上一种全新的货币呼之欲出。很快，第一批人民币开始在阜平县南峪村的印刷厂制作。南峪，河北省保定阜平县一个相当偏僻的小山村，只有二三十户人家。人民币在这里开机印刷。为此，村里盖起三排坐北朝南的机房。银行的工作人员住在村子附近，为了保密，对外一律称"新大公司"。这里破旧的土坯房就是人民币最初诞生的地方。与"十里洋场"中的上海、梧桐树荫下的南京、商贾云集的北平相比，这样的环境实在是太简陋、太寒酸，使人无法将它与今天13亿人共同使用的人民币联系在一起。但是，第一套战时的人民币确实就诞生在这偏僻山村的几间僻静的小屋中。

保定阜平县南峪村

与南峪村印钞厂的简陋相比，国民党的印钞机器却要先进得多，也繁忙得多。由于国民党政府87%的收入都用来打内战，日复一日巨大的财政支出使蒋介石不得不用多印钞票的方法来应付。当时，印刷票子的速度曾经创下了每分钟1600万元的罕见纪录。其结果是被称为法币的国民党货币极度贬值，在上海街头，就连乞丐也不再稀罕一万元一张的钞票了。

此消彼长。10月3日，中共中央发布了印刷人民币的指示。1948年的金融工作，无论对于共产党还是对于国民党来说，都是一个极不寻常的年份。为了印好第一套人民币，工人们昼夜不停地挑灯夜战。不巧赶上了连阴雨，土坯房不停地漏雨，地上的积水没过了脚面，工人们赤脚站在水里干活。机器和印钞纸都怕雨淋，有人专门打着雨伞遮挡。雨淋、地湿，不少人得了疾病，可没有一个人肯离开岗位。第一套人民币刚刚印出，董必武就拿着几张样票来到毛泽东的办公室，毛泽东一见董老满脸笑容，便不失诙谐地说："老哥亲自前来，一定有喜讯相告啰！"董老将刚印出的人民币双手呈递过去，说："主席，我们现在可以带着人民币进城了！"毛泽东接过人民币，看了又看，兴奋地说："人民有了自己的武装，有了自己的政权，有了自己的土地，现在又有了自己的银行货币，这才真正是人民当家做主的共和国哩！"

这时，前方战场的形势令人振奋。1947年11月，共产党军队攻克了石家庄，使晋察冀和晋冀鲁豫两个解放区连成一片。解放战争的进程推动着人们加快准备成立新中国的步伐。1948年8月7日，华北临时人民代表大会在石家庄开幕，董必武当选为华北人民政府主席。

在1948年11月18日召开的华北人民政府政务会议上，已当选为华北人民政府主席的董必武临时加了一项"关于发行统一钞票问题"的议题。会上，董必武向南汉宸问道："汉宸，时不我待呀！你们的筹备工作做得怎么样了？可不可以明天就把人民银行的牌子挂出去？"南汉宸表示："我看可以了！经过一年多的筹备，各项工作都已经就绪了，12种面额的票版已经请中央几位领导审定过了，如果明天挂出人民银行的牌子，明天就可以把钞票发行出去。"董必武当下拍板："好，这样我们就定下来了，马上对外宣布中国人民银行成立！"会议一致通过决议：发行统

华北人民政府发布成立中国人民银行和发行人民币的时间

一货币，立即成立中国人民银行，任命南汉宸为中国人民银行总经理。一面电商各解放区，一面加速筹备工作。最后，华北人民政府把成立中国人民银行和发行人民币的时间定在1948年12月1日。

11月30日，董必武与华北财经委员会副主任薄一波，联名致电中共中央，提出了发行人民币、统一各解放区货币的具体方案。毛泽东、周恩来一一回复："同意。"就在第一套人民币发行的当天，石雷把编号为00000001号的第一张50元券人民币收兑、珍藏。他的这个举动永远留住了一段历史。

1948年12月1日，一个在中国金融货币史上具有划时代意义的日子到来了。

中国人民银行旧址

就在这一天，中国人民银行在石家庄成立。大家经常看到中国人民银行总部这座高大的建筑。然而，最初的中国人民银行并不是诞生在今天的北京，而是诞生于300公里之外的石家庄。

这座楼房坐落在河北省省会石家庄市，是在1940年由日本人修建的，因它的通体为灰色水泥砖混结构，当地人俗称"小灰楼"。和石家庄一座座拔地而起的高楼大厦相比，小灰楼很不起眼。已经很少有人知道，这座小灰楼就是中国人民银行成立时的旧址，第一套人民币就是从这里走向了全中国。如今，这里已成为中国人民银行旧址纪念馆。在小灰楼

中国人民银行新址

前，有两个人的雕像矗立在那里，一位是董必武，另一位就是南汉宸。就在同一天，华北人民政府贴出布告，宣告中国人民银行成立，发行全国统一的货币——人民币。

布告称："为适应国民经济建设之需要，特商得山东省政府、陕甘宁、晋绥两边区政府同意，统一华北、华东、西北三区货币，决定：一、华北银行、北海银行、西北农民银行合并为中国人民银行，以原华北银行为总行，所有三行发行之货币，及其对外之一切债权债务，均由中国人民银行负责承受……"

第一批崭新的人民币首先由河北省平山县银行和石家庄市银行同时对外发行，中国共产党领导下的中央银行开始行使职能，这是中国金融史上的一件大事。当天晚上，第一任行长南汉宸特地在石家庄花园饭店设宴庆祝。他兴奋地说："我们这一边是胜利，是巩固和发展。国民党那一边是失败，是崩溃和灭亡。"

人们欢欣鼓舞，奔走相告，满怀热情地接受了这种代表着一个新生时代的属于人民自己的货币。当天的《人民日报》发表社论，对这一事件给予高度评价。新华社石家庄分社记者夏景凡写了一篇题为"新币发行的头一天——石家庄街头特写"的通讯，生动地描述了当时的盛况：

石家庄分行早上一开门，就有人挤进去要新币50元券、20元券、10元券样子看，人们有一种先睹为快的心情。提款的人都要求搭配一部分新币，一个提款的商人，当他拿到新币时，看了又看，最后把它包在手巾里往腰里一装，拍着口袋说："看！这多方便。"

1949年2月，中国人民银行由石家庄迁往北平。4月20日，中国人民解放军横渡长江，之后，相继解放了南京、上海、杭州等大城市。这些地方曾是国民党官僚金融资本控制的中心，不久，这里的货币也被人民币所取代。

第一套人民币自1948年12月1日开始发行，到1955年3月1日，国务院决定收回第一套人民币，发行第二套人民币。从此，第一套人民币完成了它的历史使命，退出货币流通领域。

围点打援：神兵闪击清风店

围点打援计难施，一封密电转战机。
飞兵闪击清风店，华北战事开新局。

聂荣臻

聂荣臻（1899—1992）

　　四川江津（今重庆市江津区）人。1922年参加旅欧中国少年共产党。1923年3月加入中国共产党。中华人民共和国十大元帅之一。新中国成立后，为新中国国防事业做出了重大贡献。曾任中央军委副主席，八届十一中全会增选为中央政治局委员，十一届、十二届中央政治局委员。曾获一级八一勋章、一级独立勋章。

　　1947年10月初的一天夜里2点多，晋察冀中央局社会部机要股股长崔泽峰突然接到一份十万火急的电报。电报大意是：

　　据悉，罗历戎和副军长杨光钰将带领一个师和军部出石家庄，路经正定、新乐、定县、望都，过方顺桥到保定，与94军、16军会合。建议在望都以南把敌人聚歼，切勿再失良机。

　　收到电报后，崔泽峰立即派人连夜将电报送到了正在城南庄的晋察冀军区司令员聂荣臻手中。

　　聂荣臻看过电报后，沉吟片刻，便马上派人将电报火速送到晋察冀野战军司令员杨得志手里。那么，这封电报究竟意味着什么？它为何能让所有人如此重视？对于今后的战事，它又将起到怎样的作用？

　　原来，解放战争进行了一年多，中国人民解放军已由战略防御转为战略进攻，尤其在东北战场，林彪指挥的东北民主联军频频向国民党部队发动攻势。

蒋介石也曾一度调华北的部队去增援东北，1947 年 9 月，又从晋察冀抽调了三个师出关；毛泽东则明确要求："晋察冀野战军必须钳制关内敌军，我军在晋察冀地区重要战略部署、战役多为东北战局而展开。"

1947 年 10 月 4 日，晋察冀野战军司令部发布作战命令："乘东北军大举出击，敌北平行辕为应援东北，在我区采取守势之际，我决再度发动保北战役。"

1947 年 10 月 5 日，朱德、刘少奇同意晋察冀野战军的作战计划，复电"出击保北并仍以寻求打运动战为主之方针"。

接下来，随着晋察冀野战军参谋长耿飚在作战地图上的轻轻一圈，徐水就成为保北战场上两军鏖战的"点"。

当时的徐水县城还只是一个很小的四四方方的城池，东西、南北的城墙各长1 公里，面积只有 1 平方公里。但是，却因为它地处保定以北、北平以南而具有重要的战略地位。而且徐水守敌较少，便于围攻。由此，晋察冀野战军将围点打援的"点"选在了这里。

可以说，"围点打援"历来是我军的拿手好戏。所谓"打援"，就是打击前来救援的敌军。接下来，晋察冀野战军司令员杨得志率领所属部队向保定以北地区出击。1947 年10 月 13 日，随着"轰"的一声炮响，晋察冀野战军二纵四旅、五旅开始了围攻徐水的战斗。当时的徐水古城可称得上是易守难攻，不但有厚厚的城墙作为屏障，城外还有一圈护城河，三丈宽、一丈深，明碉暗堡的枪眼高低错落，竟然没有射击死角。

虽说围攻徐水意在"打援"，但晋察冀野战军确实打得艰苦。只有把徐水的敌人打疼了，他们才可能派出援兵，要是徐水的敌人感觉不到威胁，那也就达不到野战军的预期

★ ★ ★ ★ ★

耿飚（1909—2000）

　　湖南醴陵人。1928 年加入中国共产党。解放战争时期，任晋察冀野战军参谋长。先后参与组织了正太战役、青沧战役、保北战役。在战略进攻阶段，参与指挥了著名的清风店战役、石家庄战役。新中国成立后，历任国务院副总理、中央军委常委、国防部长等职。

目的了。

而此时，作为国民党保定绥署主任的孙连仲也在地图前盘算着。作为河北雄县人，保定和石家庄当时都属于他的管辖范围。

徐水的炮声一响，孙连仲着实吃惊不小。但是，对于这个从小到大、由弱变强的多年老对手，孙连仲也非常了解。他知道，晋察冀野战军善于在运动战中寻求战机，趁"打援"的机会将对手分割、包围甚至消灭。"围城打援！"这是孙连仲能想到的最好解释。摸清了对手的意图，孙连仲心中也有了对策："你们不是要打援吗？那好，我一下子派出5个师的援兵，看你们有没有胃口吃下去。"

对于敌人出动援军，晋察冀野司是做了充分准备的。但是，战场上还是出现了司令员杨得志最不愿看到的情形：狭小的徐水、固城、容城三角区域内，竟然集结了双方数万人马，这如何拉得开架势？杨得志眉头紧锁，在指挥所里来回踱步。

此时的杨得志面临着艰难的抉择：是进？是退？走错一步，满盘皆输。就在杨得志对于眼前的困境无限惆怅之时，战场上一时的"顺风"让蒋介石觉得晋察冀野战军已经完全陷入被动，孙连仲则认为南北夹击野战军的时机就要到来。

孙连仲（1893—1990）

河北雄县人。国民革命军二级陆军上将，著名抗日将领，冯玉祥的十三太保之一。抗日战争时期，因坚守台儿庄而闻名中外。后去台湾。

罗历戎（1901—1991）

四川渠县人，国民党陆军中将。黄埔二期生。抗日战争爆发后，任第八军第四十师师长，后任第一军副军长、第三十六军军长、第三军军长。1960年获特赦。新中国成立后，历任政协文史资料委员会委员、政协委员等职。

于是，蒋介石的一纸调令，调出了杨得志没有想到的"主角"罗历戎。

罗历戎作为第三军军长，他的部队也算得上是国民党军队中历史最长的部队之一了。根据史料记载，它最早出自"将军拔剑南天起"的蔡锷将军和李烈钧、唐继尧等人组编的护国军。北伐之前，由广东国民政府编为第三军，此后，该番号一直沿用。在国民党军队中，始终保持北伐时番号的军队除了第三军之外，别无其他了。凭着响亮的名号，外加蒋介石的器重，罗历戎成为驻守石家庄这个华北军事要地的最佳人选。

想当初刚到石家庄时，罗历戎踌躇满志，四处招兵买马。借着日军投降时留下的武器装备，罗历戎为下辖的两个步兵师各成立了一个炮兵营、一个汽车排，还有军直炮兵团、汽车连、战车连，使得当时驻守石家庄的国民党正规兵力达到了两万多。

对于蒋介石的调令，罗历戎是极不情愿执行的。因为他没有必要放着坚固的城池不守，冒险出击。所以，一开始，他只派出了一个团的兵力北上，就想应付一下。谁知蒋介石给他下了死命令，不得已，他才从石家庄走了出来。

1947年10月15日下午，身着戎装的罗历戎带着军直属部队和第七师以及二十二师的一个团，从石家庄向北进发。此去，罗历戎将按照蒋介石的部署，率第三军主力赶赴保北战场，和保北的援军南北呼应，夹击正在作战的晋察冀野战军。

秋高气爽的天气稍稍缓和了他的心情，看着全美械装备起来的部队，罗历戎长长地出了口气。那时候的罗历戎当然想不到，几天之后自己作为"国军"军长所进行的最后一次战斗竟然是在一个名不见经传的小地方进行的，而这个地方距离保北战场还有200多公里……

而远在千里之外的杨得志也没有料到，围攻徐水的隆隆炮声竟会惊动远在保定以南、驻守石家庄两年多的国民党第三军。更令他想不到的是，军长罗历戎亲率部队赶来增援。

1947年10月17日傍晚，华北平原秋风萧瑟，残阳如血。一队军人正向西行进，他们是刚刚从徐水战场上撤下来的晋察冀野战军，部队正在朝徐水县遂城、定兴县姚村一带转移。几匹战马出现在队伍中，其中一匹马上坐着晋察冀野战军司令员杨得志，他时不时地看看从身边走过的战士们，眼中充满着怜惜。政治委员杨成武、参谋长耿飚在杨得志左右，策马前行，谁也没有多说话。突然，一阵马蹄声由远及近，一声呼喊，划破长空："首长停一下，有重要事情报告！"杨得志回头一看，后面追上来的是野司的通讯员，他赶到杨得志跟前的时候，已经是满脸汗水，连上衣都湿透了。匆匆一个军礼之后，通讯员递给杨得志一封电报。这份电报，只有短短的三十一个字：

> 密悉。罗历戎率第三军出石家庄，现已渡滹沱河向新乐开进，请你们相机处置。

这份电报正是本文开头交代过的由晋察冀军区司令员聂荣臻派专人送来的那封密电。电文虽然简单，但字字千钧。杨得志在心中细细琢磨电报的含义：很明显，罗历戎是冲着他们来的。他感到整个战局将发生重大的变化。怎么变？杨得志把电报交给了一旁的杨成武和耿飚。作战参谋余震从马袋子里取出了地图，就地铺开。空旷的田野上，尘土飞扬，四个人围拢着地图蹲下，分析起当下的形势

来，敌情发生了重大变化，北进西移的计划必须改变，而且要快。不然，不但很难歼敌，还有可能陷入腹背受敌的境地中。这一次，又是耿飚在地图上一圈，确定了作战地点——清风店。别看这个地方不为世人所知，但是它以北是望都、保定，以南是定县（今定州）、新乐县，对晋察冀野战军来说，是个比较理想的战场。如果战场北移，我军的行程虽可以缩短，但是离保定太近，不行；战场南移，我军的路程将更远，也不行。

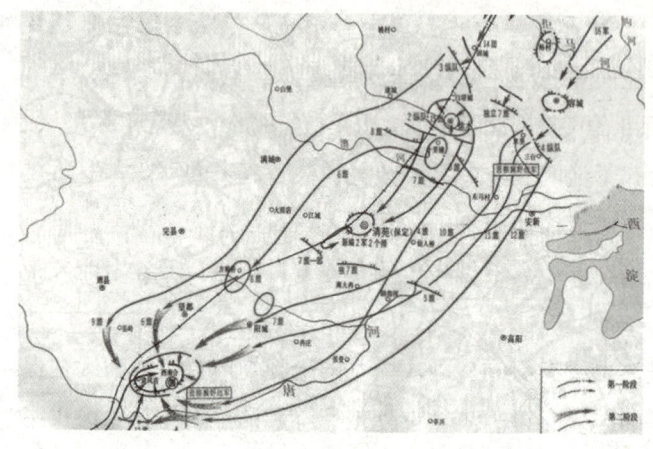

清风店战役图

然而，问题随之而来。论距离，罗历戎已经出发两日，距离清风店地区仅有90余华里，而野战军部队就算即刻南下，到清风店地区最少也要走上200华里；论体力，敌人从驻地出发，精力充沛，编制基本满员，而野战军刚刚从徐水战场上撤下来，又连续行军，体力消耗大不说，减员也不少；论装备，敌军大炮、坦克、机枪等美式装备一应俱全，还有空中支援，而野战军的装备本来就处于劣势，一旦快速行军，必须轻装上阵，就需要抛开重型武器。但是，现在已经没有其他的选择，只能打！坚决地打！于是，参谋长耿飚在田野里起草出命令："全军除原徐水归二纵队指挥的部队不动之外，其余各部接命令后一律立即掉头南下，目的地是方顺桥以南的清风店地区。"

就在晋察冀野战军争分夺秒南下之时，国民党第三军军长罗历戎在新乐的宿营地已经进入了梦乡。其实当初刚出石门之前，孙连仲曾提醒过他，为了保险起见，部队还是空运。但是罗历戎根本没把路上可能遇到的险情当回事。他认为，从石家庄到保定虽然要经过180余公里的"赤区"，但共产党的主力部队刚刚在保定以北的徐水地区作战，插翅也飞不过来。因此，在那个月朗星稀的秋夜里，罗历戎安心地睡着，殊不知等待他的将是一场乾坤逆转、无比激烈的战斗。

而对于晋察冀野战军来说，接下来的战役能否取胜，最为关键的还是时间。用脚底板子抢时间，还要让对手在路上浪费时间，前者靠精神和毅力，后者则需要智慧。因此，当晋察冀野战军连夜奔袭清风店的消息被送到正在阜平县开会的

晋察冀军区司令员聂荣臻手中时，聂荣臻立即交代一旁的冀晋区党委书记王平，要统一地方武装和民兵，尽一切可能迟滞罗历戎北上，不让他很快到保定，与那里的新二军会合！这样，野战军徐水以北的主力部队才不会受到两面夹击。如果不能为主力部队赢得时间，歼灭第三军的计划很有可能落空！

对于身经百战的王平来说，他当然明白时间对于此次战斗的重要性。接到任务后，王平立即挥鞭跃马，疾速飞驰，竟把一匹膘肥体壮的大马活活累死在半路上。他又赶紧换了一匹马，以想象不到的速度赶往前线。

野战军的战士们虽然非常善于运动战，但也从未经历过如此高强度的急行军，那真是一步都不能停，走着尿，走着喝，走着吃，就连困了，也要打着呼噜继续走……就在晋察冀野战军指战员在行军路上拼命抢时间的时候，沿途的各村各庄也热闹了起来。

原来，考虑到部队行军途中没有时间停下来做饭、吃饭，野司便联系了晋察冀边区党政负责人，希望他们能组织行军途中的吃饭问题。可是，连野司也没有想到，没等他们去动员，沿途的老百姓已经准备好了一切。他们为途经的部队送开水、送干粮、送鞋子，为了鼓舞战士们的士气，还有负责打快板、喊口号的。很多淳朴的乡亲甚至自发帮着战士们拿东西走一段，这个村送到下个村。老百姓的热情鼓舞着战士们，让他们坚持走完了这段看似不可能走完的路程。

★★★★★

王平（1907—1998）

湖北阳新人。1930年5月参加革命，1930年9月加入中国共产党。解放战争时期，任北岳军区第二政治委员兼第一纵队政治委员，北岳军区、察哈尔军区司令员等要职。新中国成立后，任华北军区副参谋长兼干部部部长。1953年参加抗美援朝。1955年被授予上将军衔。

而罗历戎呢，这一路走得极不顺当，途中不断受到当地老百姓的冷枪冷炮不说，手下人还时不时地踩到地雷，这大大延缓了队伍的行进速度。因此，当罗历戎刚刚接近定县之时，晋察冀野战军已经抵达方顺桥以南，得知这个消息后，罗历戎彻底傻了眼，他不敢相信，一夜之间，共产党的主力部队就从保北赶到了清风店。不过，罗历戎仍侥幸地认为，虽然共产党主力部队赶到了清风店，但长途行军一定非常疲劳，而且在同一时间内，共产党部队既要抗击他的第三军，又要抵挡来自北面国民党的增援部队，这几乎是不可能的。

然而，令罗历戎没有想到的是，晋察冀野战军的合围已经形成。罗历戎不但不能北进，东、西两面的活动余地也不大了，即使他敢违令南返，唐河的渡口也

已经被晋察冀野战军封锁了。唐河南岸的指挥所里，杨得志、杨成武和耿飚指挥若定，他们深感这一昼夜的辛苦没有白费，到底截住了罗历戎，现在，就只等着总攻打响，一决胜负了。

而罗历戎方面呢，在接到电报获悉自己的部队已经成了对手眼中的"肥肉"时，才真正开始慌里慌张地在清风店附近的几个村子排兵布阵，同时向自己的顶头上司孙连仲求援。

但是，一切都已经晚了。战场上晋察冀野战军的围攻形势已然形成：六旅、十旅攻于各营，九旅攻清风店，十一旅攻东、西瓦房，四旅、十二旅三十五团攻胡房，而中心目标则是罗历戎的第三军。

所谓"狭路相逢勇者胜"，自知失算的罗历戎不甘心坐以待毙。于是，在清风店地区的西南合村，罗历戎命令他的第三军摆起了"梅花阵"。这对于野战军来说，就如同一个难啃的"硬核桃"，杨得志也多少有些挠头：因为行军仓促，杨得志对罗历戎的兵力部署不够了解，没有在战役合围的同时，在战术上分割敌人，现在罗历戎的部队团缩在巴掌大的一块地方上，越挤越硬，越硬就越难以攻破。而此时的罗历戎内心无比焦急，他深知眼下的形势只是暂时的，一旦晋察冀野战军的大部队前来，自己必死无疑。于是，他又在后悔北出石家庄，把自己送入绝境。无奈的他当夜作出决定，立即突围，并报告三十四集团军总部。恰在此时，国民党第三十四集团军总司令李文的复电给罗历戎又带来了一线希望："援兵已由保定派出，预计21日拂晓可以到达。"

晋察冀野战军司令部则在此时发出命令：北面阻援兵团可采用一切有效手段，以求得大量杀伤消耗来自保定的增援部队，必须阻挡住南进增援罗历戎的部队。待国民党第三军被吃掉后，再集中南面各兵团，打击北进的国民党部队。

1947年10月19日至20日两天，野战军依靠一道又一道阵地，沉着地抗击国民党军的猛烈攻击。从19日拂晓开始至22日上午，李文率部队发起多次猛攻，最终未能突破野战军防线。从保定到清风店虽只有一个多小时的路程，国民党军费尽了九牛二虎之力，最终也没送上救援罗历戎的部队。

虽然救援的国民党军无法突破战线前来救援，但是罗历戎设计的梅花形防御体系十分坚固有效，各庄、各村防守阵地和战壕相互连接，各火力点相互依托，形成一个巨大的火力网，罩住了核心防守阵地。野战军对国民党军各防守阵地进攻了整整一天，伤亡惨重，进展不大。

对于晋察冀野战军来说，这场战斗不能像徐水之战一样拖得那么久，石家庄的敌军力量虽然不足，不大可能增援，但是保定、北平的敌军正在大规模地出动，而晋察冀野战军的阻援部队只有一小部分。经过分析，指挥员们最终确定了采取分割战术，把敌人切成若干小块，集中兵力，将罗历戎及其主力第七师所在的西南合村的外围扫清，打破他的梅花形防御体系的进攻方法，即后来被称为"凿开核桃"的战术。野战军改变进攻方式后，由第十旅集中35门大炮对南合营猛烈轰击，国民党部队前沿工事全部被摧毁。野战军在炮火掩护下向国民党部队阵地潮水般轮番冲锋，以至梅花形防御阵地各个前沿据点均被野战军突破。

又经过了一天的激烈交锋，到了22日凌晨3时40分，两颗红色信号弹腾空而起，刹那间，野战军排炮齐鸣，雨点般的炮弹落到了西南合村。仅仅半分钟，西南合村完全被浓烟吞没了，国民党部队伤亡惨重，建制完全被打乱。野战军在炮火配合下，向西南合村的罗历戎第三军发起最后冲锋，很快攻进了国民党军的师部、军部。国民党部队失去统一指挥后，战斗力全无，最后大部分不得不放下武器投降。

就在这时，人们发现国民党第三军军长罗历戎不见了。原来，罗历戎想化装成伙夫混进人群逃脱，正巧被野战军独立八旅警务连的侦察班长蒋宝云发现并送

罗历戎（左一）被俘后，晋察冀军区司令员聂荣臻等与之谈话

到了连部，结果被旅长徐德操一眼便认了出来："哟，这不是罗老兄吗?"

战斗结束后，聂荣臻会见了罗历戎。罗历戎是聂荣臻在黄埔军校任政治教官时的学生，也是聂荣臻的四川老乡。时隔20年，师生再次相见，真是别有一番滋味在心头啊。

至此，国民党第三军彻底覆灭。清风店战役的胜利是晋察冀野战军转入战略大反攻以来取得的第一次伟大胜利。它不但扭转了当时华北之战局，还配合了东北民主联军的作战。这一战的直接后果是：国民党丢失了军事战略要地——石家庄。

石破天惊：攻坚战术开新颜

> 石门城头草木凋，金汤堪笑誓滔滔。
> 攻坚战术惊敌胆，丰碑永矗大石桥。

石家庄西部有一条主干道名叫中华大街，虽然看起来它很平常，但是时光倒回60年，整个石家庄最好的马路当数这里。1942年，日本侵略军修筑了这条路，路中间还配有花池和绿化带。然而到了1947年10月，宽阔的中华大街突然尘土飞扬，花池和绿化树相继被推倒，路面被轧平。就在大家感到莫名其妙之时，消息传来，改造后的中华大街是国民党第三十二师师长刘英用来作飞机的临时跑道的。聪明人开始反过味来，原来是刘师长坐不住了。因为石家庄一旦失守，机场会被解放军占领，刘英就能利用这条临时跑道作为逃生通道。是什么令他如此紧张，甚至提前做好外逃准备？

石家庄农业上有粮有棉，工业上有铁有煤，是河北地区举足轻重的战略要地。正因为如此，日军投降后，蒋介石才把他的第三军、第十六军、第九十二军、独立九十五师等嫡系部队集结于这一带。保石家庄就是为了保整个华北地区。

而刘英作为黄埔军校高才生，在国民党军中素有沉着、善战的美名。出于信任，蒋介石让他负责石家庄的全面防务。别看刘英平时少言寡语，他对校长的重托还是有着相当把握的，因为早在日军侵占华北时，石家庄就修筑了大量工事。日军投降后，蒋介石派重兵进驻石家庄又重点加固了防务，逐步形成了周长六十里的外市沟、三十多里的内市沟和市内坚固建筑群组成的三道防线。其中内、外市沟沟深、宽均在五至七米左右。沟外设有铁丝网、布雷区，沟内交错着电网和暗堡。外市沟内沿还有一条五十多里长的环市铁路，铁甲车平时可巡逻，战时便是活动堡垒。除此之外，市区内还修建了六千多个形形色色的碉堡。难怪国民党守军曾吹嘘："石门是城下有城，共军一无飞机，二无坦克，国军凭着工事可以坐打三年！"

但是还没等刘英高兴几天，清风店战役打响，国民党第三军军长罗历戎被活捉的消息就传到了他耳中，他开始隐隐地感到不安。

当时，中央工委领导朱德、刘少奇以及晋察冀军区的聂荣臻正在酝酿着一个宏大的计划。他们认为，经过晋察冀部队多次在保北地区的作战，石家庄与保定、太原之间的联系被割断，国民党驻守的石家庄已成为深陷解放区的一座陆上孤岛。如果此时乘胜夺取石家庄，必胜券在握。因此清风店战役一结束，聂荣臻等人就向中央军委和中央工委发出了一份电报，电报中写道：

> 现石门仅有3个正规团及一部杂牌军，我拟乘胜夺取石门。军委是否批准此方针，请即复。

朱德、刘少奇同意聂荣臻等人的意见。10月20日，他们联名致电中央军委，建议批准夺取石家庄的意见。电报中说：

> 军委：
> 聂刘黄罗养电谅达，我们意见亦以打石门为有利。石门无城墙，守兵仅三个团，周围四十里长的战线，其主官被俘，内部动摇，情况亦易了解。乘胜进攻，有可能打开，亦可能引起平、保敌人南援，在保、石间寻求大规模运动战的机会。你们意见如何，望速复。

23日12时，毛泽东以中央军委的名义亲自复电给聂荣臻等人并告朱德、刘少奇：

> 二十日十二时电悉。清风店大歼灭战胜利，对于你区战斗作风之进一步转变有巨大意义。目前，如北面敌南下，则歼灭其一部，北面敌停顿，则我军应于现地休息十天左右，整顿队势，恢复疲劳，侦查石门，完成打石门之一切准备。然后，不但集中主力九个旅，而且要集中几个地方旅，以攻石门打援兵姿态实行打石门，将重点放在打援上面。

此时的形势也要求中共必须尽快拿下石家庄。1947年10月10日，中共中央发布了《中国人民解放军宣言》，提出了"打倒蒋介石，解放全中国"的口号。全国其他战场的部队基本上都把战争引入了蒋介石控制的区域。这样，国民党占

领的石家庄便像一颗钉子楔在中共的腹地，阻隔着晋冀鲁豫、晋察冀等解放区的联系。这个阻隔虽然是局部的，但却是心腹之患，不利于战争形势的发展。打掉它，几块解放区便可连成一片，华北地区的形势必将起到重大的变化。

当然，要夺取石家庄，也绝非易事。蒋介石不会轻易放弃这个他苦心经营多年的战略要地。特别是现在国军正处于全面被动的形势下，"牵一发而动全身"，因此蒋介石只能"决一死战"。他从保定空运了一个团和一个野战营给刘英，并在电文中说："共军若敢进攻石家庄，兄当亲率陆空大军前去支援。"他的这一举动，与其说是增强防御力量，倒不如说是给身处"孤岛"的刘英打气。

中共方面，对于即将到来的石门争夺战也给予了高度重视。10月25日，朱德亲自赶往驻河北省安国县南关的晋察冀野战军司令部，同野战军领导一起，进行了紧张的战前动员和攻坚准备。

晋察冀野战军前委于10月25日，在安国驻地召开了旅以上干部参加的扩大会议，研究部署攻打石门的计划与准备工作。

朱德在会议中提出："石家庄战役能否取得胜利，关键取决于攻坚战术和技术的运用。强攻有坚固设防的重要城市，这在我军历史上还是第一次，你们必须学会步兵、炮兵、工兵的协同作战，发挥炮兵的威力。"

接下来朱德继续分析说，解放战争已进入了新的阶段，打石家庄要"勇敢加技术"，要精心计划，认真钻研战术。会上，确定"以阵地攻坚战为主要方法"，采取稳打稳进的方针，以坑道作战接近敌碉堡，用炸药爆破、大炮轰击后，迅速用步兵夺取敌人阵地

★★★★★

朱德（1886—1976）

四川仪陇县人。中国共产党、中华人民共和国和中国人民解放军的卓越领导人。中华人民共和国十大元帅之首。在解放战争中，任中国人民解放军总司令。1947年3月同刘少奇等组成中共中央工作委员会，到华北进行中央委托的工作。他亲临华北前线指导作战，取得了清风店、石家庄战役的胜利，开创了攻克坚固设防城市的先例。

石家庄战役前，解放军将士举行誓师大会

的作战方案。

晋察冀野战军司令员杨得志为了确保万无一失，特意找来被俘的第三军军长罗历戎调查实情。此时的罗历戎还穿着突围逃跑时的士兵服装，看上去十分狼狈。清风店战役结束时，晋察冀军区司令员聂荣臻就对罗历戎说："你说说石家庄的设防情况吧。"罗历戎回答说："石家庄的城防是在日军修筑的工事基础上加固的，有内、外市沟和土围墙，还有一条环城铁路，弹药充足，但兵力不足。因为现在只有三十二师和各县保安队，大约两万余人在城里了。第三军主力在清风店被歼灭，石家庄的守军可能会人心动摇，若无援兵，固守石家庄困难啊！"

听完罗历戎交代的情况后，杨得志立即下令释放了在清风店战役中被俘虏的近千名敌军官兵，令其返回石家庄策动国民党军投降。

此外，朱德还指示野战军组成一支骑兵快速侦察支队活动于保定附近，并从华东野战军调一个机炮营来增援前线。为了隐蔽解放军的主攻方向，他又下令察哈尔军区部队积极向平汉路北平、保定段出击，钳制吸引北平、保定一带的国民党军队。

1947年11月6日零时，寂静的大地上突然枪声大作，炮声不断，石家庄战役打响了。按照既定方案，晋察冀野战军首先对外市沟发起总攻。

经过一夜的激战，野战军各进攻部队在强大炮火的掩护下，结合坑道爆破，突破了外市沟，两天后，大郭村飞机场和云盘山也相继被攻占。石家庄市外市沟的据点基本清除完毕。

晋察冀军区的部队突破外市沟后，遇到的第二道防线是国民党守军"环城铁路"上的装甲车。这第二道防线所起的作用似乎不是很大。因为环城铁路紧挨着外市沟。防线又太长，几辆装甲车根本顾不过来。但是为数不多的装甲车还是显示出了相当的威力：我们的战士一往前冲，装甲车里的机关枪就疯狂扫射，再加上内市沟外沿上的暗堡，敌人的射击区域几乎没有死角。面对着惨重的伤亡，我军战士只有拼死一搏。他们在战友的掩护下冲到装甲车面前，趁着敌人掀开装甲车的顶盖往外投掷手榴弹的工夫，把一个个捆上了手榴弹的炸药包，狠劲地塞进敌人的装甲车里。靠着这种方法，晋察冀野战军把敌军为数不多的装甲车都给炸掉了。

突破了外市沟、环城铁路，国民党守军的第三道防线内市沟就在眼前了。此时的刘英再也沉不住气了。他深知，有内市沟就有石家庄，无内市沟那也就没有什么

石家庄了，环绕石家庄的这道天堑就像是他的生死咽喉啊！于是，他一会儿跑到这儿，一会儿跑到那儿，手下人几乎被他骂了个遍。就连刘英的那条大狼狗也由于跑得太快，一头撞在高压电网上当场毙命。气急败坏的刘英当即下令把三十二师主力集结到内市沟内，准备死守防线，做最后一搏。他还要求当时的石家庄市市长出面发表讲话，宣称"石门工事坚固，戒备森严，来犯共军遭我陆、空俱歼"。

11月10日下午4时，总攻内市沟的战斗打响，晋察冀野战军当时的炮弹较少，攻打内市沟主要依靠炸药。在战后统计中，战斗消耗山炮以上口径的炮弹不足两千发，炸药却使用了数万公斤。经过商议，野战军决定在敌人内市沟的"英"字第23号与第24号点碉之间突破。于是，战士们在距内市沟外壁大约20米的地段上，挖了一个能盛千余公斤炸药的炸药室。我军要利用炸药的威力，把外壁的土推向沟内，这样，土既能把沟内的积水挤出去，又能盖上沟底的尖桩之类的障碍。接下来，随着轰的一声巨响，战士们安装的炸药爆炸了，地面上黄色的土桩搅和着硝烟飞起来，高度甚至达到了四五十米，内市沟瞬间被炸成了一道缓坡。二十三团二营四连的连长张鸿命令梯子组把梯子架上缓坡，没想到，梯子却被压断了，梯子上的战士们掉到了沟里。这时突然有人喊道："搭人梯！"于是，

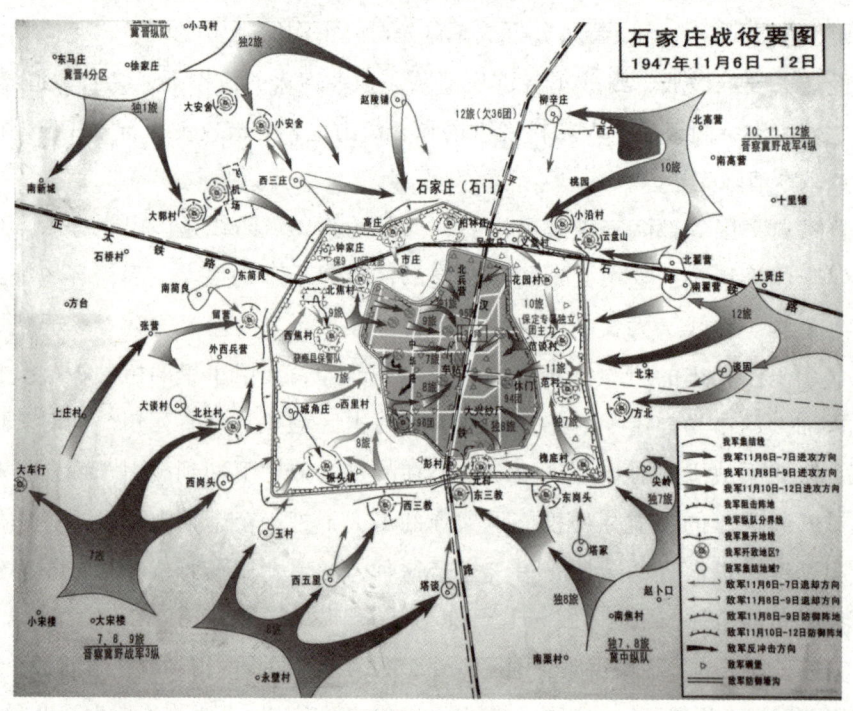

解放石家庄战役图

战士们在松散的土地上搭起了人梯，一个、两个……越来越多的战士就沿着这座"人梯"爬上了内市沟的沟壁。

国民党守军不甘心自己的坚固防线就此被撕开，一次次地反扑，一次次地扫射和轰炸，想夺回这个突破口的进攻越来越猛烈，但是都被野战军的战士们无情地打了回去。接下来，进攻的战士们如决堤的江水涌向内市沟，由于土质过于松软，前面的战士刚踏上去就陷进了土层里。冲锋号吹起，一个接一个的战士倒下，一个接一个的战士又奋不顾身地冲了上去。先头冲锋的战士用自己的血肉之躯铺平了前进的道路。据守内市沟的敌人不甘心就此失利，他们用炮弹、手榴弹及各种机枪构成火力网，封锁住了野战军前进的道路，同时还开来三辆坦克助战，两军在十几米的阵地上展开了殊死搏杀。

战斗到关键时刻，晋察冀野战军第四纵队司令员曾思玉亲自冲上前线，部下提醒他注意安全，他笑着说："我个子小，子弹打不着。"

同样个子不高的晋察冀野战军第四纵队政委胡耀邦也亲自到前沿指挥作战。尖刀连采取轮番进攻的方式，最终打开了这个突破口。

与此同时，野战军部队利用手榴弹、迫击炮抛射炸药包，把敌人引以为豪的现代化要塞打得千疮百孔不说，还把刘英的一座座英式碉堡送上了天。各部队突破内市沟后，迅速向两翼扩张，迂回穿插，与敌人展开巷战。进入巷战，晋察冀军区的部队就要将"尖刀"插进国民党守军的心脏，这是最后的角逐，也是决定历史的时刻。

当时，攻破两道市沟时采用的土工作业，到了城区，就演变为"掏墙挖洞"。对此，中国人民解放军第六十四集团军军史中称："勇士们用炸药破墙穿壁而过，避免了街道上敌地堡火力的杀伤，也便于歼灭反冲锋之敌。"时任第四纵队司令员的曾思玉在后来的回忆录中也写道："巷战的焦点已打到火车

★★★★★

曾思玉（1911—2012）

江西信丰人。解放战争时，任冀鲁豫军区副司令员、华北军区四纵司令员、第十九兵团六十四军军长等职。参加了邯郸战役、平汉路以北反击战及保南、保北、正太、大清河北、青沧、清风店、石家庄战役。参加了平津战役、新保安歼灭战及太原、宁夏等战役。1955年被授予中将军衔。新中国成立后，历任武汉军区、济南军区司令员等职。

站附近，战斗更加激烈。进到这里的部队很多，有第十旅、第十一旅，还有第十二旅。由于各部队全力突击，行动迅猛，部队交错起来了。"这个过程中，"经过三十团一个解放过来的司号员的喊话，守敌九十六团的一个班放下了武器"。

就这样，到了1947年11月11日的时候，晋察冀军区部队的作战重点一步步转移到了火车站和国民党守军的核心阵地大石桥附近，这里离石家庄守敌的指挥部越来越近了。

石门大石桥是一座青石筑成的铁路天桥，后来因铁路改道而废弃不用。国民党守军相中了它的坚固、隐蔽，把桥洞用花岗岩砌死，并且围着大石桥修了基层碉堡，还挖了直通正太饭店的通道，使大石桥变成了一座能攻能守、能打能藏的巨大堡垒。内市沟防线被突破后，大石桥变成了刘英负隅顽抗的最后一个堡垒。

此时的刘英知道大势已去，在36小时内他发出的告急电报竟有45份之多，但收到的答复依旧是固守待援的空头支票。12日上午，第四纵队司令员曾思玉接到第十旅政委傅崇碧的报告，国民党第三十二师师长刘英被抓获。阵地还没有完全突破，敌人的最高指挥官已落入野战军之手，这对身经百战的曾思玉来说也是一件新鲜事儿。

原来，攻击发起前，傅崇碧带着团以上干部到前线观察地形和敌情，以便展开兵力。在他们前面，一个侦察连在搜索前进，他们跟着悄悄摸了两三里，发现已经离火车站不远了，尽管夜色沉重，还是看到车站里有很多敌人。他们立即抢占了右侧的高大水塔。打前站的侦察兵神不知鬼不觉地往前摸，敌人没有发现他们竟闯进了自己的师指挥所。估计刘英做梦也没有想到，就在他们开会商量如何突围的时候，解放军战士已经摸到大石桥堡垒的内部，来到了他的眼皮子底下。最后，刘英被从床下拖了出来，并被带到了四纵十旅的指挥部。傅崇碧看了看刘英，对他说："我们已经把车站包围了。为了减少伤亡，你必须马上下命令，叫你的部队立即投降！"刘英此时虽然被俘，但嘴上还要硬："他们是军人，不会听

★★★★★

傅崇碧（1916—2003）

四川省通江县人。解放战争时期，任晋察冀军区第四纵队十旅政治委员，华北野战军第十旅旅长，第十九兵团六十四军副政治委员兼政治部主任。1955年被授予少将军衔。

我的。再说，他们现在接不到我的命令了。"见刘英态度蛮横，傅崇碧大怒，掏出手枪，哗啦一声顶上了子弹："你不下令，我现在就毙了你！"

其实傅崇碧并不是真的想要枪毙刘英，就是想吓唬吓唬他。没想到这一招还挺见效，刘英顿时脸色大变，忙说："我写，我写，我马上写，马上写！"

无奈之下，刘英只好给大石桥内的守军写信："我和团长们被俘，你们坚守待援无望，再打必亡。现在人民解放军前线司令要我下令，让坚守核心工事的部队停止抵抗，缴械投降。"这封信被传进大石桥后却迟迟没有回音。

小规模的战斗仍在进行着。当时晋察冀野战军想打进去，国民党守军想突围，战斗时战时停，谁想取得最后的胜利也不太容易。时间到了1947年的11月12日清晨，国民党守军依托房屋和碉堡街垒进行着顽固的抵抗，晋察冀野战军的战士们向着敌军司令部进行了四次冲锋都没有成功。正在发愁之际，突然有人发现，敌军所在的楼房左侧有一个小门，正是敌人射击的死角。于是，时任晋察冀野战军三纵九旅二十六团一营三连的三排长王殿忠命令二排副排长李智带领五班长刘贵恒，在机枪的掩护下，摸进楼房。后来才知道那是一座家属院，有一个连的兵力把守。李智和刘贵恒急中生智，动员敌军家属们喊话，劝敌人缴械投降。恰逢此时，总攻号声响起，从四面八方涌来的晋察冀军区部队一下子攻破了大石桥周围的防御工事，包围圈越来越小。随后，敌军的核心工事正太饭店也打出了白旗，一支支枪从窗口扔了出来，石家庄就此宣告解放。

对于石家庄的解放，时任晋察冀军区司令员的聂荣臻在后来的回忆录中做出了这样的评价："石家庄解放了，我晋冀鲁豫和晋察冀解放区完全连成了一片，平津地区敌人失去了重要的一翼。石家庄这样的坚城被解放，也标志着我军的攻坚能力已达到相当水平。这些，无疑对华北的战争形势产生了重大影响。"[1]

石家庄战役结束的第二天，朱德发来了贺电：

> 仅经一周作战，解放石门，歼灭守敌，这是很大的胜利，也是夺取大城市之创例，特嘉奖全军。

11月16日，新华社发布了解放军总部发言人对石家庄大捷的评论："这是一个重要的胜利，并且是今后一连串胜利的开端。"

---

① 聂荣臻.聂荣臻回忆录 [M].北京：解放军出版社，2010.

斗胆直陈：粟裕陈情缓渡江

> 华野功臣心忠良，斗胆直陈缓渡江。
> 主席虚心纳妙谏，挥师中原美名扬。

1948年1月，陕西的气候寒气逼人，天空不时飘落朵朵雪花。而这里的人们不顾严寒，异常忙碌，毛泽东、周恩来等中共领导屋里的灯光依旧彻夜通明。1月22日，中央军委接到了一封电报。发报人是时任华东野战军副司令员粟裕。电报的标题是：《对今后作战建军之意见》。粟裕的电文中有这样几句话：

> 我军必须高度集中兵力，打更大规模的歼灭战，才能逐次歼灭敌军主力，迅速改变中原战局……

★★★★★

粟裕（1907—1984）

湖南会同县人。中国现代杰出的革命家、军事家、战略家。七战七捷的苏中战役、宿北战役、孟良崮战役等"杰作"均出自他手。1955年被授予大将军衔。

这封电报立即引起中央军委的高度重视。在这封电报的右上角有周恩来的批语，右边是"再送毛"。按照电报以地支代月，水平韵代日的规定，1月22日就是子月养日，所以这封电报又称为"子养电"。这封电报，粟裕使用了"斗胆直陈"的措辞。

中央军委接到这封电报的时候，当时已经决定由粟裕率部渡江作战。1947年，解放战争的整个形势正悄然发生着变化，国民党军的"重点进攻"被逐步粉碎，他们在中原战场的全面防御体系被打破，战争正一步步转移到国民党的统治区域里。

为了适应中国人民解放军转入战略进攻的新形势，1947年7月21日至23日，毛泽东在陕北靖边县小河村主持召开了中共中央扩大会议，史称小河会议。在会议上，毛泽东发表意见："以晋冀鲁豫野战军主力和华东野战军主力南进，将战争由内线打到外线去，引向江淮河汉敌占区去。调动敌人第一线部队回援，在运动中歼灭敌人的有生力量。"

周恩来最后说："我们每一位同志心中一定要有主席为我们制定的这样一个大局。刘邓大军直插大别山，陈赓南渡黄河挺进豫西，陈毅、粟裕挺进豫东。这三路大军在战略上形成了一个品字阵势，互为犄角，协力配合。我们南起长江，北至黄河，西从汉水，东到黄海，在这片广阔的中原大地上，向敌人展开大规模的进攻。"会场上掌声一片。

1947年8月，刘邓大军千里挺进大别山，拉开了共产党军队战略进攻的序幕。华东野战军由粟裕率3个纵队（军）渡长江南进，这样必将打乱蒋介石对解放区的重点进攻，迫使国民党军队大量回援，解放区的压力也就可以得到缓解。

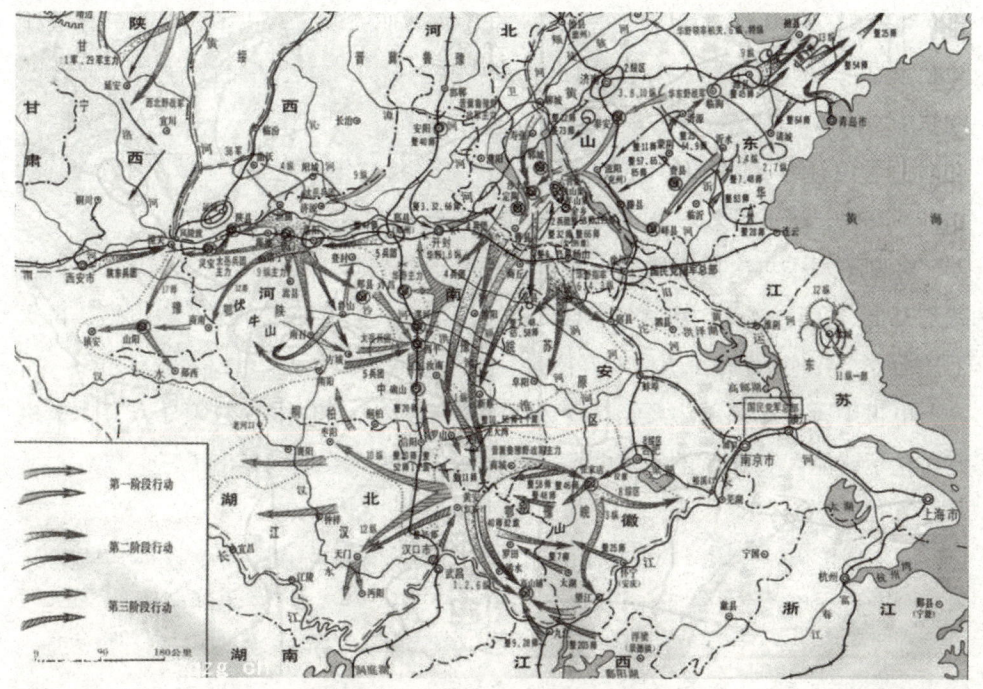

三路大军挺进中原要图（1947年7月—12月）

刘邓大军挺进中原

那么，解放军就可以转守为攻，取得战略上的主动权。

华东野战军主力挺进江南，这是中央军委经过深思熟虑而做出的一个战略设想。

1948年初，刘邓大军挺进大别山区已有4个多月，因为长期的无后方作战，部队的弹药、服装和粮食越来越困难。同时，国民党军队出动了5个师的兵力对大别山区进行"清剿"，形成了胶着状态。如何打开中原战局，是中央要考虑的关键问题。

根据自己近半年来外线作战的实践，粟裕考虑到要改变中原战局，关键在于集中更大兵力，打更大规模的歼灭战，大量消灭国民党的有生力量，那么战场形势必将改观。粟裕经过深思熟虑，决定向中央斗胆直陈，写出了《对今后作战建军之意见》，表达了"暂不渡江南进，集中兵力打几个大规模的歼灭战"以改变中原局面的战略构想，这一战略构想与当时毛泽东一再强调的不要后方的战略跃进以及避免打大仗的意图不同。因此，接到这封"子养电"，毛泽东十分重视，才有了书中开篇送周恩来、"再送毛"的一幕场景。

经中央军委再次反复研究后决定：原来的作战计划维持不变。5天以后，也就是1948年1月27日，毛泽东亲自以中央军委名义给粟裕发来了一封电报，再次下达命令，要他率领3个纵队渡江南进，执行机动作战任务。

电报中，毛泽东希望粟裕"熟筹见复"。这是一份仅限少数领导人"作极机密讨论不让他人知道"的绝密电报。电报中，中央军委明确提出了三个方案：

> 关于由你率叶、王、陶三纵渡江南进执行宽大机动任务问题，我们与陈毅研究有三个方案，即：（一）休整半月后立即渡江；（二）二、三、四三个月在中原地区歼灭一部分敌军，然后休整一个月再渡江；（三）按原议先在中原作战，于一九四八年秋季再行渡江。

在电报中，毛泽东分析了三个方案各自的利弊后指出：

> 你率三纵渡江以后势将迫使敌人改变部署，可能吸引二十至三十个旅回防江南。你们以七八万人之兵力去江南，先在湖南、江西两省周旋半年至一年之久，沿途兜圈子，应使休息时间多于作战时间，以跃进方式分几个阶段达到闽浙赣，使敌人完全处于被动应付地位，防不胜防，疲于奔命。

粟裕虽然有自己的想法，但他深知服从命令是军人的天职。在毛泽东发出电报后的第三天，也就是1948年1月31日，粟裕与参谋长陈士榘、政治部主任唐亮共同研究，回电中央军委，就一、四、六纵队的渡江时间提出了两个方案：

> 一是三个纵队先北开陇海铁路附近休整一个半月，三月下旬即可出动；二是三个纵队仍先参加中原作战，三月中旬开始休整，五月中旬出动南下。以上两案，以第一案为最好。

回电中，粟裕还就渡江路线、渡江后留在中原各部队的作战方针等问题提出了自己的看法。

毛泽东接到电报后，中共中央经过仔细研究，最终采纳了粟裕的建议，立即复电粟裕，表示完全同意他提出的第一方案，在3月下旬出动。

> 渡江路线，争取走湖口当涂之间，或南京江阴之间。

经过电报的几个往返，一个重大的行动计划就这样决定下来了。也正是这一决策为以后淮海战役战略决战、决策的形成做了准备。

就在粟裕积极准备渡江的同时，1948年1月7日，时任华东野战军司令员兼政治委员的陈毅到达陕北米脂县杨家沟。毛泽东与他多次促膝深谈，对人民解放战争的胜利前景作了切合实际的估计。这是他们随着抗战胜利而在延安分手后的第一次见面。毛泽东在同陈毅谈到1947年7月以后

粟裕（左三）、陈士榘（右一）

★★★★★

陈毅（1901—1972）

四川乐至人。红军时期、抗日战争时期和解放战争时期的重要将领。1955年被授予元帅。新中国成立后曾任国务院副总理、中央军委副主席。

的全军作战行动时，强调它的性质已不再属于"自卫防御"，而是一种"革命的进攻"，是把战争的主要战场推向蒋管区，以求解放全中国的作战行动，所以叫"战略进攻"。毛泽东说，蒋介石已处于防御地位。黄鹤一去不复返，他要回到战争初期那种形势是不可能的了。为此，陈毅兴奋地提笔作诗，名为《失题》：

小住杨沟一月长，评衡左右费思量。

弯弓盘马故不发，只缘擒贼要擒王。

北国摧枯势若狂，中原逐鹿更当行。

五年胜利今可卜，稳渡长江遣粟郎。

诗中最后一句"稳渡长江遣粟郎"，指的就是毛泽东准备派遣粟裕先遣渡江一事。

在陈毅去中央的这段时间里，粟裕对渡江南下的利弊又进行了反复的琢磨。渡江，粟裕并不陌生。1934年他随方志敏的红七军团北上，在江南地区长期坚持游击战争，这是粟裕的第一次渡江经历。1940年6月、1944年12月，粟裕已连续渡江作战多次。正因为如此，他更深知江南的实际情况。江南是国民党的中心区域，华野部队渡江肯定会遇到阻击。

粟裕非常清楚，毛泽东渡江南进的战略目的是要把中原的敌人主力引向江南，进而把中原变成华北，把江南变成中原。但美械装备的五军、十八军是不会被吸引到江南的，这样，中原战局不会有大的改变。况且10万人渡江南进，要连续作战，而兵员、伤员、弹药补给等问题无法解决，这样必将陷入被动。不仅实现不了中央的战略意图，而且华野部队也将受到重大损失。

在那段时间里，粟裕常常拿着中央军委的电报认真阅读、沉思，在地图前观察、测算，反复分析研究国共双方的兵力部署，力求寻找一种改变中原战局、发展战略进攻的最佳方案。在几十年的军旅生涯中，粟裕养成了"不唯书，不唯上，只唯实"的刚毅性格。下面这段文字是粟裕在1979年接受采访时留下的珍贵录音资料：

"古时候有这样的话，将在外，君命有所不受。我们只照抄照转上面的命令，这样下去非打败仗不可。高级指挥员不仅是熟练于在战役方面进行指挥，而且应该懂得一些战略问题。要研究战略问题，有三个方面，就是敌情、我情、民情。"

陈毅、粟裕在一起

然而，对中央军委如此重大战略决策连续提出自己的不同看法，粟裕当时的心情是非常忐忑的。"虽然我有以上的考虑，但是要不要向中央提出建议，开始我是有顾虑的。主要是担心自己看问题有局限性，对中央如此重大的战略决策提出不同的看法，会不会干扰统帅部的决心。"①

更何况当时的情形是万事俱备，只待渡江。问题是，中央做出这样的重大战略决策也是毛泽东和中央军委经过反复思考才决定的。在这样的情形下，粟裕还敢于陈述自己的观点吗？

为了做到确有把握，他首先向陈毅汇报。4月1日陈毅从杨家沟回到华野后，兴致勃勃地向干部们传达中央指示精神：中央的意图是"变江南为中原，变中原为华北，胜利就来了"。会议休息时，令陈毅没有想到的是，粟裕却要改变中央已经决定的渡江战略。他把自己的设想向陈毅做了汇报。对"稳渡长江遣粟郎"充满信心的陈毅大感意外。

陈毅不解地问：这样有理论阐明、有实践依据的布置周详的重大战略决策，由中共中央和中央军委主席亲自主持，并和你我反复商量同意的战略行动，你为何要改变呢？

粟裕对双方的兵力、武器装备进行详细的分析、比较，同时再次把自己的思路完整地向陈毅做了汇报。陈毅欣赏粟裕的军事才能，更欣赏粟裕这种置个人得失于不顾、大胆直言的勇气。粟裕的考虑是符合实际的，陈毅最后表示尊重粟裕

---

①粟裕.粟裕回忆录 [M].北京：解放军出版社，2010：429.

的意见，可以向中央军委报告。

到粟裕兵团指导工作的朱德也鼓励粟裕如实向中央讲出自己的想法。之后，粟裕又将他的建议征求了刘伯承、邓小平的意见。尽管如此，粟裕也清楚，毛泽东可不是轻易放弃自己主张的人，更何况是关系全国胜利大局的战略主张。

经过慎重考虑，粟裕以个人名义向中央军委发电，全面陈述了自己的意见，这次使用了"斗胆直呈"。而前一个写了"陈"，后一个写"呈"，我们不难看出粟裕当时的良苦用心。

1948年4月18日，粟裕以个人的名义向中央军委发出了一封电报。这封电报长达3000多字。粟裕首先提出暂缓渡江的缘由，又提出了在淮河到长江之间，江南的苏、浙、皖等几省派出游击队等建议。最后，粟裕向中央军委表明了态度："我们对南渡准备仍积极进行，决不放松。"

就在粟裕向中央军委写信请求改变渡江计划的时候，毛泽东已经从陕西的杨家沟东渡黄河赶到了城南庄。城南庄位于河北省阜平县城西南12.8公里处，有200多户人家，是当时晋察冀边区党政军领导机关所在地。

面对这样一封"抗命"来电，毛泽东感到很震惊。因为这封来电，从某种意义上讲，就是否定了中央军委和毛泽东渡江南下的命令。

毛泽东立刻召集了周恩来、朱德、任弼时等人一起商讨此事。在房间里，毛泽东大口地吸着烟，对在座的人说："三个月前，中央决定由粟裕渡江南进，开辟东南各省，继续发展战略进攻，吸引国民党军队回师江南，以便减轻刘邓大军在中原的压力。可粟裕他来电不去江南，要留在中原，你们都怎么认识啊？"

周恩来对粟裕的来电也深感震动，但他此时却冷静地说："主席，先不要着急。我的意见是，请粟裕立刻向主席当面汇报，讲清他的想法为好。"

朱德也说："可以叫他来一趟嘛！"4月21日，中央军委电告陈毅、粟裕，让他们在4月25日至30日内向中央军委当面汇报。

历史又一次眷顾了河北这个普通的小山村——阜平县城南庄。一件关系解放战争走向的战略决策将在这里论证、诞生。1948年4月30日，陈毅、粟裕风尘仆仆赶到这里。

毛泽东大步走出门外，与粟裕长时间握手。"我们的英雄回来了！欢迎你！"毛泽东激动地说，"17年了啊，有17年没见面了吧？"17年前，那时粟裕只有二十三四岁，先后担任红十二军六十四师师长、红四军参谋长，参加中央苏区

五次反"围剿"，打了一个又一个胜仗。17年以后，这位当年的"青年战术家"已经成长为担负战略区指挥重任的军事家，在解放战争中打了许多令敌人闻风丧胆的大歼灭战。抚今忆昔，激动之情溢于言表。毛泽东说："你们打了那么多漂亮的大胜仗，我们很高兴啊！你们辛苦了。这次要好好听听你的意见哩。"

粟裕是如何向毛泽东等五大书记陈述自己观点的，当时没有留下资料，但粟裕在1979年留下的这段珍贵的录音资料，可以真实地反映当时的情形。粟裕回忆道："我带三个纵队下江南，其直接目的是要调动敌人跟着我们的部队去，而减轻刘邓在大别山的压力。我考虑到，固然能够调动一部敌人，但是敌人的四个主力军，战斗力比较强的主力部队调不动，蒋介石不会把它调到江南，去跟我们打游击。在中原战场上这四个主力军调不动，就不可能减轻敌人对刘邓在大别山的压力。恰恰相反，我们这三个纵队也算是主力之一吧，我们恰恰在中原战场减弱了三个主力纵队。"[1]

现在我们很难再还原当时的一些场景，但在一些回忆录中还是找到了当时的一些情节。粟裕非常坦诚地讲述了自己暂缓渡江的全部想法后，抬头看看毛泽东。毛泽东稍微侧着身，夹在手中的烟头上留着长长的一截烟灰。然后，毛泽东站起来说："今天就谈到这里吧！"当天晚上，受毛泽东的委托，聂荣臻特意为粟裕安排了晋察冀文艺剧社的专场晚会。

晚会结束后，毛泽东、周恩来等五大书记又坐在一起，中心议题就是粟裕的建议，这一晚上，他们通宵未眠。经过认真讨论研究，仍然认为渡江南进是坚定不移的正确方针，但由于目前渡江有困难，粟裕兵团的任务不是直接渡江。

1948年5月5日，中央军委作出了粟裕兵团暂不渡江的决定。

> 刘邓，并华东局：
> 　　将战争引向长江以南，使江淮河汉地区之敌容易被我军逐一解决，正如去年秋季以后将战争引向江淮河汉，使山东、苏北、豫北、晋南、陕北地区之敌容易被我军解决一样，这是正确的坚定不移的方针。惟目前渡江尚有困难。目前粟裕兵团（一、四、六纵）的任务，尚不是立即渡江，而是开辟渡江的道路，即在少则四个月多则八个月内，该兵团加上其他三个纵队，在汴徐线南北地区，以歼灭五军等部五六个至十一二个正规旅为目标，完成准备渡江之任务……

①粟裕.粟裕回忆录 [M].北京：解放军出版社，2007：429.

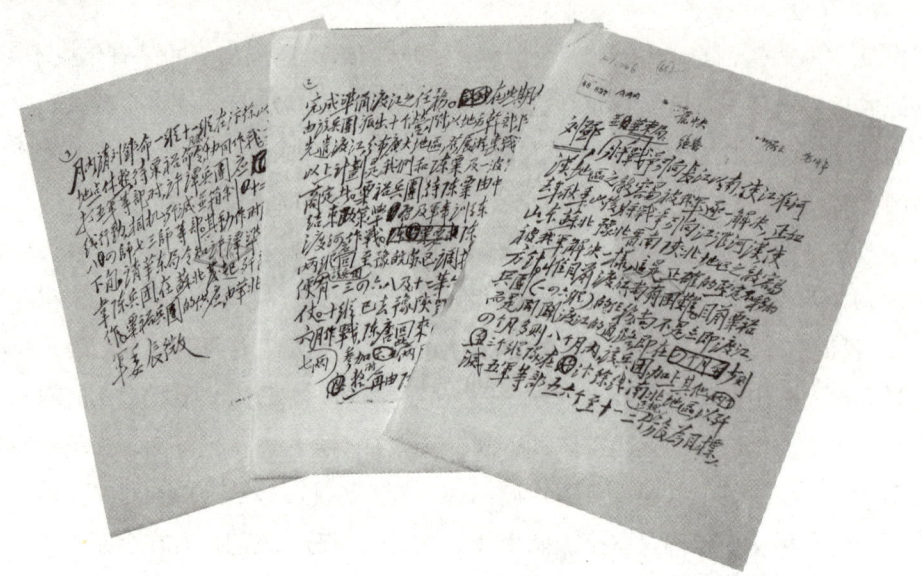

1948年，中央军委关于粟裕兵团暂不渡江的电报手稿

在这封毛泽东亲自拟稿的电报中，明确指示：目前渡江尚有困难。目前粟裕兵团的一、四、六纵（三个纵队）的任务，尚不是立即渡江，而是开辟渡江的道路，即在少则四个月多则八个月内，该兵团加上其他三个纵队，在汴徐线南北地区，以歼灭五军等部五六个至十一二个正规旅为目标，完成准备渡江之任务。就这样，华东野战军三个纵队暂不渡江南进，在中原战场作战任务，就以中央军委命令的形式确定下来了。

1948年6月17日，华东野战军只用5个昼夜，就攻克了蒋介石吹嘘"绝可确保无虞"的开封，共歼敌4万余人。在睢杞战役中，经过6天激战，华东野战军共歼敌5万余人，活捉兵团司令区寿年。

粟裕率领的华东野战军仅在两个月之内，一个豫东战役就歼敌9万余人，超额完成了中央军委下达的任务，以实际行动证明了"在江北打大仗"的正确性。将帅之间的不同认识统一于战争的实践。豫东和兖州战役后，济南成为山东腹地的一座孤城。1948年9月16日，粟裕率华东野战军发起济南战役。只用8天8夜就攻克了济南城，全歼守敌10余万人，取得了中原地区的战略主动权，为后来的淮海决战取得决定性胜利奠定了基础。

从抗日战争的黄桥、天目山，到解放战争中苏中、豫东、济南、淮海、渡江追击等辉煌战绩中，充分显示出粟裕不凡的军事才能。也正是中央军委、毛泽东采纳了粟裕的建议，这一决策最后加速了解放战争的进程。

豫东之战：中原战局谋新篇

> 粟郎用兵神鬼惊，捕捉战机取开封。
> 豫东围歼区寿年，逐鹿中原建奇功。

阜平县有一个美丽的小村庄，名字叫花山村。1948年春夏之交，花山村迎来了一位特殊的客人，这个人就是毛泽东。在进驻西柏坡之前，毛泽东在这里住了9天，1948年5月18日晚，到5月27日离开。在这9天的日子里，村庄依然是一派安详平和的景象，稍有不同的是多了一份滴滴答答的电报声和一行穿军装的军人。9天时间不算长，全国战争的发展进程可是一天一个样，身在宁静小村庄的毛泽东密切关注着每一个战场的情况。

5月22日，身在河北花山村的毛泽东致电华野和中野：

> 夏季作战的重心是各方协助粟兵团歼灭五军。只要五军被歼灭，便取得了集中最大力量歼灭十八军的条件。只要该两军被歼灭，中原战局即可顺利发展。望本此方针，部署一切。

身在大山深处的毛泽东为什么会做出这样的指示呢？

1947年夏季，人民解放军经过一年的内线作战，转到外线作战，由战略防御转入战略进攻，把战争引向国民党统治区域。

中原逐鹿，战局多变，毛泽东已经对全国的整个战略形势作了规划，运筹帷幄于大山之中。而在这封电报中，提到了歼灭五军，这个五军又是哪支王牌部队呢？

自蒋介石发动内战以来，邱清泉率五军在进攻华东解放区以及在中原作战时，常打头阵。整编第五军历来为华野外线兵团的死对头，华野外线兵团发动的

任何一次战役，五军都是主要对手，并迅速赶来参战。五军不仅兵员众多，装备精良，比其他国民党军的装备无论数量上还是质量上都要强一两个档次，其战斗力强悍。华野与其交手多次，都奈何它不得。所以，如果没有把五军歼灭，则华野外线兵团今后要发动任何一场战役，都很难成功。

　　要歼灭五军，那可是不同寻常的艰难。可是后来的事实告诉我们，尽管过程何其艰难，但是结果却是喜人的。战争胜利的原因有很多，但至关重要的就是选对将领，上下同心。

　　粟裕就是中央选定的将要歼灭第五军的将领。1948年2月下旬，粟裕率领华野指挥机关和第一、第四、第六纵队北渡黄河，进入濮阳地区休整。在这里，粟裕一方面遵照中央的指示，加紧渡江南进的准备，一方面反反复复品读中央军委的电报，反反复复地在地图前观察测算，继而陷入久久的沉思之中。

　　这里，恐怕还是绕不开"斗胆直陈"这四个字。粟裕在发给中央的电报中多次使用了"斗胆直陈"的措辞，这引起了毛泽东的极大注意，要当面听取粟裕的建议，他们于4月30日赶到河北省阜平县城南庄。到了城南庄以后，有一个细节可以看出毛泽东对粟裕的一种器重，他走出大门，第一句话是"我们的英雄回来了"，接着说，"17年没见面了"，记得多清楚。17年前是1931年，粟裕的指挥才能给毛泽东留下了深刻的印象。经过粟裕的再次"斗胆直陈"，毛泽东最终采纳了粟裕的建议，暂不过长江。

　　毛泽东还诙谐地说，既留在中原，就要把邱清泉、黄百韬都记在你粟裕的名下。粟裕当场立下了军令状。军令状是立下了，接下来就是怎么打的问题了。蒋介石这时候也似乎感觉到了什么，立即向鲁西南大量增兵，形成了兵力集中不易分割的态势。敌我双方的目光这时候都紧盯着邱清泉的第五军。

　　毛泽东于6月3日电示粟裕：

> 在整个中原形势下，打运动战的机会是很多的。但要有耐心，要多方调动敌人，方能创造机会。

　　随机应变、不拘一格，是粟裕战役指挥的一个显著特点。中央军委的指示，使粟裕的头脑更加清醒，他开始把寻找战机的重点放在了另一个酝酿已久的方案上。于是，他在考虑打国民党第五军的同时也设想了一个"先打开封，后歼援敌"的方案。所以，此时粟裕兵团虽被抵在狭窄的郓城地区，前有国民党重兵逼进，左边是黄河，右边是京杭

解放军攻克开封，占领河南全省保安司令部

大运河，看似陷入危境之中，粟裕却稳坐钓鱼台，胸有成竹，临危不乱。一个大胆的想法正在他头脑中产生：改变先前在鲁西南歼敌五军的作战计划，把重心转向豫东。

粟裕成竹在胸，甩开了敌重兵集团的纠缠，直逼开封。

开封，中原重镇，是当时国民党的河南省省会。1948年6月16日晚，华野攻城部队隐蔽向开封城挺进。17日清晨，突然兵临城下，向守城之敌发起猛攻。粟裕这一招妙棋谁也没有想到，逼得严阵以待的国民党军大乱阵脚。蒋介石坐着战机在开封上空督战。开封城内很快就被攻破，但是开封城郊的交战很激烈。其中有一个地方，双方经过反复争夺。

6月20日夜，粟裕率华东野战军副参谋长张震、政治部副主任钟期光，驱车赶到开封前线指挥所。

控制着雄厚兵力的粟裕从容地选择新的打击目标。果然，蒋介石急令邱清泉兵团星夜向开封攻击前进。又令区寿年兵团由睢县、杞县迂回向开封包抄，企图在开封地区围歼华野主力。6月26日早晨，狂妄的邱清泉占领已是空城的开封。多疑的区寿年却在睢县、杞县徘徊不前。

谨慎多疑是区寿年的长处，也是他的弱点。这次蒋介石虽给了他一个兵团司令的头衔，但他心中有数：这乃蒋介石惯用的权术伎俩，是要他在豫东多为党国卖命出力，蒋介石真正器重的还是嫡系心腹邱清泉之流。所以，进入豫东战区后，区寿年一心只想保存实力，从不与邱清泉争强斗胜。然而，聪明反被聪明误。

奉蒋介石之命，邱清泉的整五军（整五师、整七十师、快速纵队、整八十三师）浩浩荡荡地南下，而区寿年兵团跟在后面，显得格外小心。一个走得快，一个走得慢，机会终于来了，两个兵团之间出现40公里的间距。粟裕瞄准了这个

★★★★★

区寿年 （1902—1957）

广东罗定人。蔡廷锴的外甥。1931年任粤军第十九路军第七十八师师长。统领该师参与淞沪抗战，也为1933年闽变主力之一，闽变失败后闲居香港。抗战期间，他曾为李宗仁麾下，参与徐州会战与武汉会战。国共内战时，他担任整编后的中将兵团司令，于1948年6月的豫东战役中被粟裕部所俘。1950年被释。病逝于广州。

战机，一声令下，切断区兵团与邱兵团的联系，其余则向着区兵团进行合围。其中第一纵第一师，不待合围完成，迅速楔入区兵团整七十五师与整七十二师的接合部，对这两个整编师实现了分割。这下，区寿年惊呆了，慌忙下令收缩防线，很快形成部署。区寿年兵团原来设想通过紧缩防御，使解放军一下难以吞下他这个大兵团，等待邱清泉和其他兵团来援救。但为时已晚，区寿年兵团已成了华野突击集团的钩上之鱼、瓮中之鳖。陷入"四面楚歌"的区寿年深感危在旦夕，不断地向蒋介石呼救求援。另一边，邱清泉突然发现跟在后面的区寿年兵团被华野部队包围了，大吃一惊，忙掉头来解救。在坦克、装甲车开路，还有大炮的密集轰击下，步兵部队随之跟进。

而此时的蒋介石正盼着邱、区两兵团合围粟裕的"胜利喜讯"，没想到却得到了邱兵团寻粟裕不着、区兵团又陷重围的坏消息，大为震惊。6月30日，蒋介石飞临战场上空，斥问邱清泉："你到底想干什么？一定要等到区寿年被打掉才能越过阻击线吗？"邱清泉被训得无话可辩。因为前面的阻击线上均是坦克都能碾平的村庄，无山无壑，一马平川，可他的机械化兵团就是突不过去。这是一般军事常识难以解答的问题。那么，到底发生了什么呢？

原来华东野战军的三纵、八纵、十纵、两广纵队，还有四纵十师担任阻援邱清泉的任务。在桃林岗一带，双方战斗得非常激烈，阵地失去了，又被解放军抢了回来；后来，又失去，又夺回，几度易手，最终解放军还是守住了阵地。邱清泉接到国防部情报，中野主力大军正在向邱兵团靠拢，并请其务必小心提防。很快，侦察人员发现有"中野主力大军"袭击本兵团后方。邱清泉急忙调派了一个师（整编旅）到后方去守卫，这样一来，攻击力量就弱多了。在庞大的阻援集团面前，邱兵团连攻4天，只前进了5公里，损失了3个团的兵力，死伤近万人，不得不停止攻击。

区寿年万万没有想到，他带领7个师来围歼和活捉粟裕，仅仅过了6天6夜就全军覆没，自己却被粟裕活捉了。更令区寿年没有想到的是，粟裕在战场上宴请了他，还请他对自己的指挥进行评价，尤其是哪些地方不足。深受感动的区寿年拿起指挥棒指着地图说，粟将军艺高胆大，令人钦佩。不过在豫东这块小小的战场上，东有黄百韬，南有胡琏，西有邱清泉，北有刘汝明，加起来仍有25万之众。

的确，面对多路敌军的围攻，华东野战军参战部队已经很难脱身。粟裕面临的困境就如同后来林彪攻打锦州时所说的："备了一桌饭菜，来了两桌客人。"当时情况确实如此，如果继续在睢、杞多待几天，那就不是两桌客人，而是三桌、四桌了。粟裕没有跑，粟裕用兵总是让人意想不到。

华野攻击集团于6月29日集中炮火，集中兵力攻击整七十五师第六旅，30日将该旅全部歼灭。7月1日，进攻龙王店的区寿年兵团部及整七十五师部，不料黄百韬兵团突然杀到。7月5日，粟裕转兵向东，对黄百韬兵团突然发起全线突击。

"我为什么打黄百韬兵团？因为黄兵团是个行军队伍，是个运动行军，这个好打，比筑了工事要好打。把黄兵团消灭了一个师，把黄兵团打了一棒头，他头打昏了，他要考虑一下，把我们底细察清楚同时要报告上级，我们争取时间了。"[1]

黄百韬是救火队长，率部从千里之外的苏北进入了豫东战场，其行动之迅速不仅令华野统帅粟裕吃了一惊，亦让蒋介石惊奇。在蒋介石的思维中，都是各支国军部队让上级不断催促才挪一下，再骂两句，又动一下。而黄百韬兵团从鲁南到豫东只花了两天时间。这也是青天白日勋章会挂在黄百韬的胸前而不是邱清泉或胡琏的胸前的主要原因。

据参加过豫东战役的国民党将领回忆：黄百韬面对粟裕主力的进攻，亲自登上坦克，顶着枪林弹雨，带领部队冒死反攻，在阵地上三进三出，白天竟然将失去的阵地全部收了回来；但是到了晚上，又被华野夺了回去。华野将黄百韬死死地困在了帝丘店，使其无法与相距不足5公里的整编第七十二师会合。

7月6日中午，华野在发射了一阵如雨的炮弹之后，战场变得一片安静。黄百韬眼看着太阳很快要西沉，他算计到，善于野战的解放军在天黑之后必然要发动更为激烈的猛攻。黄百韬下军令焚烧所有文件。7月6日晚上，黄百韬的全军紧盯着黑漆漆的解放军阵地，等待那拼死搏斗时刻的到来。第二天拂晓时分，依然毫无军情。天亮了，阵地前毫无动静。黄百韬惊魂始定，庆幸自己终于熬过了这一晚。其实，粟裕见

---

①此段话出自粟裕在1979年接受采访时留下的珍贵录音资料。

黄百韬已经被打得惊慌失措，草木皆兵，火候已到，正是撤离的好时机，随即将所有剩余炮火全部抛向了黄百韬兵团的阵地，神不知鬼不觉地撤离了战场。

战斗结束后，蒋介石召集高级将领开军事检讨会议，表彰黄百韬努力前进、顽强抵抗的功绩。而邱清泉则因作战不力，坐视区寿年兵团被歼而受到训斥，告病回老家浙江永嘉"休养"去了。

豫东战役中有一支部队不可忘记，那就是中野九纵，司令员是秦基伟，在豫东战役时归华野副司令员粟裕指挥。其在开封战役中成功地阻击了孙元良兵团的东进救援，后又在睢杞战役中继续阻击孙元良兵团的南下；同时，秦基伟还派出一支偏师袭扰开封，使得刘汝明紧张兮兮，不敢乱动，导致刘汝明的绥靖区部队一直不敢南下救援区寿年兵团。九纵还派了一支小分队到睢县冒充中野主力兵团威胁邱兵团的后方，搅得邱清泉不得不派出部队保卫后方，大大减轻了前线的压力。只是一个纵队规模的九纵，起了相当于一个兵团的作用。九纵是了不起的。

还有一支最擅长阻击的部队——十纵。宋时轮的十纵在开封战役期间出色地完成了阻击并击退胡琏兵团的任务，这充分反映了宋的机智和十纵指战员的强悍战斗作风。胡琏兵团迟迟不能北上增援，是豫东战役获得伟大胜利的一个原因。在睢杞战场上，十纵和兄弟部队一道奋力抗击邱兵团的疯狂冲击，牢牢地守住了阵地，确保了区兵团主力的歼灭，亦改写了共军"逢五不战"的传说。当时有一句谚语："排炮不动，必是十纵。"就是指宋时轮的十纵。

豫东战役第一阶段的开封战役共歼国军及保安部队（含打援的战果）约4万人。

第二阶段（睢杞战场）歼区寿年兵团约3万人，歼黄百韬兵团约1万人，阻击邱兵团消灭其1万多人。

整个豫东战役华野外线兵团和中原野战军一部在冀鲁豫军区和豫皖苏军区密切合作下，歼灭国民党军9.4万人（含阻援数字）。其中全歼国民党军1个兵团部、2个整编师部、4个整编旅、2个保安旅，另加6个团。

在苏北，为配合华野外线兵团之豫东战役，苏北兵团发动了攻击陇海路东段的作战，又发动了涟水之战并解放了涟水，后又向运河一线发起反攻，共歼国民党军及土顽1万多人。

豫东战役结束后，远在西柏坡的中央军委给华东野战军发来了祝捷电报。研究解放战争的有关学者认为，和淮海相比，豫东只能算区域性质的决战，淮海才是气吞山河的全国性决战，但是豫东提供了一种正确的思路，打开了一个新的局面。

智取孤城：刀劈三关克襄樊

> 猛虎掏心劈三关，声东击西破敌胆。
> 智取孤城擒魁首，模范战役震中原。

1948年7月2日夜，国民党襄樊第十五绥靖区司令长官康泽在他44岁的寿宴之上，接到了一份让他心惊胆寒的"寿礼"。他的下属报告：康泽麾下驻守在老河口的一六三旅遭到了共军的突然袭击。据称，共军来势凶猛，估计兵力不下万人。

来送"寿礼"的是中野六纵。实际上，夺取襄樊是刘伯承、邓小平一直在规划的一盘棋，六纵是刘、邓在中原战场上早就布好的一颗棋子。他们秘密驻军河南唐河，一直在等待最有利战机。

6月下旬，战机终于成熟了。豫东战场上，蒋介石被打得焦头烂额，国民党南下援军受阻，白崇禧部主力向北集中，汉水空虚。刘、邓首长根据中央军委的电示，抓住战机，立刻电令六纵奔袭老河口。同时，令桐柏军区以及陕南军区主力向襄樊开进。

六纵是中野的一支劲旅，以擅打恶仗、硬仗著称。这支队伍到底有多勇猛呢？国民党国防部的档案里有如下记载：六纵队，司令员王近山，政委杜义德。该纵长于攻坚，指挥及纪律均佳。"匪"称之为主力纵队。

王近山是一位传奇人物，由于作战勇猛，被人称为"王疯子"。他刚猛如虎、性如烈火。后来曾任中共中央副主席的李德生当时是王近山的部下，时任中野六纵十七旅旅长。对于王近山的勇猛，李德生曾经有这样一段回忆："王近山将军指挥作战，必须给他派六七个警卫员紧跟着，否则一个没留神，就会带头冲到敌人阵地上。据说，有一次攻城受阻，王近山扛起梯子就要亲自上去。警卫员过来阻拦，他

★★★★★

王近山（1915—1978）

湖北省黄安（今红安）县高桥许家田村人。解放军著名高级将领，1955年被授予中将军衔，荣获一级八一勋章、一级独立自由勋章、一级解放勋章。

竟暴跳如雷，要当场枪毙这个警卫员。"

王近山带领的六纵一有"硬骨头"就抢着啃。久而久之，连毛泽东也知道了中野有这么个"王疯子"，曾称赞："这个'王疯子'，疯得有水平。"正如毛泽东所言，"王疯子"并非单纯的一介武夫、草莽之辈。接受夺取襄樊的任务后，王近山详细考虑了作战方案。鉴于参战部队兵力与敌比较只占相对优势，不能同时分兵围歼老河口、襄樊两地之敌，根据毛泽东"集中优势兵力，各个歼灭敌人"的方针和"先打分散和孤立之敌，后打集中和强大之敌"的作战原则，王近山决定集中兵力，各个击破，将襄樊战役分成两个阶段进行：第一阶段，全歼老河口、谷城之守敌一六三旅；第二阶段，沿江东下，围歼襄樊守敌。这一方案获得刘、邓同意。刘伯承要求，参战部队先"以突然神速的动作，向老河口捕捉奇袭"。

7月2日凌晨，六纵从唐河开拔，一昼夜行军80余公里，长途奔袭老河口，兵不卸甲，马不解鞍。到当天晚上12点，即击溃了守军国民党一六三旅，解放了老河口。而此时，集结于附近的解放军陕南十二旅隐蔽东进，将溃退的一六三旅堵截在谷城地区。前有堵截，后有追兵，上天无路，入地无门，最后，一六三旅全军覆没。

老河口一战打得康泽晕头转向：根据国民党国防部的情报，中原野战军主力已经全部东移。那这些部队又是从哪里冒出来的呢？康泽调动了所有的情报机构，一时间也没能把事情弄明白。而就在他胡猜乱想之时，中野六纵以及桐柏、陕南军区的部队已兵分两路，直逼襄樊。

襄樊分为襄阳和樊城两块区域，山势险峻，易守难攻。襄阳城的城北、城东紧临汉水，有河流作天然防御；城南背倚群山，可做屏障；城西是一条狭长走廊，恰好在南面大山的控制下。如此险峻的地形，再加上高三丈、宽两丈，用石头砌成的坚固城墙，让襄阳自古便有了"铁打的襄阳"之称。兵家认为"欲攻襄阳，须先取山，山存则城存，山失则城亡"。

蒋介石也是熟读历史，深谙"守城必先守山"之道。他电令康泽：依山固守，耗其兵力，争取时间，等待援兵。依照蒋介石的训示，康泽在城南的大山上层层修筑工事，组成交叉火力网，并依照山势起伏挖好了交通沟，布下了铁丝网，漫山遍野都埋上了地雷。在襄阳城里，康泽更是修筑了无数碉楼地堡，并派人占据了西关外的建筑、民房，层层扼守，处处布防，把个襄阳城守得如同铁桶一般。

7月7日，部队合围襄樊，王近山的六纵立刻投入了攻山战斗。很快，战斗就进入了白热化阶段。为了确保阵地，国民党部队使用了杀伤力极强的化学炮。在强大炮火的打压之下，六纵的伤亡人数猛增，攻山战斗被迫中止。此时的指挥部里，王近山一言不发，死死地盯着作战图。突然，他转身问纵队参谋处处长贺光华："敌人有远射程炮没有？"贺光华答道："没有。"王近山又问："大山上的火力能直接威胁城西面的走廊吗？"贺光华说："山上的距离太远，恐怕打不到，只有琵琶山、真武山两处火力可以控制西进通道。"听闻此言，王近山突然哈哈大笑："这就好办了，康泽这次算落在我们手里了。"此时，王近山心里已经有了主意。他决定：撇开攻城必先攻山的老章法，避开敌人的锋芒，弃山攻城，采用刘伯承惯用的"猛虎掏心"的办法，刀劈三关，先拿下琵琶山、真武山和铁佛寺，然后直捣西门！

方案一定，王近山立即报告刘、陈、邓首长。很快，复电传来，刘伯承、陈毅、邓小平表示："完全同意作战方案"，并"望安排计划加紧攻击"。六纵十七旅李德生部领受了刀劈三关的任务。李德生要啃的可是三块"硬骨头"。头一关琵琶山，山不大，守敌也不多，但地形险要，和第二关真武山相距极近，彼此的火力能够交叉支援，要拿下琵琶山，只有强攻猛打，别无他法。7月9日黄昏，李德生调集5门山炮，配合攻山。在炮火的掩护下，十七旅一鼓作气冲上琵琶山，经过近15分钟激烈的肉搏战，全歼守敌一个连，劈开了第一关。十七旅攻打琵琶山时，陕南十二旅和桐柏三分区部队，采取积极进攻和夜摸手段，先后控制了双背梁子、凤凰山、铁帽山等南山上敌人主阵地，迷惑牵制了敌人，保障了山下攻击部队的侧翼不受敌人威胁。

在浴血奋战琵琶山的同时，六纵队十七旅四十九团二营接到了夺取真武山的命令。真武山在琵琶山以东，扼控着南门和西面走廊，军事位置十分重要，被国民党守军称为"襄阳城的一把锁"。康泽在这个不到300平方米的山头上，构筑了

30多个永久、半永久性的地堡，派驻了一个连的兵力，并配以一个重机枪排加强防守，可谓不惜血本。

攻山之前，李德生带着他的营、连干部几次对真武山做详细的侦察，把山上敌人的地堡、工事、铁丝网的位置摸了个一清二楚，画了下来。

10日当晚，天刚擦黑，十七纵的山炮、迫击炮、火箭筒、重机枪一齐朝真武山开了火。那些早被摸清了位置的地堡、工事一瞬间就被轰上了天。与此同时，两个投弹组的手榴弹雨点一般落到敌人的堑壕里，一片鬼哭狼嚎之中，国民党守军的防线彻底崩塌。前后不过几十分钟时间，部队就拿下真武山，劈开了第二关。

两道门户接连失守，康泽顿时急了眼。他迅速组织部队反扑，并调来飞机，在空中进行火力支援。十七纵则凭借着敌人留下来的工事，接连六次打退了反扑过来的敌兵。

★★★★★

李德生（1916—2011）

河南新县人。1930年2月参加革命工作。抗日战争时期，参加了百团大战、夜袭阳明堡日军机场的战斗和敌后根据地的反"扫荡"斗争。解放战争时期，随刘邓大军跃进大别山，参加了创建中原解放区的斗争。抗美援朝战争中，参加指挥了著名的上甘岭战役。1955年被授予少将军衔，1988年被授予上将军衔。新中国成立后，曾任九届中央政治局候补委员、十届中央政治局常务委员、中央委员会副主席、十一届、十二届中央政治局委员。

眼看着两关已经牢牢攥进手中，只剩下最后一关铁佛寺了。作为国民党军设在城西走廊的最后一个据点，只要拔掉铁佛寺这颗钉子，攻城的障碍就全部扫清了。可胜券在握之际，李德生却突然命令部队停止进攻。原来，他发现，眼前的铁佛寺只可智取，不能强攻：铁佛寺与相距100多米的西门城楼呈掎角之势，两处火力形成密集的交叉火网，密不透风。康泽安排了一个营的兵力防守铁佛寺，并修筑高墙围起大庙，墙上密密麻麻布置了各种口径的枪炮射孔，外层还有铁丝网、鹿寨；再外层，几十米方圆的田野里，埋着各式各样的地雷。要想打下铁佛寺，硬攻是难以奏效的，必须变换策略、充分准备才不至吃亏受损。李德生也是久经沙场、足智多谋的老将了，他仔细观察了一番阵地地形，稍加思索，心里已然有了一个出奇制胜的良策。

之后的三天，驻守铁佛寺的国民党军发现，一直强攻猛打的解放军突然没了踪迹，而眼前的阵地上多了无数条交通沟，且不断向铁佛寺逼近。原来，这就是李德生的妙计：挖交通沟，逐步向前推进。

经过三天的土工作业，交通沟挖到了铁佛寺跟前，距国民党守军只有四五十米，双方讲话都能听见了。1948年7月13日夜，李德生率部突然从地面、地下双路进攻，一举拿下铁佛寺，俘敌百余人，控制了西关。

至此，三关全部劈开。而值得一提的是，这一仗，李德生部竟然没损失一兵一卒，零伤亡拿下了铁佛寺。

"三关"失守，康泽急得像热锅上的蚂蚁，一日数电向蒋介石求援。然而，豫东战场的节节惨败让蒋介石根本无力顾及襄阳。此时的康泽只能是"自求多福"了。与此同时，王近山命令麾下十八旅突袭东关护城堤，建立了东关攻城基地。这样一来，解放军在襄阳城西、城东、城东南形成三面合围之势，而城北是滔滔汉水，襄阳城已经成了囊中之物。襄阳被围，康泽慌了手脚，搞不清解放军将从何处攻城。他赶紧将解放军围城情况急电报告白崇禧。白崇禧汇集各方面情报，发现襄阳城东南，解放军正在架设浮桥，他立即发电报提醒康泽"注意加强城东南面之工事及守备"。

而这恰恰中了王近山"声东击西"的计策——城东南并非进攻的重点，襄阳城的西门才是他的主要目标。而慌乱中的康泽早就失去了判断力，他认定：南门的外壕浅，工事差，又有两个团在山上，一旦中野的部队进攻南门，切断了与南山相连的唯一通道，山上国民党守军连水都喝不上，将立即陷入绝境。要是南山一丢，失去屏障，襄阳就完了！接到白崇禧电报之后，康泽毫不迟疑，将城内的总预备队六千多人全部调往南门防御。于是，仗还没有打，他已经先输一阵。而更雪上加霜的是，此时蒋介石给康泽发来电报，命令他放弃城外各山头，退入城内，坚守待援。蒋介石自作聪明地认为"共军必无远射炮和重武器"，弃山守城，或能保住襄阳，而正是这样的判断最终导致了康泽的完败。

7月14日，康泽下令，南山部队全部撤入城内，固守待援。并发电报向蒋介石表示，誓以不成功便成仁之决心，期达固守待援之使命。

康泽撤进城后，解放军不战而得城南诸山，更加巩固了对襄阳的包围。王近山立即将情况电报野司，并提出主攻西门的方案。刘、陈、邓三位首长同意了这一方案，并电告王近山以及各参战部队：不许顾虑伤亡，不许讲价钱，于7月15日20时30分，对襄阳发起总攻！破城歼敌，一定要获全胜！

箭上弦、刀出鞘，大战一触即发。然而，攻城的前一天，王近山却带着政治部主任李震跑到了指挥所附近的水塘去钓鱼。

在一处芦苇摇曳的河湾，王近山甩开了长钩，对旁边将士们半开玩笑半认真地说："今天若能钓上大鱼，我们必能活捉康泽这个大家伙。"

然而，两个时辰过去了，鹅毛浮子仍不见动静，众战士心里不免打鼓。就在这个时候，作战处长飞马送来刘、邓首长急电："战役关键已过，近山同志该起网捉鱼了。"也就在电报传到李震手中的同时，猛听王近山一声大喊："大家伙，你跑不了了！"待众人七手八脚把鱼拖上岸后，王近山嘿嘿一笑："是条大鲤鱼，足有十多斤。这下康泽你跑不了啦！"

倒不是王近山自命不凡，他的这份胸有成竹和细致缜密的作战部署是分不开的。王近山早已下定决心：东西对攻，以西面为重点，直取襄阳。他的部署如下：六纵主力由西关经大石桥主攻西门，于西门实施主要突破，第四十七团在城西北角助攻；陕南第十二旅和桐柏军区第二十八旅分别从东北角和东南角攻城，各部会合地点为杨家祠堂康泽司令部。

六纵的三个旅全部集中在西门外纵深线上，以一个营作突击队，一个营担任辅攻，而以16个营的兵力，为阶梯纵深之强大后梯队，待突击营打开缺口后，即迅速投入，连续跟进，使国民党守军无还手余地，无喘息机会。这种部署，这种战法，这种勇、猛、狠及一往无前的气概都是典型的刘邓部队的战斗作风，也是王近山指挥的一贯特色。在火力的组织上，也是集中了当时全纵队仅有的3门山炮、2门战防炮、17门迫击炮、27挺重机枪，编成4个火力队，集中使用于西门一个方面，重点压制一段。总而言之，不惜一切代价，要拿下西门！

解放军破城

1948年7月15日晚上8点30分，总攻襄阳的战斗打响了。在襄阳城西门的主攻方向，解放军的火炮一齐打响，霎时间，山摇地动，大量的炮弹倾泻在国民党守军的阵地上，火光映红了夜空，襄阳城一片火海，碉堡炮楼一个个飞上了天，国民党守军被猛烈的炮火压住，根本无力还击。借着炮火的掩护，工兵连续进行了四次爆破，将城墙炸开一个缺口；突击营乘着弥漫的烟雾，迅速发起冲击，排除障碍，

直抵城下；攻击部队随后跟进，巩固了突破口。

西关被突破，城内守敌完全陷入混乱。六纵十七旅、六旅、十八旅按预定计划陆续投入战斗，向纵深发展。不久，桐柏军区二十八旅和陕南十二旅分别从东南角、东北角登上城头。各路攻城大军，像无数支离弦的利箭，呼啸着射进襄阳的大街小巷。

随着解放军的猛烈进攻，康泽的守备体系土崩瓦解。眼见大势已去，康泽困兽犹斗，想作最后挣扎。他纠集起散兵游勇，打算依托司令部杨家祠堂继续顽抗，等待蒋介石的救兵。杨家祠堂就在襄阳城里离东门不远的地方，是一座四进深建筑，围有高墙，四周不连接民房，院内四个角上各筑有十分坚固的两层碉堡，围墙上布满了密密麻麻的枪炮射孔。司令部中心筑有一座更为坚固的三层主碉楼。从司令官、副司令官的住室到中心碉楼，有地道相通。守卫杨家祠堂的是康泽的嫡系部队、特务营和宪兵队，加起来

★★★★★

关金券

本是国民党政府专供进口关税所使用的一种货币，以中央银行名义发行。正面为孙中山像，背面为银行大厦。其最初的发行目标只是为进口商提供纳税的便利，并不在市面流通。由于其与外国货币直接挂靠，币值相对稳定而坚挺，储蓄功能愈显突出。

不过几百人。然而，这最后的几百人早已经成为惊弓之鸟，无心恋战。为了诱骗部下继续为他卖命，康泽把这些年的家底儿全部拿了出来，当场分发。同时，他还向部下许诺，只要能坚守碉堡一天，每个士兵再发关金券200元，军官加倍。直到这个时候，康泽仍心存幻想，他还不明白钱以及他一直誓死效忠的蒋委员长根本就救不了他了。

负责攻打杨家祠堂的是六纵五十四团。团参谋长沈伯英找来炮连副连长，命令他带上连里所有的迫击炮、火箭炮和工兵炸毁康泽司令部，为步兵打开冲锋道路。

在解放军强大的火力攻势下，杨家祠堂的核心工事很快被轰上了天，陕南十二旅的部队率先冲进了杨家祠堂，活捉了副司令长官郭勋祺等一批国民党高级军官。然而，总司令康泽却不见了踪影。

作为国民党中央委员、大特务头子，康泽掌握着国民党很多重要的情报、密码。对于康泽，刘、陈、邓三位首长曾经做过具体指示：康泽只能捉来，不能抬来，要活的！然而，那么多部队在杨家祠堂里一遍又一遍地翻腾了一个上午，就

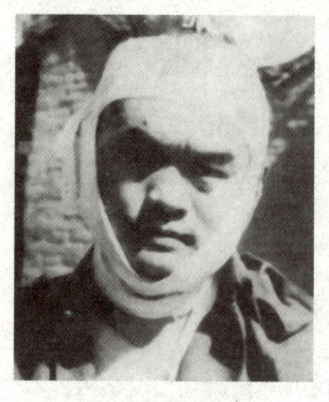

被活捉的康泽

是看不到康泽的踪影。活不见人，死不见尸。而从各方面提供的情况证实，就在几个小时前，还有人亲眼见过康泽，他难道飞了不成？那么，康泽到底去了哪儿呢？是化装潜逃了，还是死于乱军之中？六纵的搜索小分队找来了被俘的康泽卫兵傅起戎，想让他帮忙在死尸堆中找找看。结果，搜索到一个碉堡底层的暗道时，傅起戎突然发现躺在死尸堆里企图蒙混过关的康司令。当时的报纸这样报道了活捉康泽的情形：在康泽司令部门口下面的一条地道里，傅起戎发现了一个洞口，洞口内有五具尸体。翻到其中一具满身血污的"尸体"时，一只胳膊突然伸了起来。傅起戎吓得转身往外跑，气喘吁吁地指着那个藏在死尸堆里的活人说："他就是康泽！"

康泽被活捉，至此，解放襄樊的战役正式宣告结束。

7月17日，中央军委收到捷报：

> 襄樊作战已于16日20时结束，守敌十五绥靖区司令部及保安团等全部二万一千余均被歼。计俘绥靖区司令康泽、副司令郭勋祺以下一万五千余。

7月23日，中共中央给中原局、中原军区、刘陈邓三位首长和全军指战员发来贺电称：

> 庆祝你们在襄樊战役中歼敌两万余人，解放襄阳、樊城、老河口等七座城市，并活捉蒋介石法西斯特务头子康泽的伟大胜利。这一汉水中游的胜利，紧接着开封、睢杞两大胜利之后，对于中原战局的开展帮助甚大。

链 接

康泽（1904—1967）

四川安岳人，黄埔三期毕业生。特务出身，他一手操办了国民党中华复兴社，同时也是三民主义青年团的创始人之一。1963年获特赦。新中国成立后，曾任全国政协文史委员。

九月会议：组织决战总动员

> 太行秋色聚群英，誓语声声震苍穹。
> 坚信革命无不胜，盘马弯弓气如虹。

　　1948年9月，依偎在青山绿水间的西柏坡和以往任何一个9月没有什么不同，依然静悄悄的。但这个9月却是不平凡的。因为此时，这里召开了一个重要的会议——中共中央政治局扩大会议，史称"九月会议"。九月会议是中共中央撤离延安后的第一次政治局扩大会议，也是日本投降以后到会人数最多的一次中央会议。在全国解放战争进入战略决战的重要时刻，以毛泽东为核心的中共领导集体，在这次会议上酝酿了一系列关系中国命运的重大决策。中共中央为什么会选择这个时间召开这次政治局扩大会议呢？

　　1948年，解放战争进入第三年，全国的军事、政治和经济形势发生重大变化。随着共产党军队的节节胜利，人民解放军已经由战略防御转入战略进攻。国共两党的兵力对比已由解放战争初期的3.4∶1缩小到1.3∶1，而且国民党军被解放军分别钳制在东北、华北、西北、中原、华东五个战场上。解放区面积不断扩大，大部分解放区已经完成土地改革，翻身农民的革命和生产热情空前高涨，生产得到恢复发展。

　　与之形成鲜明对比的是，国民党内部由于政治腐败，矛盾更加尖锐，经济危机更加严重。严峻的形势让蒋介石心急如焚。

　　1948年8月3日至7日，国民党政府在南京国防部礼堂召开了有120多人参加的军事检讨会，企望能彻底检查失败的原因挽回败局。军事检讨会制定了对中共新的作战部署，做出《战略方针之决定》的决议。南京国防部发表了《半年来战

局总检讨》，确定了"黄河以北取'守势'，黄河以南取'攻势'"的战略方针。会后，蒋介石和夫人宋美龄还宴请了参加会议的人员，散发了题为"为什么要剿共?"的宣传品。他们真可谓用心良苦，但是显然已经回天乏力了，因为此后，历史旋即发生了根本性的转变。

毛泽东作为中国共产党的卓越政治领袖，一位成熟的军事统帅，深知同国民党军进行战略决战的时机已经到来了。于是，中共中央决定于9月在西柏坡召开政治局扩大会议，全面检查和总结两年来的工作经验，重新确定解放战争第三年的战略任务与方针，进一步思考和研究与建立新中国有关的一系列重大政策问题。这次会议对整个解放战争的胜利产生了重要影响。

接到九月会议通知，各中央局、军区的领导分别从驻地出发，穿越敌人的重重封锁，赶赴西柏坡。

1948年7月25日早晨，时任中原局第一书记的邓小平告别了刘伯承，从河南宝丰县的皂角村出发，乘上一辆缴获的美军吉普，向洛阳方向驶去。当他们一行到达黄河北岸的时候，突然，头顶上传来一阵飞机的轰鸣声。在毫无隐蔽的沙滩上，人和车完全暴露在敌人的视线之内，一旦敌机俯冲过来，后果不堪设想。大家的心一下子提到了嗓子眼儿。幸运的是声音从耳边划过，并没有发生什么事。

邓榕回忆道："（父亲）到了作战地区，白天有敌机不能走就改成晚上走。大路被破坏了，他也绝不绕路，硬是颠簸着从凹凸不平的道路上直线而去。几天之中，他一直未敢稍事停留。"[1]就这样，邓小平星夜兼程，一路经山西晋城、榆次，河北石家庄，赶往西柏坡。

8月11日，时任华北军区第一兵团司令员兼政委的徐向前接到了中央电报，病中的他先在石家庄白求恩国际和平医院住了几天院，然后也赶到了西柏坡。饶漱石、贺龙、薄一波、聂荣臻等中央局、军区的领导也陆续赶赴西柏坡，他们的心情都是急切的，因为他们知道这是一个决定中国前途命运的重要会议。

大决战前夕，群英聚会西柏坡，让这个本来平静的山村热闹了起来。这些在战火硝烟中多次与死神擦肩而过的战友们久别重逢，大家都十分高兴。这时，恰逢刘少奇和王光美刚刚结婚，喜事也为大家的相聚增添了不少欢快气氛。

会议召开前，毛泽东几次找邓小平促膝长谈，并让他把进军中原一年来的工

---

①邓榕.我的父亲邓小平[M].北京：中央文献出版社，2010：383.

作情况作一个详细的书面报告。于是，邓小平就写了《关于今后进入新区的几点意见》的报告。这份在九月会议正式召开前送来的"珍贵礼物"，使中共中央和毛泽东及时了解了新区的情况，为九月会议期间从实际情况出发，制定谋划全局、推进胜利的各项政策提供了帮助。

在西柏坡中共中央旧址的西南方向，有一座普通的土坯房，当时是中央机关的食堂，九月会议就在这里召开。之所以选择它做开会的地点是经过慎重考虑的，因为这样既方便就餐，也不引人注意。屋子中间放着规格不一的餐桌，开会时，大家把饭桌拼在一起当会议桌，散会后就在这儿就餐。饭菜丰盛，每桌都有茄子、黄瓜，顿顿还有一点儿滹沱河的鲤鱼和太行山的肥猪肉。尽管会场条件极为简陋，但是大家心情都非常舒畅，胃口也好，往往饭菜刚端上来就一扫而光了。

九月会议原址——中央机关中灶食堂

参加会议的有中国共产党五大书记：毛泽东、周恩来、刘少奇、朱德、任弼时以及中央委员、候补委员和华北、华东、中原、西北的党政军负责同志共31人。

党中央对这次会议非常重视，作了周密安排。特别是设立执行主席，由政治局委员轮流主持会议，并规定了每天的会议主题。

8月28日到9月7日，先召开了11天的预备会议，讨论了九月会议的有关事项，草拟了有关文件。9月8日开始举行正式会议，原计划三天的会议由于议程较多，延长到了13日才结束。

会议开始了，会场鸦雀无声，大家围坐在桌旁，安静地听着毛泽东的报告。灶间的炉火烧得正旺，橘红色的火焰闪耀着，好像大家激动的心情。

毛泽东的报告共涉及军事、政治、经济等八个方面的问题。毛泽东特别强调："我们的战略方针是打倒国民党，战略任务是军队向前进，生产长一寸，加强纪律性，由游击战争过渡到正规战争，建军五百万，歼敌正规军五百个旅，五年左右从根本上打倒国民党。"

"军队向前进"，就是要求我军要打更大规模的歼灭战，大量歼灭国民党军，

进一步改变敌我力量对比。

"生产长一寸"的提法，在城南庄中共中央书记处扩大会议上就曾进行过讨论，这次会议又重新提了出来。恢复和发展解放区的工农业生产，是支援战争、战胜国民党的重要环节。所以，一方面必须使解放军向国民党区域发展胜利进攻，将战争所需的人力和物力资源大量地从国民党方面和国民党区域去取给；另一方面必须用一切努力恢复和发展老解放区的工农业生产，使之在现有水平有若干增长。①

"建军五百万"，是指人民解放军的数量要发展到五百万。为什么不是四百万、六百万，而是五百万呢？毛泽东做了解释。他说："建军五百万是为了全部打倒国民党，一切角落都扫光。根本上打倒国民党，时间五年左右即可以，军力四百万即可以。第三年军队数目上不增加，现在我们军队二百八十万，加上其他人民武装力量一百四十万，共四百二十万，编制不足的还要补充起来，如只有一万多人的纵队，要补到两万人。第四年、第五年还要扩大，到江南后即可以扩大。五百万是包括这一切的。"②

"五年左右从根本上打倒国民党"，这个五年是从1946年7月算起，预计到1951年7月消灭国民党主力。消灭国民党主力是加速战局发展的关键。为此，会议通过了"人民解放军第三年仍全部在长江以北和华北、东北作战"的战略方针。

毛泽东的报告得到了与会者的一致赞同。炉子上的水快烧开了，壶里飘出了袅袅的蒸汽，发出了细声细气、曲折有致的声音，像是为热烈的讨论打着节奏。

这时，刘少奇发言了："这种估计，是稳健的、谨慎的、实际的估计，不是冒险的估计，有过去两年做根据。""打倒国民党，统一全中国，以前是宣传口号，现在是摆在议事日程上来的计划了。"邓小平插话道："我们在战争中打大城市，即真正的带决定性的攻坚，这一关还没有过。"朱德在讲话中断言："将来攻城打援的大会战最可能在徐州进行。"为此，党中央要求各战略区在战争第三年准备打更大规模的歼灭战，同时决定将战略决战的方向首先放在东北战场。

随着讨论的深入，会场气氛更加活跃。周恩来发言，主要分析了形势，谈了军事计划问题和军队建设问题。他指出，要把战争继续引向国民党统治区，使战争负担加之于敌；今后仍力争在运动中消灭敌人，使攻坚与野战互相结合。他强

---

①毛泽东. 毛泽东选集：第四卷 [M]. 北京：人民出版社，1991：1348.

②中共中央文献研究室编. 毛泽东文集：第五卷 [M]. 北京：人民出版社，1996：134.

调，第三年的战争，全国的重心在中原，北线的重心在北宁线。

为什么全国的重心在中原呢？中原地区是指河南省以及河南周围的河北南部、山西南部、陕西东部及山东西部在内的黄河中下游地区，这里是中华文明的发源地，是华夏民族的摇篮，地理位置极为重要，自古有"得中原者得天下"之说。

对中原的战略部署，是共产党为战略决战所做的一个长远打算。早在1947年5月，中共中央就设立了以邓小平为首的中原局，主持挺进中原。1948年5月，中央决定扩大中原局，作为中央派出机构，领导中原地区的一切政治、军事、经济、党务事宜，指挥中原战场上的中原野战军和华东野战军协同作战。邓小平、刘伯承、陈毅带领中原局进驻宝丰后，开始大力发展生产，粮食实现了基本自给，而且人口增长到了两千多万。中原解放区和其他解放区一起成为巩固的战略后方，为革命胜利争取了时间、空间、力量上的优势。

毛泽东没有再说什么，他一支接一支地吸着烟，一直在听大家议论。他常常这样，当大家畅所欲言时只是倾听。因为他可以从大家的发言中了解情况，吸收有用的信息，作为决策的依据。

当听到周恩来说"人民解放军要统一建制""必须建立若干正规的制度"，任弼时说"要加强统一集中领导，加强纪律"时，毛泽东深有同感地点点头，这也是他长期以来一直在思考的问题。过去共产党和解放军长期处于被国民党分割的、游击战争的农村环境之下，各地方党和军事的领导机关曾经保持了很大的自治权，虽然这让他们渡过了长期严重困难的局面，但同时也产生了某些无纪律和无政府状态，滋生了地方主义和游击主义。长此以往，将会造成混乱，失去统制。眼下战略决战在即，要想获得全局胜利，就必须要求军队和作战的正规性。因此，毛泽东要求各级要把加强全军纪律性作为头等大事来抓，将一切可能和必须集中的权力集中于中央和中央代表机关手里，使游击战顺利过渡到正规战争。

这次会议要求全党全军加强纪律性的同时，还对进一步加强党委的集体领导问题做了研究。通过了《关于各中央局、分局、军区、军委分会及前委会向中央请示报告制度的决议》，为全党全军正确贯彻党的政策，争取战略决战的胜利打下坚实基础。

会上，中共中央对于如何建立一个新中国进行了思考，就新中国的国体、政体、经济、文化、外交等方面提出了许多重要的指导思想，并勾画出了一幅大致成熟的宏伟蓝图。

　　会议对将要建立政权的性质、名称提法及准备召开新政治协商会议，成立临时中央政府问题进行了讨论。毛泽东深刻地论述了建立无产阶级领导的以工农联盟为基础的人民民主专政。他强调：我们是人民民主专政，各级政府都要加上人民二字，各种政权机关都要加上人民二字。关于政权的制度问题，毛泽东明确指出：要建立民主集中制的各级人民代表会议制度。

　　刘少奇在会上系统地阐述了新民主主义经济的成分和基本矛盾问题，这是刘少奇在新中国成立前夕对新民主主义经济所做的比较系统的理论思考。他的发言得到了毛泽东及与会人员的肯定。他的讲话会后被草拟成文件，在党的七届二中全会上使用。①

　　会议还提出要注重和加强城市工作和工业管理工作，逐步把党的工作重心从乡村转向城市的战略问题。这些决策为全党在国内局势发生重大变动的前夕指明了前进的方向，统一了行动的步调。

　　9月的西柏坡正值丰收时节，人们欢笑着、忙碌着。毛泽东和他的战友们也收获了丰硕成果，会议的英明决断正由一份份重要电文传递着，穿越山川河流，传向各大战区，转变为战略决战的伟大实践。

　　9月7日，也就是九月会议正式召开前一天，毛泽东亲自起草了《关于辽沈战役的作战方针》的"AAAAA"电文，特急加速拍发到东北野战军司令部。

　　9月9日，也就是九月会议正式召开第二天，毛泽东专门起草了《关于九月会议参考文件的目录》，要求与会同志认真学习理论书籍，统一思想，提高认识水平。

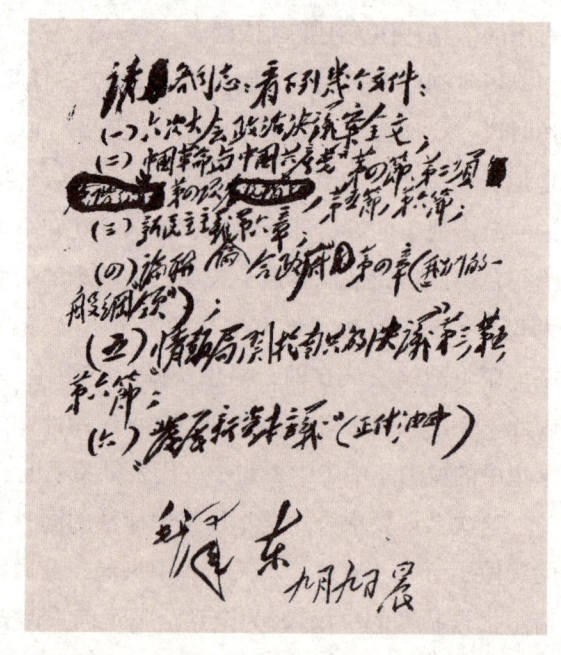

毛泽东在9月9日起草的《关于九月会议参考文件的目录》

①陈亮."军队向前进，生产长一寸，加强纪律性"：解读九月会议珍贵文献[J].中国档案，2011（08）：73.

9月11日，正在主持政治局会议的毛泽东代表中央军委致电东北野战军，批准他们9月10日关于军事情况的估计及部署。

9月12日，东北野战军孤立锦州，标志着辽沈战役第一阶段的北宁线战役开始了。

9月13日下午，九月会议就要结束了。毛泽东从他的农家小院出来，伴着温润的阳光和习习的清风，迈着稳健的步伐向会场走去。午后的山村总有一种特别的恬静，但此时的恬静却如同大战前的无线电静默一般，让人感觉到一种能量在悄然地积蓄着。

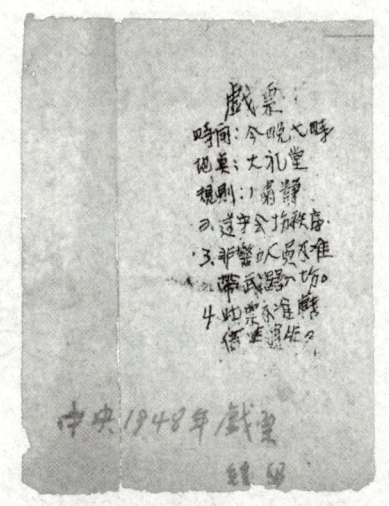

东柏坡村老党员阎铠收藏的戏票
（黄仁宗摄）

晚上，中共中央特别邀请了华北评剧团在东柏坡村中央大礼堂演出。家住东柏坡村的83岁老党员阎铠一直珍藏着这场演出的戏票。当时看戏的人特别多，非常热闹，老百姓一起分享到了会议成功召开与圆满结束的欢乐。

9月16日，华东野战军攻克济南。济南战役表明，人民解放军开始突破带决战性的攻坚战这一关，由此揭开了战略决战的序幕。

9月26日，以工农联盟为基础的人民民主专政的新型人民政权华北人民政府成立，它的成立极大地鼓舞了全国人民和解放军的革命斗志，为新中国政权建立奠定了基础。

10月10日，毛泽东亲自起草了《中共中央关于九月会议的通知》，向全党通报了这次会议的基本情况和决定，为全党进一步了解形势、明确目标提供了依据，为中央人民政府的成立创造了有利条件。

11月1日，根据九月会议的决定，中央军委颁布了《关于统一全军组织及部队番号的规定》，明确规定今后军队一律统一称为"中国人民解放军"。此后，全军各部队正规化程度大为提高，为获得战略决战的胜利提供了有力的组织保障。

11月2日，辽沈战役胜利结束，中国的军事形势发生了很大变化。据此，毛泽东指出："这是中国革命的成功和中国和平的实现已经迫近的标志。"

11月11日，毛泽东在致林罗刘谭并各中央局、各前委负责同志的电报中，对于人民解放战争的胜利时间重新做了估计：

……九月上旬中央政治局会议时所作的五年左右建军五百万，歼敌五百个正规旅，根本上打倒国民党的估计及任务，因为九、十两月的伟大胜利，已经显得落后了。这一任务的完成，大概只需要有一年左右的时间即可达到了……（节选）

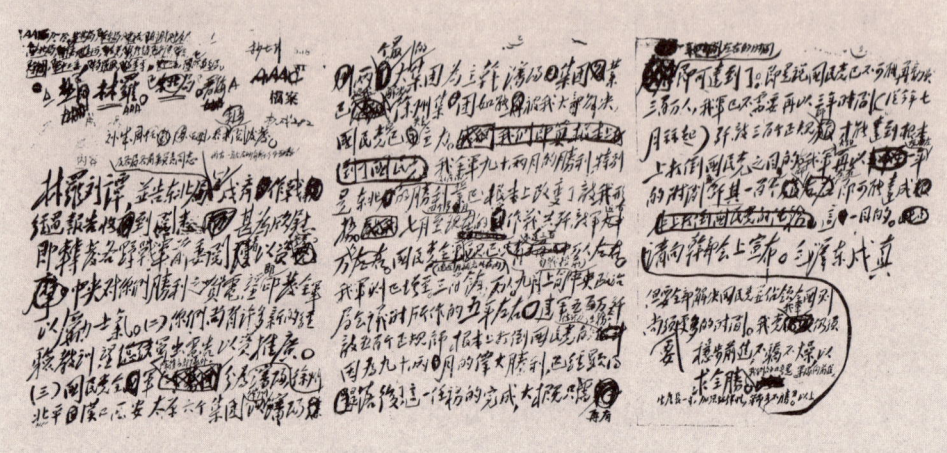

胜利势如破竹。辽沈战役历时52天，淮海战役历时66天，平津战役历时64天，中国人民解放军与国民党军队进行的战略决战取得了决定性胜利。40多年后，徐向前元帅在回忆九月会议时说："我军能在1948年9月以后不到一年的时间，胜利完成了同蒋军的战略决战，消灭了敌人主力，解放了全国大部分土地。'九月会议'为此奠定的坚实基础，将永存青史。"

九月会议，这次以时间命名的中共中央政治局扩大会议，让一切充满希望。这次会议对于中国新民主主义经济和由新民主主义社会转变为社会主义途径问题的讨论，为党的七届二中全会的召开做了重要的理论准备；它制定的战略任务与决策在思想上、组织上和物质上为进行战略决战，迅速夺取全国胜利和建立新中国发挥了重要作用。

谋取济南：攻城打援点爱将

战略攸关济南城，强攻死守两相衡。
电波运筹点爱将，夙敌再逢决死生。

1948年7月16日，华东野战军代司令员兼代政治委员粟裕、参谋长陈士榘等几位将领正在开会商讨下一步作战计划。突然，电报机房一阵滴滴答答的电报声响起，随后，一位参谋急匆匆地从外面走了进来，手里拿着一封中央军委发来的电报。电文指示：

> 攻克兖州又歼八十四师甚好甚慰，望鼓励士气，于尽可能短促时间内完成对济南之包围，首先夺取机场，并乘胜夺取济南。如果可能，你们应争取于十天内外夺取济南。

这是远在西柏坡的中央军委和毛泽东给华东野战军下达了攻打济南的作战命令。

解放战争进行到1948年7月，国共双方力量对比发生了显著的变化。大城市攻坚已提上了重要日程，形势到了战争决战的前夜。

放眼全国，三座省会城市成为中央军委的首批进攻目标：这就是华东粟裕部作战范围内的山东济南、东北野战军林彪部作战范围内的吉林长春以及华北军区徐向前部作战范围内的山西太原。战争双方都很清楚：全国的战局发展至此，无论以上哪座城市发生战争，导致的后果绝不是一座城市的得失，而是引发国共双方的重大战事的导火索。毛泽东苦苦思索的是，从哪座城市下手才能导致最理想的战争走向？蒋介石也在紧张地判断，哪座城市的失手会动摇长江以北的整个战线？

豫东和兖州战役之后，济南成了一座孤城。经过审时度势，毛泽东决定将攻

克大城市的战略意图锁定在山东济南。

济南处于津浦、胶济铁路交会点。它北靠黄河，南倚泰山，地势险要，易守难攻。重要的战略地位使这座古城变成了一座军事要塞。它南可以与徐州呼应，北与平、津声援，是当时蒋介石在全国军事战略部署中牵一发而动全身的重要之地。济南万一失守，不但徐州不保，国民党政府首府南京也势必受到严重威胁。而当时济南周边300公里的区域都被解放军所占领，济南成为当时国民党军队在山东腹地的最后一个坚固设防城市，它更是插入华北、华东解放区的一颗"钉子"，只要拔掉它，就能把两大解放区连成一片。解放济南的重要性不言而喻，济南志在必夺，毛泽东下了决心。

粟裕和王耀武成为济南战役国共双方主将的焦点人物。

王耀武，原名王者让，从军之后他自己改名为王耀武，由此可见他对军人气质的向往和崇拜。时任国民党第二绥靖区司令官兼国民党山东省主席。济南战役时44岁。

粟裕和王耀武这两位将领彼此并不陌生，早在1934年12月的那场漫天大雪中，时任国民党军独立旅旅长的王耀武与红十军团、红七军团在皖南谭家桥摆开战场。这一战以红军失利告终。粟裕时任红十军团参谋长，在粟裕的心目中，这一战永世难忘。莱芜战役、孟良崮战役，粟裕连续重创王耀武。在济南城下，这两位战将又狭路相逢了。

当时，济南城里驻守着3个整编师、9个正规旅、5个保安旅及特种兵部队，兵力共约11万人。同时，在济南的南面还驻守着李弥和黄百韬机动兵团共约17万人，一旦济南受到攻击，他们随时可以北上增援。

1947年5月，孟良崮战役前夕，粟裕等到前沿观察

从战场态势上看，粟裕面临的敌人非常强大。西柏坡的空气骤然紧张起来。

这一仗的重要性对于攻守双方来说都是不言而喻的。对攻方的华东野战军来讲，如果济南被攻下，将会对当时似乎僵持的战局产生重大的影响，中国大陆国共双方大决战的重要序幕会就此拉开；对守方的国民党而言，如果济南能守住，

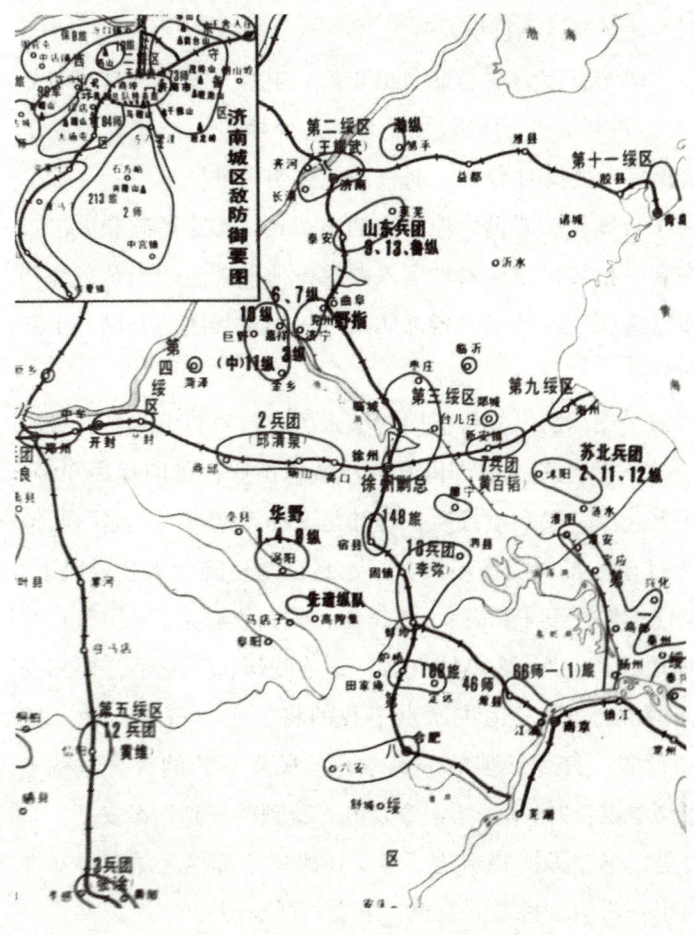

1948年9月济南战役前，敌我态势图

不仅能为当时已经退入守势的国民党军队注入一剂兴奋剂，更能为一直头痛山东共军的蒋介石创造胜利"围剿"的精彩一笔。

蒋介石告诫驻守济南的王耀武：济南决不会放弃，如有意外你要负责！而远在西柏坡的毛泽东对周恩来说，告诉粟裕此役关系甚大。这一年的济南已成为国共双方一试身手的重要战场。

那么，由谁来担任攻城的主帅呢？济南地势险要、堡垒纵横、城高、壕宽并且精兵强将驻守，攻城非常艰难，攻城总指挥的人选非常关键。派谁呢？

"许世友！"毛泽东毫不犹豫。多年来，毛泽东看中的是许世友勇猛的作战作风，他就是毛泽东心中的一员虎将。

很快，一封电报发给了华东野战军前线指挥部。毛泽东致电粟裕、谭震林，指定正在养病的许世友担任济南攻城部队指挥员。电文说：

> 此次攻城是一次严重作战，请考虑在许世友同志身体许可情况下，请他回来担任攻城主要指挥员，王建安（山东兵团副司令员）同志辅之。

中央军委越过华东野战军司令部直接发报调将，在毛泽东的军事指挥生涯中似无先例。那么，毛泽东为什么要亲点许世友呢？

许世友，原名许仕友，取与官宦为友之意。20年后，毛泽东亲自为其改名为世友，意为全世界的朋友。许世友小时候放牛，8岁入少林寺；作战时身先士卒，一生爱好喝酒、打猎；济南战役时42岁，时任山东兵团司令员。

许世友作风勇猛，善于打硬仗、恶仗，他带出的山东兵团善于爆破和城市攻坚。据说，抗战时期山东有一批煤矿工人参加了八路军，他们善于使用黄色炸药进行爆破，八路军山东军区遂将这一技术向各部队推广。山东兵团的九纵、十三纵队的城市攻坚能力尤为突出。

许世友带领的就是这样一支部队，先打下周村、张店，接着打下潍县，最后打下了坚固设防的兖州。这次毛泽东点名许世友为攻城总指挥，可谓知兵知将，知人善任。当时许世友正养病呢，接到电报后，得知是毛泽东亲自"点名"叫他去指挥攻打济南时，大喜过望。虽说腿伤还没养好，且已是傍晚，天就要黑了，但他全然不顾了。许世友连忙催促妻子田普："快，快，收拾衣服走。" 田普正在手忙脚乱地做晚饭，奇怪地问道："什么事情这么急，连晚饭都不吃了？要到哪儿去呀？"许世友乐颠儿颠儿地说："毛主席点了我的将，去打济南！快，就走！"结果，田普衣服还没收拾好，接他的一辆缴获国民党军队的吉普车就来了，坐在车上，他又吩咐高参谋："给华野粟司令发电，我预明晨到达泰安。"

吉普车一夜狂奔240里，第二天拂晓到达了泰安兵团司令部。毛泽东得知许世友"到位"后，亲笔写了一份给许世友的电报，电文这样写道：

> 世友同志，并告粟谭陈，华东局，中原局：
> 　　真电悉。你已到前方，甚慰。你所说的有重点的使用兵力，是正确的。此次作战部署是根据军委指示决定的，即目的与手段应当联系而又区别。此次作战目的，主要是夺取济南，其次才是歼灭一部分援敌，但在手段上即在兵力部署上，却不应以多数兵力打济南。如果以多数兵力打济南，以少数兵力打援敌，则因援敌甚多，势必阻不住，不能歼其一部，因而不能取得攻济的必要时间，则攻济必不成功……

指定了许世友为攻城的总指挥后，那面对邱清泉、李弥和黄百韬的17万军队前来增援该如何阻挡呢？远在西柏坡的毛泽东再次陷入了沉思。与此同时，虽然早已把这一仗列入自己计划的粟裕却有他的担心和顾虑。粟裕认为，要想夺取济南绝不是简单的攻城，而是一个必须经过攻城与打援双重重任的复杂作战，华东野战军必须全力以赴。济南攻城的部队万一被援敌合围在城下，后果将是致命的；反之，如果将重兵用于打援，济南城久攻不下，华东野战军将被拖死在山东战场，结果同样不堪设想。

而身居南京的蒋介石为屏障徐州，隔断华东、华中两大解放区的联系，并钳制华东野战军不能全力南进，同时也是为了不使驻扎在青岛的美国海军陷于孤立，下达了死守济南的作战命令。王耀武经过慎重考虑，提出放弃济南，将所剩兵力集结到兖州，与徐州的部队连接起来的建议，遭到了蒋介石的断然否定。蒋介石的一席话让王耀武坐卧不安：济南如果被围攻，我当亲自为你督促主力部队迅速增援。只要你守得住，援军必能及时到达。我有力量来解你的围。打仗主要靠士气，鼓励士气，首先自己不要气馁。你要知道，我们的失败是失败于士气的低落。你们如不发奋努力，坚定意志，将死无葬身之地。

国共两个司令部同时看中了济南，只不过一个是强攻，一个是死守。同样的战场，别样的心情。

心事重重的王耀武决定在大战之前将家眷由济南迁到南京。济南守军很快知道了他们的司令官南迁家人一事，谁都明白这一举动预示着一场血战不可避免。

1948年4月9日，蒋介石在南京宣称：一定可以在3到6个月的时间内肃清黄河以南的人民解放军。然而，距蒋介石发此言之后的仅仅3个多月，在7月盛夏的西柏坡，毛泽东便在新华社的一篇社论中，加入了这样一段话：“三个月已经过去了，再有不到三个月就要满六个月了，我们倒要看一看究竟谁肃清谁。”

而在西柏坡，毛泽东和他的战友们在一间仅有16.3平方米的小民房里通宵工作。1948年7月16日，滴滴答答的电报声从西柏坡山村农舍飞向华东野战军前线指挥部。毛泽东在这一天之内连续起草三封电报，催促发起攻打济南的作战行动。

其中，给华东野战军山东兵团司令员许世友和政治委员谭震林的电报指示：

> 你们歼灭八十四师后除一部分兵力歼灭济宁、汶上之敌，并负责扼守运河要点阻止可能之敌东渡以外，主力应不惜疲劳强占济南飞机场，并迅速完成攻击济南之准备，以期提早夺取济南。

发给粟裕、陈士榘、张震、许世友、谭震林的电报如下：

> 许谭已歼灭八十四师，济（济宁）汶（汶上）敌已南逃，邱（邱清泉）兵团可能停止前进。许谭在现地休息一两天，应不惜疲劳减员迅即北上包围济南，并争取于10天内外攻克之。

毛泽东这三封电报，前一封是部署攻占飞机场，第二封部署打援，第三封限令10天内外攻取济南。其中几句话很耐人寻味，在给粟裕等华东野战军将领的电报里强调："首先夺取飞机场，并乘胜夺取济南"。给华东野战军山东兵团司令员许世友和政治委员谭震林的电报里命令："主力应不惜疲劳强占济南飞机场，并迅速完成攻击济南之准备，以期提早夺取济南。"发给粟裕、陈士榘、张震、许世友、谭震林的电报再次强调："应不惜疲劳减员迅即北上包围济南，并争取于10天内外攻克之。"这三封电报里，毛泽东对攻打济南的作战方案、时间安排都提出了非常详细的方案。

在整个战役部署过程中，为了与华东野战军指挥在作战方针上统一认识、协调部署，毛泽东和中央军委在偏远的西柏坡，与华东野战军指挥所用看不见的电波进行交流、沟通。在济南战役打响的这段时间内，滴滴答答的电波在两地的上空来回穿梭，构成了另一个看不见硝烟的战场。

就在同一天，粟裕回电，基于华野部队连续作战，十分疲劳，急需休整和补充，建议休整一个月。这一建议得到了中央军委的同意。

依据中央军委的指示和济南周围敌情，粟裕在8月10日提出了作战的3个方案：

（一）集中华野全力进入豫皖苏及苏北地区，切断徐蚌铁路，孤立徐州，着重求歼徐州出援的敌人。（二）集中主力首先攻占济南，以必要兵力阻击徐州可能北援的敌人。（三）攻占济南与打援同时实施，但有重点地使用兵力。第一阶段先以一部夺取济南机场，主力求歼徐州援敌一部。第二阶段以一部兵力阻击援敌，主力转攻济南。

通过比较，粟裕认为以执行第三方案为有利。两天后，也就是8月12日，中央军委回电。这是一封著名的长电。大战在即的紧要关头，统帅部与前方将领关于作战的讨论用一种商榷的口吻：

> 你们所提三个方案我们还在考虑中，待你们和许王谭会商提出更接近实际的意见后，再正式答复你们。现我们只提出一些初步感想，作为你们会商时的参考材料。

显然，毛泽东与粟裕的想法有很大不同。中央军委复电同意实行攻济打援的作战方针，并指出作战结果预计有三种可能：第一，打一个极大的歼灭战，即既攻克济南，又歼灭大部分援敌；第二，打一个大的歼灭战，即既攻克济南，又歼灭一部分援敌；第三，济南既未攻克，援敌又不好打，形成僵局，只好另寻战机。

毛泽东于8月26日、28日连续致电华野指挥员，对济南战役的前景进行了分析，并对攻济打援的部署做了指示。26日电报指出：

> 攻济打援战役必须预先估计三种可能情况：（一）在援敌距离尚远之时攻克济南；（二）在援敌距离已近之时攻克济南；（三）在援敌距离已近之时尚未攻克济南。你们应首先争取第一种；其次争取第二种；又其次应有办法对付第三种。

26日，中央军委复电再次指出：此次战役必须预先估计三种结果。

> （一）在援敌距离尚远之时攻克济南；（二）在援敌距离已近之时攻克济南；（三）在援敌距离已近之时尚未攻克济南。我军应争取第一、第二种可能，在第三种情况下，即应临时改变作战计划，由以攻城为主，改变为以打援为主，待打胜援敌后再攻城。

28日，军委又强调指出：此役关系甚大，战役计划应以能应付最坏的情况为出发点，应以一部兵力真攻济南，集中最大兵力于阻援与打援方向。

面对蒋介石28万人的周密会战计划，华野如何避免陷入被动和险境？既要攻下济南城，又要打援成功，该如何分配兵力？遵照中央军委的指示，华东野战军前委制订了详细的作战计划：这次作战，华野出动兵力32万人，粟裕决定组成攻城、打援两个兵团。以参战兵力的44%、约14万人、6个半纵队组成攻城兵团，分东、西两个集团对济南实施钳形突击，由山东兵团司令员许世友统一指挥。以参战兵力的56%、约18万人、8个半纵队组成打援兵团，于巨野、兖州等地夹运河而阵，担负对徐州北上援敌的打援、阻援任务，由华东野战军司令部直接指挥。攻城与打援同时进行，两个同等艰巨的任务都落到了华东野战军的身上。粟裕亲自兼任打援的总指挥。中央军委、毛泽东完全同意上述计划。再次重申"全军指挥，由粟裕担负"，至此，"攻济打援"的作战方针已基本形成。

其实为了确保济南，精明的蒋介石已经拟订了一个周密的28万人的济南会战计划。这个计划就是一旦济南打起来，早已严阵以待的黄百韬第七兵团、李弥的第十三兵团和邱清泉的第二兵团约17万人将立即从陆上和空中北上增援济南，与

★ ★ ★ ★ ★

宋时轮（1907—1991）

湖南醴陵人。1927年1月转入中国共产党，参加过土地革命、抗日战争、解放战争、抗美援朝。所部军纪严明，擅长阵地攻防，被敌人誉为"排炮不动，必是十纵"。1955年被授予上将军衔。

★ ★ ★ ★ ★

聂凤智（1914—1992）

湖北礼山（今大悟）人。中国人民解放军优秀的军事指挥员，我军高级将领。1955年被授予中将军衔。新中国成立后历任华东军政大学教育长，华东军区空军司令员，南京军区副司令员、司令员等职。

王耀武率领的11万军队形成南北夹击之势。如果这一计划得以实现，则必将使华东野战军攻城部队陷入极其被动的境地。

在南京吃了定心丸的王耀武，回到济南后开始一心一意地做死守的准备。济南地形险要，易守难攻。济南的市区分为内城、外城和商埠，国民党军接管这座城市之后，王耀武又督率所部日夜加修。在济南周围百里内，从核心到外围，遍布钢骨水泥碉堡千余个，无数个地雷阵，无数道电网、石墙、壕沟，最后铸成了纵深约10公里、总面积达600余平方公里的永备型防御体系，被王耀武称为"铜墙铁壁"。

面对如此坚固的防御体系，美国顾问团非常满意。王耀武手下的师长曹振铎曾说："如此强大的工事，就怕共产党不来。"

尽管武器精良，但黄埔出身的王耀武深知平时多流汗、战时少流血的道理，他亲自拟定了提高守城士兵素质的作训科目。他的上司陈诚对王耀武发出这样的赞叹：生铁到你手里也可炼成钢。严峻的形势让一向有浪漫色彩的毛泽东不得不出言谨慎。据说，他当时面对军事地图很久，才向周恩来说出一句沉甸甸的话："攻打济南将是一次严重的作战。"

同样，此时的华野攻城部队也针对济南的高大围墙，开始了大练兵。几十万华野大军按攻城打援两大部署全部抵达指定阵地，只待统帅部一声令下。

兵对兵，将对将。许世友把攻城分成两

个兵团，西部主攻为宋时轮，东部助攻聂凤智。

宋时轮，当过游击队长，做过红军分校校长和红军大学教员，时任华野第十纵队司令员。

聂凤智，因家境贫寒没有上过学，在战争中学习和锻炼，终成一代战将，时任华野第九纵队司令员。

与此同时，王耀武也在积极备战，他把兵力也分成东、西两个兵团，西部守将为吴化文，东部为曹振铎。

蒋介石深知"济南稳则徐州稳，徐州稳则中原稳"。9月初，蒋介石得知华东野战军开始向济南方向云集，立即命令邱清泉驻守青岛的整编七十四师五十七旅和驻守徐州的整编八十三师紧急空运济南。同时，命令邱清泉、黄百韬、李弥兵团北上移动，以期战斗打响，增援济南。此时，王耀武也在积极备战，他下令济南全城征工征料，并亲自视察施工情况。他对陪同他检查的整编七十三师师长曹振铎说："这样坚固的工事，共军想攻下一个据点，是极不容易的事。我们再守不住，那真太无用了。"

紧张的空气弥漫在济南城的上空，战争一触即发。华东野战军指挥部决定9月16日发起攻击，一场血战即将拉开帷幕。

泉城亮剑：国共决战试锋芒

世友亮剑古泉城，铁军猛攻耀武惊。
浴血奋战八昼夜，决战序幕转乾坤。

农历八月十五是中国传统的中秋节，也是仅次于春节的第二大传统节日。中秋之夜，月色皎洁，古人把圆月视为团圆的象征，因此，又称八月十五为"团圆节"。一家人围坐在一起，吃着月饼、水果，赏月谈天。1948年9月16日是农历八月十四，中秋节的前一天，然而济南城内外的人们都没有团圆的心情，国共双方的几十万官兵都在寂静的夜晚中不安地等待着。此时，守卫济南城的王耀武更是心事重重。

1948年的初秋，济南上空战云密布，而一向闻战而喜的王耀武此时却与以往不同。正当南京的国民党统帅部在为我军的战略意图到底是真攻城还是真打援而争论不休的时候，明眼的王耀武就已经判断出这两点都将会是真的。为此，他专门飞往南京，陈述自己弃济南而守徐州的战略构想，不料却遭到蒋介石的训斥。

就在两天前，也就是9月14日，王耀武再次飞往南京，请求蒋介石必须增加济南的防御兵力，至少要给一个师。蒋介石答应将整编七十四师从徐州空运到济南。得到了一个师，虽然还是口头上的，王耀武稍微松了一口气。

离开了蒋介石，王耀武立即回到自己在南京的别墅，看望母亲、妻子和孩子。母亲老泪纵横，妻儿悲喜交加。王耀武只在家待了一个晚上，来不及与家人中秋团圆就返回了济南。他更想不到的是，这一别，此生与家人竟天各一方。

咱们再来了解一下攻城一方的主将——华东野战军许世友。

毛泽东在电报中亲点许世友担任攻城主要指挥员，山东兵团副司令员王建安

同志辅之。许世友、王建安两人号称"山东双雄"，是毛泽东的两大虎将，然而他们俩却有着一段"历史恩怨"。

1935年至1936年，王建安为红四军政委，许世友为红四军军长，两人为军政搭档。

谁知，1937年，一场出走，"双雄"竟然反目成仇。由于受到张国焘的错误路线的牵连，生性耿直的许世友突然有了"不如回老根据地打游击去"的想法。结果，经他一串联，不少原红四方面军将领都同意了，其中就包括王建安。就在即将出发的时候，王建安突然醒悟了：这是严重违反纪律的行为，他立即报告抗大保卫处。结果许世友被开除了党籍，撤销军长职务。两人多年的老交情也戛然而止。

对于两人的历史恩怨，毛泽东心知肚明，所以决定亲自点将，让"两虎"言和。

许世友和王建安两人在济南相遇了。两瓶山东高粱酒，他们一人面前摆一瓶。许世友举着酒瓶对王建安说："老王，自从延安分手，我俩这是第一次喝酒，酒到意到，过去的都过去了，谁也不要提。我先干了再说。"说罢，他就仰脖把一瓶酒全部喝了下去。王建安也被他的真诚和豪爽所感动，跟着来个"感情深，一口闷"，把瓶中的酒喝得一滴不剩，说："打下济南后，再来一次仰脖喝。"

大战在即，许世友作了一次战前动员，这样独特的战前动员在中外军史上也难找出第二人。时任九纵侦察营一连文书王智民生动地描述了当时许世友动员的场景："棺材都给你们准备好了，你们去打吧，不要顾惜，

★★★★★
王建安（1907—1980）

湖北黄安（今红安）人。1927年加入中国共产党，参加黄麻起义。后担任红四军政委，参加了长征。抗日战争时期，任八路军山东纵队副指挥。解放战争时期，任华东野战军第八纵队司令员兼政委、东线兵团副司令员，参与指挥了济南战役和淮海战役。新中国成立后，参加了抗美援朝战争。1956年被授予上将军衔。

★★★★★
许世友（1906—1985）

河南省新县人。出身贫苦农家，曾在少林寺当和尚。在土地革命时期、解放战争时期都立下了赫赫战功。1955年，被授予上将军衔。新中国成立后，曾任南京军区司令员、广州军区司令员，国防部副部长，第九、十、十一届中央政治局委员等职。

攻下来就行，后边咱有民兵。"统帅的信心来自将军，将军的信心来自士兵，狭路相逢勇者胜。

经过几个月的备战，华东野战军亮剑了。9月9日，华东野战军攻城部队自济宁、汶上、泰安和莱芜地区向济南隐蔽开进，到15日夜逼近济南城下。

一边是战绩不凡的王耀武，一边是作战勇猛的许世友。高手对决，士气高涨的华东部队与济南城的"铜墙铁壁"兵戎相见，谁能更胜一筹？

1948年9月16日午夜，一轮明月把大地照得亮堂堂的，高大的济南城墙在月光下更显得陡峭森严。许世友下达了攻城的作战命令，济南战役正式打响。

据熟悉许世友的人介绍说："许世友有一个习惯，一般来说，坐车应该坐好了之后再开车，可他不是，他是每次车开动之后，紧跑几步，开车门再坐上车。"许世友将军总是风风火火，而这一次打济南，他却突然静了下来。

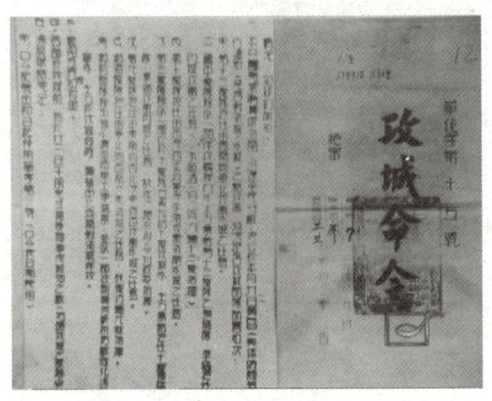

攻城命令

据说，发布完攻击命令后，许世友在指挥部里长时间地看着作战地图。此时，他明白，攻城兵力14万，守城兵力11万，一般规律为攻守之比至少应为3：1，华东野战军并不占优势。按照战前的作战部署，许世友把攻城分成两个兵团：西部兵团宋时轮，担任主攻任务；东部兵团聂凤智，担任助攻任务。这是经中央军委批准的，在许世友看来也是万无一失的作战计划。

而就在这时，许世友突然发现，他发布的作战命令被下属擅自改动了，此人竟然是原定助攻任务的东线总指挥聂凤智。

聂凤智时任华东野战军第九纵队司令员。聂凤智素有"胆大包天"的名声。一位熟悉他的高级将领曾这样评价他："那家伙可是敢出险招，敢出奇招！"

聂凤智在下达命令时，却出人意料地将"助"改成"主"。聂凤智说："不要以为我没有念过书，就会把主攻和助攻都搞错。我现在告诉你们，没有搞错。兵团的命令是兵团的，纵队的命令是纵队的，你们就照我的命令打！"

在共产党军队的作战史上，争当主攻已屡见不鲜。这一次，许世友没有吭声。他对手下人说："这就是牛刀子战术，东面一把，西面一把，一起往里捅，

搅他个五脏六腑。"

"敢不敢攻打济南这样的大城市，能不能攻克济南，成了对人民解放军攻坚能力的严峻考验，在国际、国内都将产生很大影响。为速克济南，我提出要采用'牛刀子战术'。这个口号好懂好记，实际上集中体现了我们攻济战役的指挥方针。"①

聂凤智的这一私改军令打乱了王耀武早已策划好的"守株待兔"的部署。大战一开始，王耀武就判断出，西面是许世友的主攻方向，因为西面有飞机场，有空中通道，所以争夺飞机场是关键。但当东面打得也非常激烈的时候，王耀武开始怀疑自己判断的正确性。这一下可苦了担负机动增援部队的国民党守城预备队，他们一会儿被命令紧急援助城东，一会儿又被命令紧急援助城西，几经折腾，已经把这支总预备队折腾得疲惫不堪。战场陷入被动的王耀武又接到了一个糟糕的消息。

9月19日，也就是战斗打响的第三天，守卫城西的国民党将领吴化文在华东野战军和中共济南地下党工作人员的政治争取下，率3个旅2万多人举行战场起义。

1929年，原为冯玉祥部下的吴化文随韩复榘投靠了蒋介石；到1943年，吴化文由最初的抗日又转向了降日；1945年抗战胜利后，他再一次被蒋介石收编，投入内战。在和共产党作战的过程中，他因不是蒋介石的嫡系而感觉前途渺茫，这让华东野战军的地下工作者看到了一线希望。

经过秘密接触，吴化文开始向共产党提出条件：比如工作安排、家产的保全等。得到满意答复的吴化文表示愿意考虑起义，并约定了时间。然而，一个女人的出现使吴化文又生变故。赵华珍，吴化文的第二任妻子、戴笠的干女儿。她给吴化文带来了蒋介石已派兵增援的消息，本来已对蒋介石死了心的吴化文心眼儿又活泛起来了。

那些一直在等待起义确切消息的共产党人终于等来了吴化文的回应，但那不是起义通电，而是射过来的炮弹。担任西部攻城指挥员的宋时轮终于发火了，他命令西线攻城部队向吴化文发起猛烈进攻。这时候的吴化文面对宋时轮的进攻，向部下大喊道："打！只有打，才有饭吃！"

等到第一道防线被攻下来的时候，地下党抓住有利时机，对吴化文晓以利害，劝他三思。面对着像潮水一样攻上来的攻城部队，吴化文又犹豫了。9月18

---

①许世友.许世友上将回忆录[M].北京：解放军出版社，2005：370.

日夜里，吴化文做出了一生中最为艰难的选择——决定战场起义。这一次，吴化文再也没有动摇，此刻，他担心的是他手下的军官是否会同意他的决定。然而，吴化文担心的事还是发生了。吴化文手下的一名团长跑去向王耀武告密，此时，吴化文两万多人的部队正在集结之中。可偏偏那个团长被王耀武怀疑是被派来打入内部的。直到第二天，吴化文手下的一位副师长证实了此事，王耀武这才如梦初醒。然而，为时已晚，吴化文已将部队拉到华东野战军的后方，阵地交给了宋时轮率领的西线兵团。吴化文的战场举兵起义终于成功。为此，毛泽东专门给他致电祝贺。

> 吴军长、杨旅长、赵旅长、何旅长并转全体官兵钧鉴：
>
> 贵军长等率部起义，发表通电，决心参加人民解放事业，极为欣慰。中国共产党站在人民立场上，对于任何国民党军队的官兵们，不问其过去行为如何，只要他们能够在人民解放战争的紧要关头，幡然觉悟，脱离国民党政府的反动领导，加入人民解放军阵营，坚决反对美国帝国主义及其走狗国民党反动派，即表示热烈欢迎。贵军长等此次义举，符合人民的希望，深堪庆贺。尚望团结全军，力求进步，改善官兵关系、军民关系，为革命战争在全国的胜利而奋斗。

吴化文战场起义，对华野攻城部队的心理上无疑是一种鼓舞，而对守城的国民党军队的士气则是重重一击。济南西边防线已被攻破，国民党向济南空运增援部队的行动被迫停止，至此，济南城断绝了一切通道。王耀武向南京求援，请求突围。但遭蒋介石严词斥责，并令其坚守待援。援兵迟迟未到，王耀武随即调整部署，将主力撤入内城。

9月20日，华东中央局、华东军区、山东省政府联合发布了济南战役总动员令。在这封总动员令的最后，赫然印着十个字："打进济南去，活捉王耀武。"

就在这一天，华东野战军接到了情报，国民党援军来了。作为徐州总指挥的杜聿明原来盘算得很好，他本打算增援部队开战第五天再出动。按照他的想法，那时攻守双方已经精疲力竭，而他可以轻松坐收渔翁之利。但在蒋介石一道又一道严令之下，杜聿明不得不指挥黄百韬的第七兵团、李弥的第十三兵团和邱清泉的第二兵团集结出动。战前，蒋介石就制订了济南会战计划，那就是增援部队向北推进，与王耀武形成南北夹击之势。

按照中央军委的部署：华东野战军粟裕任总指挥并亲自打援，许世友担任攻城总指挥。尽管粟裕已经做了精心的准备，但远在西柏坡的毛泽东还是在电报中透出了担心。很快，一封毛泽东亲笔拟写的中央军委电报发给了粟裕：

粟陈唐张，并许谭王：

（一）刘峙集邱黄李三兵团北援，望充分注意阻援及打援。

（二）攻城第一阶段虽获顺利发展，但第二阶段可能须费大气力，千万不可轻敌。

（三）许谭以三纵、十三纵、九纵、渤海、鲁中各部攻城，以十纵位机场一带监视吴化文并作攻城总预备队，这是适当的。你们须尽可能不使用十纵于攻城，以便必要时使用该纵于打援。

（四）刘峙虽已将邱兵团调集临城，对金乡、成武地区似不使用大兵力，但你们目前仍须部署一部兵力于该地，以防李弥可能走该路。我军最大兵力应迅速集中兖邹滕及其以东地区。

仔细推敲毛泽东的这封电报，其中有两句话很耐人寻味：一句是"望充分注意阻援及打援"，另一句是"千万不可轻敌"。按照中央军委的部署，华东野战军打援部队迅速行动起来。

与此同时，攻城战斗正进行得如火如荼。到9月22日，战斗异常激烈地进行了6天6夜，华东野战军以付出万余人伤亡的代价，攻占了商埠、济南外城后，开始了最为关键的内城攻坚。

济南的内城城墙坚固无比，内城高8至12米，底宽10至11米，顶宽8至9米，并配有上中下三层火力点，易守难攻。退守内城之敌第十五、第十九、第五十七旅等部，妄图依托高厚的城墙和坚固的工事，作垂死抵抗。蒋介石也下令空军对我所占市区施行区域轰炸，投掷大量炸弹和燃烧弹，使得商埠和外城大片民房被炸起火，居民死伤和财产损失甚重。

这个时候，被困在济南内城的王耀武认为，许世友怎么也需要经过三五天的准备才能攻城。因此，他严令抢修工事。

的确，这个时候，许世友的攻城部队已经筋疲力尽。将士已经极度疲劳，减员来不及补充，伤员还没有抬下去，弹药和其他攻城战备器材也消耗严重。按照一般的作战规律，至少需要一两天的休整。

然而，许世友却打破常规，直接下达了总攻的命令："持续攻击！立刻进攻。"一场惨烈的攻坚战又开始了，战斗进行得异常激烈，王耀武率部拼死抵抗，攻城部队各突击队发起攻击。聂凤智的部队由东门南侧突破，一个连登上城头，但因桥被守军打断，后续部队不能及时跟上，血战1小时后，全部壮烈牺牲。其他攻城部队的伤亡也非常大。东、西兵团的进攻全面受阻。

午夜时分，攻城各部队都没有打开突破口，战场上一时静了下来。攻城受到

挫折。怎么办？是继续进攻，还是等到天亮？当时的情况是，攻城各部队已经连续作战了7天7夜，继续攻下去也许难以迅速奏效，但如果拖到天亮，部队就会暴露在敌人的飞机和大炮下，将会造成更大的伤亡。

许世友当机立断："仗打到这个份上，就看谁的决心硬。命令，一纵、九纵、十三纵全建制火炮立即调整方位，同时对准东城墙11至19区域，将现有弹药全部送上阵地，在我下达攻坚命令后，通通给我砸下去。"9月24日凌晨1点30分，对济南内城的攻击再次打响。到2时25分，第九纵队终于攻占城东南角。拂晓时刻，华东野战军攻入城内与国民党守军展开巷战。一直到9月24日21时，济南守军被全部歼灭。

而此时，虽然徐州地区的国民党援军在蒋介石的严令催逼下，有的兵团向济南方向进发了，但慑于粟裕华野打援兵团兵力强大，不敢冒进，直到济南被攻克，黄百韬的第七兵团、李弥的第十三兵团尚在集结之中；邱清泉的第二兵团进抵城武、曹县地区之后，听到济南守军已被全歼，随即仓皇回撤。

济南战役，国民党军队共出动战斗机375架次，轰炸机71架次，战斗轰炸两用机50架次，实行狂轰滥炸，另以运输机27架次空运部队及物资，但终未能挽

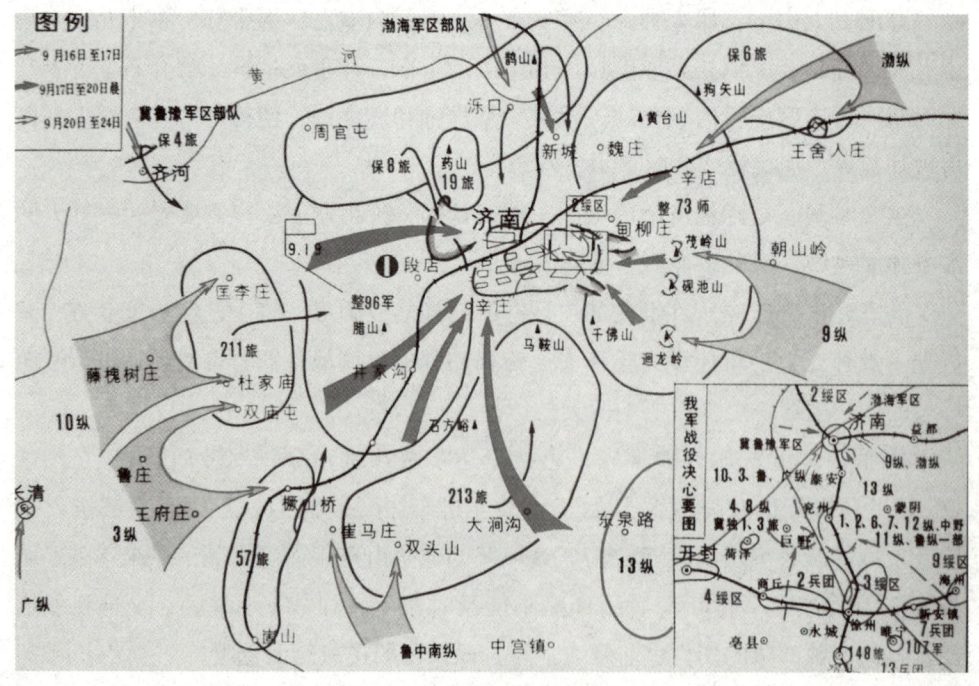

1948年9月济南战役经过要图

救济南守军的覆没命运。从9月16日到9月24日，经过8天8夜的浴血奋战，被认为固若金汤的济南城被华东野战军一举攻克了。华东野战军以伤亡2.6万余人的代价，共歼灭国民党军10.4万余人。

毛泽东对济南战役给予了这样的评价："济南的攻克，证明人民解放军强大的攻击能力，已经是国民党军队无法抵御的了，任何一个国民党城市，都无法抵御人民解放军的攻击了。"[1]就连为蒋介石撑腰的美国人似乎也认识到这一点。他们说："自今而后，共产党要到何处，就到何处，要攻何城，就攻何城，再没有什么阻挡了。"

济南解放了，王耀武却不见了。原来，王耀武看到大势已去，通过设在大明湖内指挥部的地下通道直接跑到了城外。之后打扮成商人模样，带着乔装打扮的四个卫兵，乘坐两辆大车向青岛、烟台方向逃跑。王耀武本是山东泰安人，他那一口流利的山东话，商人模样的打扮，让一连几天的逃亡之路都很顺利。

这天，逃到山东寿光的一个村庄，王耀武忽然要上厕所。随行的副官掏出随身携带的手纸递给他，殊不知，正是这张手纸引起了当地民兵的怀疑。因为在当时的农村，老百姓是不用手纸的，即便是稍微讲究的城里人，也都是用粗糙的黄土纸，老百姓发现了蹊跷，随即报告给当地的人民政府。王耀武等人的行迹引起了怀疑，随即将其带到寿光当地的公安局。局长李培之等人经过巧妙的审问，最后，王耀武被迫承认其真实身份，并拿出他与陈毅在停战期间的合影来加以佐证。最终确认此人即是王耀武。

29日，战况正式上报了中央军委。至此，济南战役画上了一个圆满的句号。消息传到西柏坡，毛泽东走出屋子，已经几天没有笑容的毛泽东，这一天却一直合不拢嘴；许世友也笑了，这是自开战以来第一次露出笑容，许世友以他特定的方式庆祝胜利，在餐桌上，据说他第一口白酒就喝了半斤多。

济南战役的胜利，拔掉了国民党插在华北、华东的这颗"钉子"，把两大解放区连成一片，沉重地打击了国民党坚守大城市的信心，开创了人民解放军夺取国民党重兵坚守大城市的先例，揭开了战略决战的序幕。

---

① 新华社社论.庆祝济南解放的伟大胜利 [N]. 人民日报, 1948-9-30.

链　接

王耀武（1904—1968）

　　山东泰安人。抗日名将，国民党高级将领，黄埔三期生。中国国民党中央执行委员、山东省政府主席、第二绥靖区司令官、青天白日勋章获得者。解放战争中，于济南战役被俘。1959年获特赦。1964年12月特邀为第四届全国政协委员。1968年病逝。

吴化文（1904—1962）

　　山东掖县（今莱州铁民村）人，原冯玉祥部任参谋，他先是追随冯玉祥，后投奔蒋介石，再投靠汪精卫，又反投蒋介石，最后加盟解放军，一生事四主。新中国成立后，曾任浙江省交通厅厅长、全国政协委员等职。1962年病逝。

辽沈战役

　　1948年9月12日—11月2日，中国人民解放军东北野战军在东北地区发动辽沈战役，向被分割在沈阳、长春、锦州等地的国民党军发起进攻，以伤亡6.9万人的代价，消灭及收编国民党军共47.2万多人，并解放了东北全境。东北野战军获得完全胜利。

　　辽沈战役使国共双方的总兵力对比发生逆转，成为解放战争军事形势的重大转折点。

　　辽沈战役胜利后，东北野战军成为一支战略机动力量，很快被投入关内战场参与平津战役，并进军中南，对关内战场产生了决定性影响。

关门打狗：战锦方为大问题

战事从来似棋局，连天烽火望辽西。
将帅疑义终商定，战锦方为大问题。

★★★★★

罗荣桓（1902—1963）

湖南省衡山（今衡东）人。1927年加入中国共产主义青年团，同年转入中国共产党。参加了湘赣边界秋收起义和红军长征。抗日战争时期，历任八路军——五师政治部主任、政治委员，山东军区司令员兼政治委员，中共中央山东分局书记。解放战争时期，历任东北民主联军副政治委员、东北军区副政治委员、东北野战军政治委员、第四野战军第一政治委员、八届中央政治局委员、中央军委副主席等职。十大元帅之一。

1963年12月16日，中华人民共和国开国元帅罗荣桓在北京病逝，享年61岁。毛泽东主席赋诗一首，悼念罗荣桓元帅：

记得当年草上飞，红军队里每相违。
长征不是难堪日，战锦方为大问题。
斥鷃每闻欺大鸟，昆鸡长笑老鹰非。
君今不幸离人世，国有疑难可问谁？

关于这首诗中所提到的"战锦方为大问题"，罗荣桓在"战锦"这一问题上究竟起到了什么作用？这还要从一封电报说起。1948年10月1日，东北野战军司令部下达了战斗动员令，要求全军以最大决心拿下锦州，不惜付出重大代价也要争取战役的全部胜利。随后攻城大军向锦州逼近，总攻已经开始进入倒计时。然而就在第二天，东野总部在南下途中收到一封重要电报。就是这封电报差一点改变了辽沈战役的历史进程。电文说：

> 蒋介石已决定调用陆海空三军力量，在葫芦岛组成了十一个师的"东进兵团"。由海、空军配合在锦西登陆后向东攻击，增援锦州。

到电报发出时，塘沽、烟台港已警报高鸣，一艘艘国民党军舰启动待发，全副武装的士兵正在列队上船。也就在这一天，10月2日，蒋介石又飞到了沈阳，这已是他抗日战争后为抢占东北第五次到沈阳了。他越过东北"剿总"总司令卫立煌，直接命令第九兵团司令官廖耀湘组成"西进兵团"，出动援锦。

面临国民党军东西对进夹击东野的态势，林彪震惊了，感叹道："只做了一桌饭，却来了两桌客人。"他还一直担心后方补给问题。部队南下的时候，只带了单程的汽油，后方运输线太长，万一锦州打不下，大量汽车、坦克、重炮会因为没有汽油撤不出来，那样后果不堪设想。巨大的压力使他一时间心里又没了底，身系几十万东野官兵命运的重任让他不得不思前想后。

可以说，此时东野指挥员正处在两难的境地。攻锦计划不仅已被中央批准，而且已开始全面实施，上下士气正旺。临阵改变计划，不仅违背中央意图，而且极有可能影响全军士气并造成混乱。然而面对三面受敌的险境，万一锦州攻不下来，后果将是极其严重的。考虑到夜里10点，林彪以林、罗、刘名义给远在西柏坡的中央军委和毛泽东发出一封电报。电报中提出东野大军折回攻打长春的设想：

军委：

一、得到新五军及九十五师海运葫芦岛的消息后，我们在研究情况和考虑行动问题。

二、估计攻锦州时，守敌八个师虽战力不强，但亦须相当时间才能完全解决战斗。在战斗未解决前，敌必在锦西、葫芦岛地区留下一两个师守备，抽出五十四军、九十五师等五六个师的兵力，采取集团行动，向锦州推进。我阻援部队不一定能堵住该敌，则该敌有与守敌会合的可能。在两锦间，阵地间隙不过五六十里，无隙可图。

三、锦州如能迅速攻下，则仍以攻锦州为好，省得部队往返拖延时间。

四、长春之敌经我数月来围困，我已收容敌逃兵一万八千人左右，外围战斗歼敌五千余。估计长春守敌现约八万人，士气必甚低。我军经数月整补，数量质量均大大增强，故目前如攻长春，则较六月间准备攻长春时的把握大为增强，但须多延迟半月到二十天时间。

五、以上两个行动方案，我们正在考虑中。并请军委同时考虑与指示。

林罗刘

给中央军委的电报已经发出几个小时了，毫无睡意的三位东野指挥员又聚在

了一起。这一次，罗荣桓详细分析了当前战局，并建议仍然执行打锦州的决定。刘亚楼同意了罗荣桓的意见。林彪本想追回2日的电报，然而电报已经发出，不好追回，只能等待军委的指示。罗荣桓建议，不要等军委回电，立即重发一封电报，表明攻锦决心不变。

> 军委：
>
> 　一、我们拟仍攻锦州，只要我们经过充分准备，然后发起总攻，仍有歼灭锦敌的可能，至少能歼灭敌之一部或大部。目前如回头攻长春则太费时间，且不攻长春，该敌亦必自动突围，我能收复长春，并能歼敌一部……（节选）
>
> 　　　　　　　　　　　　　　　　　　　　　　　　　　林罗刘

不知什么原因，这封早上9时发出的电报，毛泽东直到深夜才看到。在这十几个小时的时间里，毛泽东的情绪发生了巨大的变化，怒而连发两封电报给东野，责问他们为什么说好的事情又临阵变卦，并严令他们坚持原来的攻锦计划。

10月3日17时的电报说：

> （一）你们应利用长春之敌尚未出动，沈阳之敌不敢单独援锦的目前紧要时机，集中主力迅速打下锦州，对此计划不应再改……（节选）

10月3日19时的电报说：

> 　本日十七时电发出后，我们再考虑你们的攻击方向问题，我们坚持地认为你们完全不应该动摇既定方针，丢了锦州不打，去打长春。除了前电所述之理由外，假定你们改变方针打下了长春，你们下一步还是要打两锦。那时，第一，两锦敌军不但决不会减少，还可能增加一部，这样，将增加你们打两锦的困难；第二，目前沈阳之敌因为有长春存在，不敢将长春置之不顾而专力援锦，你们可利用长春敌人的存在，在目前十天至二十天时间（这个时间很重要），牵制全部至少一部分沈阳之敌。如你们先打下长春，下一步打两锦时，不但两锦情况变得较现在更难打些，而且沈敌可以倾巢援锦，对于你们攻锦及打援的威胁将较现时为大。因此，我们不赞成你们再改计划，而认为你们应集中精力，力争于十天内外攻取锦州，并集中必要力量于攻锦州同时歼灭由锦西来援之敌四至五个师。只要打下锦州，你们就有了战役上的主动权，而打下长春，并不能帮助你们取得主动，反而将增加你们下一步的困难。望你们深刻计算到这一点，并望见复。

而当3日深夜毛泽东终于看到那份迟到的（东野的）第二封电报时，顿时又转怒为喜，烦恼、焦虑都烟消云散。从4日6时毛泽东的回电内容中，可以感觉到此时他十二分满意的心情。

> 林罗刘并告东北局：
>
> 　　三日九时电悉。
>
> 　　（一）你们决心攻锦州，甚好甚慰。
>
> 　　（二）你们决定以四纵和十一纵全部及热河两个独立师对付锦西、葫芦岛方面之敌，以一、二、三、七、八、九共六个纵队攻锦州，以五、六、十、十二共四个纵队对付沈阳援锦之敌，以九个独立师对付长春之敌，这是完全正确的。你们这样做，方才算是把作战重点放在锦州、锦西方面……（节选）

　　毛泽东的三封西柏坡来电使东北野战军指挥员迅速统一了思想，打消了顾虑，对迅速打下锦州起了很大的推动作用。

　　锦州，背山面海，坐落在小凌河、女儿河的北岸，自古以来就是连接华北与东北的咽喉要道，也是兵家必争之地。明朝后期，为了挡住满族骑兵从这里冲向华北平原，在此地修建起一座座军城要塞，成为明军最重要的据点。1641年，清太宗皇太极亲率清军主力与洪承畴率领的明军主力在这里进行了一场惊心动魄的决战。几十万明军的惨败导致了一个王朝的根基动摇。300多年后，锦州又将成为国共双方大决战的焦点。

　　1948年9月，蒋介石决定，在东北采取"集中兵力，重点守备，确保沈阳、锦州、长春，相继打通北宁路"的战略方针。并令东北"剿总"副总司令兼第一兵团司令官郑洞国率军10万防守长春，牵制东北野战军部分主力；令东北"剿总"副总司令兼锦州指挥所主任范汉杰率军15万防守义县至山海关一线，重点为锦州、锦西地区，以确保同关内的陆海联系；令东北"剿总"总司令卫立煌率军30万防守沈阳及其附近地区，确保沈阳，并相机支援长春、锦州。

　　现在，毛泽东要选择一个突破点给东北国民党守军以致命一击。这个突破点就是锦州。

　　锦州是东北的门户和辽西走廊的咽喉。毛泽东认为，若攻占锦州，一方面可以达到"关门打狗"的目的，把国民党几十万主力堵在关外，一个一个地收拾；另一方面还可以吸引华北国民党部队增援东北，减轻关内解放区的压力，但这也是一个风险极大的计划。

　　东野司令员林彪在深思：是否能走这步险棋？林彪打仗一向算计很精，战前筹划时他总是算计怎么以最小的代价换取最大的战果。他善于打运动战，声东而

击西，围城而打援。他判断，在我军进攻北宁线和锦州后，沈阳之敌极有可能出来增援，那时就可以在广阔的辽西平原上与国民党军主力展开决战。早在1948年9月7日，毛泽东发电报给林彪、罗荣桓、刘亚楼，要他们：

> 置长、沈两敌于不顾……确立攻占锦、榆、唐三点并全部控制该线的决心……确立打你们前所未有的大歼灭战的决心，即在卫立煌全军来援的时候敢于同他作战……争取将卫立煌全军就地歼灭……（节选）

10月10日，毛泽东发电报给林、罗、刘：

> 你们的中心注意力必须放在锦州作战方面，求得尽可能迅速地攻克该城。即使一切其他目的都未达到，只要攻克了锦州，你们就有了主动权，就是一个伟大的胜利。

进攻的目标确定了，然而后勤补给和部队的运输问题却还没有完全解决。要将数十万主力部队和粮草等悄无声息地迅速从北满运到锦州前线，困难还是很大的。此时，身为东野政治委员的罗荣桓身上的担子很重。他亲自指挥和部署后勤部队，发动群众，抢修公路、铁路，运送粮食、油料，解决部队的一系列给养问题，消除了林彪对攻锦时可能发生的粮草等后勤问题的担心。

当9月底东野部队突然出现在锦州城下时，国民党统帅部确实吃了一惊。他们根本没有料到东野主力会不顾战线漫长，运输补给困难和地形、交通、驻地的条件限制，敢于离开长春，越过沈阳，千里南下作战。

9月26日，蒋介石派参谋总长顾祝同飞沈阳督促执行增援计划。然而卫立煌等守将认为这是共军围城打援的计谋，不能出城。三天的时间就在扯皮中过去了。而就在这三天中，东野清扫锦州外围，进占了塔山，攻占了义县，攻克了兴城，彻底切断了东北与关内国民党军队的陆地联系。随着锦州守军外围据点全部肃清，各路攻城部队逼近城垣，兵临城下。为了总攻顺利，东野总部调集了最强大的炮火，近1000门火炮和

林彪、罗荣桓、刘亚楼在锦州前线指挥作战

15辆坦克。用这么多的重武器攻打一个城市，在共产党的军队历史上，还是第一次。

东北野战军前线司令部设在锦州西北的牤牛屯，距锦州城约15公里。林、罗、刘亲赴离锦州守敌近在咫尺的前线察看地形。

获悉林、罗、刘到达锦州前线指挥，毛泽东非常高兴，但他又为林、罗、刘的安全担心。10月6日，他电告林、罗、刘：

> 你们到锦州附近指挥甚好。但你们不应距城太近，应在距城较远之处以电话能联络各城兵团即妥，务求保障安全。另设攻城直接指挥所，委托适当人员秉承你们意旨，迫近城垣指挥（亦不要太近）。

14日清晨，锦州守军炮火又向东野城外阵地乱轰，而攻方则无一点声息，格外寂静，好像几十万人都已融化在清晨的薄雾里。

然而当时针指到10点整时，山崩地裂般巨响，东野近千门火炮同时齐射。总攻开始了。一排排炮弹命中城内的军事目标，整个锦州城硝烟弥漫，烈火熊熊。突然，帽儿山上的战士发现，锦州城上空出现了蘑菇云，都以为是国民党用上了美国的原子弹，不免有些紧张。罗荣桓拿望远镜一看，说了声："那哪是原子弹，是汽油库被我们打着了。"

指挥部里的林彪镇定自若，而锦州城内的范汉杰却坐卧不宁，被炮火打得三易指挥所。由于东野攻城的炮火太密集，以至于不管范汉杰转移到哪儿都感到炮弹一直打在他的头上。这让他奇怪了好一阵子——为什么他到哪里，解放军的炮弹就打到哪里？其实这纯属心理作用，可见解放军炮火之猛烈。30分钟炮火攻击后，各路大军在嘹亮的冲锋号声中冲出战壕，

★ ★ ★ ★ ★

林彪（1907—1971）

湖北黄冈人。18岁时南下广州，入黄埔军校第四期学习军事，接受了马克思主义理论，并加入了中国共产党。他参加了八一南昌起义。在井冈山时期先后任营长、团长、军长、军团长等职。参加了红军长征。抗日战争时期，任八路军一一五师师长。解放战争时期任东北野战军司令员等职，指挥了辽沈战役、平津战役等重大战役。"文化大革命"中结成反党集团，阴谋败露后，在1971年"九一三"事件中于蒙古坠机身亡。

迎着弹雨强渡齐腰深的小凌河，10分钟就冲到城墙下，打开突破口。

攻方心切，守方更急，他们知道，城墙一失，锦州必亡。此时的城墙上下到处

喷吐着死亡的火焰，特别是标志着东野攻上城墙的旗手，更成为守方集中射击的目标。九纵二十六师七十六团五连战士朱万林第一个登上城墙，刚刚竖起红旗，就中弹牺牲；班长赵洪梁负伤后忍痛爬起，第二次竖起红旗，又被手榴弹炸倒；排长刘金第三次举起红旗，呼喊着战士们前进，然

辽沈战役开始，人民解放军向锦州发起总攻

后转眼间就被打成血人；战士李玉明第四次举起红旗，这次大部队终于杀入城内。这惊心动魄的场面就发生在短短的三分钟内。

在急风暴雨般的冲锋中，攻城官兵进攻，受阻，爆破，再进攻。这是流血牺牲的时刻，也是英雄辈出的时刻。二纵五师十五团十连冲锋途中突遇敌火力封锁，上去的两个爆破组全失败了。

关键时刻，二排五班共产党员梁士英挺身而出，顶着弹雨冲上去，将爆破筒从枪眼塞进地堡。里面的敌人拼命地往外推，这是一场真正的生死较量，梁士英返身用身体死死顶住冒着烟的爆破筒，在战友们一片惊呼声中，随着一声巨响，梁士英与地堡中的敌人同归于尽。

东野多路攻击部队沿街冲锋，在从街道两边建筑物上射来的弹雨中，不断有人被击中摔倒，鲜血顺着街道流淌。但攻击部队的脚步没有停下，在呐喊声中拼命前冲。这是因为在战斗开始前下达的命令中明确指示，要不惜一切代价，向敌纵深猛烈穿插，迅速将敌人分割，把敌人的指挥系统打烂。

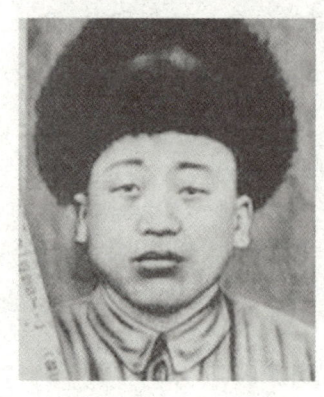

梁士英（1922—1948）

这一战术对迅速攻占锦州起了至关重要的作用。守军各级指挥所被冲得七零八落，通信联络大部中断。到第二天拂晓，东野攻城各路大军在市中心顺利会师，分头扫荡各据点街道的敌人。

范汉杰绝望了，他原估计至少可守20天的锦州城防，却连两天都没熬过，只听见增援兵团的炮响，却不见人来。此时的范汉杰与大多数国民党高级将领一样，只好"三十六计，走为上"。仗还没打完，总司令就没了影，残余的守军立刻陷入了一片

混乱。在攻方的四面合击下，已没有能力再组织抵抗。

战至15日18时，东野攻克锦州守军的最后据点——老城，锦州攻坚战役胜利结束。锦州之战，从10月14日10时至10月15日18时，历时31个小时，东北野战军全歼锦州10万国民党守军。

16日上午，在距锦州城东二十余里的谷家窝棚东面的小道上，走来了四个着黑色服装的中年男女。其中一个大高个儿，头戴烂毡帽，身穿一件破棉袄和一件极不相称的小棉裤。肩上披着麻袋，嘴里啃着根儿萝卜。东野哨兵问："你是干什么的？"他说："我是修表的，逃难，迷路了。"可他这一口广东话，却自称是"沈阳难民"。哨兵把他送到了俘虏营，于是范汉杰成了辽沈战役中第一位被俘的国民党中将副司令官。几天后，林彪在牤牛屯的指挥所里接见了范汉杰。我们在范汉杰的回忆录中看到了这样的描述。

林彪问："23年前的一个秋夜，范将军可曾记得？"

范汉杰回答："记得，记得，那是在我们母校，黄埔军校。"

林彪说："不错，那时我们党认为你是一个正直有才干的年轻人，我奉命做你的思想工作。可我们的庙太小啦，你这尊菩萨当然瞧不上眼喽！"

范汉杰连连说："惭愧，惭愧，打锦这一招，非雄才大略是下不了这个决心的。锦州好比是一根扁担，一头挑东北，一头挑华北，现在扁担断啦。"

锦州攻坚战是东北解放战争中我军进行的规模最大、最成功的一次战役。攻克锦州，完成了军委关门打狗、彻底切断卫立煌集团撤退之路的战略任务，也使解放军在锦州战役结束后有足够的机动兵力对付沈阳守敌。10月17日，中共中央电贺锦州大捷。贺电说：

这一胜利出现于你们今年秋季攻势的开始阶段，新的胜利必将继续到来。（节选）

链　接

范汉杰（1896—1976）

广东大埔人。黄埔一期生。东北"剿总"副总司令兼锦州指挥所主任，国民革命军陆军中将。辽沈战役中被俘。1960年11月，范汉杰获得人民政府特赦。新中国成立后，任全国政协文史资料研究委员会专员和第四届全国政协委员。1976年1月16日在北京逝世。

塔山之谜：利剑抵挡百万兵

解放锦州守塔山，阻击强敌挥利剑。
奋勇苦战六昼夜，塔山英雄威名传。

1948年10月16日，阵阵西北风呼啸着掠过硝烟弥漫的塔山阵地，突如其来的雨夹雪让身着单衣的战士们又冷又饿，在寒风中瑟瑟发抖。"锦州解放了！"不知谁的一声激情呼喊，阵地上立即掀起了狂欢的浪潮，短暂的喜悦过后，战士们凝视着激战了六个昼夜、遍地狼藉的塔山阵地，久久不肯离去……

如果说1948年的东北战场，攻克锦州是辽沈战役胜利的关键，那么守住塔山阵地就是关键中的关键。塔山并不是山，只是个海拔十多米的小土丘，只因一个叫塔山堡的村子坐落于此，人们才习惯把这里称为塔山。塔山虽小，关系重大，北宁铁路、锦榆公路纵贯其间，是卡住锦西至锦州的咽喉要道。一旦塔山阵地被突破，侯镜如的"东进兵团"用不了两个小时就可以进抵锦州，实施反包围，再加上沈阳的"西进兵团"，两面夹击，里应外合，后果可想而知。所以，塔山是挡住国民党东进援兵的第一道也是最后一道

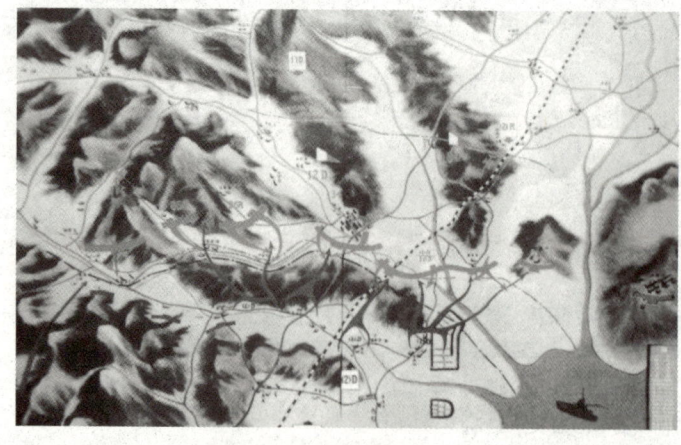

塔山阻击战鸟瞰图

防线。一时间，这个只有二百来户人家的小村庄吸引了国共双方最高统帅的目光。

1948年10月10日9时，身在西柏坡的毛泽东手拟了这样一封中央军委电报：

> 从你们攻击锦州之日起，一个时间内是你们战局紧张期间，望你们每两日或三日以敌情（锦州守敌之抵抗能力，葫芦岛、锦西援敌和沈阳援敌之进度、长春敌军之动态）、我情（攻城进度、攻城和阻援之伤亡程度）电告我们一次……（节选）

而此时，蒋介石心里的小算盘也不停地拨弄着：拿下塔山，驰援锦州，东西对进，夹击共军。10月6日，蒋介石在茨山第五十四军军部召开国民党驻锦西、葫芦岛部队团以上将校军官会议。蒋介石说："此次东北共军攻打锦州，最多有7个纵队（实际11个纵队），等于我们7个师的兵力。我们沈阳出5个军12个师组成'西进兵团'；从华北调来2个军、烟台来1个、葫芦岛的第五十四军，共4个军11个师，组成'东进兵团'。9个军东西对打，夹击东北共军主力于锦州城下，决一死战。"他还说："这次战争的胜败，关系到东北的存亡，关系到国家的存亡。党国的命运现在就掌握在你们的手中，你们要有杀身成仁的决心。这一仗必须打好，打败了就什么都完了，就什么都没有了，连历史都要翻转过来。"应该说，蒋介石对塔山之战的战略分析，还是非常准确的。因此，蒋介石在葫芦岛汇集了侯镜如、阙汉骞等许多高级指挥官，出动了海、陆、空三军的精锐部队协同作战，直指塔山。

蒋介石、毛泽东两位国共最高统帅全都把目光紧紧盯在塔山上，可见塔山虽小，干系重大。面对这场生死对决，从来没有发电报点过将的林彪，这次也破例用电报点将。林彪把这次塔山阻击任务交给了东北野战军第四纵队、第十一纵队和炮兵旅等8个师，由东北野战军第二兵团司令员程子华统一指挥。林彪安排四纵扼守塔山，是基于对

侯镜如（1902—1994）

河南永城人。黄埔一期生。时任国民革命军第十七兵团司令官。辽沈战役中与林彪的第四野战军发生塔山攻防战，后指示九十二军等部队，相继在北平和福州起义，又经福州去香港，在党中央直接领导下，继续对台工作。1952年7月1日，侯镜如奉周恩来总理批示回到大陆，任国务院参事、中华人民共和国国防委员会委员、政协全国委员会副主席。

阙汉骞（1901—1972）

湖南省宁远人。黄埔四期生。国民革命军陆军中将。十四年抗战中，先后参加过淞沪抗战、滇缅抗战，屡建奇功。时任国民党第五十四军军长。

四纵的信任。四纵是在罗荣桓从山东带来的胶东部队的基础上组成的，在东北打了许多胜仗，并且创造了在东北战场最早歼灭敌人一个整师的光辉战绩。接到阻击任务的第四纵队随即进驻塔山，战士们在雨中赤臂袒胸，挥舞锹镐抢修工事，个个浑身黄泥，汗流浃背。程子华也率第四纵队干部冒雨来到塔山堡、高桥镇、白台山等处察看地形、布置火力。

★★★★★

程子华（1905—1991）

山西省解县（今运城）人。曾入武汉中央军事政治学校学习（黄埔军校武汉分校）。1926年加入中国共产党，我军卓越的指挥员和政治工作者，解放战争时任东北野战军第二兵团司令员。

10月7日，林彪把第四纵队政委莫文骅召到距锦州仅15公里的东北野战军临时指挥所——牤牛屯，他说："要消灭东北蒋军，必须先从辽西开刀，封闭入关的通路，使敌人逃不出东北。要夺取辽西必须拿下锦州，而要拿下锦州又必须把近在咫尺的锦（西）、葫（芦岛）援敌堵住。因此，能否把敌阻于塔山以南，就成了锦州能否攻克的关键。攻锦州成败在塔山，这个千斤重担就交给你们了……"

送走莫文骅，林彪仍放心不下。再以林、罗、刘的名义连发三令，命令刚刚长途跋涉赶到前线的第一纵队楔入第四纵队背后锦州与塔山之间的高桥镇，作为战役的总预备队，随时准备增援塔山；命令第四纵队派一名副司令员到塔山前线帮助第十二师指挥作战。林彪还亲自点了胡奇才的名，命令他每天向总指挥部发4次电报，报告敌情、我情、人员伤亡和弹药消耗情况；命令司令部作战处处长苏静带一部电台到第四纵队，不参与指挥，而随时向总指挥部报告情况。

10月8日晚上，浓云密布，大雨倾盆。负责扼守塔山的东野各师、团举行了庄严隆重的阵地宣誓。十二师首长当着指战员的面，指着自己的位置向党宣誓："我的阵地就在这里，决不后退一步！"随即，各师师长、各团团长和政委以及营、连干部都分别在阵地上向党宣誓："誓与战士同生死共患难，死守阵地，寸土不失！"领导的铿锵誓言极大地鼓舞着指战员。"死守阵地，杀敌立功！""打好这一仗，挂毛主席奖章！"激昂的口号此起彼伏，响彻阵地上空。

此时，东北野战军上下已是万众一心，众志成城。

10月10日拂晓，由国民党第五十四军军长阙汉骞指挥的3个师，在海、空军配合下，向塔山、白台山、打渔山岛发起突然进攻，塔山阻击战开始了。

战斗一开始，打渔山岛就被国民党军占领。打渔山岛位于塔山防线东端，面积约1平方公里，涨潮时成孤岛，落潮时可以徒步上岛。失去打渔山岛，塔山阵地侧翼的安全就受到威胁，国民党军如果从海上登陆西海口，可以越过塔山，经高桥直抵锦州。天刚亮，一向冷静稳重的林彪拿起电话直接要通了第四纵队，要他们夺回打渔山岛。旗开得胜的国民党军此时更加认定，塔山无险可守，所以压根就没有把塔山村的主阵地放在眼里，炮火还没有完全破坏掉东野解放军阵

★★★★★

胡奇才（1914—1997）

湖北省黄安（今红安）人。1929年参加革命，1930年参加中国工农红军，1932年入党。时任东北野战军第四纵队副司令员。新中国成立后，任辽东军区总司令员、沈阳军区空军副司令员、辽西军区司令员等职。1955年被授予中将军衔。

地前的堡垒、铁丝网，就开始了进攻。然而，他们遇到了四纵空前猛烈的火力。四纵仅仅在塔山村阵地的正面就配置了16挺重机枪、49挺轻机枪，组成了一个铁丝网一样的火力网。许多战士被震得耳鼻流血，打到腰折骨断、双目失明、耳聋口哑、浑身是伤还不下阵地。就这样，小小的塔山阵地从开战以来，虽几经易手，但最终国民党军还是没能越过一步。

一招不成，再来一招，首战失利的国民党军旋即改变作战计划，妄图以偷袭

第四纵队某部副团长江雪山在塔山阵地上传达上级的命令，要求坚守阵地，寸土不失，保证兄弟部队攻下锦州

手段占领塔山堡。当时正值夜半过后，趁国民党军无法封锁的黑夜，炊事员把热饭热菜挑到了阵地上，想让苦战的解放军战士们吃顿饱饭。四连王副排长忙着给大家分饭、分菜，突然"嗖"的一声，他觉得脸上有点刺痛，知道是负了伤，转身就去拿枪，枪还没拿到手，就看到阵地前已经

伸出来几个奇怪的脑袋，影影绰绰地看出有青天白日的帽花。王副排长顺手抓起阵地前的石头，向敌人砸去，敌人缩在阵地前不敢动，他干脆连泥带石头一齐推了下去。解放军战士立刻放下饭碗进入工事，手榴弹、机枪、六〇炮、迫击炮一起开了火，彻底粉碎了国民党军的偷袭。

眼瞅着无险可守的塔山愣是久攻不下，蒋介石急眼了，他要翻译告诉美国海军司令从海上向塔山开炮。蒋介石号令一发，只见美军舰队的大炮顿时像雨点般对着塔山村轰击，随着呼啸的炮弹声，塔山村顿时冒出一团团浓烟，随之伸出长长的火舌。蒋介石看此情景，兴奋得解下了他的风衣，急令他的陆上部队沿着打渔山海滩，乘着退潮之际，绕过塔山，突进塔山村。

国民党军的陆上部队听到海上的大炮响，看到塔山村里冒出团团浓烟和长长的火舌，精神上似乎得到了些安慰，都高兴极了，在他们长官的带领和督促下，纷纷跳出阵地，恨不得一下子就把阻止他们的塔山吞掉、踏平。可他们怎么也没有想到，就在他们的炮火过后，发起冲锋时，坚守塔山的东野战士又从早已挖好的防炮洞里钻了出来。与此同时，塔山村后的炮兵阵地，对准海滩上的国民党军队一连来了两次排炮。顿时，国民党军队被炸得东倒西歪，冲到塔山村小桥前的一部分国民党军被一阵重机枪、手榴弹打得几乎不能前进一步。

连续两天的攻击均未得逞，塔山之战进入第三天。这一天，国民党军只以少数兵力在前沿与东北野战军保持接触，但并没有发起进攻，炮火也只是向我军阵地轰炸了一阵，就没有多大动静了。海上的兵舰开走了，空中没有飞机吼叫了，对峙的敌军阵地里也只是偶尔发出零星的枪炮声。战火纷飞的塔山突然全线沉寂，笼罩着几天来未曾有过的宁静。这份沉寂又意味着什么呢？两军对阵，对指挥员来说，最要紧的是弄清对方的作战企图，以确定应敌之策。为此，扼守塔山的东野各部队组织了大批侦察分队，分批分点对国民党军进行侦察。三十四团侦察排七班就接受了这样一个不寻常的任务：抓"舌头"。以往他们虽然多次到国民党军后方去捕捉俘虏，但那通常是在战前，敌我距离远，空隙多；而现在，两军对峙，阵地对阵地，地堡对地堡，要想插进去抓个俘虏，不是容易的事。

10月12日晚上7点，在班长纪仁祥的带领下，七班战士化装成被国民党军拉来修工事的民夫，向敌军阵地出发了。他们越过了饮马河，来到了两个小山豁口处，悄悄摸进了敌人的一个地堡。不料，地堡里空无一人，却碰到了敌人巡逻的哨兵，但由于距离远，不好下手，敌人又溜掉了。最后，他们越过封锁线，来到了敌后三百米的岔路口。这是两条大路的交叉口，一条通向敌人的另一个阵地，一条通向前边的村庄，后面就是敌人的碉堡。左边小山上还隐约听见构筑工事的声音，前边的村庄里，闪动着几点灯光。这里正是敌人的交通要道。他们怎么也没有想到，我们的侦察兵已经钻到他们的肚子里来了。

正在此时，通向敌人前沿阵地的大路上，出现了七八个灰色的影子。他们左晃右摆、不紧不慢地朝路口走来，里面还有一个穿大衣的家伙。纪仁祥心里琢磨：这可能是一个大家伙。纪仁祥随即带着战士们慢慢向敌人摸了过去。突然，传来了敌人一声厉问："哪一个？"纪仁祥他们被发现了。"我们是军部谍报队！"纪仁祥随机应变，大声回答，边说边站了起来，战士们也跟着纪仁祥大模大样走过去。趁敌人还在犹豫之中，纪仁祥一个箭步跳到跟前，一把揪住那个穿大衣的敌人的脖领，把他摔倒在地。与此同时，七班的战士们立刻向其余的敌人一阵猛烈的射击，一场搏斗不到两分钟就结束了。他们押着俘虏，机警地通过敌人的封锁线，无一伤亡地回到自己的阵地，时间才晚上10点钟。

捕捉来的敌人是二十一师六十三团副团长高录臻及其参谋人员和卫兵。那天晚上他们出来视察阵地，准备换防，没有想到竟当了我们的俘虏。经过审讯，敌情渐渐清晰了。原来，蒋介石十万火急地从华北调来了新的增援部队，所谓"王牌"部队独立九十五师，已经海运到达。今天经过调整，独立九十五师已全部调上前沿。上午，在大小东山一带向东野阵地纵深窥视的正是他们连以上军官在察看地形，准备明天投入战斗。独立九十五师是蒋介石的中央嫡系部队，清一色美式装备，被国民党吹嘘为"赵子龙师"。此次来塔山前线，由原师长，现为总统府战地视察组组长、华北督战主任罗奇亲自督战。他为了要在蒋介石面前邀功，在九十五师建立了庞大的督战组织，并重金收买亡命之徒，组成了所谓"敢死队"，准备大干一场。他吹嘘说："没有'赵子龙师'拿不下的阵地！"

罗奇，国民党决策层里的一个怪异的人物。他是主战最积极的，处处以"钦差大臣""监军"的面目出现，对作战指挥是横加干涉。他一心想让他的老部队独立九十五师抢头功，所以才坚持休战一天，让独立九十五师的军官们熟悉地形。罗奇的这个决定恰好给了东野战士极其珍贵的一天休整时间，休战期间他们增修防坦克壕，在前沿埋设地雷与各种铁丝网，借此加固工事，为接下来的交战做了充分的准备。

敢死队也组织了，地形也熟悉了，经过一天的休整，10月13日，蒋介石一直

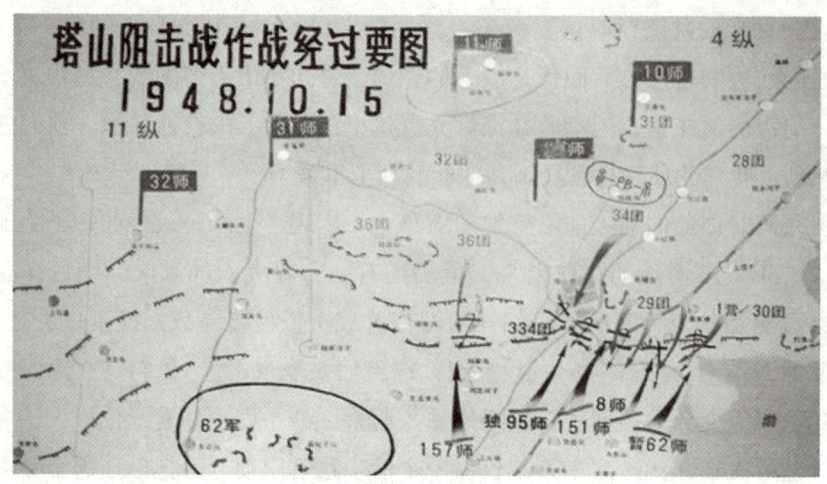

塔山阻击战作战经过要图

引以为傲的王牌师、被称为"赵子龙师"的独立九十五师出战塔山了!

"赵子龙师"的确与众不同。他们使用"波浪式"的冲击战法。以团为单位分成三个攻击波,进攻时波波相连,让东野战士感到透不过气来。更少见的是,他们的团营军官也身先士卒,冲在队伍的最前面,很有"敢死队"的味道。一个冲锋队上来,全是冲锋枪,再一个冲锋队上来全是机关枪,后面跟着成连成营成团的第二梯队、第三梯队,打也打不光,堵也堵不住,后来的士兵把前面士兵的尸体垒成活动工事,向守方阵地一步步推进,进攻的凶猛程度是几年来少见的。由于近战,双方的炮火枪弹都已失去作用,就抓头发、揪耳朵、拼刺刀,手撕牙咬地缠在了一起,有不少战士拉响手榴弹与对手同归于尽。

塔山久攻不下,增援的西进兵团又见不到人影,眼看着自己几十万军队的后路将被完全切断,已经为丢失济南生了一肚子气的蒋介石,这时再也忍耐不住了,他要杀人了。而此时远在西柏坡的毛泽东却特意发来电报给林彪:"指挥作战不应距离太近,务求保障安全!"

塔山恶战六个昼夜,不下10万发炮弹和难以计数的子弹在弹丸之地的塔山穿织、飞进、碰撞。东野第二兵团司令员程子华紧张地向东野总部报告部队伤亡情况。林彪平静地告诉程子华:"我只要塔山,不要伤亡数字。"程子华更是干脆:"我不要部队,要弹药……"

自从国民党方面发现东野南下攻锦后,就一直对其运输线进行狂轰滥炸。超过攻城官兵数倍的上百万的人民群众在艰难地维持着那条生命线。如今总攻锦州

的时间已进入读秒，此时如果弹药送不上去，不仅锦州打不成，几十万东野官兵也将腹背受敌。

在这生死攸关的时刻，一列满载着弹药的列车奉命从齐齐哈尔昂昂溪出发。列车长范勇紧急领受任务时听到了这样的话："现在到了紧关急要的时候了。现在有30辆军火，有28辆榴弹炮弹、8车炸药，限制你28小时以内把它送到前面去，运上去我们就是胜利。"

当时的昂昂溪铁路局还没有公开建党，每个段党员人数极少。指挥部之所以抽调这么多党员，是相信他们的忠诚与勇气能创造奇迹。为了保密，向亲人告别时，他们只说要出趟远门。家里人并不知道，这些男人们已在党旗下宣了誓：人在车就在，一定要把车开上去，宁可牺牲自己，也要保证列车安全。这列编号为3005次的生命列车出发了。在这之前，已先后有8列列车开往辽西方向，可都遭到国民党飞机的轰炸，这几位工人当时面对的同样也是一条死亡之路。

进入敌机重点轰炸区后，他们白天隐蔽，夜间行车，运动中不能开灯，机车不能露出火光。即使这样，沿途还是不断遭到敌机空袭。为了3005次安全行进，东野掩护部队的官兵不惜牺牲自己。他们在公路上有意把汽车车灯打开，吸引敌机，一辆又一辆的汽车被炸得火光冲天，列车在生命换来的空隙中前进。从齐齐哈尔出发四天四夜后，火车开到了终点站，早已焦急地等候在站台的东野官兵仅用40分钟就卸完了1700吨的弹药，立即送往前线。火车司机们在返回的路上听到了总攻锦州的消息，10月14日上午10时，塔山阵地的后方响起了震天动地的炮声，锦州总攻开始了。

坚守塔山阵地的战士们勇猛反击，以攻为守，敌人缴械投降

塔山英雄纪念碑

阵地后方此起彼伏的冲锋号，此时在国民党军的耳朵里就像催命号，阵地里叫骂声越来越大。面对混乱的国民党军，东北野战军适时地展开了攻心战。一连和警卫连的瓦解敌军小组迅速跳出了战壕，穿过硝烟，越过弹坑，分散在鹿寨后、坟包旁、河沟边，向敌人喊起话来："你们的退路已经被切断了，只有放下武器，才有活路一条！"敌人正在犹豫不定，副营长鲍仁川立即派一班副班长卜凤刚和另一个战士深入敌阵，他俩机警地钻进战火，时起时伏，突然出现在靠近敌人的土坎下，大声喊道："交枪吧，老乡，不要替蒋介石卖命啦！"接着，他们连续几个大步，从土坎上跃入敌群，高举手榴弹威吓道："交枪不杀！不交枪，我这铁馒头就开花啦！""枪是美国佬儿的，命是自己的！""天下穷人是一家，穷人不打穷人，回家和老婆儿女团圆吧！"此时，这一句句喊话就像攻心炮弹在国民党军的心里炸开了，敌群中骚动起来，接连有两三个国民党士兵举起了枪支，这时候，一个军官模样的人见了，举起手枪要打，被卜凤刚大喝一声："谁敢开枪，饶不了他！"给吓了回去。开阔地里的国民党士兵纷纷站起来，一窝蜂似的举着枪，从我军为他们扒开的铁丝网中向我军阵地方向走来。就这样，在东北野战军强大的军事、政治攻势压力下，国民党军全线溃退了。经历了六个昼夜生死搏斗的广大指战员们怎能够抑制自己的喜悦！是他们用自己的生命和鲜血铸造了塔山的钢铁阵地，是他们创造了震动全国的光荣的防御战例，是他们为解放锦州立了第一功！

兵临城下：长春城头飘义旗

> 饥饿之城陷危局，趁势攻心起涟漪。
> 迷途漫漫终知返，长春城头飘义旗。

1946年4月的一天，在延安的窑洞内，毛泽东等中共领导人正在谈论着当前的局势。当谈到东北的战局时，毛泽东提出了对滇军进行政治攻势的想法，并特意让云南讲武堂出身的朱德为大家详细地讲述了滇军的情况。最后，毛泽东充满信心地说："瓦解滇军的工作，就由朱老总和少奇负责吧。"

毛泽东为何在谈到东北的战局时，会特别提到滇军？又为何在此时将瓦解滇军的工作提到日程上来？这还要从滇军首领龙云以及滇军与国民党中央军之间的矛盾说起。

因与蒋介石集团之间的矛盾日益尖锐，龙云逐渐支持抗日民主活动，反对蒋介石消灭异己的阴谋，同中国共产党及民主人士结交，并秘密参加了民主同盟。1945年日本投降后，蒋介石趁滇军入越南受降、云南空虚之际，令杜聿明部署第五军发动兵变，史称"五华山兵变"。从此，龙云失去了对云南的

龙云

龙云（1884—1962）

云南昭通炎山人。云南讲武堂出身，抗日名将，滇军首领，曾主政云南18年，有"云南王"的称号。抗日战争时期，曾在中缅战场上立下赫赫战功。1950年从香港回北京，历任中央人民政府委员、西南行政委员会副主席、政协全国委员会常委等职。

★★★★★

萧劲光（1903—1989）

湖南长沙人。1922年加入中国共产党，并参加北伐。此后在红十一军、红五军团、红七军团等担任政委职务，并参加长征。解放战争时期，担任东北人民自治军副总司令员兼参谋长、东北野战军第一前线指挥部司令员、十二兵团司令员等职务。东北解放后，率部入关参加平津战役，后南下参加渡江战役。1955年被授予大将军衔。是人民海军的主要创建者。

★★★★★

萧华（1916—1985）

江西兴国人。中国人民解放军高级将领。参加过土地革命战争、长征、抗日战争、解放战争。中华人民共和国成立后，历任空军政委、总政治部副主任等职务。1955年被授予上将军衔。谱写的《长征组歌》被评为20世纪华人经典音乐作品之一。

控制权。

同时，蒋介石为了进一步削弱滇军的势力，将滇军改编为六十和九十三两个军派往东北战场。这一举动对滇军触动很大。他们看清了蒋介石想排除异己、实行独裁的野心，均不想再打内战、为蒋介石卖命。但是迫于蒋介石多次向云南方面施加压力，部分滇军将领不得已将部队带入东北。在东北野战军的打击下，滇军连连损兵折将。

1948年3月，东北野战军结束了冬季攻势。此时，国民党在东北只剩下沈阳、长春、锦州、营口等城市，被分割成几片孤立的地区，处于解放军的战略包围之下。其中处境最危险的就是长春，与沈阳的铁路交通被我军切断后，全靠空运补给。

此时防守长春的国民党军统帅是东北"剿总"副总司令兼第一兵团司令官郑洞国，下辖第六十军、新编第七军以及地方保安部队，共约10万人。

而东北野战军组建了以萧劲光为司令员、萧华为政委的围城指挥所，以10万大军围困长春。

经过长达3个多月的军事围困、经济封锁，长春守军处于内无粮草、外无救兵、欲打不赢、欲走不能的绝境，长春成了飞机不能降落、步兵不能突围的一座死城，人心浮动，朝不保夕。据不完全统计，从6月底到9月底，我军围城部队共接收投诚官兵1.35万余人，约占长春守军总人数的七分之一。

根据中央指示，东北野战军决定，对滇

军实行军事打击和政治攻势并重。而此时，解放长春的突破点就选定了国民党第六十军军长曾泽生。

为了成功地策反曾泽生起义，原六十军起义将领潘朔端曾向东北野战军首长萧劲光等详细介绍了曾泽生以及部下陇耀等人的情况，并建议：如果把工作的重点放在六十军，先去做陇耀的工作，再通过陇耀去做曾泽生的工作较为稳妥。

1948 年 4 月，解放军选出张秉昌、李峥先等五位原六十军老军官，他们被俘后在解放团中改造得最好，并与曾泽生等上层军官关系密切。让他们以遣俘的方式回去做策反工作，作为义务宣传员回到六十军，与在六十军潜伏的地下党共同完成策反曾泽生的任务。

回到六十军后，张秉昌和李峥先连夜去见了昔日好友陇耀，并转交了地下党写给他的信。陇耀时任第六十军暂编第二十一师师长。看完了信，陇耀沉默不语，表示事关重大必须要军长同意。三人随即乘车来到了军部。曾泽生对张秉昌等人返回六十军表示欢迎。

双方会见，言谈甚欢，张秉昌惦记着策反的事情，迫不及待地劝说曾军长起义。可是一谈到起义，曾泽生态度却陡然一转，当即表示："作为军人，这边倒倒，那边倒倒，这种事情我办不来。"结果此次谈话不欢而散。

此时，生性谨慎的曾泽生忧心忡忡。他曾在回忆录中说，那段时间脑子里一直有个不解的谜团，为何原本是几十年的国民党军官，到解放军的营房里呆上几个月，就换了脑子。他后悔前几天见面时，对张、李等人的冷淡态度，觉得有必要再一起谈谈，了解一些外面的情况。于是，他吩咐副官乔景轩安排一桌饭菜，宴请张、李等五位军官，并要陇耀等两位亲信作陪。

接受了上次的教训，宴会前，张、李二人先找到另外三位军官。大家统一口径，决定用各自的经历现身说法，只谈情况，不谈工作，帮助曾泽生等人解除顾虑，早日下决心起义。

宴会上，张秉昌、李峥先等五人先向大家详细介绍了解放区的情况。陇耀听得入神，还不时插话。宴会结束时，曾泽生送了大家两句话："危难之际共携手，献计献力渡难关"。至此，曾泽生的态度开始发生了转变。

为了便于开展工作，地下党还为张秉昌和李峥先二人，在六十军所属的暂二十一师旁边租了一个小院子。从此，这个小院儿便热闹了起来。一些下级军官三三两两的，进进出出，主动找张秉昌等人讨教。这个小院儿便成了解放军不挂牌的宣传站。

其实，进入东北战场后，六十军的日子不好过。他们处处受到中央军的制约。吃穿用度、武器、补给处处不如中央军。早就受够了气的六十军官兵此时急待军长为他们谋取一条生路。

经过激烈的思想斗争，曾泽生决定反蒋起义。接下来，他分别试探郑洞国和新七军军长李鸿，判定新七军已无力阻止六十军起义。鉴于形势紧迫，曾泽生立即叫来陇耀等人前来商议起义之事，以免夜长梦多。

10月10日清晨5时许，国民党第六十军暂编第二十一师师长陇耀专门派人把李峥先和张秉昌叫到师部，神秘地说："你们重回六十军的任务，军部早已知晓。这次请你们来，有个重要事和你们商量。曾军长、白师长（白肇学，时任第六十军一八二师师长）和我已决定率部起义，并正式派你和张秉昌作为六十军的全权代表出城与东北解放军接洽起义事项。"

李峥先问："假若东北解放军要我们准备全军起义的凭证怎么办？"陇耀从内衣里取出一封信交给李峥先、张秉昌："这个我们早想好了。这是曾军长、白师长和我3人亲自签写的，带去呈交东北解放军负责人，如果我们失信的话，可将此信公之于世。"

张秉昌和李峥先带着信走了，曾泽生仍担心共产党是否能顺利地迎接他们出城；还担心张、李二人是否能顺利地逃过保安团的搜查，带着好消息平安地回来；更担心郑洞国等人是否已经察觉他要投诚了。就在此时，出人意料的事发生了。

此时正是锦州告急的时候，蒋介石十日内向长春守军空投三道手令，令郑洞国、曾泽生、李鸿立即突围。于是，郑洞国当即下令16日晚开始行动，18日正式突围。

由于突围时间与曾泽生预定起义时间相同，而且此时派出联络起义的张、李二人又迟迟未归。这让曾泽生更加心急如焚，他一边小心地敷衍着郑洞国，一边暗中与陇耀等人商量，准备起义。

此时，对于曾泽生来说，起义之事已是"万事俱备，只欠东风"，只要张、李二人带着解放军同意接收起义军的指令一到，便立即可以高举反蒋大旗。偏偏这两位特使就是迟迟不归。

原来，解放军在接到曾泽生等人联名信的同时，又接到了郑洞国部突围的情报。于是，有人认为：兵不厌诈，六十军起义的真实目的是为了麻痹我军，趁势突围，因此不可信。但是潘朔端等负责策反曾泽生起义的人，申明六十军起义真实可信，时机难得，不可错过。第一兵团司令员萧劲光、政委萧华二人听了潘朔端等人的建议后，表示同意，立即致电林、罗、刘并东北局汇报了情况。

东北局接到电报后，立即向中共中央汇报了此事，同时复电萧劲光、萧华二人，指示：应该相信六十军是真起义。

中央的答复非常迅速。10月16日，中央来电指示：

> 东北局，林罗刘：
>
> 　　你们两处16日电及转来一兵团15日电均悉。你们争取六十军起义的方针是正确的，一兵团对六十军的分析及处置也是对的……（节选）

中央及时的指示使萧劲光等人能够大胆放手去做促进起义的工作。曾泽生的两位代表得到我方的肯定答复，匆匆赶回城里向曾泽生报告。

张秉昌和李峥先二人回到了长春。看到了希望的曾泽生在得知解放军的意见后，立即派出李佐、任孝宗两位副师长作为他的正式代表，带着蒋介石的"手令"、卫立煌给郑洞国的信以及郑洞国的突围计划，和自己的几点意见与建议，火速出城与解放军商谈起义事宜。

送走两名代表后，曾泽生立即着手起义事宜。他赶到暂二十一师师部地下室，召开营以上军官会议。曾泽生宣布起义的决心得到部下的一致拥护。曾泽生发布命令：暂二十一师马上行动，对新七军布防。为了解决靠不住的暂五十二师，他命令师长李嵩带所属三个团长夜里11时来军部"开会"，准备强迫他们就范。

李嵩以为要突围，9时就来到军部。接待他们的副官长张维鹏因时间不到，敷衍了两个小时，到11时才将曾泽生的信交给李嵩。李嵩看后心情沉重，但也知道大势已去，只得表示服从命令。他打电话把副师长找来，说："千万要服从军长的命令，起义，起义，保全我们的性命。"这样，五十二师的问题解决了。

这天夜里，李佐、任孝宗出城来到我军阵地，解放军代表刘浩很快乘车赶来把他们接到一兵团政治部。他们把曾泽生交给他们的蒋介石突围手令和郑洞国的突围计划交给一兵团政治部主任唐天际，以表示六十军起义的诚意。唐天际马上打电话向兵团首长报告。过了一会儿，唐天际回来转达兵团首长意见：欢迎六十军起义，起义后待遇与解放军完全一样。派刘浩作为解放军代表与他们一起进城，与曾泽生军长见面。

17日上午9时，刘浩来到六十军军部。曾泽生正在指挥部队在市中心挖工事，戒备新七军。听说解放军代表来到，他马上赶回军部，与刘浩紧紧握手。刘

浩热情地说："曾军长，解放区军民正忙着准备欢迎你们呢！"曾泽生非常激动，当场解下腰间的手枪赠给刘浩，表达他弃暗投明的决心和喜悦。

曾泽生在刘浩陪同下，出城来到一兵团政治部所在的村庄。唐天际主任迎出来热烈地欢迎。大家抓紧时间展开军用地图，研究六十军交防和撤向解放区的具体行动计划。经过协商决定，六十军从夜里10时开始交防，然后撤出长春市向九台、德惠方向集结。如果新七军没有动作就这样办，如果新七军进攻就协同解放军一起消灭他们。曾泽生对这样的安排表示十分满意，谈了一个多小时就匆匆返回军部，布置当夜的行动。

当天夜里，双方开始行动。解放军两个师进入长春市内，从六十军手中接收了阵地。六十军还解决了新七军的后方机构，扣押了派到军里的国民党特务。然后，26000多官兵扛着枪、拉着火炮，秩序井然地列队出城。部队饿了几个月，到18日天亮时走了20多公里，到达解放军独立十一师师部所在村庄休息。当地政府和百姓早已做好准备，把热炕让出来给六十军的官兵住。各家煮熟一大锅白米饭，炖了喷香的猪肉粉条白菜给他们吃。

这天，萧华政委和唐天际主任等来到村里，热情慰问了曾泽生军长和六十军起义官兵们。

17日17时，林彪、罗荣桓电告中央：

> 六十军已起义，曾泽生本人已到长春东之兴隆山我独十一师师部。新七军之后方已为六十军解决，并扣留不愿起义之暂五十二师三军官及特务。六十军本晚奉命开德惠。曾泽生已取信劝郑洞国投降，郑考虑中。我各独师及十二纵向长春进，威逼郑投降，并准备歼灭不投降之新七军。

原来临走前，曾泽生分别给郑洞国和李鸿写了一封态度坦诚的"诀别信"，并劝他们投降。

桂庭（郑洞国字）司令钧鉴：

长春被围，环境日趋艰苦，士兵饥寒交迫，人民死亡载道，内战之惨酷，目击伤心。今日时局，政府腐败无能，官僚之贪污横暴，史无前例。豪门资本凭借权势垄断经济，极尽压榨之能事，国民经济崩溃，民不聊生。此皆蒋介石政府祸国殃民之罪恶，有志之士莫不痛心疾首。察军队为人民之武力，非为满足个人私欲之工具，理应解民倒悬。今本军官兵一致同意，以军事行动，反对内战，打倒蒋氏政权，以图挽救国家于危亡，向人民赎罪，拔自身于泥淖。

公乃长春军政首长，身系全城安危。为使长市军民不作无谓牺牲，长市地方不因战火而糜烂，望即反躬自省，断然起义，同襄义举，则国家幸甚，地方幸甚。谒诚奉达，敬候赐复，并祝

戎绥！

曾泽生敬启

给李鸿的信，内容基本一样。

第二天天一亮，新七军士兵一起床就发现，对面防区里竟然全是解放军，立刻慌作一团。而接到信的郑洞国和李鸿方才如梦初醒——曾泽生起义了。对于郑洞国来说，曾泽生的战前反水令他的突围行动更难以进行。此时长春城内守军的气势更加低迷。曾泽生的投诚给本来就对突围无望的新七军一个暗示：突围和固守都是死路一条，只有反蒋投诚才是唯一的出路。在六十军的影响下，新七军于18日派人与解放军接洽，19日也放下武器，起义了。

在此前后，地方保安部队等国民党各驻长春部队也相继向解放军投诚。只有不愿意投诚，怕落下"不忠不义"之名的郑洞国带着他的直属部队和特务团还据守在中央银行的大楼内负隅抵抗。此时的郑洞国真正到了山穷水尽的地步，他将全部情况向东北"剿总"做了汇报，并时刻准备着杀身成仁。

21日，中央银行外突然响起了一阵激烈的枪声。此时早已万念俱灰的郑洞国将手伸进枕头底下，他本打算摸出自己早已准备好的手枪，杀身成仁，竟不料，属下为了防止他自杀，早已将枪藏了起来。正当郑洞国满屋子乱翻，试图结束生命的时候，早已在门后守候多时的副参谋长带人冲了进来，对他说："桂公，事情已经到了最后关头，请您快下去主持大计。"就这样，郑洞国被属下挟持着走出了中央银行的大楼。谁知眼前的一幕令郑洞国永生难忘。

此时的中央银行大楼内外早已被解放军围得水泄不通了。原来，副参谋长深知郑洞国为了面子不肯投诚起义，于是他们暗自与解放军接洽，放下武器投诚了。至于刚才的那场激战，只不过是他们为了郑洞国的面子，煞

萧劲光、萧华与起义的国民党六十军军长曾泽生（右）交谈

费苦心，朝天放枪，假意抵抗，造成兵临城下、猝不及防的假象，实则是与解放军共同上演的一出戏。就这样郑洞国率部投诚，长春宣告和平解放。

10月21日晚上，在长春郊区一兵团司令部，萧劲光、萧华等摆下丰盛的宴席招待郑洞国。郑洞国神情沮丧，闷头喝酒，一言不发。二萧为他夹菜斟酒，非常客气，使郑略感宽慰。酒过数巡，郑洞国提出两条：一不去广播、登报；二不参加公开的宴会。二萧笑笑，毫不介意，爽快地答应了。宴会结束时，二萧建议郑到哈尔滨去休息学习一个时期。一向对解放区好奇的郑洞国，这次终于点了头，并感激地说："这是我几个月来第一次吃到这么好的饭菜。"

起义后的六十军没有被拆散。六十军编入东北野战军序列，在1949年1月改为中国人民解放军第五十军，曾泽生仍任军长。他们后来随四野大军南下参加解放战争，成了人民解放军的一支劲旅。抗美援朝时，五十军在战场上立下赫赫战功，受到中央军委的高度评价。新七军官兵被分批送往各地整训，一部分炮兵立即被编入解放军，西进与主力会合，参加解放沈阳的战斗。

长春起义加速了辽沈战役的胜利进程，开创了解放战争时期迫敌整军起义、实现大城市和平解放的光辉战例。

链 接

曾泽生（1902—1973）

云南永善人。曾就读于云南讲武堂、黄埔军校，长期在龙云部任职。抗日战争爆发后，曾率部参加了台儿庄会战、武汉会战和赣北对日作战等。1945年8月，从云南率部赴越南接受日军投降。历任国民党东北第四"绥靖"区副司令、吉林守备军司令兼第六十军军长，驻守长春。1950年3月任中南军政委员会委员。1955年被授予中将军衔，获一级解放勋章。

郑洞国（1903—1991）

湖南石门人。黄埔一期生，曾参加东征和北伐。抗日战争时期，曾参加过长城古北口战役、平汉路保定会战、台儿庄战役、徐州会战、昆仑关战役。1943年春，参加中国远征军，担任新一军军长，参加收复缅北要地密支那攻坚战。1945年9月9日，郑洞国参加了中国战区日军投降签字仪式。新中国成立后，任第三届、四届全国政协委员，第五届、六届、七届全国政协常务委员，民革第五、六届、七届中央委员会副主席。

黑山阻击：血战力挫廖耀湘

> 惨烈战斗歼强敌，黑山阻击创奇迹。
> 血战力挫廖耀湘，凯歌再奏黑土地。

1948年10月，秋天的西柏坡已经是寒风飒飒。太行山上的树叶被秋风吹得所剩无几，滹沱河的水被吹得波澜微起。伴着水面的阵阵微波，在山中十分隐秘的位置，一串无形的电波穿过湛蓝的天空传到了东北野战军林彪、罗荣桓、刘亚楼那里。很快，这封电报被解码，内容是这样的：

> 如果在长春事件之后，蒋、卫仍不变更锦葫沈阳两路向你们寻战的方针，那就是很有利的。在此种情况下，你们采取诱敌深入打大歼灭战的方针甚为正确。

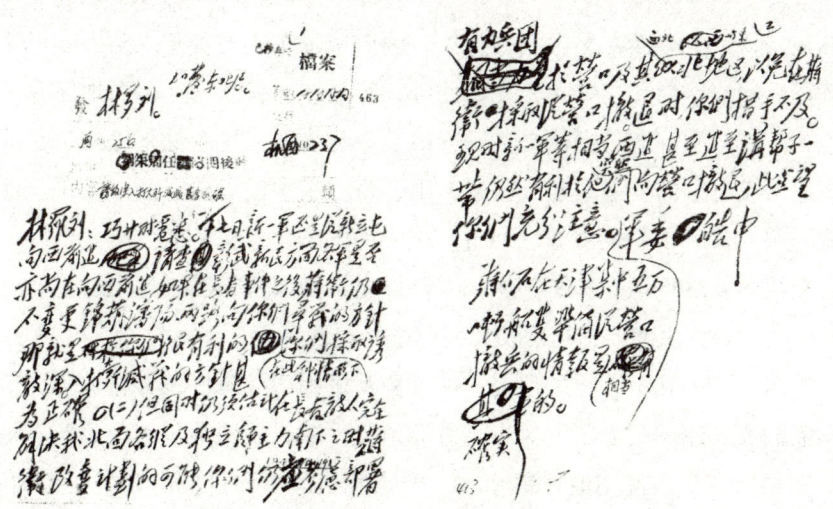

1948年10月19日毛泽东发给东北野战军的电报手稿

当在西柏坡的中央军委指挥部和远在辽西黑土地上的东野部队的指挥官们用一封封往来的电报编织成捕获廖耀湘兵团的大网之后，林彪、罗荣桓、刘亚楼认为越是临近胜利之时，敌人越是容易逃跑，要抓住这条大鱼，首先是不要让它脱钩。

1948年10月15日锦州解放后，蒋介石判断解放军伤亡惨重无力再战，遂命令"东进兵团"和"西进兵团"继续"规复锦州"。锦西、葫芦岛地区的"东进兵团"在塔山地区遭严重打击后，基本不敢再动，而西进的廖耀湘兵团则奉命向锦州扑来。东野即将展开歼灭廖耀湘兵团的战事。为了防止拥有国民党最精锐部队的廖耀湘兵团从营口逃跑，同一天的另一份电报中，毛泽东发出了歼灭廖耀湘兵团的指示："你们在锦州各部……抓住廖耀湘攻击，使他走不脱，各个歼灭之。"根据中央军委的指示，林彪、罗荣桓、刘亚楼于20日10时下达了围歼廖耀湘兵团的命令。那场谁都没有料到的黑山阻击战在这场敌我的智谋较量中一天天临近了。

兵不厌诈，他们授意新华社发出报道，详细介绍攻锦部队已转入休整，正在总结经验，评选战斗英雄，补充兵员弹药，如此等等，以麻痹廖耀湘，免得打草惊蛇。同时，林彪、罗荣桓急电在彰武、新立屯地区监视廖耀湘兵团的第十纵队，电报要求：

> 长春十万敌军起义投降，锦州十万敌军被歼，沈阳陷于孤立。廖耀湘兵团有企图向锦州突围，与锦西北上之敌会合，妄图夺路逃回关内。令你们即返黑山、打虎山（今称大虎山），选择阵地，构筑工事，顽强死守，阻击敌人，掩护主力到达后，聚歼前进之敌。

林彪、罗荣桓一面在黑山、打（大）虎山一带布置力量坚决阻击、迟滞南进的廖耀湘兵团，一面令攻锦主力立即回师，隐蔽地向新立屯、黑山地区急进，从两侧包围敌人。廖耀湘的部队是美国人给装备起来的，打起仗来也完全是美军那一套，此人没有别的爱好，整天就是看书，是国军中怪得出奇的书呆子。他率领10万之众打着旗开得胜的算盘，对进攻黑山的部署作了精心的安排：以一个师的兵力，在兵团直属重炮掩护下，从胡家窝棚由东向西从正面攻黑山；以两个师为攻击黑山的主力，由北向南从黑山以北侧击并包围黑山。

"黑山"这个并不起眼的地名，注定要写进中国战争史，并将成为以后军事历史学家们要关注的地方了。黑山县平原地势平缓，战略地位十分重要，是辽西走廊的咽喉所在；是沈阳通往锦州唯一的走廊，黑山和打虎山对峙在走廊两侧，如同两道大门，开则南北通达，闭则人车堵塞。十纵奉命在此阻击廖耀湘兵团的

意义十分明显：把这一大团国民党军拖住，死死地封闭在这里，不让他们向沈阳撤退，也不让他们通过这里往营口撤退，等主力赶到并完成攻击部署后，把廖耀湘兵团一口吃掉。所以，对于廖耀湘兵团来说，无论退向何处，都只有控制住黑山，才能掌握入关或入海的道路。能否攻占黑山，已经是廖耀湘兵团生死存亡之所系。

10月21日拂晓，国民党军队廖耀湘兵团的新一军、新六军和七十一军向锦州方向行动，主力行进到了胡家窝棚、尖山子、拉拉屯一线，准备向黑山、打虎山攻击。谁能担当坚守黑山的艰巨任务呢？林彪经过深思熟虑，最后定格在那张露着两颗大牙的瘦脸上，"让梁大牙去！"被委以重任的梁兴初曾经被罗荣桓称为"虎将"。身高一米八，眉浓黑，鼻微红，颧骨略高，门牙外突，故人称之为"梁大牙"；少时曾打铁，又称"梁铁匠"。梁兴初用兵善于以诈惑敌，以奇制胜，且屡屡得手。他身经百战，遍身弹痕累累，戎马生涯中遇险不计其数。

东野首长命令十纵："务须使敌在我阵地前尸横遍野而毫无进展。只要你们守住黑山三天，西逃之敌必遭全歼。"梁兴初马上意识到阻击任务的艰巨性，迎击的将是全部美式机械化装备的国民党嫡系"王牌"，而解放军在数量上、装备上都处于劣势。当时，他们只有一个纵队，而将面对的却是装备精良的国民党军一个兵团，兵力之比为1∶5；同时，要以三个师担负20公里以上的正面防御，同时展开，压力异常沉重。但梁兴初深信，自己这支纵队面对五倍于己的敌人，会以一当十地消灭对方！他立刻表示："死守三天，不让敌人进一步。"

这个时候，黎明前的黑山却不是黑色

★★★★★

黑山

现为辽宁省锦州市下辖的一个县，位于辽宁省西部，锦州市东北端。黑山县的西部、北部是低矮丘陵，中部为开阔的平原，南部为洼地。

★★★★★

梁兴初（1912—1985）

江西吉安人。中国共产党党员，中国人民解放军高级将领，中将军衔。抗日战争时期，曾任八路军一一五师教五旅旅长、新四军独立旅旅长等职。解放战争时期，曾任东北民主联军第十纵队司令员、中国人民解放军第三十八军军长等职。曾率部参加抗美援朝战争。新中国成立后，曾任海南军区司令员、广州军区副司令员、成都军区司令员等职。

的，模糊的晨光中一片苍白。梁兴初登上101高地，他料想不到，这个制高点居然是个寸草不长的石头山。战士们费了九牛二虎之力仍是一镐一个白点，照这样干，很难在短时间内修成工事。紧急情况下，梁兴初命令部队集中全力先做好野战工事，用大量土袋、铁轨首先修成浮面火力点，然后再挖凿散兵坑，加强阵地的副防御。

101高地纪念碑

★★★★★

贺庆积（1909—1998）

江西永新人。1955年被授予少将军衔。中国共产党第七、八次全国代表大会代表，中国人民政治协商会议第五届全国委员会常务委员，第六届全国人民代表大会代表。

人力不足，师长贺庆积亲自去联系民工，支援部队运土。101高地顿时沸腾起来了，老百姓们背着满袋土石成群结队蜂拥而来，寸草不长的石头山很快变成一座崭新的土山。虽然工事并不那么坚固，但是在解放军官兵心中，这是一座最坚固的堡垒。

23日清晨，廖耀湘兵团先头部队沿新立屯、芳山镇南下，直逼第十纵队前沿阵地尖山子、胡家窝棚警戒阵地。上午10时，随着一阵激烈的炮响，尖山子顿时隐没在滚滚硝烟之中，前哨战打响了。就在这样一个寒冷的上午，辽沈战场上，继塔山阻击战之后，又一场艰苦的阻击战开始了。国民党军的炮火倾泻在黑山前沿阵地上。担任前沿警戒任务的内蒙古骑兵一师一团立即进入战斗准备。骑兵部队没有阵地防御作战经验，加上远道奔袭而来官兵疲劳，在阵地遭到重炮轰击的时候，部队就已出现了伤亡。国民党军二〇七师三旅在作战飞机的掩护下蜂拥而上，其一部同时悄悄地迂回到主阵地的侧背，对骑兵一团形成了三面包围。敌人的逼近令残酷的白刃战随即开始，国民党军步兵的美式枪刺与解放军骑兵的马刀撞击交错。10月24日，廖耀湘以5个师的兵力在200余门重炮和200余架次飞机支援下，向黑山、打（大）虎山长

25公里弧形阵地正面展开猛烈攻击。

101高地是黑山争夺战的焦点。101高地一线阵地，战前曾被视为侧翼掩护地域，因此兵力部署相对薄弱，只有八十四团二营防守。向这个方向攻击的是国民党军二〇七师三旅。廖耀湘毫不动摇地把这支作战凶猛的部队当做一把尖刀，从侧面朝着黑山防御线的核心部位猛插下去——从兵力上讲，二〇七师的规模相当于军，其下辖旅的规模相当于师。防卫101高地的是十纵第二十八师。敌人集中了几乎全部炮火向101高地进行猛烈的轰击。

此时的101高地早已是弹坑累累，碎石成堆，几乎所有的土木火力点都被炸坍塌了。守卫101高地的解放军只剩下20余人，他们在这毫无依托、遮蔽的石头山上，利用弹坑滚进滚出，以密集的手榴弹连续打退数倍于己的敌人的四次冲锋。然而，廖耀湘的进攻部队又重整旗鼓，从三面合围上来。101高地上只剩下5名解放军战士，手榴弹也打光了。在一场激烈的肉搏战之后，101高地被国民党军占领。情况万分危急！101高地一旦被敌人夺走，敌人必将直逼黑山城下，并趁此突破整个黑山防线。

林彪命令梁兴初："101高地决不能丢！"梁兴初说："打到剩下一个团我当团长，剩下一个连我当连长。绝不会让敌人从我眼皮底下过去。"梁兴初命令全纵队的炮兵集中轰击101高地和增援之敌。在这千钧一发之际，解放军第二十八师师长贺庆积命令所属12门山炮向101高地之敌发起狂风骤雨般的轰击。当时，贺庆积在指挥所听着战斗的炮声，每当炮声响一下，贺庆积就扔一个豆子；后来，他几个几个地扔；再到后来，他就要整把整把地撒了；最后，都顾不上扔豆子了，可见当时的战斗激烈程度。

下午4时20分，解放军向101高地发起冲锋。借着山头的滚滚尘烟，将士们飞速冲击，突然出现在敌人面前，阵地上顿时是刺刀飞舞，杀声震天，交战两军在狭小的高地顶端扭打在一起。激战半小时后，180多名101高地的守敌全部被歼。二十八师乘势在各个方向进行局部反击，数支小部队直接插入国民党军的阵地：八十六团一营袭击了水淀，俘房国民党军第七十一军八十七师的一个班；八十二团一连袭击了高家窝堡防线西北方向的十里岗。

廖耀湘不甘心失败，于10月25日再次向黑山发动更为猛烈的攻击。整个阵地见到的不再是一朵朵炮烟，听到的不再是一阵阵轰击，而是一连串持久不息的"巨雷炸响"，一片片浓黑的乌云在翻卷，好像山就要倒了，地就要陷了。一场激烈、残酷的阵地争夺战再一次展开。一轮又一轮的冲锋被打下去了，廖耀湘部队

★ ★ ★ ★ ★

一次又一次往上冲，他们依仗着兵力和装备的优势，先后夺去石头山和92高地，然后，又集中力量向101高地发起潮水般的冲击。

解放军将士发起反冲锋，成束的手榴弹、密集的机枪火力向拥挤成团的廖耀湘部队不断倾泻。双方反复争夺20多次，相持到下午2点，阵地前尸堆成山。不论国民党督战队如何高声呵斥，再也没有人敢前进一步了。

金圆券

抗日战争胜利后，国民党发动内战，消耗了巨量财富，引起财政赤字直线上升和物价疯狂上涨。金圆券是1948年8月19日南京国民政府为支撑其崩溃局面而发行的一种本位货币。

这时，国民党指挥官又拿出其"老法宝"，用金钱利诱，组织所谓"敢死队"。督战官手执"金圆券"在山脚下连连吆喝："弟兄们！廖长官知道你们勇敢善战，现在组织'敢死队'，参战者每人奖励10万元！头一个冲上去的，奖金再加一番。"可是喊了半天，谁也不动。于是，督战官又喝道："每人再加5万！勿失良机呀，弟兄们冲啊！"仍然没人动，最后不知加到多少，才勉强组成一支300余人的"敢死队"。可是，在英勇的解放军战士面前，"敢死队"很快变成了"送死队"。

101高地在经过整整两天的炮击之后，山头被削去两米，变成"99"高地了。解放军战士伤亡很大，已经不足百人，其中有人还身负重伤，坚持不下火线。解放军战士越来越少，武器和子弹也越来越少，101高地终因弹尽人寡，于10月25日下午4时失守，黑山的门户又一次被打开了。

解放军二十八师师长贺庆积感到事态严重，立即在电话里报告十纵司令员梁兴初："等到晚上再发起反攻，一定要夺回阵地。"梁兴初果断地说："不是等到晚上，而是要在黄昏前进行反击。现在立刻组织反攻，天黑前攻到山头，那么101高地和整个黑山将是我们控制的天下。"

梁兴初布置完战斗，立即亲自前往黑山城北的炮兵阵地视察，当他来到城北的炮兵阵地时，二十八师政委说："贺师长已经到前沿阵地指挥所指挥战斗去了。"在炮兵侦察所里，炮弹在阵地前后接连爆炸。二十八师政委非常担心梁兴初的安全，请求说："请司令员下去吧，我们一定把101高地夺回来！"梁兴初却说："你们现在别担心我，我要在这里看着你们夺回阵地！"一场更为残酷的战斗开始了。战至下午6时50分，解放军终于收复阵地。[1]

---

[1] 赵鲁杰.解放战争全纪录——挥师决战 [M].成都：四川人民出版社，2007：93.

26日凌晨3点，已经打得筋疲力尽的十纵接到了东北野战军司令部的电报："北上主力已到达，敌已总溃退。望协同一、二、三纵队从黑山正面投入追击。"十纵官兵用血肉之躯堵在黑山，硬是没让廖耀湘的5个军闯过去，4000余名官兵伤之。连日的苦战中，101高地旁边的下湾子村百姓冒死往高地上送饭，全村男女老少往返阵地达900多人次，送上去的干粮达2000多斤。战后统计，下湾子村牺牲在101高地上的百姓竟达400多人。死去的黑山百姓与东北野战军官兵葬在了一起。战后，黑山百姓在黑山城北修建了烈士陵园，陵园中矗立着一座十米多高的纪念碑，东北野战军政治委员罗荣桓的题词是：为人民而死，虽死犹荣。

此时，东北野战军的数支主力纵队在林彪的严令下，正向这个狭窄的地域日夜兼程地合拢。出发前，没有哪个纵队得到过到达目标的明确指示，命令仅仅是朝着可能发生战斗的方向迅速逼近，寻找廖耀湘兵团并且抓住他们。廖耀湘兵团在黑山被迫停滞了三天，但是廖耀湘仍下定决心向营口撤退，虽然似乎为时过晚，但他的主力部队依旧在缓慢地移动。移动中的各部队掩护阵地的交接仓促而草率，行军秩序也随之自行其是，最后甚至连各军的行军方向都不一样了，有的部队向南面朝营口，有的部队向东面朝沈阳。

26日清晨，廖耀湘带着随从副官跑到黑山以东的胡家窝棚去观察战况。他亲眼看见胡家窝棚以西一带正发生着激烈的争夺战，这时候，解放军距廖耀湘只有几百米了，子弹在他的头顶上乱飞。此时的廖耀湘突然发现，自己已经无法回到兵团指挥部了。

袭击胡家窝棚的是解放军三纵七师二十一团三营。这个营打完锦州后，从锦州出发向北连续行军。在公路上，他们碰上了几个被国民党军拉去当差逃出来的老百姓。时任三纵七师二十一团副团长的徐瑞曾经回忆说："当时我们碰见三个老百姓，就边走便问他：'你们从哪儿来？'他说：'从胡家窝棚来。'我们就问他：'胡家窝棚有多少敌人？'他说：'这我可不知道，我只知道有三多，电线多、带手枪的多、小汽车多。'当时我就琢磨，这是什么性质的部队呢？我和营长教导员共同走，边走边判断，这肯定是敌人的高级指挥机关。于是，我们带领部队前往胡家窝棚。"

徐瑞率领的部队向胡家窝棚接近时，胡家窝棚里所有的拦截火力——重炮、迫击炮和各种机枪一齐向他们压下来。三营被压制在没有遮蔽物的旷野里。直到此时，他们还不知道，自己攻击的竟是廖耀湘兵团指挥部。但是，三营没有退

缩，官兵们知道，火力越猛，证明胡家窝棚里名堂越大，三营就是全死在这里，只要缠住敌人就是胜利。经过两个多小时的激烈战斗，当解放军冲到村里之后，才发现攻打的原来是廖耀湘的指挥部。就这样，在总攻还没有开始的时候，三纵所属的这个营就把廖耀湘的兵团司令部、新六军军部连锅端了。

60年后的2009年，一位名叫齐一飞的老人在《老年生活报》上曾经发表过一篇回忆录《捣毁廖兵团指挥部》。齐一飞当时在三纵七师二十一团直炮连当文书。在这篇回忆录中，齐一飞回忆，当时徐瑞副团长下令突袭胡家窝棚，捣毁敌人的指挥部。总攻开始了，担任主攻任务的七连和直炮连突破正面防线，占领了六五高地后继续前进。九连也发起了快攻，与七连相继冲入敌群。这时，胡家窝棚街里的敌人乱作一团，潮水般向村西北方向涌去，遭到了八连的迎头痛击，他们只好调过头来，朝东南大桥方向逃窜。这时敌人已无力反击，但炮火支援还在继续，突然一排炮弹飞来，在齐一飞的身边爆炸了，炮连连长李德山和战士洪毛头当场牺牲，齐一飞的头部和身上也多处受伤，被埋在土里，后被担架抬下阵地。当齐一飞从昏迷中醒来时，发现自己躺在老乡家的大门洞里。

辽沈战役后，东野前指通令为徐瑞副团长和齐一飞各记大功一次。三纵七师司令部为表扬二十一团先遣营在辽西围歼战中的不朽功勋，颁发了一面上写"击中要害"的奖旗，这面奖旗至今保存在辽沈战役纪念馆里。

胡家窝棚战斗虽然是一个很小的局部战斗，但意义重大。它使廖耀湘兵团的10万大军因失去指挥而陷入混乱，同时也为东野判明廖耀湘的位置、制订围歼计划提供了可靠信息。胡家窝棚的战斗，加快了廖耀湘兵团覆灭的进程，缩短了战役时间。有西方专家称："这是'上帝之手'为东野部队送来的'神来之笔'。"

原设伏于黑山、打虎山的阻击部队经过五天浴血奋战，胜利地阻止了廖兵团的前进。27日，东北野战军全线出击，在黑山、打虎山、新民地区对国民党军展开了大规模围歼战。黑山阻击战以毙伤敌人8000余人、俘敌6300人的战果和我军伤亡4000余人的高昂代价，为全歼廖耀湘集团立了头功！它打破了敌人死里逃生的原定计划，完全实现了首长的战略部署。黑山阻击战为林彪调动部队全歼廖兵团赢得了时间，立了头功。此战是十纵的成名战，十纵也因此声威大震！

在北平坐镇指挥的蒋介石得知这个消息后，在10月26日日记中写道："东北全军，似将陷于尽墨之命运。寸中焦虑，诚不知所止矣。"惯于夜间工作的毛泽东坐镇西柏坡运筹帷幄，获知这一喜讯，他非常高兴，兴奋得昼夜无眠。当他得知攻锦后尚未休整的东北野战军将廖兵团神速包围，不禁盛赞他们是"飞将军"。于是，毛泽东当即提笔疾书，为新华社起草了一篇辽西战况的新闻电讯稿。毛泽东在电讯稿中写道："由沈阳进至辽西的蒋军五个军，已全部被我包围和击溃，我军俘敌数万，现正猛烈扩张战果中。……"

也正在这一天，东北野战军继续展开猛烈攻击。廖耀湘兵团各部或纷纷放下武器，或相继被歼。

十面埋伏：天罗地网缚蛟龙

无形电报织天网，十面埋伏似铜墙。
烽火怒卷黑土地，降龙伏虎慨而慷。

　　锦州解放后，毛泽东和林彪、罗荣桓等即在酝酿接下来的歼敌妙计。而这时的国民党军在东北地区真正的主力是以廖耀湘为司令官的第九兵团。廖耀湘虽然号称是国民党在东北的最精锐部队，但现在摆在他面前的路有三条：一、向南撤向营口；二、向西攻击重新夺取锦州；三、北上到沈阳，与卫立煌会合同守。何去何从，面对林彪这位黄埔四期生的大师兄，廖耀湘举棋不定。

　　廖耀湘的部队是美国人给装备起来的，内编有国民党军五大主力中的两支，因而傲气十足。陈诚、卫立煌等元老都拿他没办法。现在，他率领10万之众，向南出击。这个时候，毛泽东最为担心的是：沈阳的国民党军倾巢经过营口地区走海路撤退，而据情报显示，蒋介石在天津征集5万吨轮船，似乎准备一个月后从营口撤退，向华中增援，而这正是毛泽东最为担心的。

　　中央军委就东北野战军下一作战方向发出指示：如果廖耀湘兵团不敢继续向锦州前进，东北野战军稍经休整后集中兵力力求歼灭锦西、葫芦岛地区之敌。这时，沈阳的敌人可能被迫增援，只要它远离沈阳，走打虎山、大凌河增援锦、葫，便于大局有利；如廖耀湘兵团仍按原计划向锦州前进，企图重占锦州，并将主力放在山海关至天津一带，东北野战军应争取迅速地攻占锦西、葫芦岛等地，威胁天津，迫使蒋介石空运一部兵力增援天津，以利回头歼灭敌主力。如果敌经营口海运增援，亦须先取锦西、葫芦岛，然后再议入关作战。

　　此时，身处战场的林彪、罗荣桓、刘亚楼也在考虑如何诱使沈阳之敌南下而聚歼之，最后决定乘胜回头围歼沈阳西援之敌。林、罗、刘向远在西柏坡的军委发出一份电报，电报大意是：决心采取诱敌深入的策略，吸引沈阳的敌人进入打虎山、沟帮子、锦州之线而歼灭之。但是，就在发出电报的当天，传来长春第六十军起义、新七军被围的消息，这样一来廖耀湘向西重新夺取锦州的希望彻底破灭了。战场局势在继续变化。廖耀湘兵团新一军10月17日占领新立屯后，18日继续向南挺进，以便日后通过锦西、葫芦岛撤向营口。为了能够一下子钓到廖耀湘兵团这条"大鱼"，林彪作了精心部署，已经为廖耀湘的覆灭布下了天罗地网。

在辽西牵制廖耀湘兵团的第十纵队进到黑山以北头道镜子一带隐蔽。敌不动则不动，敌西进则退至黑山、打虎山一线固守。如敌有东退征候，即不分昼夜插到新立屯以东，切断敌人退路：

——第五纵队进至广裕泉西南隐蔽，敌停则停，敌进则退，如敌有东退迹象，立即插到新立屯以南，截断敌人退路。

——第六纵队暂于彰武西北隐蔽，准备突然包围彰武之敌。

——其余各纵队兵分三路。一路沿北宁线向打虎山疾进，一路沿公路直奔黑山，一路经义县向白土厂前进。

东野首长命令所属部队一律夜间行动，并提出假如未能在新立屯、彰武地区抓住敌人，敌人转营口撤退时，所有部队立即转向营口，在营口和牛庄间歼敌。林彪、罗荣桓同时命令第四、第十一纵队继续在塔山一线抗击东进之敌，并安排在锦西附近的三个师，向西南作战役佯动，沿途大力筹办粮草房舍，虚张声势，作出东北野战军要进关的样子。这样一来，廖耀湘兵团就不敢轻易向南行进了。

就在18日这一天，蒋介石飞抵沈阳，紧急研究对策。他判断，东北野战军经过一个多月的连续行军作战，伤亡巨大，疲惫不堪，不经休整与补充则不能再战。同时，蒋介石果真被解放军两个师向山海关移动所迷惑，认为东北野战军可能进军关内。他又根据空军报告了解到东北野战军攻锦部队大批向阜新移动，因此断定东北野战军不会固守锦州。蒋介石乘东北野战军休整补充部队之机，立即命令廖耀湘的"西进兵团"迅速西进；命令杜聿明在葫芦岛设置指挥所，指挥锦西的11个师，迅速向北攻击，东、西兵团相互配合，再来一次"南北夹击"，重新夺回锦州。

战场上敌对双方的争斗，总会有许多未知数，想克敌制胜必须随机应变。廖耀湘的国民党军第九兵团在前往锦州、营口、沈阳的途中，多次改变方向而又失

败后，已经帅无主见，将心动摇，军心崩溃。而这一切，林彪早已预见到并时刻把握着局势的变化。林彪分析了廖耀湘"西进兵团"的动向，立即报中央军委，请求放弃锦西、葫芦岛作战计划，集中兵力歼灭廖耀湘"西进兵团"。林彪的分析和决定已经把廖耀湘南逃营口和北进沈阳的企图控制在手中。

收到电报后，毛泽东彻夜未眠，连续向林彪发出四份答复和指示电报：

> 在敌人西进兵团没有向沈阳撤退征兆，反而由新立屯、彰武地区西进的情况下，放弃攻打锦、葫的计划，改打廖耀湘，这一点我们和你们的意见是一致的。

毛泽东更看清楚了战局发展的另外一面，即蒋介石、卫立煌改变计划，从营口撤退。虽然廖耀湘兵团的新一军等部西进，甚至进到沟帮子一带，但仍然有利于他们突然向营口撤退。所以，毛泽东在19日17时的电报中，充分肯定林彪诱敌深入的方针是正确的，同时提醒他们仍然要考虑在营口及其西北与东北地区部署兵力，以免在蒋介石、卫立煌从营口撤退时措手不及。

蒋介石派廖耀湘兵团进兵锦州似乎找到了一个"万全之策"，但是这个"万全之策"却早已在毛泽东的掌控之中。1948年10月20日，毛泽东在西柏坡农家小院里连续起草了三封电报，向林彪发出指示，作出歼灭廖耀湘兵团并防敌从营口撤退的周密部署。毛泽东致电指出：

> 一经发觉敌不再进或有退沈阳退营口的征象时，……以各个击破为方法，以全歼廖兵团为目的。

林彪根据中央军委的指示，编织好了歼灭廖耀湘的天罗地网。

——以第十纵队并指挥第一纵队第三师、内蒙古骑兵师进至黑山、打虎山一线，组织坚守防御，阻止廖耀湘兵团南逃和再占锦州。

——彰武西南地区的第五纵队、原在彰武以北的第六纵队，进至黑山东北厉家窝棚、姚家窝棚、郑家窝棚一线，切断廖耀湘兵团向沈阳的退路。

——主力第二、第三纵队，第七、第八、第九纵队与第一纵队及炮兵纵队，分头向辽西急进。打法是拦住先头、截断后尾、夹击中间，歼灭敌人"西进兵团"。

——南满独立第二师进营口，阻止敌人占营口。

——第一兵团率第十二纵队和十一个独立师，除留必要兵力于长春外，主力由长春地区南下，拖住沈阳敌人。

——第二兵团率第四、第十一纵队等部队，仍应在塔山一带阻击敌人北援。

东北野战军编织的这个天罗地网把廖耀湘面前的三条路，即西救锦州、南退营口、北逃沈阳都堵死了。廖耀湘已经无路可走。廖耀湘兵团这条"十万之众的蛟龙"，在十面埋伏的天罗地网中，只等被擒缚了。毛泽东十分满意林彪编织的天罗地网，复电林彪、罗荣桓、刘亚楼："完全同意你们20日10时围歼廖兵团及其他各项部署，并无补充意见。"10月24日24时，毛泽东致电东北野战军，再次提醒林、罗、刘，注意控制营口问题。

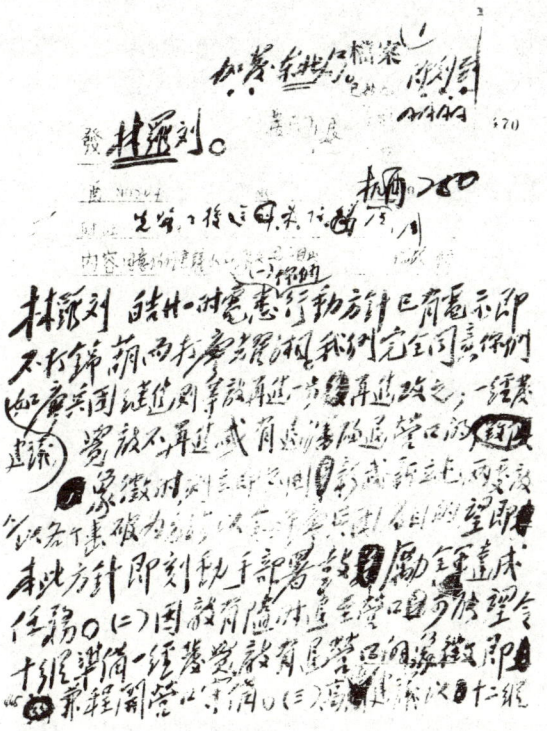

1948年10月20日，中央军委致林、罗、刘电报手稿

林彪、罗荣桓预料到廖耀湘在黑山、打虎山碰了一鼻子灰以后，可能缩回去，一是南下营口，二是东退沈阳。于是，他们命令原在彰武的第六纵队立即南下，以急行军的速度迅速插到新民以西半拉子门等地阻敌东归沈阳。命令第八纵队赶到打虎山以东，防止敌人从营口逃跑。但是，在此之前，东北野战军因获得廖耀湘兵团不向营口撤退和第五十二军已向西进的不正确消息，遂命令原去抢占营口途中的独立二师回至新立屯与半拉子门之间，参加围歼廖耀湘兵团的战斗。结果，位于辽阳的敌第五十二军乘虚于24日占领了营口。

对此，毛泽东于25日18时致电林、罗、刘并告东北局，指出：

（一）你们事先完全不估计到敌人以营口为退路之一，在我们数电指出之后，又根据五十二军西进的不确实的消息，忽视对营口的控制，致使五十二军部队于二十四日占领营口，是一个不小的失着。（二）你们除以六纵插到黑山、打（大）虎山以东断敌退路外，是否尚有别的纵队在黑山、打（大）虎山以东及东南地区。你们必须充分估计到敌人随时有向营口退却可能。如果没有足够的兵力则难于阻敌退路。你们主

力从阜新、新立屯方面下来，如果敌人集结一起从打（大）虎山向东，正面无重兵堵击，不能收夹击之效，则敌有全部或大部跑到营口的可能。（三）长春各独立师现到何处？我们认为，这些独立师应迅速经铁岭附近兼程南进，收复营口、牛庄、海城，并以主力位于打（大）虎山、营口之间，配合你主力夹击敌人。（四）你们整个部署盼告。

这边，东北野战军布下了一张围歼廖耀湘兵团的大网；那边，廖耀湘仍在耐着性子等待着在北平的蒋介石的指令。20日下午，已经心急如焚的廖耀湘终于接到了由北平飞返沈阳的东北"剿总"总司令卫立煌与副总司令杜聿明的电令，要他于当天晚上到卫立煌家领受任务。

在卫立煌的小办公室，杜聿明向廖耀湘传达了蒋介石的口头命令要旨："（一）要廖耀湘以全力攻锦州，同时葫芦岛、锦西部队亦向锦州攻击。（二）廖兵团除现有兵力外，增加第六军第二零七师沿北宁路向黑山、打虎山攻击前进。"

对于蒋介石的命令，杜聿明虽说不同意，但又不能不下达，希望卫立煌能顶回去。可是卫立煌呢，也不同意蒋介石的命令，但根据以往的教训，也不敢顶回去。大家都认为蒋介石这一招是失策，可是谁也不愿意再得罪蒋介石，谁也不愿意承担东北国民党军覆灭的责任，只是背后慨叹。

围歼廖耀湘的大战终于在隆隆的炮声中开始了。廖耀湘兵团进攻黑山、打虎山三天，被东野十纵队等部队顽强阻击，廖耀湘兵团毫无进展，西进攻打锦州已经没有希望。此时的廖耀湘发现东北野战军主力已经逼近，为了给他的大兵团冲开一条生路，他下令全军向营口撤退，先头部队在台安以北地区与独立二师和第八纵队遭遇。以廖耀湘兵团此时的兵力，如果死打硬拼极有可能突破东野的防守而通过营口，然而东野独立二师的重炮连架上重炮就轰，虽然炮火不那么准确，但是惊雷般的重炮声让廖耀湘判断失误。廖耀湘以为有重炮必有主力，精明果断的廖耀湘犯了他一生中最大的一个错误，于是下令全军改为向沈阳撤退。然而一个十几万人的大兵团在战斗中转向谈何容易，混乱由此而生。此时的东野五纵队和六纵队以急行军速度昼夜前进，于25日和26日凌晨先后赶到厉家窝棚、二道镜子一线，及时切断了廖耀湘兵团撤回沈阳的退路，其他各纵队也先后到达，形成了对敌合围。廖耀湘兵团陷入一片混乱。

一向善于垂直指挥的林彪，此时把权力下放，向各师、团下达命令："不要休息，不要睡觉。哪里有枪声，就往哪里打！"原东北野战军八纵队二十三师六十九团团长董占林回忆说："我一看敌人黑压压的，就这个新六军啊，上万人啊，鸣地冲锋，已经越过了康家屯，向郑家窝棚和枪岗子冲锋。我说打。一开始还瞄，我说瞄什么啊，到处都是敌人。我说，这一回要打不掉敌人的气焰，咱们就完了，叫敌人把我们卷了。你说打得多激烈吧，我们政治处有一个助理员叫李子庆，拿六轮子打敌人的飞机！头顶上飞机轰炸，打得激烈得很啊。你们想想，一位团政治处的助理员，拿手枪打飞机，你说激烈不激烈？"于是，解放战争中的一个奇观出现了，解放军部队打乱了建制，各打各的，从四面八方向廖耀湘兵团发起攻击，庞大的天罗地网中的每根绳套、每个网眼都成了廖耀湘兵团的陷阱。

原三纵队七师指导员翟文清回忆说："当时我们看到辽西大平原上，到处是敌人的死尸、车辆、炮等武器弹药、散兵游勇，到处你都可以抓俘虏。"原一纵队二师作战参谋张奎印对这段经历也记忆犹新，他回忆道："我们的部队一边走着，前头就有战友押下来俘虏。第一批跟我碰上的，他们就告诉我，说这是新六军二十二师师长，再往后走又是十四师师长。哎呀，一路上净是俘虏。"

战斗中，东野部队按照团营建制往敌人内部猛插，哪里有敌人，哪里就有东野的人。有人向林彪报告，纵队已经找不到师的所在地，师也找不到团的所在地，部队全乱了。林彪淡然一笑："这个我不管，只要找到廖耀湘就行。"到26日，解放军三纵队七师二十一团三营攻下了廖耀湘兵团的司令部所在地胡家窝棚这座村落。26日深夜，已经被打乱的廖耀湘也顾不上保密了，急得在报话器上用明语呼喊："部队到二道岗子集合。"林彪截获这条消息后和罗荣桓、刘亚楼立即手持蜡烛，在地图上找这个"二道岗子"，一下子找到了三个，并迅速判断是在新立屯附近的那一个，于是下令到那里去抓廖耀湘。

当年，廖耀湘这位黄埔六期的毕业生曾经是中国赴缅甸抗日远征军的主将，骁勇善战、机警异常，曾经屡建战功，何等威风！如今，在东北的黑土地上，他竟然一败涂地，落荒而逃。准备逃跑的廖耀湘这时候头戴一顶破毡帽，披着一件破棉袍，赶着一头小毛驴，毛驴上驮着两袋花生。廖耀湘在今辽宁北镇市被抓获的时候，他操着一口湖南口音，还要用黄金贿赂，结果被民兵交到了政府。

从15日至25日11天内，蒋介石三到沈阳，救锦州、救长春、救廖兵团，并且决定了所谓"总退却"，然而他却眼睁睁地看着失锦州、失长春，现在又失了廖兵团。到10月28日5时，东北野战军全歼廖兵团的5个军共12个师10万余人，被视为"国民党精锐之师"的偌大一个战略机动兵团，其中包括五大主力的新一军、新六军，就这样全军覆没了。

这场会战的特点是以乱治乱，这在其他两大决战中是没有的，它是三大战役中成功运用穿插分割的手段，迅速歼灭敌人重点兵团的范例。以后的军史研究人员评价辽西会战，称这是一场以立体滚筒式的围追堵截打立体滚筒式突围逃跑的大混战。

廖耀湘在他后来的回忆中写道："这真是四面八方被围得毫无缝隙。辽西兵团最后被全歼的命运已决定了。"

链 接

廖耀湘（1906—1968）

湖南邵阳人。国民党将领。曾任蒋介石"五大王牌军"之一的第六军军长，黄埔六期生，后留学法国，回国后参加南京保卫战，1940年同杜聿明率领中国远征军赴缅甸抗日，为抗战胜利做出了重要贡献。辽西大会战战败被抓后长期关押于北京功德林战犯管理所，1961年12月25日被特赦出狱。曾担任全国政协文史资料委员会专员，1964年任第四届全国政协委员。

杜聿明（1905—1981）

陕西省米脂县人。黄埔一期生。著名抗日将领，国民革命军陆军中将，曾任国民革命军第五军军长，取得昆仑关大捷。在淮海战役中全军覆没。1959年获得特赦释放。历任政协文史专员、政协委员、政协常委等职。

落日孤城：兵取沈阳如探囊

> 白山黑水赤旗扬，虎将失威意仓皇。
> 铁骑突突辽河岸，收官一战如探囊。

1948年10月31日这一天，是蒋介石62岁生日。蒋介石的一生对生日都极其看重，而且这一天对他的部下们来说，是绝佳的表现机会。往年的今天，他的部下们一定会大肆铺张、极尽奢华地为他祝寿。可奇怪的是，这年的蒋府没有了往日高朋满座、宾客如云的热闹景象，反倒显得异常安静，甚至连蒋介石的家人都不敢大声说话。蒋介石心事重重，表情凝重。此时，生日对他来说，已经没有任何的兴趣，他所有的心思都纠结在了让他寝食难安的东北战场！

东北战事进入到了1948年10月，形势正如国共双方预料的那样，国民党军正节节败退，溃不成军，东北野战军则乘胜追击、步步为营。10月21日，长春在经过东北野战军近5个月的严密封锁围困后，兵不血刃地和平解放了。10月28日，东北野战军全歼廖耀湘兵团的5个军，共12个师10万多人，其中包括号称蒋介石"五大主力"中的新一军主力和新六军全部，兵团司令官廖耀湘被迫化装成农民逃跑，不过很快被识破，被解放军战士活捉。也就在10月28日这天凌晨，习惯于夜间工作的毛泽东在西柏坡向东野指挥员林彪、罗荣桓、刘亚楼发出电报，电报说：

> 你们业已部署大军迅速向鞍山、海城前进，歼灭沈阳南下之敌，甚好甚慰。希望你们立即抽出几个纵队于明日兼程东进，如能于二十九日渡过辽河，则沈阳逃敌跑不掉，否则，沈阳之敌有于三十日退到营口的可能。（节选）

为了不让沈阳守敌逃出东北，林彪、罗荣桓、刘亚楼遵照中央军委的指示，以第七、第八、第九纵队，挺进鞍山、营口；以第一、第二、第十二纵队及长春

南下各独立师，剑锋所指，围歼沈阳之敌。

在围歼廖耀湘兵团时，东北野战军曾实施大胆渗透和穿插，各师、团单独作战，不仅冲乱了廖耀湘的部队建制，连东北野战军自己的建制也跑乱了。到28日会战结束时，各纵队已经没办法在短时间内集结，各师、团位置都已经分散。尽管如此，各路部队在建制散乱的情况下，依然从各自的原地出发，向沈阳火速前进。

东北野战军坦克部队向沈阳进军

当时的解放军随军记者记录下了这样的场面："连续的胜利，鼓舞着我们向胜利前进，再前进。人民解放军的勇士们，不顾连续作战的疲劳，不顾天寒水冷，他们用疾进的速度，向东北匪军最后的巢穴——沈阳前进！"

"前进，向沈阳前进！"这个紧急而又伟大的命令刚一发出，全军立刻沸腾起来，都以空前的速度向沈阳前进。事后，当年东北野战军二纵队宣传部长朱鸿回忆起当时的情景，依然记忆犹新："我是好多夜没有躺下来睡觉，就是走，昏头昏脑的。而且我心里头啊，我就说，敌人停一下就好了，我们就打了，打了就可以休息一下。我的思想是这样的。结果也不停，就跑。"

10月29日至31日，东野各部队先后解放新民、抚顺、本溪、辽阳、鞍山、海城等沈阳周围的城市，完成了对沈阳的包围。至此，东北重镇沈阳已经成为一座风雨飘摇的孤城。

而就在解放军大兵压境、逼近沈阳城的时候，负责沈阳防务的东北"剿总"司令卫立煌却在蒋介石的安排下，于10月30日乘飞机逃离了沈阳。阵前易帅，这是兵家大忌，蒋介石这又是玩的哪一出呢？

蒋介石的军事集团里战将如云，其中有五人能征善战，屡次得到重用，人称"五虎上将"，他们分别是刘峙、顾祝同、蒋鼎文、陈诚、卫立煌，其中卫立煌的威望最高。然而，尽管卫立煌能征善战，但他并不是黄埔军校出身，在一向偏袒自己黄埔军校学生的蒋介石那里，并不能完全得到信任。而且，抗战期间，卫立煌率领部队转战山西、滇西等地，和共产党有过多次合作，互相之间关系很融洽，蒋介石对此有所觉察，因此蒋介石对卫立煌虽然表面无事，心里却存有芥蒂。所以，抗战胜利之后，蒋介石借口让卫立煌出国考察，解除了他的兵权。

在战略决战前夕，蒋介石曾考虑过放弃东北，保留实力，确保华北和华中。但又顾虑这样做会使局面一败而不可收拾，失去东北会影响全国大局，因而未敢贸然决策。而镇守东北必须派一名实力战将，这时候他就又想起了卫立煌。卫立煌本身的军事才能毋庸置疑，还有重要的一点，他也是美国人眼中的"常胜将军"，而蒋介石此时也急于获得美国的支持。所以，思考来思考去，卫立煌是最合适的人选。1947年春，在巴黎的卫立煌收到蒋介石催他回国的急电。1948年初，卫立煌一回国，就被蒋介石任命为东北"剿总"司令。他希望借助卫立煌的军事才能和威望，挽回东北战场的颓势。

然而，鉴于卫立煌对共产党的态度，蒋介石又不得不防着他。所以，虽然卫立煌就任"剿总"这样一个重要职务，但蒋介石对他并不放心，只给他军事指挥权，不给他人事任命权，高官任命必须由蒋介石亲自下达。事实上，这时候的卫立煌难以全权调动部队，甚至连身边的警卫团都难以指挥，而且他的重要举动随时都有特务向蒋介石秘密汇报。

1948年10月15日，人民解放军攻克锦州，国民党守敌范汉杰以下10多万人被俘。此后，长春守敌迅速瓦解，国民党六十军军长曾泽生起义。10月18日，蒋介石飞抵沈阳，怒称要革除卫立煌的职务。10月30日，沈阳城已经岌岌可危，直到这时，蒋介石才下令卫立煌撤往葫芦岛。而蒋介石之所以这么做，是为了向美国老板表示他还有一个大将军在沈阳，国民党还没有失败。

大战前夕，东北"剿总"司令卫立煌飞离了沈阳，卫立煌的撤离表明蒋介石实际上已经放弃了沈阳。军不可无将，卫立煌逃离后，沈阳防务这块"烫手山芋"被扔到了周福成手里。身为第八兵团司令官的周福成原本也是东北军旧部，长期受到蒋介石嫡系部队的歧视，郁郁不得志。卫立煌逃走后，周福成立即给蒋介石发电说卫立煌临阵脱逃。卫立煌撤离沈阳本来是蒋介石的意思，但这时候，蒋介石又在给周福成的回电中痛骂卫立煌，让周福成统率沈阳守军固守。

长期不得重用的周福成把蒋介石扔给他这个乱摊子看成是对他的信任。他上任不久，共产党便积极争取他弃暗投明。但是周福成冥顽不化，妄图依靠武装实

力和美式装备负隅顽抗。当时，周福成所属五十三军的一些军官纷纷要求与解放军接触，起义投诚。然而，周福成却表示，自己受蒋委员长委托，一定和共产党拼个你死我活。

但他的举动遭到了手下的反对，他的几个师长纷纷表示不愿意打了，都表示不管周福成赞成与否都要放下武器。无奈之下的周福成于31日晚脱掉中将军服，换上便装，带上副官和一批卫士，在东北"剿总"高级参议苏炳文中将的陪同下，逃离兵团司令部驻地中国银行，来到离中国银行不远的世合公银行楼上躲避。临行前，周福成还指令他的政治部主任给蒋介石发了一封电报：

我军第130师师长王理寰被地方人士王化一、胡圣一等人煽动叛变，以致全军瓦解。（节选）

这也算是对蒋介石作了最后一次交代。

沈阳城内的守军已经没了斗志，只有城外部分守军还在零零散散地抵抗。此时的沈阳，经过国民党军两年多的苦心经营，城墙外围建筑了大量的工事、碉堡、地堡，而且全部是用钢筋水泥筑成的所谓"永久性工事"。国民党军在每个子堡里放一个班，母堡里放一个排，一个连组成一个碉堡群，列成梅花状，可以互相实施火力支援和兵力增援。但是，这些所谓的工事多数已经成了摆设。

1948年10月31日夜里，东北野战军各部队对国民党军发起强大攻势，各种枪弹、信号弹来往穿梭，爆炸声隆隆不断。仅仅一夜工夫，沈阳外围的所有阵地被全线突破，通向市区的所有道路都被打开了。

11月1日拂晓，解放军一纵、二纵由西和西北，十二纵由西南，各独立师由东北和东南，向沈阳守敌发起总攻，很快突破敌人的第二道防线，部队向每一条有敌军驻扎的大街小巷涌进。当时，大部分沈阳守军已无心再战，只有戴朴领导的青年军二〇七师，还在顽强抵抗。

二〇七师是由在台湾训练过的青年军改编的，官兵多半是国民党员或三青团员，是所谓"党化"了的部队，装备精良，战斗力较强，也是解放军在解放沈阳作战中遇到的比较顽固的一股敌人，但是很快也被消灭了。

在人民解放军多路部队打到沈阳市区以后，城内守军已经基本上失去了抵抗能力，看见解放军进来，在聚集着国民党军的大院里大楼上纷纷伸出了白旗，等待受降，白旗之多也是前所未见。解放军的1个排、1个班，甚至几个战士都可以

接受守军整营、整团的投降或投诚。

一纵三师九团的10名战士看见一个大院里打出了白旗，门前站着一位国民党军官，就奔了过去。那名军官告诉他们这是一个坦克营，正等待受降，随后这个

军官让他们的人把大门打开，喊了声"集合"，院内的官兵就站好了队，比让上级检阅还隆重，又敬礼，又递名片，还把印鉴、花名册和坦克技术资料一一作了交代。这时候，一个解放军战士要上前给他们讲俘虏政策，突然，受降队伍中有人扬起一张纸，叫喊着："我们早就知道了！"原来那是解放军散发的传单。这些传单已经成了指引国民党军官兵走向新生的宝贝。

东北野战军在解放沈阳时缴获的汽车、飞机、大炮、坦克和军粮等

国民党重炮十一团官兵将18门155毫米口径大炮交给人民解放军时说："美国送给蒋介石的这36门最大的炮，那18门你们在辽西缴了，这18门也请你们验收

吧。"除此之外，国民党军还派出装甲车打了降旗，主动寻找解放军先头部队受降。一个士兵喊："我是国民党兵，有一条枪给你们哪！"汽车兵团驾驶手整整齐齐张起一面红旗。坦克队更干脆，撵走指挥官说："留下好坦克，交给解放军。"

其实，沈阳城里的老百姓早在10月29日就在沈阳街头写上了"共产党是中国人民的救星"的标语。11月1日这天，沈阳市民涌上街头，争着看解放军受降。商店挂起了红旗，职工们保护了机关、工厂、银行，人民站在各自岗位上，等候解放军的到来。

11月2日，解放军发现，一些国民党士兵在三三两两地闲逛，一看见解放军就很自然地缴枪。到处都有枪响，可哪儿都没有像样的战斗。各路部队像逛大街一样在市中心会合。老百姓也纷纷走出家门，高兴地说，看样子不打了。

白旗成为那段日子里国民党守军最时髦的标志。他们或者将枪炮、车辆排列好，拿着花名册等待野战军接收；或者开着吉普车上街寻找，迎接野战军；有的还挑肥拣瘦，非要向正规军投降，不愿向独立师缴枪；更有的还要举行个正规仪式。原国民党第八兵团少校参谋苏宗杰事后回忆起当时的情景说："解放军进城的时候，连我们都不害怕，就好像没有那回事儿似的。把很多的公文、材料往上一交，就把我们这些军官都请到东北总工会，那时候临时设置一个招待所。很平静地，一点也没打。铁西这些工厂丝毫没有破坏。只是二〇七师接触了一下，结果也都被消灭了，所以这个就算作自动放下武器。"

东北野战军第一纵队第三师攻占国民党东北"剿总"司令部大楼，右上小图为第八兵团司令周福成

当天中午，第八兵团司令周福成和他的卫队在银行大楼放下武器。就这样，拥有8万国民党守军的沈阳城仅用一天多的时间，就被解放军收复。11月2日，东北最大的政治、经济中心沈阳宣告解放。

广场上，毛泽东的画像被高高举起来。一个高音喇叭响亮地呼喊口号："祝贺沈阳人民获得解放。"墙上、电线杆上到处贴着"新中国"和"欢迎中国人民解放军"字样的油印传单。蒋介石的新闻机构刊物《新报》和《每日新闻》一夜间变成了共产党的《沈阳时报》。

沈阳前线报道：

东北野战军今日完全攻克沈阳，东北全境已庆解放。我军于辽西打虎山以东地区歼灭敌主力廖耀湘兵团后，即以急风暴雨之势，相继收复沈阳外围卫星据点新民、铁岭、抚顺、本溪、辽阳、鞍山、海城等处，追击并截断企图由沈南逃之敌，我先头部队则于十月二十九日，攻克沈阳东北之东陵及北陵飞机场，随后主力到达，乃于卅一日四时，在铁西区开始突破，进攻敌军最后巢穴沈阳，至本日（二日）黄昏，完全解决战斗，攻克拥有人口一百八十万、被敌侵占两年七个月零廿天之工业城市沈阳城……（节选）

　　　　　　　　　　　　　　　　　　　　　　　　　——1948年11月2日

　　东北的战略价值，其实毛泽东在中共七大时就已经向全党做了战略性阐述。毛泽东意识到，共产党人虽然在抗战中建立了众多根据地，但这些根据地分散，缺乏工业，基本处于国民党包围中，难以稳固。农村包围城市的战略其实情非得已。而东北作为中国当时唯一实现了工业近代化的地区，拥有巨大的工业和农业经济潜力，还是国共两党实力的真空地带。毛泽东认为，只要有了东北，中国革命就有了巩固的基础。除此之外，东北的另一个重要战略价值就是紧靠苏联，南可攻，北可退。谁靠近苏联，便能够依靠或者阻止对方依靠这样一个强大的力量。而如今，东北收入了中国共产党的手里，可以依此坐视天下。

　　1948年11月14日，毛泽东亲自为新华社起草了《中国军事形势的重大变化》一文，在文章中，他大胆预言，"现在看来，只需从现时起，再有一年左右的时间，就可能将国民党反动派从根本上打倒。"此时，毛泽东说这话是非常有底气的，因为辽沈战役的胜利，大量国民党精锐部队被消灭，国共双方的力量对比已经发生了根本性的变化。

　　1948年11月8日，杜聿明又一次从山海关经过，不过他不是走陆路，而是从天上。就在这一天，他在锦西葫芦岛降下了最后一面青天白日旗，率军撤离，告别了让他惆怅的黑土地。三年前，他亲自带到关外的国民党精锐几乎全部灰飞烟灭。

　　22天后，东北野战军也乘车从山海关的城楼门洞中驶过，在他们的身前身后，东北野战军12个纵队共48个师、1个特种兵师、1个骑兵师，共84万大军滚滚涌进关内，直驱平津。原广州军区动员部部长迟泽厚回忆起当时的情景，激动万分："东北胜利以后，百万大军进关。东北部队一进关，形势就不一样了。一百万野战军进关啊，放到哪个战场，国民党也受不了。"

　　百万大军雄赳赳、气昂昂地挺进关内，而且他们穿着整齐，用的基本都是美式装备，让华北的部队羡慕不已，有力地震慑了华中、华北的国民党守军。

　　辽沈战役结束后，东北"剿总"司令卫立煌当了替罪羊。蒋介石下令，以"迟疑不决，坐失戎机"的罪名将卫立煌撤职查办。

1948年11月18日，东北野战军主力结束休整，提前发动了平津战役。一年以后，中国大陆全境基本解放，事实的发展验证了毛泽东的预言。

链 接

卫立煌（1897—1960）

安徽合肥人。黄埔六期生。国民党陆军二级上将，被日军华北最高司令香月清司视为"支那虎将"。抗战期间，战功卓著，曾任中国远征军司令长官。1948年任东北"剿总"总司令。1949年1月，蒋介石宣布下野，卫立煌携家人逃到香港，后拒赴台湾。1955年3月返回大陆，受到毛泽东等中央领导的热情欢迎，被任命为国防委员会副主席、政协常委、民革中央委员会常委等职。

解放营口：乘胜追击补失招

> 百密一疏险漏敌，乘胜追击补失招。
> 弥留残敌终消灭，白山黑水展雄韬。

　　1948年11月2日，东北野战军一举攻克沈阳，东北重镇沈阳宣告解放。人们载歌载舞，欢歌以庆，整个沈阳城沉浸在一片喜悦之中。然而，远在西柏坡的毛泽东此时却神情严肃，因为一股国民党残余部队还占据着营口，并随时准备从营口逃离东北！

　　营口是沈阳的海上门户，位于沈阳、旅大（现大连）、锦州三点之间，水陆交通方便，地形平坦。大兵团从这里登陆，能迅速向三个方向展开，向东可切断中长路，威胁旅大（现大连），向西可控制北宁路，向北则可进入东北腹地的捷径。营口港控制辽南与东北腹地的南北交通，扼守着国民党海上补给线。尤其是国民党撤往关内的陆路——锦州被掐断之后，营口便成为国民党从海上撤退的唯一港口。

　　抗日战争结束后，蒋介石要抢占东北，他的南方部队需靠美国兵舰海运北上。由于当时苏联与国民党签订了《中苏友好同盟条约》，苏方不干涉蒋介石的军队进入东北，但不准其从大连港登陆，而从秦皇岛登陆运兵到沈阳，路程约相当于从营口到沈阳的三倍，而且要经过解放军控制下的山海关至锦州一线山地。不管从哪个角度考虑，营口都是蒋介石运兵进入东北最理想的登陆点。据原国民党军东北保安司令长官杜聿明后来披露，早在1945年10月，蒋介石就令他速到长春与苏军交涉，妄想"和平"接管营口，并借苏军掩护其部队在营口登陆，但是被苏军拒绝。在东北三年解放战争中，为争夺营口的控制权，双方发生过多次拉锯式的激烈争夺。

到了1948年10月下旬，东北解放战争已接近尾声，国民党在东北的50万军队已经所剩无几，气数已尽。然而就在此时，战略地位极其重要的营口港却被国民党控制在了手里。1948年10月23日，国民党五十二军军长刘玉章借林彪专注辽西围歼廖耀湘兵团之际，从辽阳、鞍山出动，24日黄昏到达营口，抢占先机占据了营口。这种一反常态的决断不免令人疑惑丛生，这个军长似乎已有借机脱离东北战场的小算盘。那么，这刘玉章又是个什么人物呢？

刘玉章和林彪曾经是黄埔军校第四期的同学，他从排长逐级升至军长，是一个从基层打拼出来的战将。刘玉章10月26日、27日分别接到卫立煌发来的两份电报：一是回归沈阳，二是固守营口。老谋深算的刘玉章一看就明白：沈阳已经成死地，自己没有必要陪葬，于是开始暗地里对营口备战。刘玉章占据营口，地利之便显而易见：一来廖耀湘增援锦州若有闪失，可以接应廖耀湘退兵营口；二来一旦形势不利，刘玉章可以率领他的国民党第五十二军逃向关内。

原本国民党第五十二军奉命和廖耀湘兵团一起行动，增援锦州，但刘玉章早看出廖耀湘兵团此去凶多吉少，于是设法脱离廖耀湘的"西进兵团"，主动请缨夺取营口。当廖耀湘在辽西被东野十几个纵队紧紧咬住，全线崩溃的时候，刘玉章几乎未遇抵抗便占领营口，并在营口修筑工事，孤军坚守。

其实，林彪此前已经意识到国民党想从营口逃往关外，他预计廖耀湘在黑山、打（大）虎山碰了一鼻子灰以后，可能会回撤，一是南下营口，二是东退沈阳。

林彪本来派苏静带一个重炮连前去指挥独立第二师控制营口，独立第二师曾一度抵达距营口仅有20公里的田庄台，而这时候东北野战军获得情报：廖耀湘兵团不向营口撤退，刘玉章所率国民党第五十二军已向西进，跟着廖耀湘增援锦州去了，于是林彪这才撤回了东野独立二师，让他们参加歼灭廖耀湘兵团的作战。然而，林彪没有想到，国民党第五十二军并没有西进，而是南下奔向了营口，并于10月24日乘虚占领了营口，控制了由海上南逃的通道。

而在此前，料敌如神的毛泽东对于营口问题早有准备和部署。毛泽东曾经意识到，廖耀湘出兵受挫后一定会撤往营口，而一旦让廖耀湘退到营口，则可能从海上逃走，放虎归山，后患无穷。于是，在1948年10月18日，中央军委发电报给林彪、罗荣桓、刘亚楼：

林罗刘，并告东北局：
    巧十时电悉。我们所最担心的是沈敌从营口撤退，向华中增援。……假如蒋、卫

利用你们打锦、葫的时机，迅速全军退至营口据守，利用海道运粮接济，然后逐步运向津榆或华中，则有使你们无法阻止之虞。……因此，提议在日内长春解决后，除留几个独立师监视郑洞国及新七军（假定该部反正的话）外，攻长各纵及几个独立师应迅速全部南下，位于沈阳、营口之间。时间应在十一月上旬，过迟则无保障。并须以一个纵队控制营口，构筑坚守阵地，阻绝海上与陆地的联系，使蒋、卫不敢走营口。即使他们走营口，我可先行抗击，以待主力到达聚歼。如何，盼复。

军委

巧亥

10月19日，毛泽东对营口问题依然放心不下，又从西柏坡发来电报，提醒林彪、罗荣桓、刘亚楼：

你们仍应考虑部署有力兵团于营口及其西北与东北地区，以免在蒋、卫采取从营口撤退时，你们措手不及。蒋介石在天津集中五万吨船只，准备从营口撤兵的情报是相当确实的。（节选）

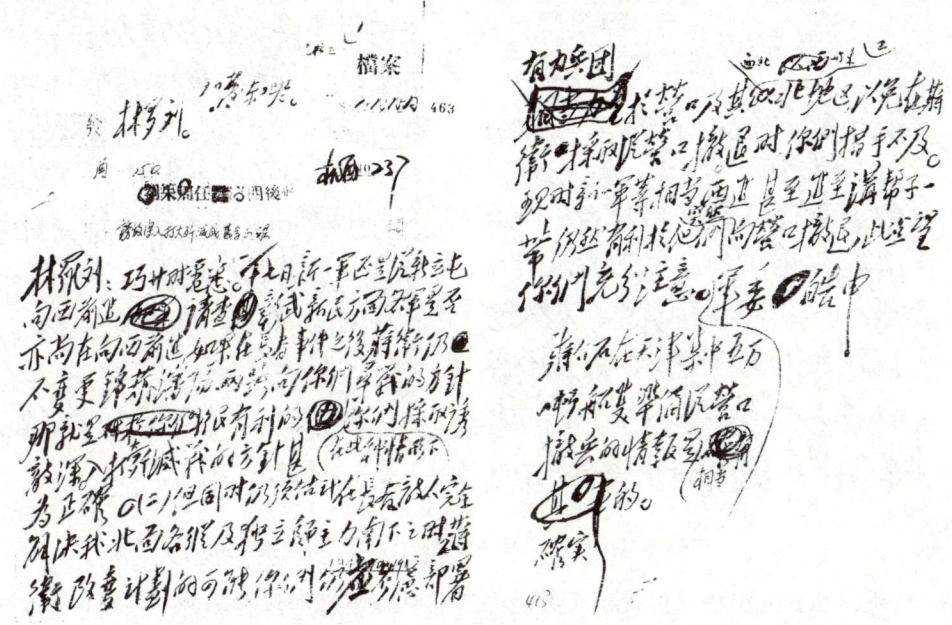

1948年10月19日申时，中央军委致林、罗、刘电报手稿

10月24日，毛泽东再一次给东北野战军发来电报，再次提醒林、罗、刘，注意控制营口问题。然而尽管毛泽东一再提醒，可是由于错误的判断和不正确的消

息误导,林彪最终没有控制好营口局面,导致营口落入国民党军手中。

远在西柏坡的毛泽东得知营口失守的消息,甚为不满,于10月25日发来急电:

> 你们事先完全不估计到敌人以营口为退路之一,在我们数电指出之后,又根据五十二军西进的不确实的消息,忽视对营口的控制,致使五十二军部队于二十四日占领营口,是一个不小的失着。(节选)

在这封电报中,毛泽东作出了具体的战术安排:

> 你们主力从阜新、新立屯方面下来,如果敌人集结一起从打虎山向东,正面无重兵堵击,不能收夹击之效,则敌有全部或大部跑到营口的可能。(三)长春各独立师现到何处?我们认为,这些独立师应迅速经铁岭附近兼程南进,收复营口、牛庄、海城,并以主力位于打虎山、营口之间,配合你们主力夹击敌人。(节选)

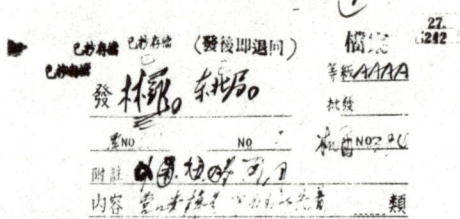

1948年10月25日,中央军委致林、罗、刘电报手稿

毛泽东在复电中已经提出了补救办法。林彪当日即作出部署:一面集中全力围歼廖兵团,一面令位于长春以南公主岭的第十二纵队迅速南下,包围铁岭,并以主力向沈阳前进。毛泽东以他那敏锐的洞察力紧紧地把握着战争中的每一个环节,并以宏伟的气魄一环紧扣一环地推动着辽沈战役的发展。

林、罗、刘遵照指示，立即展开了最后全歼东北国民党军的部署，命令辽西战场上的第一、第二纵队迅速向沈阳急进，会同急速南进的第十二纵队和各独立师围歼沈阳国民党军；命令第七、第八、第九纵队，独立第二师、内蒙古骑兵第一师星夜兼程向鞍山、辽阳、海城、营口疾进。

军情紧急，刻不容缓。当时九纵刚刚经过六天六夜的急行军，来到辽西战场，部队未等休整又立刻向营口进发。

九纵队命令二十五师为先导部队，经台安东渡辽河，直取营口，从正面钳制敌人；二十六师继续协同兄弟纵队围歼廖耀湘兵团，战斗结束后，直奔营口；二十七

第九纵队和独立二师东渡辽河，向辽南地区进军，追歼向营口方向逃窜的国民党军

师为左梯队，首先攻占海城，切断沈阳之敌南逃退路，然后南下营口。各路部队急行军向营口集结，辽沈战场上的最后一场较量即将开始！

由于战斗频繁，部队还没有来得及换装。战士们穿着单衣，身上不是汗水就是河水。敌人撤退时，把大部分桥梁、船只炸

毁，战士们来不及架桥，遇上浅水就涉水而过，遇上水深急流的地方就从水闸上翻越或用小船飞渡。从纵队首长到士兵，人人一身水一身泥，走着走着，身上热气腾腾，衣服又干了。一天近百公里的急行军，到后面两三天甚至都是跑步前进，好多战士都走不动了，跑着跑着就睡着了。为了防止战士们掉队，班长拿一根绳子，班长牵着绳头，副班长牵着绳尾，每个战士手抓着绳子，艰难地向营口进发。

行军途中，纵队司令员的吉普车突然轧到了地雷，被爆炸的气浪掀得老远。车尾被炸得千疮百孔，所幸无人受伤。原来，工兵探测到了地雷，来不及排除，只好用石灰做记号，可时间一长，记号模糊了，却让司令员虚惊一场。原东北野战军九纵队政治委员李中权曾回忆起当时的情形这么说："部队吃饭，各师的炊事班坐汽车，赶到前面去做饭，做了饭，部队连着走，每人拿个勺子添一碗饭走，后面跑步走。所以，如果没有九纵队抢占营口，敌人一个也抓不着。"

解放军的大军一天天逼近，此时营口城内的刘玉章心急如焚，五十二军的官兵也都翘首等待着海上蒋介石派来的军舰，然而军舰却迟迟未见踪影。10月30日下

午，经过几天的急行军，解放军九纵队最先赶到了营口北郊的石桥子，攻占营口的战斗打响了。老谋深算的刘玉章以逸待劳，率领部队在严密隐蔽下，对解放军的先头部队发动突然袭击，前卫部队几乎全部遭到击灭。30日晨，解放军八纵队、九纵队、长江支队相继赶到，全力猛扑营口阵地。这时候，后有大海，前有超过五十二军三倍的雄师。刘玉章背水一战，属下也知道再无退路，全都杀红了眼，以五个团全面反击。人困马乏的解放军没有料到残敌竟然会反扑，后退了十余里，喘息整备。

其实早在10月27日，蒋介石就召杜聿明到北平商讨对策。蒋介石起初想调海军运输舰将葫芦岛的部队海运营口登陆，策应廖耀湘兵团从营口撤退。杜聿明认为，要将葫芦岛的部队运到营口，至少也要一个星期；在这一周内，廖耀湘兵团是死是活尚不可知，要是还存活的话，就可以自己打出来退到营口，否则一两天也就完了。这时候，再把葫芦岛的队伍调去，等于白白送死。他建议蒋介石赶快调船让营口的部队撤退。蒋介石最后同意调船撤离营口的五十二军。

10月31日黄昏，国民党海军总司令桂永清亲自率领的海军乘"重庆号"到达营口外海，但同来的商船只有三艘，运载能力十分有限。刘玉章担心混乱，上船之前命令：各连排班长须在先头，到达上船入口处时，连排班长即停止，监视本连排班士兵，依次全部上船后，再随后最后一人跟进；营团师军长，同此类推；各部队特务营连，分别在码头各轮上船入口处，分两列对面排列，中间仅容一路纵队通过，严格遵守，违者当场格杀勿论。

1948年11月1日深夜，刘玉章的部分部队登船完毕，这注定是一段最漫长最难挨的时光，五十二军的一万余名官兵正像沙丁鱼一样挤在营口港的船里，等待第二天早上涨潮时逃出营口。

而早在11月1日凌晨，人民解放军大部队终于抵达营口市市郊，在与先头部队会合后，对营口发起了总攻。经过一天的激战，二十五师占领了营口东南，二十七师占领了营口西南，二十六师掩护一个重炮团占领了营口以北的阵地。解放军九纵队的三个师已经进入了不远处的营口市区，正和掩护大部队撤退的国民党守军进行激战。

11月2日早晨，满载着五十二军官兵的船只刚刚离岸，解放军九纵队的二十六师就出现在营口港，他们把大炮拖到码头上，向逃离的船只猛轰，一艘满载三千官兵的商船被击中起火，一千多人葬身火海。原东北野战军九纵队政治委员李中权也参加了当时的战斗，他回忆当时的情景时说："敌人要上船，岸上的敌人等着上

11月2日，第九纵队在独立第二师协同下攻占营口，歼守军1.4万余人

攻占营口时被击毁的战船

船，船上的敌人用枪打，不让后面的人爬。岸上的敌人也向船上的敌人开枪，你们不管我们了，弟兄们，他们不要我们，一起和解放军配合，我们打他们，结果把一个船给打趴了。敌人没走的，包括敌人的运输船、二营，还有一个二师，以及二十五师的一个团，全都被我们搞掉了。汽车70多辆，火炮几十门，都被我们九纵队搞掉了。"

战斗进行得短暂而激烈，11月2日上午10点左右，战斗结束，解放军共歼灭营口守敌1.4万多人。刘玉章率五十二军一万多名官兵从海上逃脱，成为东北解放战争中唯一整建制撤出关外的国民党部队。营口的解放，标志着解放东北全境的伟大胜利。11月3日，中共中央致电东北野战军，庆贺东北解放：

林彪、罗荣桓、高岗、陈云诸同志，东北人民解放军全体同志和东北全体同胞：

热烈庆贺你们解放沈阳，全歼守敌，并从而完成解放东北全境的伟大胜利……中国共产党中央委员会谨向全东北军民表示感谢和敬意，希望你们继续努力，与关内人民和各地人民解放军亲密合作，并肩前进，为完全打倒国民党反动派的统治，驱逐美帝国主义在中国的侵略势力，解放全中国而战！

在东北解放战争中牺牲的英雄们永垂不朽！

中国共产党中央委员会
1948年11月3日

辽沈战役的进程之迅速大大出乎毛泽东的预料。开战之初，毛泽东计划辽沈决战分三步走，每个阶段大体用2个月，加上间隙休整4个月，共计用10个月解决东北问题，现在满打满算只用了7个半星期的时间。

长春人民庆祝东北解放

　　辽沈战役的胜利，显示了毛泽东驾驭大规模歼灭战的高超指挥才能。这次战役的胜利，首先建立在正确确定战役突击方向的基础上。选择首攻锦州，造成"关门打狗"之势，继而分批歼灭敌人，战争的全部主动权均在共产党的掌握之中。其次，在作战的方法上，辽沈战役尝试了大规模运动战与大规模阵地战相结合的办法，很好地贯彻了毛泽东的决战意图，在围攻城市中，实施了军事打击和政治瓦解相结合的方法，使得长春不战而得，为以后的"北平方式"提供了榜样。

　　辽沈战役时间之短暂、战绩之辉煌，不但全国为之欢呼，世界也为之震惊。国际舆论纷纷评论，发出了惊呼。

　　美联社记者写道："东北已成其勾销的问题了，华北现在能守住吗？……政府军能够守住甚至包括长江在内的任何防线，如京、沪及其他南方的沃土防线吗？"

　　《纽约时报》写道："问题不仅是……在远东的一场内战的胜败问题，世界的均势改变了，而且，它是朝着美国希望的相反方向变化的。"

　　路透社记者写道："国民党在满洲的挫折，现在已使蒋介石政府比过去20年存在期间的任何时候，都更加接近崩溃的边缘。"

　　苏联也在大报的显著位置刊登了解放东北的伟大胜利。即使是蒋介石本人也承认，1945年以后，"对东北问题的处置"，"更是我们政策和战略上的一个重大错误。将我们国军精锐主力调赴东北，陷入一隅，而不能调动自如，争取主动；最后东北一经沦陷，华北乃即相继失守，而整个形势也就不可收拾了"。①

---

① 蒋介石.苏俄在中国[M]."中央文物供应社"印行，1956年12月25日在台湾出版。

在这场大决战中，东北野战军经过52天的连续作战，以伤亡6.9万人的代价，歼敌1个"剿匪"总司令部、4个兵团部、11个军部、33个整师，连同其他部队共47.2万多人，获得解放东北全境的伟大胜利。至此，国民党蒋介石失去了一个支撑其反动统治的战略集团，共产党则获得了一个加速胜利进程的强大战略机动兵团。

辽沈战役是对解放战争的进程具有决定意义的三大战役中的第一个战役。辽沈战役的胜利使中国军事形势发生了根本的变化，人民解放军不但在质量上占有优势，在数量上也占有了优势，由280万人上升为310万人，而国民党军由365万人下降为290万人。人民解放战争历史掀开了崭新的一页！

链 接

刘玉章（1903—1981）

陕西兴平人。黄埔四期生。参加过北伐战争。在解放战争中，他两次率领第五十二军成建制从辽沈战场和上海战场上逃出。去台湾后，1953年调任"陆军总司令"，翌年出任金门防卫司令官。1981年病逝于台湾。

淮海
战役

1948年11月6日至1949年1月10日，中国人民解放军华东、中原野战军在以徐州为中心，东起海州、西至商丘、北起临城（今枣庄市薛城）、南达淮河的广大地区，对国民党军进行了第二个战略性进攻战役，历时65天，共歼灭国民党军55.5万多人。

淮海战役使蒋介石在南线的精锐主力损失殆尽，尤其是嫡系部队中的骨干——黄维的第十二兵团和邱清泉的第二兵团全军覆没，其中还包括被称为"五大主力"的第五军和第十八军。

淮海一役使淮河以北完全解放，淮南大部也为解放军所控制。解放军已直逼长江，下一步进攻矛头直指蒋介石统治的核心地区——江浙沪地区。

淮海论兵：排兵布阵谋决战

运筹帷幄巧布局，步步为营占先机。
论兵淮海分高下，知己知彼握胜局。

　　60多年前，一场淮海大战震惊中外。这场战役，在一定程度上决定了国共两党命运：共产党军队以少胜多，以60万兵力歼灭国民党军80万精锐部队，一举拿下了长江以北的中原大地。淮海战场硝烟未散，蒋介石就黯然下野，"退隐"溪口。然而，如此重要的一场大决战，无论是毛泽东还是蒋介石，最初都没有一个总体的布局规划，而是边打边完善，打起来以后才逐步明确了决战的性质。

　　淮海战役，历来有"小淮海""大淮海"之说。从战役的规模范围上界定，小淮海仅指两淮和海州这一地域；而大淮海则是以徐州为中心，横跨了江苏、山东、河南、安徽四省，较之小淮海，更大也更广阔。从时间上界定，11月8日以前筹划的淮海战役为"小淮海"，11月9日以后筹划的淮海战役为"大淮海"。从"小淮海"演变为南线战略决战的"大淮海"，这个过程中，粟裕功不可没。

　　淮海战役的缘起和粟裕的一个爱好有关。粟裕酷爱地图，人称"图痴"。据他的作战参谋秦叔瑾回忆："粟裕用图有一个特点，不仅看1比5万的地图，还要看友邻部队地区的1比20万图以及更大范围的1比50万图和全国1比100万图。"也就是说，粟裕不只考

粟裕在地图前

虑战役、战斗，还从战略全局考虑问题。

1948年9月24日，济南城内巷战还在激烈地进行着，粟裕再次坐到了地图前。攻济战斗此时已经稳操胜券，徐州援敌在华野阻援打援部队阵地前徘徊，不敢北上与华野交战。粟裕认为，这说明敌人是在避免在不利条件下与我军打大规模的仗，也说明我军对敌人进行战略决战的有利条件已逐渐成熟。

9月24日上午7时，经过了一番深思熟虑之后，粟裕用4个A的绝密等级向西柏坡发出了一封电报，电文中这样写道：

> 建议即进行淮海战役。该战役可分为两阶段：第一阶段以苏北兵团（须加强一个纵队）攻占两淮，并乘胜收复宝应、高邮，而以全军主力位于宿迁至运河车站沿线两岸，以歼灭可能来援之敌……战役第二步，以三个纵队攻占海州、连云港，结束淮海战役……（节选）

粟裕曾说："打仗像下象棋，不能看一步走一步，至少要看两步走一步。"挥师南下，以"攻济打援"的战法，攻取两淮及高邮、宝应一带。这就是粟裕当时的想法。这也是"淮海战役"一词首次被提出。

当然了，这里这个淮海战役并不是后来的那场大决战意义上的淮海战役。这个淮海战役的计划，粟裕的目标仅仅是拿下两淮，即淮阴、淮安，以及高邮、宝应，打下来之后看情况再打连云港、海州，把苏北解放区和山东解放区连成一片。

对于这个建议，中央军委采取了谨慎的态度。接到粟裕电报的第二天，毛泽东先后起草了两份电报，要求粟裕召集许世友、谭震林、王建安等开一次讨论行

淮海战役总前委5人合影（左起依次为：粟裕、邓小平、刘伯承、陈毅、谭震林）

动问题的会议，并将徐海铁路线上以及所涉及地区的敌情电告中央军委。当天下午，刘伯承、陈毅、李达电报军委并致粟裕，表示"同意乘胜进行淮海战役"。

依据各方面所汇报的情况，毛泽东分析后认为，济南战役之后，邱清泉可能缩至河南商丘和安徽砀山地区，黄百韬将撤回江苏新安镇、运河车站地区。而黄百韬将要抵达的地区，恰好是粟裕所提准备歼灭国民党军援兵的位置。依照这样的判断，9月25日晚上7点，毛泽东正式答复粟裕，并对他的建议进行了补充和调整，电文中这样写道：

> 我们认为举行淮海战役，甚为必要……你们第一个作战应以歼灭黄兵团于新安、运河之线为目标。（二）歼灭两淮高宝地区之敌，为第二个作战。（三）歼灭海州、连云港、灌云地区之敌，为第三个作战。

话说得很明白了，毛泽东认同了粟裕的想法，但是觉得华野的胃口小了一点。他站在战略的高度，认为以华野现在的力量，完全可以打一个更大的歼灭战，目标应该是徐州以东的整个黄百韬兵团。

事实证明，毛泽东的判断相当精准。两天后，黄百韬兵团果然抵达了新安镇、运河车站一带。毛泽东当即发电报告知粟裕并再次明确，第一个作战目标是吃掉黄百韬兵团。他致电粟裕说：

> 你们淮海战役第一个作战并且是最主要的作战，是钳制邱、李两兵团，歼灭黄兵团。

从9月下旬到10月中旬，粟裕等华野指挥员与中央军委之间，电报往来频繁，反复商讨淮海战役的作战方针和部署。10月11日，毛泽东字斟句酌，亲自起草了著名的《关于淮海战役的方针》，再次重申第一阶段的重心是"集中兵力歼灭黄百韬兵团"，开辟苏北战场，使山东和苏北打成一片。然后，华野分为两个兵团，以5个纵队组成东兵团在苏北、苏中作战，其余主力组成西兵团出豫、皖两省，协同刘、邓在中原作战。

10月下旬，陈毅、邓小平指挥的中原野战军先后攻克郑州、开封，进至徐州、蚌埠地区，配合华东野战军作战。粟裕分析战场态势，预见到华东、中原两大野战军将由战略上配合作战发展为战役上协同作战，战役的规模也比原来设想的要大。形势要求，必须建立统一的指挥体制，才能统一作战指导思想，协调作战行动，最大限度地发挥两大野战军的整体威力。

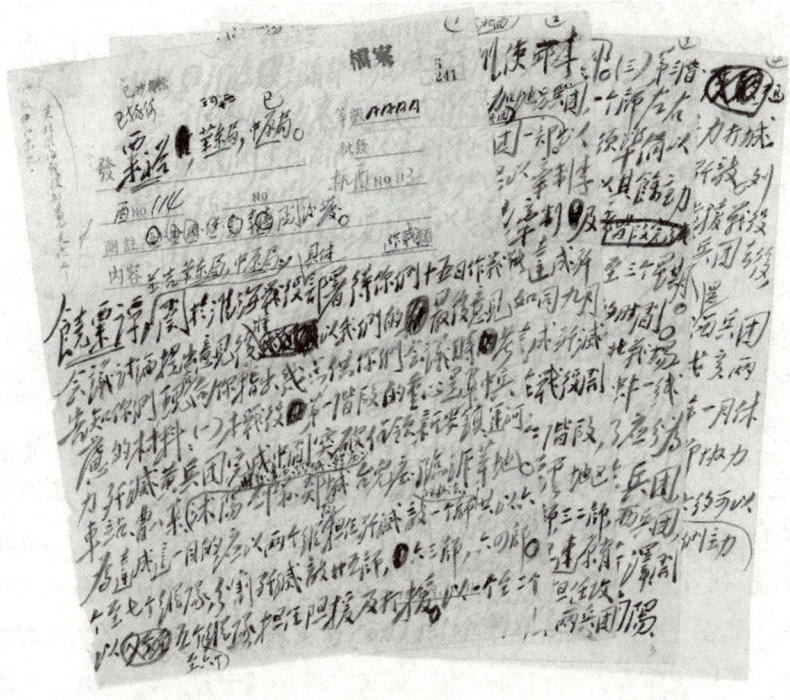

1948年10月11日，中央军委关于淮海战役具体部署的电报手稿

10月31日，粟裕发电报给中央军委、陈邓、华东局、中原局，表示遵令发起淮海战役，同时建议："此次战役规模很大，请陈军长、邓政委统一指挥。"粟裕的电报传到西柏坡的时候，毛泽东、周恩来、朱德等人正在为辽沈战役进行紧张的运筹指挥，同时关注着淮海战役的战前准备。他们面临的重要问题之一，就是华东、中原两大野战军会合以后的指挥问题。粟裕的电报来得恰逢其时，毛、周、朱当即研究同意。11月1日，毛泽东为中央军委起草的复电指示："整个战役统一受陈邓指挥。"在此基础上，中央军委又于淮海战役正式发起10天后的11月16日决定，由刘伯承、陈毅、邓小平、粟裕、谭震林组成淮海战役总前委，以邓小平为书记统一领导和指挥淮海前线作战和支前工作。就这样，淮海战役的统一指挥问题很快解决了。

不过，此时毛泽东和粟裕所运筹的淮海战役仍然还只算是"小淮海"，从某种意义上说，是豫东战役的扩大版：华东野战军担负攻击黄百韬兵团的责任，中原野战军则负责阻援。可以说，此刻的两大解放军主力已经厉兵秣马，吹响了对决的号角。

那么，这个时候国民党军在干什么呢？在全国各个战区，蒋介石最看重的当

数徐州。徐州地处中原南北要冲，进可问鼎中原，退可扼守江淮，自古就是兵家必争之地。而徐州又地势平坦，无险可守，是个"四战之地"。蒋介石深知徐州的重要性，在这里投入了4个全机械化兵团、6个绥靖区，屯兵60万，组成了关内最大的指挥中枢，看守南京的大门。

其实，在共产党规划中原战区之时，国民党中也有人在打量这片地区。

1948年6月，"小诸葛"白崇禧就主张"以华中部队运动于江淮之间"，对共军进行攻势防御，以巩固南京防卫。为此，他提出了"统一指挥"问题：华中只能有一个"剿总"，这个"剿总"的前总指挥部设在蚌埠，由他自己来担任指挥官。李宗仁也向蒋介石建议：将黄淮平原划成一个战区，由白氏统一指挥。

然而，对作为桂系首脑的李、白二人提出来的建议，蒋介石并不买账。白崇禧和蒋介石的关系十分微妙，一直都是"三分合作，七分不合作"。蒋介石北伐、抗日时多亏了白崇禧出谋划策。对蒋介石来说，白崇禧是重要智囊人物，不得不倚重；而另一方面，白崇禧历史上曾经三次逼蒋介石下野，是党内蒋介石的重大威胁。所以，蒋介石对白崇禧相当猜疑。单是基于这一层充满了变数的关系，蒋介石也不可能把重大兵权交给白崇禧。最后，他几乎是毫不犹豫地拒绝了白崇禧，而将自己的心腹刘峙推上了徐州"剿总"总司令的位置。于是，就在共产党统一中原战区指挥的一个月后，国民党方面却将这片至关重要的区域一分为二，分划给了以白崇禧为首的华中"剿总"和以刘峙为首的徐州"剿总"。

刘峙刚一坐上徐州"剿总"司令的位置，顿时引来南京城里一片风言风语。有人说，徐州是南京的大门，就算不派一只虎，也该派一只狗，怎么派了一只猪呢？蒋介石自然知道刘峙的能力，于是，他将能征善战的杜聿明派过去，给刘峙作副手。

随着华东野战军攻克济南，国民党军南线防御体系被彻底打乱。国民党军统帅部和智囊团担心，中共华东、中原两部会合，夺取徐州，威胁南京。所以，在9月25日，也就是中共确定了战役目标为歼灭黄百韬兵团的同一天，国民党军最高统帅蒋介石也在南京官邸召开紧急军事会议，研究济南失陷后如何对付"华东共军南下，中原共军东进"。

经过一番仔细推敲，蒋介石作出部署：以徐州"剿总"方面的邱清泉兵团向鲁西南"作有限目标之攻击"，黄百韬兵团向苏北攻击，李弥兵团向津浦路两侧"扫荡"；华中"剿总"方面，黄维、张淦、孙元良兵团则分别由遂平、唐河、郑

州向鲁山攻击。目的非常简单：确保对津浦、陇海、平汉三大铁路干线的控制，阻止华东、中原两路共军的会合。

然而，时任徐州"剿总"副总司令的杜聿明却有不同见解，他和参谋长文强提出了一个颇具攻击性的"进攻山东计划"，准备先发制人，佯攻济宁，收复济南，打通津浦路。

这个计划最终并没有付诸实施。原来，此时东北战场吃紧，10月15日，顾此失彼的蒋介石在飞赴东北途中，在徐州作了十多分钟的停留，临时抱佛脚，将正欲赶往商丘去指挥"进攻山东"的杜聿明带上了飞机，要他跟自己一起去东北收拾残局。

杜聿明一走，疑虑重重的刘峙马上就没了章法："光亭走了，如何是好？"于是，这个雄心勃勃的"进攻山东计划"夭折了。

"进攻山东计划"夭折了，那么蒋介石的那份"徐蚌会战"计划又如何呢？说起来，历史有时候会有点黑色幽默。蒋介石的作战计划出自国民党国防部作战厅，而国防部作战厅的厅长郭汝瑰竟然是个不折不扣的共产党员。这份作战计划的副本通过特殊渠道很快就传到了共产党领导人手里。只不过当时形势变化太快，国民党徐蚌会战的计划刚开始执行就完全走样，所以这份重大情报没有起到应有的作用。但郭汝瑰的地下工作还是完成得极为出色。

这么一个人，怎么会成为共产党的间谍呢？原来，郭汝瑰早年间思想上就受到了共产主义的熏陶，读了很多马克思、列宁的著作，并入了党。后来，蒋介石当权，开始反共，屠杀共产党，郭汝瑰不得已就去了日本留学，以避其害。没想到学成归国后，郭汝瑰却受到陈诚赏识，一路扶摇直上，直到高层，可是位置越高，见到的国民党的腐败越多。一个偶然的机会，郭汝瑰又重新和共产党组织恢复联系，这时候已经是1945年。郭

★ ★ ★ ★ ★

郭汝瑰（1907—1997）

四川铜梁人。黄埔五期生。早在1928年就秘密加入了中国共产党。他在国民党内左右逢源，两度出任国民党国防部作战厅厅长、陆军总司令部参谋，中将军衔，深得蒋介石信任。新中国成立后，历任川南行署委员兼交通厅厅长、南京军事学院教员、全国政协委员、中苏友好协会会长等职。

汝瑰想到延安去，可是组织上安排他继续留在国民党内做卧底。此后，郭汝瑰不断将一些重大情报通过秘密渠道送到上海的董必武手里，为解放战争的胜利做出了难以估量的贡献，因此被誉为中国共产党历史上最大的红色间谍。以至于后来蒋介石都发出了感叹："没有想到，郭汝瑰是最大的共谍。"

当然，当年的作战厅可不仅仅只有郭汝瑰一个共产党人。由于情报工作的特殊性，有的"同道中人"由于各自领导不同，郭汝瑰并不知道，有几次也差点误伤了"自己人"。

据说，有一次，郭汝瑰为求自保，主动向上面检举自己的对头"桂系"铁杆刘斐是共产党，而刘斐时任国防部参谋次长，平日里这两人由于派系斗争总闹别扭。一听郭汝瑰这么说，刘斐也指责郭汝瑰是共产党，这场风波闹得沸沸扬扬。

国民党里也不全是糊涂虫，也有明白人。郭汝瑰虽然隐藏得极深，一些国民党要员也怀疑过他。著名的"邱疯子"邱清泉就经常在大庭广众之下大骂国防部已经被"共匪"包围了，是亡国的国防部。当然，这是气话。杜聿明更是一直怀疑郭汝瑰是共产党，只是没有真凭实据。据说，杜聿明有一回去郭汝瑰家里做客，发现郭汝瑰家里沙发腿上竟然打着补丁，杜聿明心里就曾怀疑过："我在党内算是很清廉的人物，这个郭汝瑰比我还清廉，不大像我党人士。"从此以后，杜每次向蒋汇报军事机密，都要避开郭汝瑰，平时什么事也不与郭汝瑰说。直到最后，在杜聿明弥留之际，郭汝瑰去医院看他，杜聿明拉着"老同事"的手说：你当年是不是在为共产党做事？郭汝瑰沉吟良久，答道："光亭兄，我们只是见解不同而已。"

这就是当初共产党无孔不入、渗透程度令人惊叹的情报战。由此可见，尽管战事未开，但共产党已占尽先机；虽然战场上的硬实力依然是国民党占优，但是，想在战场上取胜，基本上已经没什么可能性。

1948年10月23日，淮海战役预备作战命令从济南发出，命令指示各部队按指定位置向陇海路秘密开进。1948年11月5日，国民党正式下达了徐蚌会战的命令。11月6日，共产党正式发起了淮海战役。国共双方几乎同时向对方发起了攻击。

这无疑是一场生死"对决"。粟裕等这一天的到来已经等了很久了。11月7日，即淮海战役发起一天之后，粟裕与副参谋长张震有过一番彻夜长谈。在分析全国战略势态，估计敌人可能采取的方针，权衡各方面的利弊得失之后，两人认为必须当机立断，不失时机地扩大淮海战役规模。

此时，华东、中原两大野战军总兵力已达60万人，国民党在中原和豫东战区总兵力为80万人。应该说，国共在中原地区战略决战的条件并不十分成熟。但在辽沈战役胜利、解放军总兵力已经超过国民党军的大形势下，南线解放军发挥主观能动性，使用每战集中绝对优势兵力的战法，就有机会吃掉整个刘峙集团。

粟、张谈话结束，已是深夜。机不可失，时不再来。他们认为，必须把他们的判断和建议立即报告中央军委、陈毅、邓小平和华东局、中原局。于是，粟裕冒着严寒，奋笔疾书，起草电报，字字斟酌，反复修改，完稿时已是旭日东升。他和张震郑重签名，注明发报时间："齐辰"。这就是著名的"齐辰电"。

"齐辰电"中，粟裕除了阐述自己的分析和估计之外，还建议在吃掉黄百韬兵团后，华东野战军主力不必按淮海战役的原计划向东进攻两淮，而是向西转向徐州、固镇线进击。他的目标是："抑留敌人于徐州及其周围，尔后分别削弱与逐渐消灭之。"这是中共将领中第一次明确提出要吃掉整个蒋介石最精锐的徐州集团。

11月9日深夜，中央军委复电，同意并采纳了他们的建议。毛泽东豪迈地说：

> 齐辰电悉。应极力争取在徐州附近歼灭敌人主力，勿使南窜。

与此同时，中央军委致电刘伯承、邓小平，中野应于郑州战役后全力东进，与华野协同作战。就这样，淮海战役演变成为国共南线战略决战。后来，学术界把这封电报认为是淮海战役的总方针。这也是一个标志，也就是从"小淮海"变成"大淮海"，从局部战场变成两大主力协同作战，进行江北的战略决战。当时还提出来，淮海一战，江北无大战。

淮海战役的方案终于定稿。这一战争史上浩大的"工程"，由原来歼灭徐州刘峙集团一部，攻击两淮、海州、连云港的"小淮海"，发展为以徐州为中心，东起黄海，西至豫皖边境，北至陇海路，南到淮河的广大区域，同蒋介石最大最强的刘峙集团决战的"大淮海"。一场生死较量即将上演。

链　接

刘峙（1892—1971）

江西吉安人。黄埔一期生，从北伐时就跟随蒋介石，以忠诚著称。刘峙曾是民国江西五上将之一，素有北伐中的"福将"、中原大战中的"常胜将军"、抗战中的"长腿将军"和解放战争中的"败将"之称。后去台湾。

碾庄血战：华野全歼黄百韬

淮海亮剑显神威，碾庄圩前子弹飞。
一战打垮黄百韬，枕戈待旦擒黄维。

1948年11月6日，华野13个纵队分兵南下，兵锋直指国民党第七兵团驻地新安镇。新安镇位于陇海铁路东段，距离徐州大约100公里，是徐州乃至整个苏北地区的门户。黄百韬的第七兵团坐镇于此，他的西侧是位于曹八集、碾庄一带的李弥兵团，东侧是海州李延年的第九绥靖区。

得知华野大军压境的消息，黄百韬心急如焚。他认定，必须尽快率部离开驻地，和其他兵团抱拢，否则很可能被粟裕以优势兵力分割围歼。而就在黄百韬着手部署西撤的时候，他接到了上司刘峙来电。刘峙命令："原本驻扎海州的第九绥靖区四十四军即刻划归第七兵团建制，黄百韬就地等待第四十四军到达，待部队会合后再行西撤。"

对黄百韬来说，接手四十四军，他的兵团扩充至5个军12万人，规模可以和嫡系重兵团比肩。可问题是：他必须在新安镇坐等四十四军到达，才能向徐州转进，这需要时间。而此时的黄百韬已经没有多少时间了，他明白，一旦自己的部队被围，肯定凶多吉少。

华野大军在步步逼近，第七兵团的10余万部队却被刘峙的命令牢牢地按住，动弹不得，黄百韬心急如焚。他一日数电询问刘峙，大军何时才能撤退，刘峙却始终是那句话："等四十四军到了再说。"

11月7日早晨，苦等两天之后，四十四军终于抵达新安镇，黄百韬立刻下令部队向徐州进发。他的兵团前脚刚离开，华野九纵的先头部队当晚就冲到新安镇。只不过，黄百韬撤得迅速，此时的新安镇已经是一座空城了。

新安镇扑空，让粟裕的心一下子悬了起来，他深知，如果第七兵团继续全速推进，只需两三天时间就能撤回到徐州。一旦黄百韬和徐州守敌抱成团，以华野的力量，恐怕很难再将他吃掉，届时，淮海战役的计划就会被彻底打乱。

此时的华野指挥部里，粟裕也急了眼，他对部下下达了死命令，各部必须不惜一切代价，不吃饭不睡觉、不怕死亡、不怕打乱建制，敌人跑到哪里就追到哪里，务必追上并全歼黄百韬兵团！同时，他令谭震林、王建安部迅速南下铁路线，阻敌西撤，并致电西柏坡中央军委，建议"豫皖苏部队迅速击破徐蚌路"。

情况急迫。接到电报，毛泽东稍加思索，立刻回电，同意了粟裕的建议，并指出，现在不是让敌人退至淮河以南或长江以南的问题，而是第一步歼敌主力于淮河以北，第二步歼敌余部于长江以北的问题。同时，他还在电文中鼓励粟裕："此时我军愈坚决，愈大胆，就愈能胜利。"

其实，黄百韬并未走远。11月9日凌晨，他的5个军12万人马来到了新安镇以东的运河边。而此时黄百韬才发现，在空等四十四军的两天时间里，他竟然没有提前在运河上搭设浮桥。后面追兵近在咫尺，眼前的运河既宽且深，时值寒冬，根本游不过去。10余万部队，夹杂着从海州、连云港撤出来的地方官员和眷属，挤在运河上唯一的一座铁路桥前，乱成了一团。混乱整整持续了一天一夜，黄百韬本人在卫兵的护卫之下，好不容易挤过了铁桥。而他的部队直到第二天仍然没有完全渡过运河。

11月8日下午，华野先头部队杀到桥头，各种武器一齐开火，混乱当中，第七兵团丢盔弃甲，死伤无数，锐气大挫。负责殿后的六十三军看到情况不利，准备放弃铁路桥，改由附近窑湾渡河。当晚，华野九纵在夜色中追了上去，并连夜发起了冲锋。战斗仅仅持续了两个多小时，六十三军便被全歼，军长陈章被击毙。吃掉黄百韬的六十三军之后，粟裕立即下令，各纵队根据所处的地段和条件、水情，架设浮桥，利用民船以及一切可以利用的条件，抢渡运河。

华东野战军各个纵队只用了不到一天时间就渡过了运河，直逼黄百韬兵团。

此时，黄百韬的第七兵团主力已经到达了碾庄。到了这个地方，离徐州近在咫尺，而且一路都是友军，按理说已经安全了，只需要安安稳稳地撤回去就行了，但是，一系列事情的发生，最终还是没让黄百韬跑掉。

碾庄一带本来是李弥兵团驻守。然而，黄百韬渡过运河抵达碾庄时，李弥的兵团早已经不见了踪迹。原来，华野的攻击让徐州"剿总"司令刘峙忧心忡忡，他唯恐徐州有失，慌忙电令邱清泉、李弥、孙元良三个兵团回撤到徐州附近，以防万一。

随着李弥兵团向徐州收缩，徐东地区空虚，第七兵团在碾庄孤立无援，处境极为不利。黄百韬急忙驱车赶到曹八集，求李弥暂不撤回徐州。没想到，李弥干笑了两声，说道："刘老总今天打电话催了我三次了。老兄，多保重，我实在是没有办法，我不能不执行上峰命令啊！"碰了一鼻子灰的黄百韬回到碾庄，立刻召开军事会议，商量下一步去向。此时，第七兵团距离徐州还有不足两天的路程，如果拼命回撤，或许能够避开华野的锋芒，保存实力。而即便被围，只要邱清泉、李弥、孙元良倾巢来援，里应外合，击破解放军也并非完全没有可能。到底是战是走，黄百韬的心里也敲起了鼓。而就在他左右摇摆的时候，国民党南京国防部发来急电，蒋介石在电报中称："七兵团未过运河，便如此凌乱，恐继续西进，被共军尾追，陷于溃散。故令独断专行，迅速决策。如有必要，可在碾庄略加休整，如能击破敌人再走亦可。"

拿着蒋介石的电报，黄百韬终于下了决心：驻守碾庄，原地休整。而就在他作出这个决定后不久，11月10日，华野的三个纵队突然出现在碾庄与徐州之间，切断了第七兵团与徐州的联系，追击部队随即赶到，将黄百韬结结实实地包围起来。华野的这三个纵队到底是从哪儿赶来的，他们又是如何神兵天降一般穿越了国民党防区，包抄了黄百韬的呢？一切还得从大战之前说起。

共产党在发动淮海战役前几个月，各项准备工作就已经秘密进行了，情报工作更是不例外。这里要特别提到一个人：杨斯德。当时，杨斯德是华野十三纵民运部兼联络部部长。1948年9月，他秘密潜入第三绥靖区，作为陈毅的代表，与第三绥靖区副司令何基沣、张克侠取得了联络。

何基沣、张克侠二人都出身西北军，曾是冯玉祥的旧部。从抗战时起，何、张二人就和共产党保持着密切的联系。他们名为国民党第三绥靖区的副司令官，而实际上，却早已成为了中共地下党员，一直秘密地为共产党工作。早在淮海战役还在酝酿之时，周恩来就秘密指示何、张二人，让他们相机而动，适时地组织战场起义。

1948年11月8日凌晨，何基沣、张克侠率部两万余人起义。随着何、张起

义，徐州东北大门洞开，华野三个纵队迅速南下，通过了起义部队防区，这才截住了黄百韬的退路，将他们困在碾庄。粟裕后来说：**"如果再晚四小时，让黄百韬窜入徐州，这仗可就不好打了。"**

何基沣、张克侠的成功起义，严重打乱了国民党的战略部署。事后，毛泽东、朱德专门发来贺电，盛赞何、张起义**"是淮海战役第一个大胜利"**。借着何、张起义的东风，华野的部队乘胜追击黄百韬，并将他的第七兵团牢牢地包围在了碾庄。得到了这个消息，粟裕终于松了一口气，紧绷的脸上露出了笑容。

1948 年 11 月 11 日，碾庄的战斗正式打响。粟裕打这种"瓮中之鳖"战一贯是手到擒来。之前打开封，打济南，都是顺顺当当就拿下了。那还是城市攻坚，防御坚固完善，如今黄百韬剩下的 7 万来人困在以碾庄为中心 20 平方公里的几个村庄里，等于案板上的鱼肉，只等宰割而已。此时的华野官兵斗志昂扬，他们排山倒海一般向碾庄发起了猛攻，准备一举冲破敌人的防线，活捉黄百韬。然而，尽管被围，黄百韬第七兵团的战斗力依旧强悍，他们凭借着完备的工事和强大的火力，固守阵地。几天的猛攻让野战军伤亡惨重，却收效甚微。粟裕打电话给四纵司令员陶勇，询问部队的伤亡情况，陶勇不敢如实汇报，只是回答战士情绪高涨，打得勇猛顽强。粟裕立刻大声质问："伤亡！我说的是伤亡！"陶勇只能承认，四纵伤亡已经超过 4000 人了。

仗可不能这么打，这是拿士兵的生命开玩笑。11 月 15 日，粟裕重新调整战术，命令包围碾庄的各纵队采取近迫作业的方式，改强攻为奇袭，华东野战军士兵大挖交通壕，

何基沣（左）与张克侠（右）

何基沣（1898—1980）

河北省藁城县人。青年时期参加了北伐战争，后在冯玉祥的西北军中任旅长、师长等职。抗日名将。1939 年秘密加入中国共产党。新中国成立后，历任水利部副部长、国务院水土保持委员会副主任兼秘书长、农业部副部长等职。

张克侠（1900—1984）

河北献县人。1923 年保定陆军军官学校毕业。加入西北军。1927 年赴苏联就读于莫斯科中山大学。1929 年 7 月秘密加入中国共产党。抗战胜利后被授予"佩剑将军"。新中国成立后，历任林业部副部长、中国林业科学研究院院长等职。1955 年被授予一级解放勋章。

黄百韬碾庄临时指挥所旧址

逐村逐堡向前推进。几乎一夜之间，华野的交通壕就挖到国民党军的阵地前方，双方开始近距离搏杀。战斗异常惨烈。为了阻止华野部队向前推进，国民党军方面使用了威力巨大的火焰喷射器。随着火舌的喷射，烈焰奔腾中，人被烧成一堆堆黑色的焦骨。小小的碾庄就这样被烧成一片焦土，浓重的血腥味在碾庄上空弥散开来，久久挥之不去。

此刻的粟裕紧张万分，要是黄百韬不能尽快拿下，阻援部队就要顶不住了。一旦增援的邱、李兵团和黄百韬会合，后果难以想象。所以，必须不惜代价尽快啃下这块硬骨头。此时的黄百韬唯一的希望就是能顶到增援部队开来的那一刻。他每天都要爬到指挥所的屋顶上，拿着望远镜一次次地望向远方，却仍然是什么也看不到。如果按照前几天邱清泉电报的说法"援军推进迅速"，援军也应该快要到了，可几天过去了，怎么还是连人影都看不见？

此时的黄百韬心里充满了对邱清泉的埋怨。黄百韬、邱清泉二人谈不上宿怨，但确实有过节儿。邱、黄二人完全是两种人，黄百韬老成持重，邱清泉傲慢张狂。黄百韬一贯瞧不起邱清泉的狂放不羁，出言无状。邱清泉却觉得，豫东战场上，他拼命去解救黄百韬，最后却是黄百韬拿了最高奖章青天白日勋章，这于情于理不妥。因为有了这一层关系，所以这次的解围便留下了一个谜团：邱清泉是否尽力营救黄百韬了呢？这个谜底的答案恐怕只有当事人的心里最清楚。我们看到的是：从黄百韬被包围的那一刻起，蒋介石就命令邱清泉、李弥兵团自徐州沿陇海铁路南北地区东进，救援黄百韬。同时，蒋介石命黄维兵团向徐州开进，刘汝明兵团、李延年兵团在蚌埠集结，沿津浦线北上。蒋介石把能调动的部队全部调动起来，国共中原决战渐趋激烈。

11月12日，在徐州"剿总"副总司令杜聿明的亲自指挥下，邱清泉、李弥集中了5个军12个师的兵力，配属坦克、火炮、飞机，由陇海路南北两侧向碾庄推进。在国民党军的立体攻势下，阻援的华野部队损失巨大。

粟裕感到了前所未有的压力。此时，包围圈中的黄百韬兵团久攻不下，战力远远超出了事先的预期。一面要拼命围攻，一面还要竭力阻援，华野的兵力、战力都到了极限。而与此同时，国民党军的战力也已经发挥到了极致，解围的部队只能像蜗牛一般缓慢推进。战争进行到这种地步，已经变成了对交战双方意志力的考验，谁能咬牙坚持，谁就能获得胜利。

11月14日，增援的邱、李兵团遇到了顽强的阻击，全天伤亡数千，却只推进两公里，锐气大挫。邱清泉电告黄百韬：

> 弟部连日猛攻，匪顽抗异常，每山每寸均死守不退，甚盼兄向西出击，在曹八集会师。

邱清泉能说出这样的话，解围的难度可想而知。这个时候，处于生死关头的黄百韬接到这样的电报，听到这样的说辞，他想不误会也难。可实际情况是，华野确实是拼了命在阻击邱、李所部，死守不退。黄百韬真正该恨的人，恐怕也不是邱清泉，而是杜聿明。

在解围这件事上，杜聿明一直没有放开手脚。华野方面的阻援战术让杜聿明这个统帅有点摸不着头脑。因为除了在正面阻援外，杜聿明注意到，华野还放了几个纵队在侧面打援。这就很奇怪了，共军在侧面放那么多部队干什么？唯一的解释就是，华野想切割包围冒进的部队，一个不剩地全部吃掉，这样的想法让杜聿明不寒而栗。所以，这时候的杜聿明并不敢贸然东进，他的兵力部署形成尖锥状，越往前，兵力越少，越往后尾巴越大，并不敢离开徐州太远。客观说，如果杜聿明手下的邱、李兵团毫无顾忌，全力向前推进，以华野的力量迟早会被突破，因为不论是从数量上还是从装备上来讲，国民党军确实占优，这是毋庸置疑的硬实力。虽然杜聿明是有顾忌的，但是他谨慎得过头了。

抓住了这个机会，华野加紧了对包围圈内黄百韬兵团的进攻。1948年11月18日，淮海战役第13天，在华野的猛烈进攻下，黄百韬兵团第一百军、第四十四军被歼灭。19日，华野主力终于扫清了外围守敌，四面合围碾庄圩。

国民党参谋总长顾祝同亲自飞临碾庄上空，用电台与黄百韬通话："贤弟已然尽力，必要时率部突围吧。"而此时，黄百韬已经抱定了必死的决心。总统空投下来的亲笔信，他已经看过了：

此次徐蚌会战，是为我革命成败、国家存亡之最大关键，务希严令所部切实训导，同心同德，团结苦斗，期在必胜，完成重大使命。

士为知己者死。黄百韬感念蒋介石的知遇之恩，愧对蒋介石的一腔关照。他对顾祝同说："我一定会对得起总长，牺牲到底就是了。"他不知道，此时的邱、李兵团已经推进到离他只有40里的大许家。

11月19日晚上9时30分，大炮猛烈地轰鸣起来，顷刻间，黄淮平原地动山摇，攻击黄百韬兵团司令部碾庄圩的战斗打响了。

华野九纵率先对碾庄外围的水壕发起了冲锋。但是，攻击并不顺利，防守水壕的是黄百韬赖以起家的二十五军，战力强悍，九纵伤亡惨重。纵队司令员聂凤智下达死命令，要不惜一切代价冲过去。于是，小小的水壕边上演了一场血腥的绞杀。华野的官兵从交通壕里一起冲出来，一起下水，直接从河里冲了过去。对面机枪扫射，成批的人倒在河里再也没有爬起来，鲜血染红了整个河面。双方都已经杀红了眼，华野官兵踩着同伴和敌人的尸体，不断从河里冲过去。最后，九纵终于以伤亡数千人的代价拿下了水壕。打扫战场的时候，人们才发现，双方的尸体竟然把这道小小的水壕全部填满了！

11月22日，率残部顽抗了两天之后，黄百韬准备突围。当跑到尤家湖附近的一片芦苇塘边，身边只剩下了二十五军副军长杨廷宴。黄百韬万念俱灰，他拔枪命令杨廷宴不要管自己，随后开枪自尽！

据说临死之前，黄百韬曾仰天长叹，对身边的杨廷宴说："这场大战，我有三个不解：一、我为什么要在新安镇空等两天；二、我怎么会忘记在运河上架浮桥；三、李弥兵团为什么当初不在曹八集附近掩护我西撤？"说罢，他摇头长叹："不是天灭蒋，而是蒋自灭！"

后来，蒋介石专门派人潜入碾庄一带，找到了黄百韬的尸体，辗转带回南京，为他举行国葬，追赠陆军上将军衔。

而得到黄百韬兵团被全歼的消息后，粟裕身心一阵放松，一下子昏倒了。原来粟裕身体一直不好，早年头部曾负过一次重伤，每当他精神高度紧张的时候就会头疼欲裂。淮海战役开始后，粟裕几乎没有休息的时间，有时头疼得厉害了，就把脸贴在窗口的玻璃上凉一凉，或者抓几把雪搓搓脸，以减轻痛苦。

随着黄百韬的第七兵团被全歼，淮海战役的第一阶段正式宣告结束。11月23日，西柏坡发来贺电：

祝贺你们歼灭黄百韬兵团十个师的伟大胜利。

而面对胜利，华野、中野的将士们并未放松，他们已然厉兵秣马，准备迎接新的考验。

链 接

黄百韬（1900—1948）

广东梅县人。曾先后在军阀李纯和张宗昌手下任职，后又随张宗昌的部下投降蒋介石。作为一名非蒋介石嫡系的军官，黄百韬却有着骄人的战绩。豫东战场上，他因突围有功，获得了蒋介石亲自颁发的青天白日勋章。靠着自己卓越的军功，逐步获得了蒋介石的信任，成为国民党军队中唯一一个非黄埔系的兵团司令。

李弥（1902—1973）

云南盈江人。黄埔四期生。淮海战役中，奉命支援黄百韬部未果，第十三兵团全军覆没，李弥化装逃到山东潍县、青岛，乘海轮赴南京、上海。后任第十三编练司令部司令兼重编第八军军长，往闽西、云南征兵。1950年李弥率部撤往缅甸、老挝、泰国交界地，1954年撤往台湾。其余部由于连年的战乱，没有补给，开始在金三角地区种植鸦片，形成了现在世界最大的毒品生产加工基地。

邱清泉（1902—1949）

浙江永嘉蒲州（今属龙湾区）人。黄埔二期生。1934年留学于德国柏林陆军大学。中华民国陆军二级上将（追赠）。1947年任国民党整编第五军军长。邱清泉性格狂妄，作战指挥风格大胆，别号"邱疯子"。淮海战役中中弹身亡。

孤军深入：黄维被阻浍河岸

> 孤军奉命战彭城，赳赳东进落陷坑。
> 浍河岸边心生怯，双堆集上楚歌生。

1948年12月初的淮海战场上，一个30多岁的国民党军人，率领着几十辆坦克组成的战车部队，来到了位于津浦路要塞的蚌埠市。他的到来立即让处于消极状态的李延年、刘汝明兵团面貌大变。他们在连夜召开的兵团作战会议上决定，集中8个师的兵力，在装甲部队的配合下，再次向蚌埠以北的曹老集地区发动全线猛攻。这个特殊人物就是来自南京的蒋介石次子，时任国民党装甲兵上校参谋长的蒋纬国。

蒋纬国1937年进入德国陆军慕尼黑军官学校学习，毕业以后在德国军队服务。第二次世界大战初期，他跟随德国军队参与了对波兰的闪电战。1939年回国以后，参加了抗日战争、国共战争。淮海战役进入胶着状态以后，蒋介石以统帅和父亲的双重身份命令蒋纬国，率领坦克部队亲赴徐蚌战场，企望他能挽救败局。军中上下见到"太子"前来督阵，自是不敢怠慢。

12月4日，一场钢铁肉身之间的中原大战开始了。在近百辆坦克的掩护下，国民党军的攻击异常凶猛，中原野战军据守在蚌埠以北的曹老集等阵地相继丢失，阻击官兵已经被逼退到最后一道防线。国民党北上兵团数日内已前进35公里，照这个速度，三五天之内，就可以与被包围在濉溪县双堆集的部队会合。

被包围在双堆集的是国民党军第十二兵团，兵团司令是蒋介石部下有名的战将黄维，被包围以前曾驻扎在河南驻马店地区。那么，这只驻扎在河南驻马店地区的十二兵团，又是怎样转战到安徽省濉溪县双堆集来的呢？

原来，早在1948年初冬，淮海战场激战正酣，国共两党在徐州方圆百里的范围内聚集了上百万军队。华东野战军正在江苏省邳县碾庄一带，全力围歼国民党黄百韬兵团。而在徐州一带聚集着国民党军邱清泉的第二兵团、李弥的第十三兵团和孙元良的第十六兵团。这三个兵团中一个固守徐州，两个兵团向碾庄方向进攻，以解救被包围的黄百韬。

与此同时，国民党刘汝明的第八兵团和李延年的第六兵团奉蒋介石的命令，沿津浦铁路由安徽的蚌埠向北压过来。除此之外，还有一支部队从河南驻马店方向杀奔徐州。这支用钢铁包装起来的12万大军就是黄维率领的国民党军第十二兵团。国民党方面的战略意图很明显，就是想利用这几个大兵团的兵锋在防御徐州的同时，再解黄百韬之围。

早在淮海战役打响之前，远在西柏坡的毛泽东全面分析了淮海战役的全局，就华东、中原野战军的兵力部署及任务作出了具体安排，在1948年10月14日，给华东军区政治委员饶漱石、华东野战军代司令员兼代政治委员粟裕、副政治委员谭震林及中原局发去了《钳制徐州援敌歼灭黄百韬兵团的部署》的指示。

> 饶粟谭，并告中原局：
>
> 　文子文亥元午三电均悉。
>
> 　（一）你们文子电部署的缺点是将打援兵力放在正面，而不是放在侧面。你们元午电同意我们真电意见，即可改正此项缺点。其具体部署应以一个强力纵队袭占运河车站，歼灭守敌，控制该地一带；以三个纵队攻占及控制台儿庄及其以南地区，一部直达铁路；以两个纵队攻占临韩（得手后留一个纵队于临韩，直迫贾汪，以一个纵队移至台儿庄及其以西地区）。
>
> 　……
>
> 　（四）我刘邓主力一、三、四、九纵，不日开始攻击郑州，得手后以一部向东，威逼开封，吸引刘汝明全部、孙元良一部西顾。
>
> 　（五）以上各项部署，都是为着钳制徐州各部援敌，使其第一个感觉是我军似乎有意夺取徐州，而不能确切断定我军并非夺取徐州，而是歼灭黄兵团。等到我军对黄兵团攻歼紧急而决定增援时，又发现如不解除南北两侧威胁，则很难赴援。这样就给我军以必要的时间歼灭黄兵团……
>
> 　　　　　　　　　　　　军委
> 　　　　　　　　　　　　寒丑

军令一出，解放军两大野战军立即行动，使得徐州周边30多万国民党军一下子谨慎起来。本来积极北进的，明显放慢脚步；本来急切救援的，也开始顾忌起

了自己的后路；唯独从驻马店杀过来的黄维兵团，还在不顾一切地孤军东进。

黄维在国民党派系中归属于陈诚，在国民党内部被称为"土木"系，深得陈诚和蒋介石的器重。黄维和蒋介石之间的"君臣"相得的故事很多，举个例子：原本黄维号"悟我"，可有一次，蒋介石送给黄维一张自己的六寸照片，上面却写着："培我将军留念"。

会不会是蒋介石写错了？显然不是，蒋介石是有意为之，"培我培我，就是让黄维记住是谁培养的他"。问弦音而知雅意，黄维顺着蒋介石的意，自此就把自己的号，改成了"培我"。

故此，黄维对器重他的蒋委员长非常遵从，所以在接到蒋介石的命令后，他率领着十二兵团，从河南境内的驻马店地区出发，不断地东进向徐州地区靠近。由于华东野战军的顽强阻击，东进的邱清泉、李弥两个兵团被迫停滞在碾庄圩西南的大许家，孙元良兵团因为徐州防务不敢轻易出动。于是，徐州附近的3个兵团近距离地扭结成一个坚硬的集群；而沿着津浦路北进的刘汝明和李延年两个兵团，由于惧怕遭遇分割围歼，推进得十分迟缓；只有黄维兵团始终在不顾一切地东进，最终形成孤军插入淮海战场的态势。

积极东进的黄维兵团越来越受到毛泽东的关注，因为此时的华东野战军一部分正在碾庄苦战，一部分正在拼死阻击东进的邱清泉、李弥兵团，再也无力分兵。如果黄维兵团顺利杀到，后果不堪设想。

1948年11月13日6时，毛泽东为中央军委起草了《阻止黄维部向亳县涡阳永城前进》的电报，发到了淮海战役前线：

中原局，豫皖苏分局，并刘陈邓，粟谭张：

……（三）使我们担心的是黄维的十个师，十四日可到太、阜，估计十五日休息一天，十六日即可能由太、阜向亳县、涡阳、永城前进，策应邱、李之突围。（四）在黄百韬、孙元良被歼之后，估计蒋介石必迅速命令邱、李突围，其突围方向必是黄维所在地之太、阜或亳、涡、永。（五）因此，中原局邓李必须将上述情形立刻告诉二、六两纵，不分昼夜，不惜疲劳，兼程前进，务必于十四日，至迟于十五日，赶到太、阜黄维的前头，由正面阻止黄维向亳、涡、永前进，不得误事。……（六）分局宋任穷同志立即动员一切可用的武装力量，在太、阜、亳、涡、永中间地区迅速破坏黄维通路上的桥梁道路，迟滞黄兵团行动。动员情形及太、阜至亳、涡、永之里程，望任穷即告。（节选）

军委

十三日六时

在这封电报中，毛泽东命令刘伯承、邓小平的中原野战军"不分昼夜，不惜疲劳，兼程前进"。不仅要追上正在机械化开进的黄维兵团，还必须超过它，截住它，坚决阻其东进。一方正玩命驰援，一方定要鼎力死挡。在事关淮海战役发展走向的关键时刻，原来计划只担负配合任务的中原野战军一下子被推上了风头浪尖。

于是，中野官兵和黄维兵团展开了一场马拉松式的竞赛。一边是只靠两条腿赶路的军队，一边是汽车、坦克、大炮和身着美式军装的军队。按理说，前者想要拦住后者，几乎不太可能，可就是淮海地区的复杂地形，帮了解放军一个大忙。

黄维兵团的东进之路上，横着南汝河、洪河、颍河、西淝河、涡河、北淝河、浍河七条大河流，重装备过河自然困难重重，再加上大部分重要桥梁已被解放军摧毁，沿途还有解放军地方部队的不断骚扰、阻击，即使黄维想加快行军步伐也是有力无处使。所以，当他到达安徽蒙城时，已经是十天之后。这时，仅靠徒步行军的中原野战军部队反而赶在了黄维第十二兵团的前头。

11月18日，中野一纵在蒙城涡河沿岸与黄维兵团正式交手。黄维锐气逼人，以王牌十八军为前锋，炮火开路，坦克群攻击，强渡涡河，向东突进，如此强横的战斗力让中原解放军真有点吃不消。很快，黄维兵团前锋第十八军攻占蒙城，并一路打到了浍河南岸的南坪集渡口。

据史料记载，此时的中原野战军部队刚刚走出大别山，加上过黄泛区的时候，被迫丢弃了绝大部分的重装备，这时候要让他们去和拥有飞机、坦克、大炮的对手打一场硬碰硬的阵地战，实力之悬殊是显而易见的。

中原野战军进入淮海战场

在淮海战役总前委看来，阻击黄维第十二兵团的确不容易，这一点大家都明白，不过无论如何也要把黄维的第十二兵团堵在路上，不能让其到达徐州地区。中原野战军政治委员邓小平更是下了死命令，他曾多次向中野各纵队指战员明确提出不惜一切代价，也要消灭南线黄维主力。这也许就是国共两军区别之所在：国民党军队派系林立，很多将领考虑最多的就是如何保全自己的部队；而共产党军队却可以为一个命令、一个信仰不惜一切去完成任务。

此时的黄维兵团第十八军已经占领了浍河南岸的南坪集渡口，黄维心中自然是豪气万丈，在他看来，共产党军队根本不可能堵住他的钢铁雄师。但是他并不知道，就在自己的部队继续北进渡河的时候，11月22日，黄百韬兵团已被华东野战军全歼。

淮海前线的辉煌战果让全军上下兴奋之极，毛泽东十分欣慰。11月23日，毛泽东在西柏坡向淮海战役前线发来了《必须准备连续作战争取战役全胜》的电报：

刘陈邓，粟陈张，谭王，韦吉并转各纵委，并告华东局，中原局，豫皖苏分局，华中工委：

……（三）敌八个兵团，一个起义（何张），一个被歼（黄百韬），四个受了相当打击，北面邱李孙，南面黄刘李已被我分割为二，敌人士气将有进一步衰落。你们及各级干部必须认识这一伟大胜利的重大意义，并向战士进行教育，这是一方面。但是，同时必须认识敌人主力邱清泉、李弥、黄维三兵团及李延年兵团中的一个军（从葫芦岛调来的五十四军）在防守方面尚有相当顽强的战斗力。敌直接与你们作战的六十六个师……，除被歼者外，尚有五十个师左右。这个敌人是可以消灭的。……必须对于我军及居民进行充分的政治工作，对于敌军进行猛烈的有实效的政治攻势，对于刘汝明等部则进行内部策反工作。只要你们注意了和完成了这些条件，你们就有可能取得这一具有全国意义的伟大战役的胜利……

军委

到了这个时候，淮海战场的态势发生了惊人的变化：先是中原野战军顽强阻击黄维兵团，有力地保障华东野战军最后消灭黄百韬。接着华野开始短暂休整，并派出大批部队驰援中野，有了华野这支援军，中野再无后顾之忧，积极开始寻找下一个围歼对象。

同样是在这个时候，在西柏坡的毛泽东终于下定了决心，要在中原大地上与对手进行最后的决战。他专门告知淮海战役总前委，要在心理上准备好承受可能出现的20万人的重大牺牲。

可要取得新的更大胜利，下一个目标是谁呢？蒋介石损失了18个师，还有50个师盘踞淮海平原，打哪一个兵团最为有利？是按照原计划围歼邱、李兵团，还是更改计划围歼黄维？包括毛泽东在内的五大书记在思索，淮海战役总前委也在考虑。

黄百韬兵团被歼，淮海战局为之一变。如果按原计划，华东野战军应该继续南下西进，进攻国民党军邱清泉、李弥两个兵团，进而威胁徐州。然而，歼灭黄百韬后，华野主力已经很长时间没有休整了，加上邱、李两个兵团战力并不弱，而且黄维兵团此时已开始渡浍河，所以毛泽东在思索淮海战役第二目标到底该选择谁，打哪一个兵团最为有利？是按照原计划围歼邱、李兵团，还是更改计划围歼黄维？总前委"五虎将"也在不时向统帅部报告新情况新思路。毛泽东与淮海总前委通过无线电波紧急磋商。

1948年11月23日22时，刘伯承、陈毅、邓小平向中央军委和粟裕、陈士榘、张震发电，提出应该先围歼黄维的主张。

电报说，现歼击黄维之时机甚好，而李延年、刘汝明仍迟迟不进。因此，我们意见请粟、陈、张以两三个纵队对李、刘防御，至少以4个纵队加入歼黄维作战。只要黄维全部或大部被歼，较之歼灭李、刘更属有利。如军委批准，我们即照此实行。

经过多次交流思想和缜密分析，中央军委同意总前委的集体判断。1948年11月24日，毛泽东在西柏坡向淮海战役前线发去了《同意先打黄维》的电报：

刘陈邓，并告粟陈张：

……（一）完全同意先打黄维；（二）望粟陈张遵刘陈邓部署，派必要兵力参加打黄维；（三）情况紧急时，一切由刘陈邓临机处置，不要请示。

军委
二十四日十五时

毛泽东这最后一句话充分显示了统帅部与总前委、统帅与前线将领之间的默契。这也是共产党军队一直保持的优良传统。中央军委、毛泽东非常善于采纳前线指挥员的建议，及时修改计划，适应已经变化了的情况。军委复电后，围歼部署工作全面开始。中原野战军上下已经做好了付出重大牺牲的准备。

拥有12万人马的黄维第十二兵团下辖第十、第十四、第十八、第八十五军以及第四快速纵队。其中的第十八军，即原整编第十一师，是国民党军"五大主

力"之一，再加上拥有美式战车营、榴炮营、汽车营，及配有火焰喷射器的特种兵部队，十二兵团被称为国民党军主力中的主力。

此时的中原野战军参战部队只有7个纵队和3个旅，部队自大别山转移出来以后，未能得到及时的补充，从兵力上来讲，整个中原野战军，可以参战的总兵力约12万人，与对手黄维兵团的总兵力持平。但是，就武器装备而言，中原野战军与黄维兵团差距巨大。毛泽东后来将淮海战役比作一锅"夹生饭"："淮海战役打得好，好比一锅夹生饭，还没有煮熟，硬是被你们一口一口地吃下去了。"中原野战军司令刘伯承在干部会上告诫大家："打仗总有主攻方向和牵制方向，总有吃肉和啃骨头。我要告诫大家，不要以为上回啃了骨头，这次就让你吃肉。要准备这次啃骨头，下次还啃骨头，第三次还啃骨头！"政治委员邓小平则代表中原野战军表达了这样的决心："这是决战，是把蒋介石的脊梁打断，即使在这场决战中，中原野战军全部打光，其他各路大军也能渡过长江，解放全中国！"在华东野战军的全力配合下，中原野战军已经把围歼黄维兵团的口袋阵部署完毕。

而此时此刻的黄维兵团司令部已经进驻南坪集。并按照蒋介石命令，准备继续北进至安徽宿县，以期打通徐蚌铁路。

国民党第十二兵团第十八军军长杨伯涛在晚年的回忆录中说，此时，他已经感觉情况不妙，根据侦察部队反馈的信息来看，部队周边出现大批的解放军，他意识到十二兵团中了解放军诱敌深入的招数，部队很可能已经钻进了一个早已布置好的包围圈。

杨伯涛的判断基本正确。也就是在黄百韬被歼灭的第二天，黄维兵团逐渐陷入解放军的口袋形阵地中。于是，十八军军长杨伯涛提出，继续执行原东进计划是死路一条，建议兵团立即转向，同固镇李延年兵团会合。当时，十二兵团所在的南坪集离固镇只有40公里，一夜之间即可赶到。

然而黄维却认为，不请示就自己改变行军方向，是要负重大责任的。因此他迟迟下不了这个决心。就这样，他犹豫了整整一个晚上，直到24日后半夜，他才下达了向固镇转移的命令。

如果黄维兵团真的立即转向，也许历史将会被改写。可事实是，就在部队已集合好准备开拔的时候，黄维发现一个去送命令的参谋失踪了。为了等待去寻找的人，在这紧要关头，黄维愣是让整个兵团荷枪列队在原地干等了一个白天，直到25日下午黄维才下令出发。

当前锋十八军列队行进到双堆集时，太阳已经落山。如果黄维能够坚持夜晚继续行军，那黄维的第十二兵团还是有机会逃出包围圈的。但事实是，他认为晚间行车不便，就决定在此宿营。于是，原本名不见经传的双堆集成了黄维和他的十二兵团永生也不会忘记的地方。

链 接

黄维（1904—1989）

江西贵溪人。黄埔一期生。国民党中将。原国民党第十二兵团司令。参加了淞沪会战、武汉保卫战、缅甸反攻。在抗日战争中立下赫赫战功。淮海战役中兵败被俘。1975年作为最后一批战犯被赦，任全国政协文史专员，第五、六届全国政协常委，黄埔同学会理事。

杨伯涛（1909—2000）

湖南芷江人，侗族。黄埔军校武汉分校毕业。抗战期间在著名的湘西"雪峰山战役"中出奇制胜，打败横行一时的日寇，成为抗日名将。国民党第十八军军长，淮海战场双堆集役中被俘，1959年获特赦。后任全国政协委员。

乘势围歼：黄维覆灭双堆集

> 黄淮对弈巧布兵，阻击南北战西东。
> 可怜黄维空卜卦，胜负从来在苍生。

当黄维率军到达双堆集时，多数老百姓早已跑光，仅剩下空荡荡的土墙和茅草盖的小房，12万人马的部队不仅无法征集粮食，就连燃料、饮水和骡马饲料都极为难寻。黄维兵团本来是前来增援的解围部队，现在反而被包围了。情急之中，黄维急忙向南京的蒋介石呼救增援。

等待援军的黄维心里惴惴不安，他手下一位擅长卜卦的副官对黄维说："司令，我会拆字。依我看就凭'双堆集'这三个字，我们就会逢凶化吉。"国民党部队里的好多将领比较迷信，黄维也不例外。副官接着解释道："双堆集'堆'者，十一佳也；'集'者，十八佳也；而'双'呢，佳又佳也！合起来就是十一师佳，十八师佳，岂不是上上大吉？"黄维一听，不觉心里一动。说的也是，他的部队战斗力应该是很强的，特别是第十八军，锐气未减，只要一鼓作气，拼他个鱼死网破，一定能突破解放军的包围。于是，传令各部，休整一天，27日上午全线出击，力求一举突围成功。

★★★★★

双堆集

位于安徽省北部濉溪县，是一个只有百余户人家的小村庄。这个村子因为村庄周围有两个相距二三里远的土堆而得名。其中，尖谷堆海拔30.8米，平谷堆海拔30.96米。

蒋介石得知黄维被围以后，生怕黄维轻举妄动，给解放军造成可乘之机，他电令黄维利用武器装备优势，迅速击退解放军的进攻，固守待援。接到蒋介石的命令，黄维只好取消突围计划，要各军立即就地构筑工事。就在黄维排兵布阵准备固守待援的时

候，身在南京的蒋介石又变卦了。虽然他已下令让黄维就地据守，但又觉得很不妥当。在蒋介石看来，淮海战场上的黄百韬兵团已经全军覆没，如果黄维兵团再被歼，整个徐蚌战场的形势将急转直下，不仅固守徐州的几十万守军无法突围，而且整个徐蚌会战也将彻底失败。

于是，蒋介石又下达命令，让黄维兵团趁中原野战军立足未稳、东南面的防御工事尚未筑好之际，不顾一切以全力向东攻击，与向西接应的李延年兵团会师。

11月26日下午，黄维召开高级军官会议部署突围。在开会的军官当中，八十五军一一〇师师长廖运周听到黄维要以4个主力师齐头并进的突围计划，当即表示愿以全师打头阵，为全军团杀出一条血路。黄维听了非常高兴，就突围一事进行了周密安排。11月27日凌晨4时，距离原定突围时间还有两个小时。一一〇师师长廖运周披挂整齐，急匆匆来到了兵团司令部。他见到黄维以后"啪"的一个立正敬礼，然后说道："司令，我是安徽凤台县人，和双堆集是邻县，我熟悉这里的地形。我建议将齐头并进，改为梯次行动。如果长官相信我廖运周，我们一一〇师的官兵以死效忠，让我们打这个头阵。"

黄维听了廖运周的话更高兴，他让卫兵拿来一瓶白兰地倒在两个酒杯里，然后端起酒杯对廖运周说："大难当头，不愧是黄埔的同学。你要什么武器、装备，都给你，坦克、榴弹炮，随你要。等胜利突围以后，我们再次举杯相庆。"让黄维没有想到的是，廖运周此一走竟是黄鹤一去不回头。

等到这两位将军再见面的时候，已经是36年后的1984年6月16日，在北京举行的黄埔同学会上，当年英姿勃发、抱负满怀的两位将军都已是年逾古稀、白发苍苍的老人了。

早就想起义的廖运周按照当时中原野战军政委邓小平的指示，一直在等待最佳时机。黄维同意突围建议后，廖运周立即派人

★★★★★

廖运周（1903—1996）

安徽寿县廖家湾（现划归淮南市）人。黄埔五期生。1927年加入中国共产党，参加过北伐和南昌起义，抗战时期在冯玉祥的抗日同盟军中任团长，后来被蒋介石收编改为一一〇师。抗日战争时期，任国民党一一〇师六五六团团长、三三〇旅旅长，一一〇师副师长、师长。淮海战役中率部起义，回到人民解放军。1955年被授予少将军衔。历任中国人民解放军沈阳炮兵学校校长兼党委书记、吉林体育运动委员会主任等职。

潜往中原野战军六纵报告情况，刘伯承、陈毅、邓小平批准了廖运周的起义计划。

1948年11月27日早晨6点钟，黄维兵团开始强行突击，由廖运周率领的一一〇师开路，后面跟着其他两个师。黄维在步话机里不断地询问廖运周突围进展情况，廖运周一律回答"一切顺利"。国民党第十二兵团副司令兼八十五军军长吴绍周在步话机中询问廖运周的位置，廖运周回答说："我被共军包围了，请求增援。向导死了，无法判断本师现在的具体位置。"然后，廖运周命令，全师所有的步话机一律关闭，电台停止使用。起义部队躲在了一个小树林里，喘息平静之后，他们发现树林里的草丛中有很多粗布口袋，打开一看，全是大米、白面、猪肉、粉条、盐巴和白菜，很长时间没有吃饱的一一〇师官兵们顿时欢呼起来。

就在一一〇师躲在树林里欢呼雀跃的时候，跟在后面的两个师却立即遭到解放军的猛烈打击，伤亡惨重，又缩回到包围圈里。由于邓小平下令对起义一事严格保密三天，所以黄维一直奇怪一一〇师是怎么出去的。一直等待喝庆功酒的黄维听到一一〇师起义的消息，惊得半天说不出话来。一时间，黄维兵团军心动荡，上下互相猜疑。而解放军方面却因此大受鼓舞。

毛泽东、朱德在西柏坡联名致电廖运周和一一〇师起义官兵，高度评价了他们的起义。对他们脱离黄维兵团，加入人民解放军非常赞赏，并且感到极为欣慰。

11月28日，淮海战役总前委从敌人固守着眼，决定采取集中兵力、火力先打一点，逐村攻击，各个歼灭的战法，并将这一方针报告中央军委。11月29日6时，远在西柏坡的毛泽东给淮海战役前线发去了《歼灭黄维兵团是解决徐蚌全敌的关键》的电报。

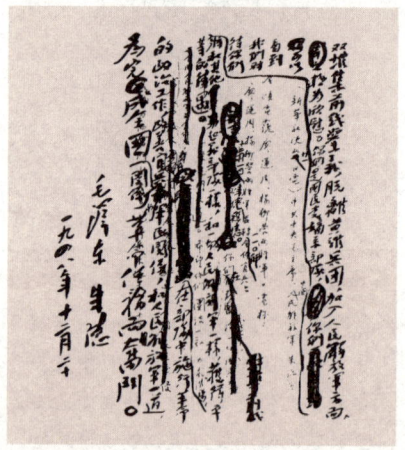

毛泽东、朱德联名致电廖运周起义的电报手稿

刘陈邓，并告粟陈张、谭王李：

（一）二十八日十七时电悉。从敌人固守着眼，集中火力，各个分割歼击，准备以十天或更多时间解决此敌，此种计划是稳当的和可靠的。（二）解决黄维兵团是解决徐蚌全敌六十六个师的关键，必须估计敌人的最后挣扎，必须使自己手里保有余力，足以应付意外情况。……（节选）

军委
二十九日六时

遭到中原野战军重重包围的黄维接到了顾祝同"全力向东攻击"命令的同时，徐州的杜聿明正在指挥孙元良兵团和邱清泉兵团倾巢出动，大举南下进攻解放军的后方。杜聿明的目的很明确，就是与正在拼命北上的第六兵团和被包围在双堆集的第十二兵团相互策应，形成南北夹击的态势。

一时间中原大地到处翻滚着硝烟和炮声，淮海战场的形势又剧烈动荡起来。自从杜聿明按照蒋介石打通徐蚌段路线的计划开始以后，在解放军的层层堵截之下无法进展。蒋介石急召刘峙、杜聿明飞赴南京再论战法。由于战场形势瞬息万变，杜聿明要求独断专行指挥徐蚌战事，到了这时蒋介石也只好同意。

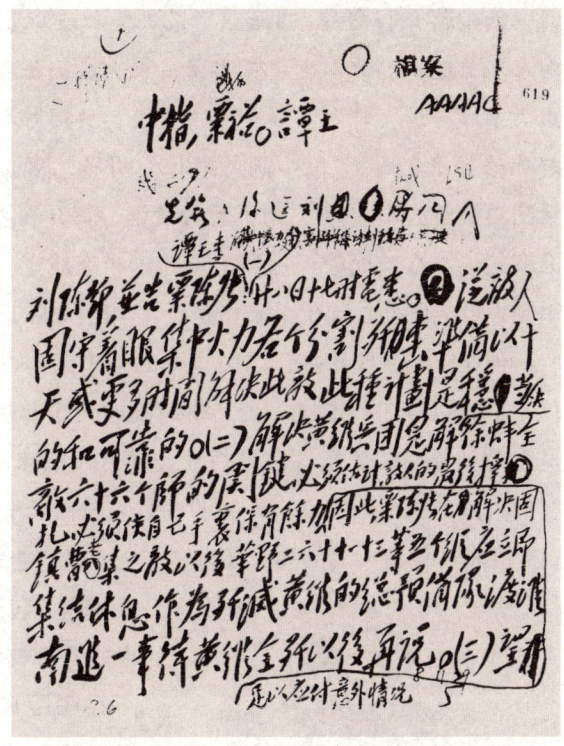

毛泽东亲拟的《歼灭黄维兵团是解决徐蚌全敌的关键》的电报手稿

回到徐州的杜聿明暗中布置撤退计划，明里却下令部队在十几公里宽的正面集中5个军全面展开强攻。11月30日，杜聿明突然一声令下，国民党第二、第十三、第十六3个兵团再加上徐州国民党各界人士约30万人涌出了徐州城。

这一招确实起了作用。直到徐州人去城空之后，粟裕才得到了各方面证实的消息。他立即下令全军迅速动员，火速围追堵截。从杜聿明西撤到华野上路追击，已比对手晚了整整一天。如果追不上、截不住那支大军，一旦其与黄维兵团会合，淮海战役的形势将会大变。

12月3日对于杜聿明是决定生死命运的一天，只要他继续西撤，对手就很难追上这支坐在汽车轮子上的大军。然而就在3日上午，杜聿明接到了蒋介石空投的亲笔信，就是这封信直接导致了他和那支约30万人队伍的厄运，也因此成为那些国民党将领终生诅咒的败笔。

信中蒋介石命令："据空军报告，濉溪口之敌大部向永城流窜，弟部本日仍向永城前进，如此，坐视黄兵团消灭，我们将要亡国灭种。望弟迅速令各兵团停止向永城前进，转向濉溪口攻击前进，协同蚌埠北进之李延年兵团南北夹攻，以解黄维兵团之围。"信中的意思非常明显，蒋介石又一次变卦了，他舍不得黄维兵团再被解放军吃掉。为了解救黄维，蒋介石委派次子蒋纬国亲率战车部队加入淮海战场。在前面曾经提到，蒋纬国亲率战车，对解放军阵地全力攻击，而解放军则以巨大的伤亡代价节节抵抗，至12月8日撤至严家圩和集南崔一线。

但是，自9日开始，国民党军的空中火力、炮兵火力及战车火力无论如何凶猛，都难以再向前推进一步。蒋纬国的战车部队受到围攻，一辆战车被击毁，乘员全部被俘，战车指挥官被打死。蒋纬国后来说："我们是尽人力以听天命。这样的大战，关系国家存亡，绝非少数人勇敢能挽回战局的。"

至此，淮海大战的局面又为之一变。共产党的华野和中野在相距只有60公里的区域内，包围了两个国民党重兵兵团。而与杜聿明同日被蒋介石严令北上增援的国民党李延年兵团距离黄维被包围的双堆集只有40公里，其中哪两个兵团靠拢在一起，都有可能改变战役的结局。因此，能否尽快吃掉黄维兵团，就成为淮海战役第二阶段中的关键。

身经百战的中原野战军司令员刘伯承将眼前的战局视为一个胃口好的人上了宴席，于是嘴里吃着一块，筷子里夹着一块，眼睛盯着碗里的一块。他说："我们现在的打法，就是吃一个（黄维兵团），挟一个（杜聿明集团），看一个（李延年、刘汝明两个兵团）。"

到了12月4日，对手仍在双堆集拼死抵抗。缺乏重武器的中野官兵虽然英勇作战，伤亡也是很大。到了面对如履薄冰的战场局势，12月5日，总前委刘伯承、陈毅、邓小平下达了《对黄维作战总攻击的命令》，命令是以给陈赓、谢富治、陈锡联、王近山、杜

★★★★★

刘伯承（1892—1986）

四川开县（今属重庆）人。中华人民共和国元帅。1911年参加辛亥革命，参加了护国、护法战争。1926年加入中国共产党，参与领导了泸顺（泸州、顺庆）起义、南昌起义，先后任中央红军总参谋长、八路军一二九师师长、第二野战军司令员、军事学院院长、中央军委副主席等职。第八届至第十一届中央政治局委员。

义德的电话形式下达。这是一个少有的极其严厉的命令。

11时5分下达命令如下：

> ……
> 二、根据总的作战要求及当面实际情况，颁发命令五条如下：
> 甲、从明余日（六日）午后四时半开始对敌总攻击，不得以任何理由再事迟延。
> ……
> 丙、总攻战斗发起后应进行连续攻击，直到达成上述任务为止，不得停止攻击或请求推迟。
> 丁、各部队不惜以最大牺牲保证完成任务，并须及时自动协助友邻争取胜利。
> 戊、对于临阵动摇贻误战机分子，各兵团、各纵队首长有严格纪律之权，不得姑息。……

12月6日下午4时30分，总攻准时打响。中原野战军在华东野战军的配合下，近20万解放军官兵以排山倒海之势向双堆集发起攻击。

陈赓指挥的东集团从包围黄维那一时刻起，就承受着巨大压力。总攻开始之后，各种重武器猛烈发射，黄维兵团固守的李围子村外围工事大部分被摧毁，四纵官兵乘势发起冲击。二十九团突破西北角阵地，二十八团三连冲到鹿寨前遭到守军两个连的反击和火焰喷射器的杀伤，连长牺牲。战士王小四浑身是火，他滚向当面的敌人拉响了手榴弹。战斗很快蔓延到李围子村内，近距离搏杀进入最残酷阶段。

在西集团的攻击方向，也是黄维兵团企图突围的重要方向，敌人不断地使用四团以上的兵力突击三纵九旅二十六团阵地。二十六团被团团包围以后，坚守阵地的官兵反复反击，最终前沿阵地失守，二十六团后退到了村子里。二十六团的勤杂人员全部投入战斗，他们用刺刀与敌人在村子里逐院逐屋争夺，最后在四纵的增援下，终于将冲击的国民党军打退。

在南集团的攻击方向，中原野战军六纵和华东野战军七纵攻击大、小王庄，守军是国民党王牌军第十八军一一八师。攻守双方在血腥的搏斗中反复争夺阵地，最后华东野战军因伤亡太大退出战斗，只剩下替换上来的五十九团的一部分官兵坚守在大王庄的西南角。残酷的拉锯战一直打到黄昏，双方战死者的尸体堆了一层又一层。华东野战军七纵二十师六十团加入一个营以后，巩固了大王庄阵地。

在双堆集的西北方向，徐州"剿总"副总司令杜聿明按照蒋介石的命令开始向南攻击，以执行解救黄维兵团计划。华东野战军在东、西、北三面积极进攻，

在南面顽强阻击，逐步收缩对杜聿明集团的包围圈。就在攻守双方打到白热化的时候，国民党军第十二兵团副司令胡琏飞到了双堆集。

胡琏的飞机落到了双堆集。一进战场，胡琏立即改变战术。他要求，十二兵团以刺猬为榜样，先用上百辆装满沙土的汽车构成了一道数百米长、城墙式的汽车防线，再以房屋为核心，以地堡为骨干，争取在飞机坦克大炮的配合下突袭反攻。这支被围困的队伍开始拼命了。胡琏相信，他的主力嫡系十八军一定能在绝境之下打出奇迹。他用明语向南京大声报告"共军吃不了我们"。

战至总攻发起后第八天，解放军各路纵队已经把黄维残部压缩到东西不到1.5公里的狭长地域。在军事进攻的同时，解放军的政治攻势也一刻未停。解放军派人给黄维送去了一份《促黄维立即投降书》。黄维看到此信，当着胡琏的面立即愤怒地把信撕掉。黄维、胡琏都是死不认输的人物，横下一条心决一死战，等待援兵。

此时此刻，杜聿明率领的邱清泉、李弥、孙元良3个兵团在陈官庄、青龙集一带被华东野战军包围了。12月6日，孙元良兵团趁夜独自突围。结果全兵团4个师3.2万人，连两个小时都没坚持住，就被抹得一干二净。孙元良兵团的下场让众将领们不敢再有分兵独自突围的念头了，只好按照蒋介石的计划一心一意合力向南猛突，试图与黄维会合。

在包围圈里等待援兵的黄维兵团已经到了油尽灯枯的境地。12月14日，中原野战军六纵四十九团"襄阳营"与华东野战军三纵二十三团"洛阳营"两支英雄部队，协同攻击距黄维兵团部马庄仅1公里的核心集团工事。1小时40分钟之后，黄维兵团伤亡殆尽，此时的黄维只能决定殊死突围。黄维和胡琏这两位难兄难弟各自登上一辆坦克落荒而逃。胡琏逃之夭夭，回了南京。黄维坐在坦克里狂奔了两个多小时之后才发现，由于迷路，坦克只是在双堆集周围打转，结果被解放军抓获。

在押往后方的路上，黄维惊讶好像到了另一个世界。他以前经过时门户紧闭、死寂无人的村镇现在却是车水马龙，熙熙攘攘。更让他奇怪的是，居然看到了一辆辆满载犒劳解放军猪肉的大车，而他前不久经过这里时，却连一撮猪毛都没见过。

12月16日，当太阳再次升起的时候，那支曾威风显赫的钢铁兵团灰飞烟灭了。4个军加一个快速纵队共12万余人的大军，在21天中被共产党的军队一笔勾销了。黄维兵团被挑落马下，战场的局面彻底一边倒。李延年、刘汝明自知将成为下一个被打击目标，立即偃旗息鼓，全线后撤，一夜之间就不见了踪影。至此，在中原大地上，共产党60万大军面对的只剩下国民党不到20万人的杜聿明集团。淮海战役离彻底胜利已经不远了。

链　接

胡琏（1907—1977）

　　陕西华县人。黄埔四期生。中华民国陆军一级上将，属陈诚的土木系，是国民政府统治大陆后期的著名将领。抗日战争中以第十一师师长，于鄂西保卫战中死守石牌要塞，荣获青天白日勋章。解放战争中，率领国民党五大主力之一的十八军参加内战。新中国成立后到台湾，曾参加金门海战。

决胜淮海：中原鏖战虎啸天

> 中原鏖战虎啸天，陷敌绝境故盘桓。
> 人心向背风雪里，淮河声声卷巨澜。

早在1949年7月6日，正值第一届全国文艺工作者代表大会在北平召开期间，华东野战军文工团在北平西单国民电影院演出了《淮海战役组歌》。毛泽东、刘少奇、周恩来、朱德等领导人观看了这场演出。《淮海战役组歌》分别由《序曲：争取更大胜利》《乘胜追击》等10首歌曲组成。在《乘胜追击》这首歌中唱道：

追上去，追上去，不让敌人喘气！追上去，追上去，不让敌人跑掉！敌人动摇了，敌人逃跑了，敌人溃退了。同志们快追上去，不怕困难，不怕饥寒，逢山过山，逢水过水，乘胜追击，迅速赶上，包围他，歼灭他！

毛泽东看完演出后夸奖道："三野仗打得好，歌也唱得好。"受到毛泽东称赞的《淮海战役组歌》是华东野战军文工团的工作者在淮海战役进行的65天中，用音符记录下这场战争波澜壮阔的进程。其中《乘胜追击》这首歌是军旅曲作家沈亚威，跟随华东野战军追击西逃的杜聿明集团，有感而发创作的歌曲。他在跟随部队谱写这首雄壮有力、气势磅礴歌曲的背后，有着一段惊心动魄的战争故事。

早在1948年11月底，担任徐州"剿总"副总司令的杜聿明按照蒋介石的指令，开始实施打通徐蚌路段的计划，然而面对华东野战军的层层堵截而无法推进。

前面提到，杜聿明暗中布置撤退计划，明里却下令部队在十几公里宽的正面集中5个军全面展开强攻。11月30日，杜聿明突然一声令下，国民党第二、第十三、第十六三个兵团加上徐州有关军政人员，约30万人涌出了徐州城。华东野战军代司令员粟裕得到消息，立即下令全军火速追击。于是，就出现了歌曲《乘胜追击》中所唱到的一幕幕历史故事。

12月3日，就在杜聿明全力西撤的时候，蒋介石突然改变了主意，在前文提到的用飞机空投下来的亲笔信中命令杜聿明转头向南攻击前进，协同从蚌埠北进的李延年兵团南北夹攻，以解黄维兵团之围。

接到蒋介石空投命令的杜聿明回想起就在不久前的南京军事会议上，他曾反复强调"要撤就不打，要打就不撤"的原则。可在此时，自己已经率领着几十万大军走到半路上的时候，蒋介石为什么又突然变卦呢？如果要和共军打，何不在工事坚固又有给养保障的徐州打，偏偏要等到走到荒郊野外的时候再打呢？这不是明明要把自己往共军已经张开的嘴里送吗？

杜聿明接到蒋介石空投亲笔信的第一念头就是不执行命令，照原计划继续向着永城方向撤退，等主力撤到淮河附近之后，再发动攻击解救黄维兵团。但是，片刻之后杜聿明又犹豫了："万一沿途被解放军截击，部队遭受重大损失，又不能照预定计划解黄维之围，蒋介石势必迁怒于我，将淮海战役失败的责任归咎于我，受到军法制裁。这样，我战亦死，不战亦死。"杜聿明只好用电话将蒋介石信中要旨通知各兵团，命令部队就地停止，要求各司令官到指挥部来商讨对策。

经过各部司令官的商讨，都觉得蒋介石措辞强硬，只好按照蒋介石的命令执行。杜聿明复电蒋介石表示执行命令，并请求空投粮食弹药。杜聿明在原地等了一天，好不容易等到蒋介石的回电：

> 无粮弹可投，着迅速督率各兵团向濉溪口攻击前进。

12月4日凌晨，当邱清泉兵团开始向濉溪口方向实施突击的时候，杜聿明突然发现，就是他与各部司令官商讨蒋介石电报在原地停留的这一天，致使华东野战军不但追上了他，插入了他的左右翼，而且已经绕到了他的前头，截住了他的去路。

12月6日，杜聿明集团被追击而来的解放军包围在陈官庄地区。孙元良率十六兵团孤军突围。孙元良逃脱，1万多人被歼，余部重新返回包围圈。12月16日，黄维兵团被歼灭，黄维被俘，淮海战役第二阶段胜利结束。就在粟裕计划张开口袋诱敌突围，在运动中分割包围全歼杜聿明集团的时候，1948年12月16日深夜，毛泽东在西柏坡发来了《向杜聿明、邱清泉、李弥部连续进行政治攻势》的电

粟裕，并告刘陈邓：

（一）黄维被歼，李延年全军退守淮河南岸。（二）我包围杜聿明各部可以十天左右时间休息调整，并集中华野全力，然后发起攻击。（三）向杜邱李连续不断地进行政治攻势，除部队所做者外，请你们起草口语广播词，每三五天一次，依据战场具体情况变更其内容，电告我们修改播发。

军委

十六日二十四时

华东野战军歼灭杜聿明集团的大战在即，为什么毛泽东突然在西柏坡发来电报要求停止攻击呢？原来，这时候的毛泽东正在西柏坡筹划平津战役。想要稳住蒋介石、傅作义，中原大地的棋盘上，此时还不能没有对方的棋子。为了不使蒋介石决策令傅作义集团海运南下或西逃，毛泽东决定对平津傅作义部实行"围而不打、隔而不围"，令淮海战役总前委对杜聿明集团暂缓攻击。

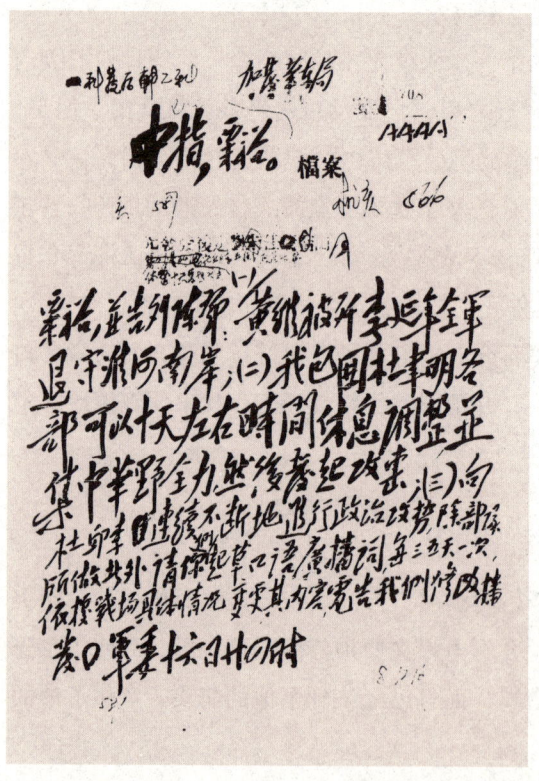

毛泽东亲拟的《向杜聿明、邱清泉、李弥部连续进行政治攻势》的电报手稿

这下本想尽早把军队撤回江南、拱卫半壁江山的蒋介石犹豫了，杜聿明还在，大兵团还在，这让他觉得此时给这场中原大战划定结局还为时过早。毛泽东故意留下的"水中之月"，让蒋介石举棋不定。从那一刻起，淮海平原上的陈官庄就成为这位统帅与他的将军们"相见时难别亦难"的惆怅之地。

陈官庄距离当年项羽兵败垓下的古战场仅百余公里。两千多年后的杜聿明在这里真真切切体会到了当年那位楚霸王被困垓下、四面楚歌的悲伤与凄凉。在那段日子里，这支近20万大军中的每一个人都切身感受到了另一个无形的敌人——饥饿。

包围圈里国民党军的粮食弹药只能依靠空投补给。即使每天喝粥，20多万人至少也得10万多斤粮食。天气似乎也在与蒋介石作对，从12月19日起，华中平原地区下起了少见的大雪，一直下了整整十天。断了空投的国民党军彻底陷入了饥寒交迫之中。偌大一个淮海战场，只剩下国民党军的杜聿明集团在风雪中听天由命了。

担心共产党乘势打过长江的蒋介石，相比之下还是觉得南京比陈官庄更重要。他在给杜聿明的电报中说：我每天祈求上帝保佑全体将士。可他在给徐州"剿总"司令刘峙的电报却密令将蚌埠的主力转移到长江以南集结。几个小时之后，刘峙从蚌埠发来电报给杜聿明："黄维兵团昨晚突围，李延年兵团撤回淮河南岸。贵部今后行动听委员长指示。"

接着，蒋介石另一封电报又发给杜聿明："第十二兵团也已突围，弟部须以积极手段求匪弱点予以击破，并向外扩展，以求脱离包围，总之弟万不可固守一地，坐待围困也。"其实，这时候的黄维兵团已经被歼灭好几天了。

杜聿明后来回忆说，自从接到这个电报后，心完全凉了。杜聿明心情之恶劣已不在于黄维兵团的覆灭，而在于李延年兵团的回撤。因为，这明白无误地表明，蒋介石已决定让邱清泉、李弥两个兵团自生自灭了。

杜聿明再次致电蒋介石，强烈建议迅速从武汉和西安抽调大军，集中一切可以集中的力量，实现淮海战场上两军最后的决战。杜聿明认为，只有这样，也许还能扭转战局。

在陈官庄包围圈里苦苦等待援兵的杜聿明，最后也没有等到蒋介石派去的一兵一卒。此时的蒋介石也有自己的苦衷，他实在已经无兵可调了。因为，此时离徐州战场最近，又有能战之兵的人是防卫武汉的白崇禧。此人是桂系代表人物，加上此时国民党内部以及美国杜鲁门政府都希望蒋介石下台，由桂系首脑、已经是民国政府副总统的李宗仁出面主持，以期和共产党划江而治。所以白崇禧是不会调兵救援的。

在陈官庄地区的这片十几平方公里的荒野上，连续十天下雪断绝了空路，饥饿比炮弹还要有杀伤力。高级长官们的碗里有肉有酒，可士兵们只能喝到没有几粒米的汤，而且很快就什么食物都没有了。

1949年元旦这一天是个晴天，南京的飞机飞到陈官庄空投，物品刚一落到地面，抢粮食的官兵就乱成了一锅粥。杜聿明的参谋长舒适存给南京的报告是："陈官

庄的骑兵变成步兵，马早已吃光了。陈官庄能烧的都烧光了，木桥和棺材也光了，大米猪肉无法煮熟，需要的是大饼和罐头……陈官庄有大小两个投物场，投下物品时，部队、家属都抢，有的被物品压死，有的在争夺物品时相互对打，有的开冷枪射杀。……"

其实，当时战场上的实际情况比舒适存向南京汇报的还要严重。据当年亲历淮海战役的国民党老兵回忆说："饥饿使所有的人变得疯狂。因为空投场被军官派亲信用机枪封锁，个别空投的物资落在了空投场外，士兵们相互争抢。抢到大饼的刚咬了一口，就被一颗子弹打倒，开枪者跑上来接着咬，很快又被打倒，一张大饼要送十几条人命才啃得完。"

就在杜聿明集团在冰天雪地里苦苦挣扎的时候，解放军阵地上却是另一番景象。在西柏坡的周恩来亲自起草电报，慰劳参战人员每人猪肉一斤、香烟5包。文工团演员们在战壕里成了最受欢迎的人。淮海战役总前委提出，要让参战官兵吃上一顿饺子。

淮海战役开始以后，广大解放区人民提出了"一切为了前线、一切为了胜利"的口号，他们纷纷舍家撇业支援前线。据战后的统计，淮海战役期间，山东、中原、华中和冀鲁豫4个地区共出动支前民工543万人，其中随军常备民工22万人，二线转运民工130万人，后方临时民工391万人。这些支前民工携带着20万副担架、88万辆大车小车、30万副挑子、76万头牲口奔走在前线与后方之间。

陈毅后来总结说："淮海战役的胜利是老百姓用小推车推出来的。"

按照中央军委关于"向杜、邱、李连续不断地进行政治攻势"的电示，粟裕采用"攻心为上"的战术。解放军官兵用土制喇叭向国民党阵地喊话，还在前沿阵地插标语牌、贴漫画等。一位年轻的排长觉得喊话、撒传单不过瘾，就让国民党军投诚人员带路，亲自跑到敌人的战壕里，当面做政治工作，很快带走了一个连。第二兵团司令官邱清泉接到报告说，早上的时候前沿阵地发现一头大肥猪，拉回来一看，大肥猪的肚子里放的全是"投诚证"。

在西柏坡的毛泽东亲自为中原、华东人民解放军司令部起草了《敦促杜聿明等投降书》。在这篇广播稿中，毛泽东将杜聿明的苦衷描述得惟妙惟肖：

你们现在已经到了山穷水尽的地步。黄维兵团已在15日晚全军覆没，李延年兵团已掉头南逃，你们想和他们靠拢是没有希望了。你们想突围吗？四面八方都是解放军，怎么突得出去呢？……十几天来，在我们的层层包围和重重打击之下，你们的阵地大大地缩小了……你们的伤兵和随军家属，跟着你们叫苦连天。你们的士兵和很多干部，大家都不想打了。你们当副总司令的，当兵团司令的，当军长师长团长的，应当体惜你们的部下和家属的心情，爱惜他们的生命，早一点替他们找一条生路。……如果你们还想打一下，那就再打一下，总归你们是要被解决的。

与此同时，华东野战军司令员兼政治委员陈毅分别给邱清泉、李弥等写了劝降信。连续不断的政治攻势让深陷重围的杜聿明等将领坐卧不安，为全歼杜聿明集团创造了有利条件。粟裕后来回忆说："如果没有政治攻势，最后解决敌人不会这样快，我军的伤亡一定还要大些。证明攻心为上是正确的。"[1]

大批官兵投诚使第二兵团司令邱清泉急火攻心，思来想去他找到了原因。原来他住的是个四合院，院子四面如框，框里面有一棵树，就形成了一个"困"字。于是，他命令立即把这棵树砍了。邱清泉的迷信在国民党军中很有名，当年他率部驻扎在河南商丘的时候，他找各种理由反复要求调离，原因是"商丘"与"伤邱"同音。

此时的淮海战场，华东野战军对杜聿明集团围而不歼，为华北战场实现中央军委提出抑留傅作义集团，于华北就地歼灭的战略意图创造了条件。在平津战役完成了对傅作义集团分割包围之部署以后，1948年12月22日、24日，傅作义新保安的王牌第三十五军、张家口嫡系被消灭。接着，解放军又对北平、天津形成了包围之势，盘踞华北的傅作义集团已无西逃或南撤的可能。在淮海战场上，围歼杜聿明集团的战机来临了。

1949年1月5日，华东野战军再次向中央军委和正在西柏坡汇报工作的刘伯承、陈毅作报告。报告在概述了12月16日至1月4日的战场情况后提出："业于6日向敌发起军事攻击，首先歼灭李弥兵团，以孤立杜、邱，尔后再定第二步作战。"

在中原野战军方面，邓小平一面组织中野部队休整，一面做好了对付蚌埠、怀远之敌北援的兵力部署，又将中野第一、第二、第三、第六纵队配置于涡阳、蒙城一线，作为淮海战场的总预备队，随时准备围歼可能突围逃窜之敌，以便让华野放开手脚，全力进行攻击。

1949年1月6日下午3时30分，根据中央军委、毛泽东的指示，华东野战军

---

①张雄文.无冕元帅：一个真实的粟裕[M].北京：人民出版社，2008：166.

代司令员粟裕下达了总攻命令。各式山炮、野战炮、迫击炮一齐向敌人阵地发起猛烈轰击。半小时炮火攻击之后，华东野战军分为3个集团，从东、北、南方向杜聿明集团阵地猛烈攻击。东集团由第十纵队司令员宋时轮、政委刘培善统一指挥；北集团由谭震林、王建安统一指挥；南集团由韦国清、姬鹏飞统一指挥。另以7个纵队担任外线堵击及作为预备队。华东野战军的10个纵队、25个师（旅）几十万人马，同时向陈官庄地区包围圈里的杜聿明集团发起猛攻。

6日夜，攻击部队攻克杜聿明集团坚固设防的13个村落据点，歼敌1万余人；7日又连续攻占20多个村落，并占领李弥兵团司令部驻地青龙集。9日上午，华东野战军继续向敌发起攻击，连续攻克杜聿明集团纵深要点，直逼杜聿明、邱清泉指挥中心。10日，华东野战军全线发起最后攻击，攻克杜聿明指挥所陈官庄。同时，第四纵队一部与第一纵队配合，攻下了邱清泉兵团第五军军部驻地陈庄。

邱清泉突出陈庄以后，他疯子似的东奔西跑，高声大叫"共产党来啦，共产党来啦！"到了10日天亮以后，他仍然在张庙堂阵地附近乱转。突然，一梭子弹射来，邱清泉身中6弹倒地身亡。

杜聿明趁乱突围，被老百姓发现并报告给解放军，很快杜聿明一行被俘。

华野四纵十一师干部陈茂辉问杜聿明："你是干什么的？"杜聿明说："我是十三兵团的军需。""六大处的处长叫什么名字，写给我看。"杜聿明写不出六大处处长的名字。杜聿明一行俘虏被押到一间房子里以后，突然从房间里传来"副总指挥！副总指挥！"的叫喊声。原来，杜聿明知道自己已经被列入战犯名单想要自杀，他拿起一块石头在自己的头上一阵乱砸昏死过去，他的警卫一着急把真

国民党徐州"剿总"副司令杜聿明被活捉

实身份给喊出来了。

国民党第二兵团司令邱清泉被击毙，徐州"剿总"副司令杜聿明被俘，国民党第十三兵团司令李弥趁乱逃出了包围圈，而且一直跑到了南京。

淮海战役，解放军参战部队60万人，国民党军先后出动兵力80万人，历时65天，共歼灭国民党军55.5万多人，解放军伤亡13.4万多人。基本解放了长江以北的华东、中原地区，使国民党的首府南京，处于人民解放军的直接威胁之下，蒋介石的统治陷入了土崩瓦解的境地。

淮海战役结束11天后，蒋介石在国民党的内讧中，写下"冬天饮寒水，雪夜过断桥"十个大字，宣告引退。

而此时正在西柏坡的毛泽东，已兴致勃勃地和战友们商议去北平的进城路线了。

平津战役

　　平津战役是解放战争三大战役之一。1948年11月29日开始，1949年1月31日结束，共64天。林彪、罗荣桓、聂荣臻、刘亚楼指挥中国人民解放军东北野战军和华北军区部队，以伤亡3.9万人的代价，消灭及改编国民党军3个兵团、13个军50个师，共52.1万人，控制北平、天津及华北大片地区。

　　平津战役连同辽沈战役、淮海战役的胜利，是毛泽东战略决战思想的伟大实践。三大战役使国民党丧失了三大精锐战略集团，国民党军主力和精锐师团共160万余人全部被歼。长江中下游以北的广大地区被解放军占领，国民党的统治基础发生了根本动摇，为解放战争在全国胜利奠定了坚实的基础。至此，中国人民革命战争已经取得了决定性的胜利。

平绥绝路：王牌覆灭新保安

> 主席急电意辞严，传令北上断张宣。
> 堵敌东逃平绥路，王牌覆灭新保安。

★★★★★

杨得志（1911—1994）

湖南醴陵人。抗战时期冀鲁豫抗日根据地的主要创建者。新中国成立后，曾任中国人民解放军总参谋长、国防部副部长。

　　1948年12月4日到12月7日这几天，对于身经百战的杨得志将军来说，可是一段惊心动魄、终生难忘的日子。"从上井冈山到这时，我跟着毛主席打了整整20年的仗，经历了很多艰险和困难，也多次聆听过他的指示。但是，直到现在，这几份电报还在震撼着我的心。"[①]1955年被授予上将军衔的杨得志，共产党队伍里有名的战将，是打过无数硬仗恶仗的常胜将军。中华人民共和国成立4周年的时候，毛泽东在观礼台上向刘少奇、朱德、董必武等领导人专门介绍说："此人大名叫杨得志，当年强渡大渡河的红一团团长，如今志愿军的副司令，德怀的助手。湖南人氏，我的乡里呀！"毛泽东眼里的强渡大渡河的红一团团长、志愿军副司令、彭德怀助手、湖南乡里，为什么在45年以后，仍旧对当年毛泽东在西柏坡发给他的那几封电报感觉震撼呢？

---

①杨得志.杨得志回忆录[M].北京：解放军出版社，2011：358.

原来，当时担任华北军区第二兵团司令员的杨得志和政治委员罗瑞卿、参谋长耿飚等将领，正率领着近10万官兵，从河北易县的紫荆关向张家口地区急进，准备配合华北第三兵团和东北野战军先遣兵团，歼灭被包围在张家口一带的傅作义集团嫡系部队，特别是王牌军三十五军。正当杨得志他们率领部队星夜兼程赶往张家口涿鹿县的时候，1948年12月4日，从凌晨2点到下午4点再到晚上9点，19个小时之内，连续接到了毛泽东在西柏坡发来的急电，命令他们务必在12月5日以前，占领张家口宣化、下花园一带，不能让张家口的傅作义嫡系部队和王牌军三十五军东退北平。

可是，要从易县的紫荆关到达张家口，说说容易，真正走起来那可就难了。地处太行山北端深处的那段路，道路崎岖，山峰陡峭，路途遥远，带着大炮、迫击炮等重型武器的近10万名官兵们将面临巨大的困难和考验。

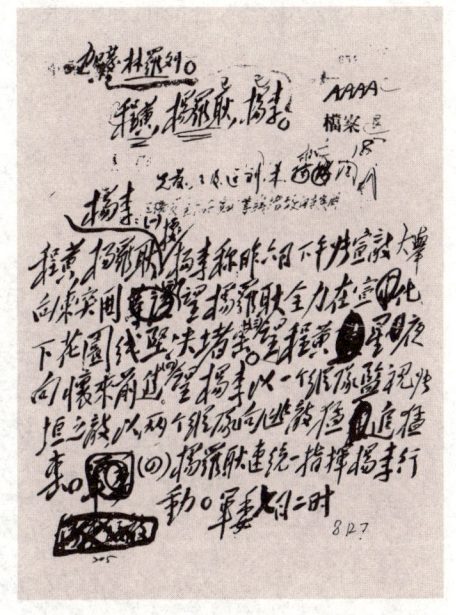

毛泽东令杨、罗全力在宣化等线堵敌向东突围的电报手稿

就在他们全力向张家口下花园一带疾进的时候，12月7日凌晨2点，毛泽东在西柏坡又发来急电：

程黄，杨罗耿，杨李：
　　（一）据杨李称，昨六日下午张宣敌大举向东突围。（二）望杨罗耿全力在宣化、下花园线坚决堵击。（三）望程黄星夜向怀来前进。（四）望杨李以一个纵队监视张垣之敌，以两个纵队向逃敌猛追猛击。（五）杨罗耿速统一指挥杨李行动。

军委
七日二时

毛泽东在西柏坡发来电报的时候，杨得志正在组织大部队顶着严寒，破冰下水徒涉大洋河。杨得志、罗瑞卿、耿飚接到加急电报，马上聚拢在一个低坡地方打着手电，互相传阅着毛泽东发来的这封电报。就在这时候，作战参谋急急忙忙赶了过来。可能是由于心情过于紧张，作战参谋声音颤抖着报告说："首长，三十五军

已经越过下花园，奔新保安了。"

这是一个极为严重的情况！三十五军越过了下花园，就意味着第二兵团没有按时完成坚决堵击三十五军于宣化、下花园一线的任务。耿飚说："下花园到新保安只有15公里了。"此时的3位首长心里都很清楚，三十五军全部是机械化部队，他们乘汽车走15公里到达新保安易如反掌。罗瑞卿看了看手中的地图说道："下花园到新保安，中间还有个鸡鸣驿。下花园到鸡鸣驿有多远？""10公里。"耿飚回答。杨得志听后立即命令道："马上给王昭同志发电报，命令十二旅不惜一切代价，坚决堵住三十五军。一定要坚持到大部队赶到！命令部队以急行军速度，向新保安前进。"

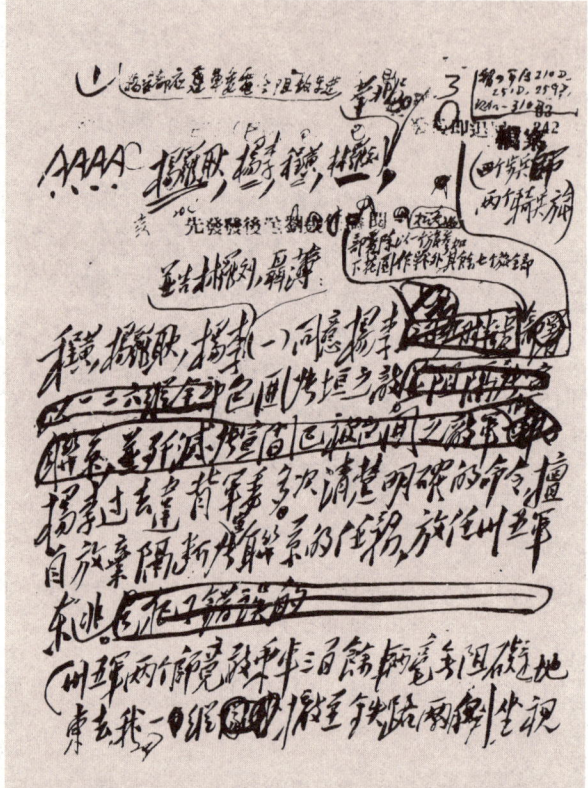

毛泽东令杨罗部应遵军委电令阻敌东进的电报手稿

就在全体官兵全力向新保安疾进的时候，12月7日深夜，杨得志再次接到毛泽东当天晚上8点从西柏坡发来的电报，口气变得更加严厉。

程黄，杨罗耿，杨李并告林罗刘，聂薄：

（一）……杨李过去违背军委多次清楚明确的命令，擅自放弃隔断张、宣联系的任务，放任三十五军东逃（三十五军两个师竟敢乘车三百余辆毫无阻碍地东去，我一纵撤至铁路两侧坐视，不阻不打）是极端错误的。……杨李应严令所部负此完全责任，不得违误。……现三十五军及宣化敌一部正向东逃跑，林罗耿在遵军委多次电令，阻止敌人东逃，如果该敌人下花园、新保安向东逃掉，则林罗耿负责。

军 委

七日二十时

毛泽东在西柏坡发出的这封电报任务明确，依据充分，陈明利害，措辞严厉，以霹雳之势行万军之令。据史料专家说，毛泽东在西柏坡发完这封电报以后，在他的办公室里大发雷霆。为此，杨得志向军委做了检查。

毛泽东为什么如此关注傅作义王牌军三十五军的去向和命运，三十五军究竟是一支什么样的部队？它对夺取平津战役的胜利，有着怎样的战略意义呢？原来，三十五军是华北"剿总"总司令傅作义赖以起家的部队，是傅作义嫡系部队中的王牌。早在三十五军创立之初，傅作义即担任了第一任军长，即使后来升为集团军司令、战区兵团司令，仍旧兼任三十五军军长多年。这支美式摩托化装备的三十五军，从连长到军长都是傅作义亲自点名提拔，而且能打善战，在傅作义嫡系部队中是战斗力最强的部队。所以，三十五军的命运直接影响傅作义守与逃、战与和的战略关键。毛泽东说，平津战役只要打掉塘沽和三十五军，全盘皆活。

从傅作义部队的布局情况来看，东起滦县、塘沽，西至张家口。按照毛泽东的话说，傅作义摆下了一个"千里一字长蛇阵"，我们先打蛇尾，迫使蛇头回援。果然不出毛泽东所料，1948年11月29日张家口战役打响以后的第二天，傅作义为了保住自己退回归绥，也就是现在呼和浩特的生命线，马上命令驻守丰台的机动部队三十五军的两个师、驻守怀来一〇四军的一个师驰援张家口。

三十五军军长郭景云率领着他的机械化部队到达张家口以后，根本就没有把包围张家口的解放军放在眼里。他刚跳下汽车就来回地问：

"解放军在哪儿？解放军在哪儿？"郭景云何许人也？竟然如此自大。

原来，郭景云在国民党军队里是一位能打善战的名将，他在抗战时期和日军作战无数，取得过百灵庙大捷等辉煌战绩。到了解放战争初期，他跟随三十五军占归绥、夺集宁、解围大同、夺袭张家口，多次与聂荣臻部队交手。郭景云狂妄地认为，他率领的王牌军三十五军打遍天下无敌手。

就在郭景云到处寻找战机、准备与包围张家口的杨成武第三兵团决一死战的时候，12月5日，傅作义突然接到"戴狗皮帽子"的东北野战军提前入关，已经拿下了密云城的报告。傅作义命令郭景云，立即回撤北平以解北平之围。

接到撤回北平命令的郭景云没有忘记自己修建的军械修配厂，他马上命令士兵把机器设备拆下来，用汽车拉到北平去。可就在三十五军拆机器零件的时候，张家口的国民党官员们坐不住了，他们纷纷找到郭景云，请郭军长帮忙，带上他们的家眷、金银财宝一同回北平。就这样，从5日得到命令到6日下午才动身，延误了1天多的时间，这就给毛泽东调兵遣将留下了宝贵的时间。

郭景云带领着三十五军从张家口出来驶过了宣化以后，立即遭到第三兵团小股部队的阻击，300多辆的车队一下子停了下来。一〇一师师长冯梓向郭景云报告，前面的路被共军挖断了。这段被挖断的通往北平方向的平绥公路，右边是峭壁，左边是洋河，拦腰被挖了四五米深的大沟，土也给扔到洋河里去了。要想在滴水成冰的冬季修路谈何容易。到了黄昏的时候，三十五军好不容易走到了宣化东南20多公里的鸡鸣驿。郭景云下令停止前进，到鸡鸣驿好好休息一晚上，天亮以后再走。

三十五军副军长王雷震提醒郭景云，从共军的行动来看，极有调动大部队的可能，现在到鸡鸣驿宿营，不如我们趁共军立足未稳打几个冲锋，向北平方向突围。郭景云听到不以为然地笑了，他传下命令，既然要打仗，就叫弟兄们今晚好好休息休息，明天早上一个冲锋就可以打过去。

就在郭景云在鸡鸣驿睡觉休息的时候，杨得志率领的华北军区第二兵团主力正在向鸡鸣驿赶来。在鸡鸣驿北面山区担任牵制任务的华北军区第二兵团四纵十二旅已经按照杨得志的命令，及时赶到鸡鸣驿附近。他们立即行动起来，趁着夜色在鸡鸣驿的周围开挖战壕，准备与三十五军血战到底，给主力部队到达争取时间。

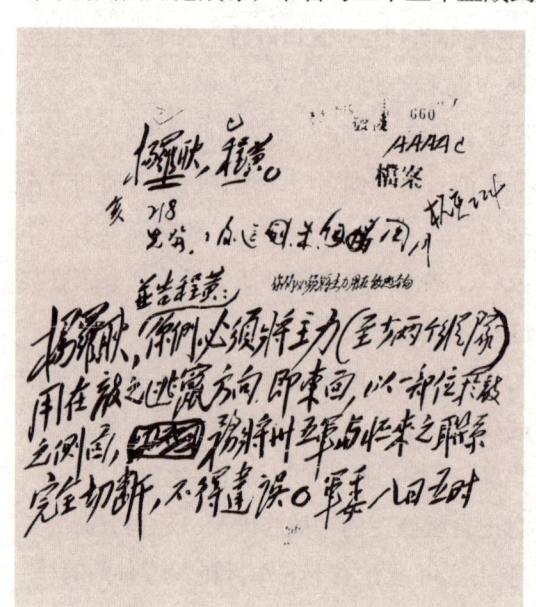

毛泽东令杨得志、罗瑞卿必须将主力用在敌逃方向的电报手稿

第二天拂晓，郭景云的二六七师一开出鸡鸣驿，立即遭到杨得志的十二旅猛烈阻击。从拂晓一直打到傍晚6点钟的时候，三十五军占领了鸡鸣驿东面十几华里的新保安，四纵十二旅付出了一定的伤亡。郭景云看到了新保安的城墙，他再一次下令到新保安宿营。

还是那位副军长王雷震出来阻止郭景云："傅总司令的电报催得很急，如果现在马上就行动，用不了两个小时，就可以到达怀来县城与一〇四军会合，咱还是赶紧走吧。"

在副军长王震的说服下，郭景

云下令继续前进。可就在车队刚一开动的时候，郭景云又突然改变了主意，他重新下达命令："在新保安驻下！明天再走！"刚愎自用的郭景云怎么也没有想到，就是他这个命令，把这个即将逃出包围圈的三十五军推到了全军覆没的边缘。

新保安位于平张公路、铁路的南侧，它的北面是八宝山，南面是大洋河。新保安的城墙修建于明代，12米高的城墙一砖封底相当坚固。它前镇张垣，也就是现在的张家口，后卫京畿，素有"锁钥重地"之称。1900年八国联军打进了北京城，慈禧太后仓皇出逃曾经在这里落脚，赐名为新保安。

而此时，杨得志率领的主力部队仍旧没有按时赶到毛泽东指定的位置。12月8日清晨5点，毛泽东在西柏坡电令杨得志部，务必把三十五军堵在怀来县城以西，电报口气如此严厉，这在毛泽东所发电报中实属少见。

> 杨罗耿，并告程黄：
>
> 　你们必须将主力（至少两个纵队）用在敌之逃窜方向，即东面，以一部位于敌之侧面，务将三十五军与怀来之联系完全切断，不得违误。
>
> 军委
> 八日五时

杨得志接到毛泽东的电令，再次加快主力部队的行军速度，终于在12月8日拂晓，陆续到达新保安地区。

傅作义得知三十五军受困于新保安，急令第一〇四军军长安春山为"西部地区总指挥"，统一指挥第一〇四军、第三十五军、第十六军夹攻当面的解放军，以掩护三十五军撤回北平。同时，电令张家口的一〇五军向下花园、新保安方向攻击前进，策应第三十五军突出包围圈。

郑维山是第三纵队司令员，当得知傅作义已经电令驻守怀来的一〇四军来增援郭景云情报的时候，他马上和政委王宗槐商量，冒着临阵抗命的危险，亲自带领主力部队阻击西援的安春山一〇四军。

当年的马圈村如今已经改名为马英屯村，在这个村子的周围全是一马平川的耕地、河滩，根本无险可守。安春山率领着一〇四军，在12架飞机和密集炮火的掩护下，很快攻击到了马圈村附近，郑维山的第三纵队官兵轻重武器一齐开火拼死抵抗。就在这时，被围困在新保安城的三十五军在飞机大炮的掩护下，顺着公路也开始向东突击，在东八里一线与第三、第四纵队撞在一起。双方官兵在公路附近的各个阵地展开激战，一时间东八里阵地失而复得，得而复失。晚上，三纵

主力全部赶到战场以后，三十五军见突围无望又退回到了新保安城。

安春山指挥的一〇四军攻击部队与阻击他们由郑维山指挥的三纵部队打得昏天黑地，一〇四军与三十五军遥遥相望，相互间连喊杀声就能听得见。紧要关头，一〇四军军长安春山连续致电郭景云，要求郭景云果断向东突围与他会合。可电话那头的郭景云却执意让安春山攻到新保安城下接应。在这火烧眉毛的紧急时刻，郭景云为什么还如此固执？原来，傅作义为了激励安春山全力救援，任命他为"西部地区总指挥"，可是这个头衔偏偏让三十五军的译电员错误地译成了"西部收容总指挥"，郭景云一气之下宁肯死在新保安，也不让安春山去收容。

安春山见救回三十五军没了希望，就带着一〇四军准备撤回北平。就在撤回北平的路上，一〇四军被东北野战军先遣部队歼灭，安春山化装成伙夫只身一人逃回了北平城。

就在杨得志第二兵团主力积极准备，一鼓作气歼灭三十五军的时候，12月8日晚上8点，毛泽东在西柏坡发来了长围久困、待命攻击的电令：

程黄，杨罗耿，杨李，并告林罗刘，聂薄：
　　……（五）杨罗耿对新保安之敌，杨李对张垣之敌，均采取迅速构筑多层包围阵地、长围久困、待命攻击之方针。……以利我东北主力陆续入关，完成对平、津、塘、唐诸敌之部署。

军委
八日二十时

三十五军被围困新保安期间，傅作义也曾下令要求郭景云突围，可就在郭景云积极准备突围的时候，傅作义又突然下令继续死守。郭景云眼看突围的希望没了，他天天求神打卦寻求逃生的办法。郭景云按照巫师的授意，命令手下官兵在老百姓家的院子里、屋子里、炕头上开始挖地窖，以防解放军炮火的轰击。

此时，杨得志、罗瑞卿、耿飚等住在了新保安西北，12华里以外的北大崖山下的赵家山村。在老乡家的土炕上，杨得志与罗瑞卿、耿飚围拢在一张小圆桌旁，面对地图开始研究作战方案，等候攻击新保安的命令。

对张家口、新保安围而不打，对平、津诸敌隔而不围的同时，东北野战军主力迅速入关，完成了对平、津、塘、唐等诸敌之部署。东北野战军四纵于12月20日抵达宣化、张家口地区，使包围张家口的兵力达到10万以上，歼灭被包围在新保安的傅作义王牌军三十五军的战斗即将开始。

1948年12月22日早上7点10分，杨得志下达了总攻新保安城的命令。东北野战军的两个重型榴弹炮团、第二兵团直属炮团再加上各旅的迫击炮，156门火炮向三十五军的二六七师防区东门城楼和城墙一齐射来。经过整整1个多小时的炮击，新保安城墙上的军事堡垒被摧毁。第二兵团以两个纵队的兵力实施了联合突击，二六七师的防线全面崩

第二兵团攻入新保安

溃。与此同时，守卫西门的一〇一师作战能力依然很强，突击部队根本冲不过去。他们马上改变突击方向，从西门一个被炮火轰开的缺口往里突击。当部队突击进去以后才发现，缺口里面和瓮城两侧隐藏着许多暗堡火力点，突击部队多次突击，伤亡惨重未获成功。就在突击部队与一〇一师对峙的时候，七旅的两个团终于爬上城墙，官兵们迅即顺着城墙内侧向一〇一师的背后猛插过去，一〇一师的防御开始溃败。

攻城部队全部攻入新保安城内的街道里，三十五军的士兵们一个个就像打了鸡血似的宁战不降。攻城部队从房上打到房下，越墙破壁步步紧逼郭景云的军部大院。郭景云赶紧命令副官："快！快！快，去推汽油桶！推到掩蔽部口点火成仁。"然而，早就准备投降的参谋长田士吉阻止了这一行动。郭景云见大势已去，绝望地掏出手枪，冲着北平方向喊了一声："我郭景云对不起你，总司令。"说完，对着自己的太阳穴扣动了扳机。

新保安的战斗结束了，杨得志、罗瑞卿、耿飚来到三十五军郭景云的军部，查看了郭景云的尸体。罗瑞卿命令摄影战士给郭景云拍了一张遗像，给这位曾经参加抗日的军长买了一口好的棺材，把他的遗体埋葬在北门外的铁路旁边，并且立了一块枕木，上面用红漆写上了国民党三十五军军长郭景云之墓。杨得志日后

表示："打掉三十五军，我有点13年前渡过大渡河的感觉。"①

新保安战役历时11个小时，全歼傅作义王牌军三十五军军部和一〇一师、二六七师及守护十三团19000多人。

新保安战役结束之后的第二天，解放张家口的战役再一次打响了。

链　接

郭景云（1904—1948）

陕西富平人。国民党陆军中将。抗战爆发后任第三十五军一〇一师二一八旅四三六团团长，1938年参加绥南抗战，1939年7月任第三十五军一〇一师三〇二团团长，参加冬季攻势作战，1940年6月任第三十五军一〇一师少将师长，1948年1月任第三十五军中将军长。

---

①杨得志.杨得志回忆录[M].北京：解放军出版社，2011：367.

围攻张垣：长蛇阵上打龙尾

> 风烟弥漫大境门，铁骑突突刀森森。
> "大好河山"收眼底，围歼张垣傅家军。

早在新保安战役打响之前的 12 月 19 日，身居西柏坡的毛泽东已经对歼灭张家口之敌做好了两手准备。

> 林罗刘，并告杨罗耿，杨李，薄滕赵：
> ……（二）关于平绥线上之作战拟定计划大致如下：甲、在四纵到达张家口并部署完毕后，杨罗耿即发起攻击三十五军，准备五天左右解决战斗。乙、三十五军歼灭后，杨罗耿部就地休整十天左右……杨李及四纵不要攻击张家口，但须防止敌人突围逃跑。如敌逃跑，则歼灭之，如不逃跑，则继续围困之。丙、十天后，杨李及四纵举行对张家口的佯攻，其目的是吸引归绥城现正向集宁、丰镇方向前进之敌人到达集、丰地区，而不是真正攻击张家口。丁、杨罗耿于歼灭三十五军并休整十天左右以后，即经大同以南荫蔽向归绥前进，以突然动作包围归绥留守之敌并攻占归绥……杨罗耿包围归绥之敌以后，如果杨李及四纵在力量对比上有把握歼灭张家口之敌，则可于杨罗耿攻击归绥之同一时间攻击张家口。如无把握，则等候杨罗耿攻取归绥，并相当休息，回到张家口附近时，再行协力攻击张家口。……

毛泽东之所以作出这样的安排，其目的主要是防止归绥一带的傅作义嫡系部队退往河套地区，为尔后全歼傅作义部带来困难。三十五军覆没以后，在北平困守的傅作义马上急令张家口守军弃城，向绥远方向突围，与守备归绥的另一支傅作义嫡系董其武的部队会合。12 月 23 日拂晓，张家口守敌开始突围，于是对张家口突围敌军的围歼战紧接着开始了。

张垣，也就是现在的张家口。它是平绥路上的要冲，是连接傅作义大后方绥远

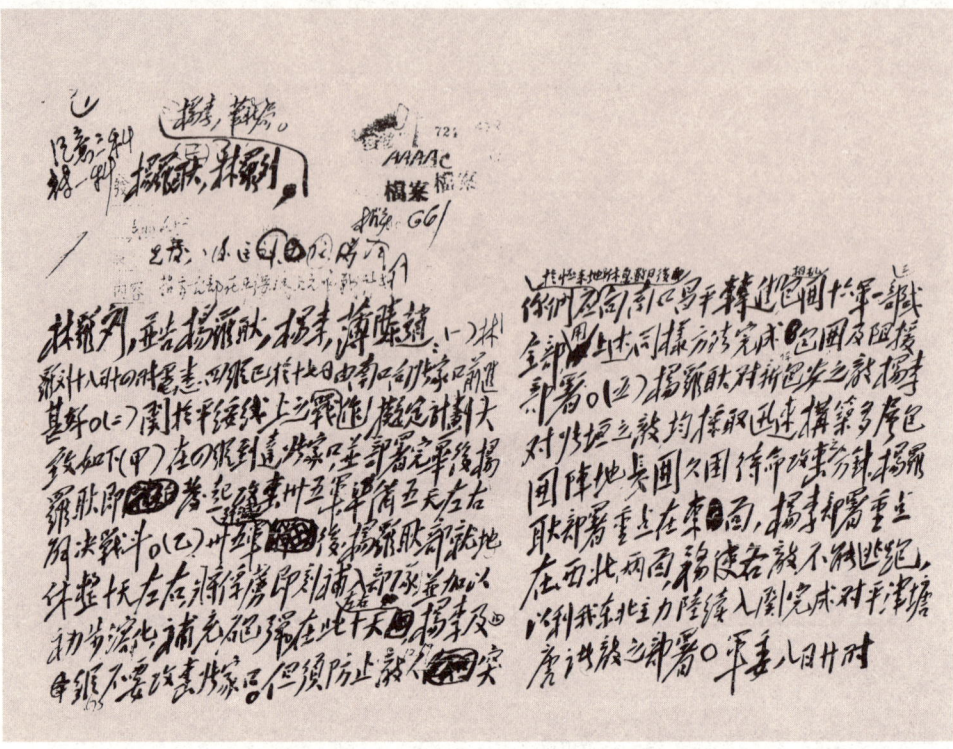

毛泽东亲拟的《指示各部在平绥线上作战计划》的电报手稿

的生命线。按照中央军委的部署，战役首先从西线开始，包围张家口切断平绥线，调动北平之敌西援予以歼灭，从而达到抓住傅系、拖住蒋系，迫使傅作义放下武器进行和谈的目的。

　　为了实现这一目的，1948年11月29日，华北军区第三兵团按照毛泽东的命令撤围归绥包围了张家口。到了12月8日，华北军区第二兵团，又把增援张家口回撤的三十五军包围于新保安。为了严防被包围在张家口守敌从包围圈中突围，12月8日9时，毛泽东在西柏坡专门给华北军区第三兵团司令员杨成武、副政治委员李天焕发去了口气极其严厉的指示电，这在毛泽东所发电报中极其少见：

> 杨李：
> 　　（一）三十五军既已东窜，张家口之敌有向绥远逃跑可能。（二）你们的唯一任务是以三个纵队（八个旅）全力包围张垣之敌，务必不使该敌逃跑。（三）如果你们包围不力，部署不周，让敌逃跑，则你们应负严重责任。……
>
> 　　　　　　　　　　　　　　　　　　军委
> 　　　　　　　　　　　　　　　　　　八日九时

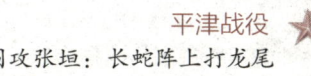

就在当天晚上8点，毛泽东在西柏坡又给平津前线发去了《对新保安张家口之敌采取长围久困待命攻击之方针》的指示电：

> 程黄，杨罗耿，杨李，并告林罗刘，聂薄：
>
> （一）据杨罗耿本日八时两次电称，三十五军已被我抓住于宣化、怀来间之新保安地区，决以三个纵队全部包围该敌。（二）三十五军既被抓住，怀来之敌亦有可能不跑，十六军还有以一部增至怀来之可能，果如此，则对全局极为有利。（三）程黄率步骑九个师进至怀来附近时，如怀来之敌（一〇四军两个师）未跑，则迅速包围该敌。
>
> 军委
> 八日二十时

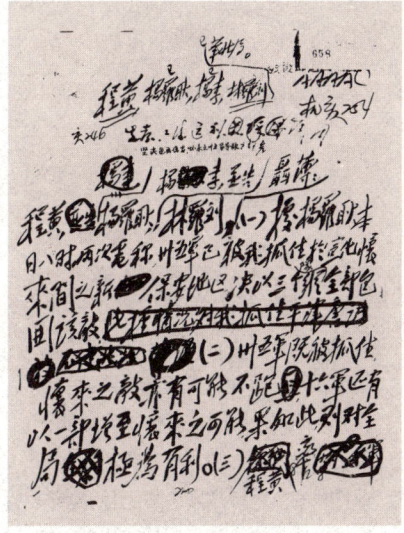

毛泽东《对新保安张家口之敌采取长围久困待命攻击之方针》的电报手稿

电报里提到的杨成武可是有名的战将。在共产党的队伍里，杨成武、杨得志、杨勇称为"三杨开泰"。

12月11日，毛泽东根据平津战场上瞬息万变的形势，写出了近2000字的《关于平津战役的作战方针》的电文，发往平津前线司令部和各战区。在电报中，毛泽东对歼灭张家口、新保安之敌，都作出了明确、具体的安排：

> ……从本日起的两星期内（十二月十一日至十二月二十五日），基本原则是围而不打（例如对张家口、新保安），……以待部署完成之后各个歼敌。尤其不可将张家口、新保安、南口诸敌都打掉，这将迫使南口以东诸敌迅速决策狂跑，此点务求你们体会。……

杨成武按照毛泽东的命令对张家口守军围而不打的同时，被困在张家口的孙兰峰却一直幻想着打通退往归绥的通道。从12月11日、12日开始，其连续对张家口市区外面的北辛渠、宁远堡、朝天洼等地的解放军阵地发起反击，均被击退。12月15日，解放军乘胜追击，占领了轿顶山、西甸子等外围据点，进一步收缩了对张家口的包围。

被包围在张家口的国民党守军最高指挥官是第十一兵团司令官孙兰峰。

孙兰峰是个瘸子，人称瘸腿将军。别看孙兰峰走路不太方便，可打起仗来却异常凶狠，人们说"傅作义两只虎，孙兰峰、董其武"。此时此刻的董其武正在

杨成武（1914—2004）

福建长汀人。1929年1月参加红军。在长征时期，率领红四团抢渡金沙江、飞夺泸定桥、强夺天险腊子口。抗日战争时期，率部击毙日军山地作战专家阿部规秀中将。1955年被授予上将军衔。曾任中国人民解放军代总参谋长、中央军委常委、副秘书长，第六届全国政协副主席等职。

董其武（1899—1989）

山西河津市人。中国人民解放军高级将领。1919年从军，参加北伐战争。从1928年起，在国民党傅作义部历任参谋、团长、旅长。1933年，参加著名的长城抗战，抗击日本侵略者。1936年，参与组织指挥绥远抗战，获百灵庙大捷。1949年9月19日率绥远军政人员起义。1951年，参加抗美援朝战争，任中国人民志愿军第二十三兵团司令员。1955年被授予上将军衔和一级解放勋章。

为傅作义守归绥，而孙兰峰正在守卫张家口。董其武性格内向，孙兰峰却是个急性子，"孙兰峰，急火星"在傅作义部队里是出了名的。在抗日战争时期，孙兰峰率部参加了长城抗战、绥远抗战、五原战役等著名战役。解放战争开始以后，孙兰峰跟随傅作义在大同、集宁、卓资山、张家口等地，与晋察冀和晋绥军区作战。1946年10月11日，晋察冀解放区首府张家口被傅作义占领。

当天下午，蒋介石下令召开国民大会，他说："共军已总崩溃，可在3至5个月内，完成以军事解决问题。"此时的杨成武，在晋察冀军区野战军担任第三纵队司令员。

时隔两年的时间，当年在张家口一带作战的杨成武、孙兰峰再次在张家口交手，狭

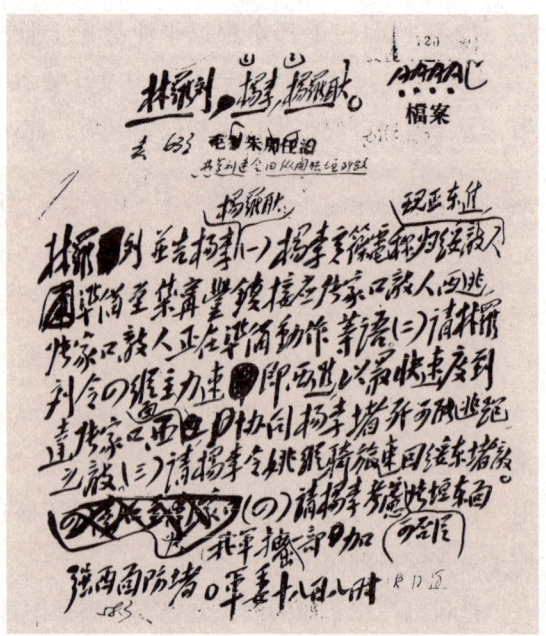

毛泽东《四纵速至张家口西面协同华北第三兵团堵歼逃敌》的电报手稿

路相逢，殊死对决。

孙兰峰守卫张家口的兵力是1个兵团、1个军、7个师（旅），共5.6万人。而杨成武第三兵团第一道包围圈的兵力仅有8个旅5万多人。杨成武曾形象地说："这真像做包子，薄皮儿包了大馅儿。"

为了解决包围张家口兵力不足的问题，毛泽东在西柏坡于12月18日，给平津前线司令部发去了《四纵速至张家口西面协同华北第三兵团堵歼逃敌》的指示电：

> 林罗刘并告杨李杨罗耿：
>
> （一）杨李亥电称，归绥敌人现正东进，准备至集宁、丰镇接应张家口敌人西逃，张家口敌人正在准备动作等语。（二）请林罗刘令四纵主力速即西进，以最快速度到达张家口西面，协同杨李堵歼可能逃跑之敌。（三）请杨李令姚纵骑旅速回绥东堵敌。（四）请杨李考虑可否从张垣东面我军抽出一部加强西面防堵。
>
> 军委
> 十八日八时

杨成武按照毛泽东的电令，迅速加强张家口西面兵力部署，东北野战军四纵4万多人携带轻重型武器，也从北平南口出发，于12月20日抵达了张家口。解放军在张家口地区的兵力增至近10万人，在兵力数量、质量上占据了优势。

张家口市明德北街5号家属院是当年孙兰峰司令部的所在地。孙兰峰得知解放军增兵的消息，马上意识到自己的兵力已经占据下风。他急令部下在市区到处抓兵。逾八十高龄的张家口党史办离休干部左宝回忆说，当时在市区抓兵的国民党兵到处乱窜，比他大几岁的小伙伴崔娃子为了躲避抓兵，就钻到了自家的炕洞里。在他们家抓兵的国民党兵，端着大枪走进屋里，有一个国民党兵突然发现大冬天的这家的火炕竟然是凉的。这个国民党兵抄起枪托在火炕上砰砰砰一阵猛敲，然后咋呼着叫道："贼小子你要是再不出来，我可就要烧炕了。"这崔娃子还是一个孩子，他一听这话，吓得赶紧从炕洞里爬出来，刚一露头就被抓走了，从此以后活不见人死不见尸，再也没了消息。

12月22日，孙兰峰接到傅作义发来的突围密令，他马上组织张家口守军开始突围。为了保密起见，孙兰峰直接让一〇五军军长袁庆荣向负责野战部队的各师、旅长当面下达突围命令。就在当天晚上10点，国民党守军第二五九师从大境门出发，开始作试探性攻击。刚开始突围的时候进展得还比较顺利，不久之后就遭到三兵团一纵第三旅的顽强阻击。

大境门，张家口的北城门，坐落在两山对峙的峡谷之中，砖砌拱门，门洞宽不足7米，两面群山耸立，沟的东侧是大清河，西侧是简易公路。在大境门的城楼上，高悬着清代察哈尔都统高维岳书写的"大好河山"4个大字。

1948年12月23日凌晨，"大好河山"下的大境门已经是混乱不堪。城门本来就狭窄，原来布设的铁丝网、鹿寨和地雷都没有清除，孙兰峰的步兵、骑兵、炮兵拥挤在一起人喊马嘶，地雷不断地被踏响，使这里的景象惨烈如同战场。在大境门外的山沟里，拥挤了张家口守军的5万多人，还有成百上千的骆驼队、辎重马匹。

为了突出重围，孙兰峰、袁庆荣组织炮火掩护，以步兵、骑兵轮番向三兵团一纵第三旅和六纵第十七旅扼守在朝天洼、佛爷山、陶赖庙、黄土窑子两面的山头发起攻击。

担任正面阻击的一纵三旅到了最为艰苦的阶段。此时的天空阴云密布，天寒地冻。三旅八团官兵根本无法修筑阻击工事，因为冻土比石头还硬，刨几下之后手掌就被震裂，鲜血流出来很快就冻成了冰。经过几个小时的战斗，冻土已被炮火打成粉末，于是官兵们就把身体半埋在土里，等待着新一轮的战斗。国民党军队的攻击再一次开始，阵地被炮火的硝烟笼罩。守在阻击阵地最前沿的三连官兵在敌人冲上阵地的时候一起扑向敌人。副指导员赵彭身负重伤，最后时刻带领仅剩下的4名战士与敌人展开肉搏，结果全部阵亡。接着，八团团部特务连和警卫排官兵也扑了上来，警卫排长郭静抡着枪托左击右打，最后被大群的国民党兵围住，国民党兵的数把刺刀同时刺向了郭静，郭静摇晃一下，抱住一个国民党兵狠狠地咬了下去。

三旅官兵用血肉之躯把张家口守军堵在了西甸子和朝天洼附近的狭窄的山沟里，直到主力部队赶到。

就在三旅官兵与敌人血战的时候，东北野战军四纵和第三兵团二纵占领了张家

第三兵团在张家口西北地区奋勇追歼突围的国民党军

口市区之后，立即北出大境门追击狂逃的敌人。到了23日晚上，他们与北面的阻击部队把孙兰峰所部压缩在西甸子、朝天洼、乌拉哈达、黄土窑子之间宽不足1公里、长不足10公里的狭窄的山沟里。

24日拂晓，华北军区第三兵团和东北野战军四纵开始大规模围歼作战。解放军官兵猛烈穿插，纵横厮杀，狭窄的简易公路上各种大小车辆全部被推翻，成千匹马到处奔跑嘶鸣，敌人的武器弹药和物资扔得到处都是，成群的骆驼在狂奔，失去指挥的国民党官兵在风雪中四处奔逃。

国民党部队溃散之后，第一〇五军军长袁庆荣、副军长杨维垣，二五八师师长张惠源等人在300多溃兵的簇拥下，开始向深山逃亡。袁庆荣等人沿着崎岖陡峭的山路，气喘吁吁地爬到一个山坡想歇一会儿。就在这时候，有一个士兵前来报告，四周都出现了解放军的搜索队。一行人这才知道，跑了一夜也没有跑出包围圈。袁庆荣一行人急急忙忙又开始往西面的山头跑，追击而来的解放军官兵发现他们之后，开始从三面包围过来。袁庆荣乖乖地做了解放军的俘虏。

到了12月24日清晨，国民党二五九师师长郭继堂带领着2700多名散兵，冒着大雪，沿着当年他们偷袭张家口的路线，逃到了崇礼县五十家子村，他们准备从这里逃到张北直达归绥。就在他们快要爬到山顶的时候，从山顶上传出了激烈的枪炮声，一场生死大战就在这个村子的南面开始了。华北军区第一纵第一旅、北岳军区部队经过1个多小时的激战，活捉二五九师师长郭继堂、副师长李民济。

已经80多岁的村民赵海当年是支援解放军的担架队员。据赵海说，战斗结束以后，参加战斗的部队和国民党军俘虏在他们村里吃了一顿饭，还给每一名俘虏发了7个热乎乎的土豆。

第十一兵团司令官孙兰峰也被俘虏了，他在成百上千的俘虏中一直没有暴露身份，在随俘虏转移的途中跑了。孙兰峰本来就是一个瘸子，他在一个向导的带领下，在风雪中走了整整7天，手脚被冻伤之后才走到了商都县附近，与张家口战场逃出来的残余部队会合，最后到达了绥远。

1948年12月24日下午3点，张家口战役胜利结束，除孙兰峰及少数骑兵逃脱外，其余的5.4万人全部被歼灭和俘虏，参与作战的解放军官兵仅伤亡900多人。24日24时，中央军委致电杨得志、罗瑞卿、耿飚、杨成武、李天焕：

> 庆祝你们于数日内歼灭新保安、张家口两处敌人并收复张家口的伟大胜利。

北平和平解放以后，董其武、孙兰峰在傅作义的劝说下，率领绥远地区军政官员于1949年9月19日通电全国，宣布起义，绥远和平解放。

随着新保安、张家口的守军覆灭，傅作义的嫡系主力已经被歼灭大半，平津战场西线已无大敌。作为平津战役东线北平、天津地区，又将迎来谈与战的选择，在华北地区的50多万国民党军队即将面临土崩瓦解的命运。

链　接

孙兰峰（1896—1987）

山东省滕县人。18岁开始军旅生涯，后入黄埔军校。历任阎锡山部连长、营长，后在傅作义部历任团长、旅长、师长、军长，国民党第十二战区骑兵总指挥，第十一兵团司令官，国民党察哈尔省政府主席，张垣警备司令，第九兵团司令。绥远和平解放后，历任绥远省军政委员会副主席、绥远省人民政府副主席、内蒙古自治区人民政府副主席等职。

攻克津门：主力会师金汤桥

> 亚楼排兵阵法奇，切割战术对顽敌。
> 蛇头转瞬遭覆没，金水桥上飘红旗。

1949年1月13日深夜，解放天津战役总攻在即，战役总指挥带领着几名警卫来到了阵地最前沿，想在大战之前，再详细查看一下国民党守军前沿阵地的布防情况。

当他们刚站到一座坟包上准备观察的时候，突然间，国民党守军的一个巡逻队出现在他们面前，巡逻队的手电筒光柱一下子照到了总指挥的身上，其中的一位"哗啦"一声拉开枪栓，推上子弹，大声地喝问："什么人？"

万分危急之中，这位总指挥沉着冷静地大喊一声："混蛋，大声嚷什么！小心共军听见了！"就在对方稍一愣神儿的时候，总指挥掏出手枪"啪"的一声打了过去，警卫人员也迅速打出了一梭子弹，就在国民党巡逻队趴在地上准备还击的时候，这位总指挥带领着警卫人员，已经消失在了夜幕里。

这位38岁的天津战役前线总指挥就是新中

★★★★★

刘亚楼（1910—1965）

　　福建省武平县人，1929年参加红军，历任红十二军连长、营长，红四军团政委，红二师政委。在长征时期，参与指挥了强渡乌江、飞夺泸定桥等战斗。1939年1月进入苏联伏龙芝军事学院学习，参加了苏联保卫战。1945年8月，随苏联红军回到中国东北。1948年1月，出任东北野战军第一参谋长，参与指挥辽沈战役。1955年被授予上将军衔。曾任中华人民解放军第一任空军司令员。

国成立后被授予上将军衔的刘亚楼。说起上将刘亚楼，可是共产党队伍里有名的战将，毛泽东曾评价他"将才难得"。

刘亚楼是在辽沈战役结束以后的1948年11月30日，随同林彪、罗荣桓，率东北野战军总部机关从沈阳出发，于12月7日到达蓟县以南10公里孟家楼的。那么，辽沈战役从1948年9月12日打响，到11月2日结束，刚刚经历了一场大战的东北野战军，为什么比原定计划提前入关了呢？

原来，辽沈战役即将结束之前，身在西柏坡的毛泽东一面指挥淮海战役的实施，一面开始筹划平津战役。当时华北"剿总"的傅作义集团如同惊弓之鸟，随时都有西逃绥远或南撤江南的可能。从解放战争全局考虑，傅作义集团无论是西逃或是南撤，都将影响到整个解放战争的进程。因而，平津战役的关键是如何稳住傅作义，实现中央军委提出的抑留傅作义集团于华北就地歼灭的战略意图。要实现这一点，东北野战军必须提前入关，因为单靠华北军区的3个兵团，是稳不住傅作义集团50多万大军的。从辽沈战役即将结束的1948年10月31日开始，身居西柏坡的毛泽东给东北野战军司令发去数封电报，商讨东北野战军提前入关事宜，林彪等向中央军委复电，一一陈述了提前入关的困难，明确表示想把部队留在东北进行休整。经过数封电报来往之后，1948年11月18日，《东北野战军取捷径迅速入关包围唐山塘沽天津之敌》的命令还是不容置疑地下达了：

> 林罗刘：
>
> ……（二）望你们立即令各纵以一、二天时间完成出发准备，于二十一日或二十二日全军或至少八个纵队取捷径以最快速度行进，突然包围唐山、塘沽、天津三处敌人，不使逃跑并争取使中央军不战投降（此种可能很大）。……（节选）
>
> 军委
> 十八日十八时

11月19日上午9点半，林彪、罗荣桓、刘亚楼回电："我们决遵来电于二十二日出发。"因为东北野战军在沈阳开会，各纵队、各师参谋长、政治部主任需要时间返回部队，经中央批准，将入关时间推迟至11月23日。

1948年11月23日，东北野战军10个步兵纵队和特种兵纵队70万人、火炮1000门、坦克100辆、装甲车130辆、支前民工15万、汽车3000辆、大车8000辆和14万匹牲口，分别由锦州、沈阳、营口地区夜行晓宿秘密向冀东地区开进。

到了1948年12月11日，毛泽东给林彪、罗荣桓、刘亚楼及各战区，发去了

2000多字的《关于平津战役的作战方针》的电报。在这封电报里，毛泽东首先分析了张家口、新保安和平张线上的敌我形势，然后对东北野战军入关作战作出了具体安排：

> ……但我们的真正目的不是首先包围北平，而是首先包围天津、塘沽、芦台、唐山诸点。……唯一的或主要的是怕敌人从海上逃跑。因此，在目前两星期内一般应采围而不打或隔而不围的办法。……敌人对于我军的积极性总是估计不足的，对于自己力量总是估计过高，虽然他们同时又是惊弓之鸟。平津之敌决不料你们在十二月二十五日以前能够完成上列部署。……（节选）

在这份电报里，毛泽东全面展开了他对平津决战的思考，精辟地分析了平津战役以及淮海战场的战局发展及相互关系，使看上去是那样错综复杂、扑朔迷离又变幻莫测的军事形势豁然明朗。

按照毛泽东的命令，12月12日，东北野战军按预定部署分3路，全力向平、津、塘地区挺进。东北野战军以第二、第七、第八、第九、第十二纵队和特种兵纵队主力为左路，由林彪亲自直接指挥，隔断天津、塘沽、唐山之敌联系；以第一、第三、第六、第十纵队和华北七纵为中路，切断北平与天津联系，并从东、南两面威胁北平；以第四、第五、第十一纵队为右路，从北、西两面进逼北平。

东北野战军入关

中央军委、毛泽东确定的平津战役的指导方针是"先打两头，后取中间"。"两头"的一头指的是平津以西的新保安，另一头指的是平津以东的塘沽。在新保安、张家口战役结束以后，傅作义的嫡系部队主力已经被歼过半。傅作义摆下的"千里一字长蛇阵"的蛇尾已经被消灭，现在就剩下蛇头塘沽和天津了。

1948年12月26日，毛泽东根据塘沽的海事和平津前线司令部的建议，给林彪、刘亚楼发去了准备在下月上旬攻击塘沽的电报：

林刘：

（一）转来七纵报告已悉。（二）请调查大沽、塘沽是否不久就会封冻，在封冻以后是否可以从海上攻击塘沽。（三）攻击塘沽似以推迟至下月上旬为适宜。

军委

二十六日五时

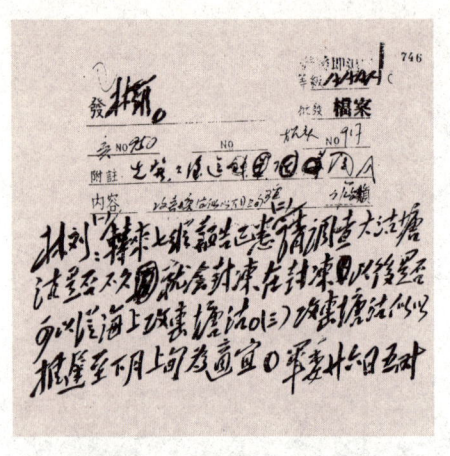

毛泽东亲拟的《攻击塘沽似以下月上旬为宜》的电报手稿

塘沽距天津东南方向约45公里，它位于渤海湾西面，是华北地区的重要港口，天津国民党军出海的唯一通道，也是重要的海上补给站。塘沽周边地形十分复杂，它东临渤海，其余三面全是盐碱滩，即使在冬季也不结冰，既不便于构筑工事，也难于展开大兵团作战。而且津塘守备区第十七兵团司令侯镜如把指挥部设在了军舰上，将5万兵力重点布守在塘沽、大沽间纵深地区，另有国民党海军第一舰队主力舰及其他数十艘舰船在海上协同防守。一旦发起攻击，国民党守敌很可能在海上逃窜，很难达到全歼之目的。

在孟家楼的那座农家小院里，林彪一直沉默着看地图，而罗荣桓和刘亚楼翻看着塘沽前线发来的一大摞子电报。最后，林彪说："塘沽、天津两地之敌，都要在很短时间内彻底歼灭，这是含糊不得的，也是不允许含糊的。推迟攻击时间，军委不一定同意，就是同意了，可塘沽的地形是改变不了的，也还是很难把敌人全部歼灭。"罗荣桓说："是呀，打塘沽是我们入关后的第一个大仗，如果打不好，势必影响整个平津战役。"这时候，刘亚楼表示说："我可以亲自去一趟塘沽前线，再看一看地形，与邓华、吴富善同志进一步研究一下，看到底有没有办法打好这一仗。"林彪、罗荣桓同意了。林彪特意嘱咐刘亚楼："让萧华也一起去看看。"

1948年12月26日，刘亚楼、萧华到达塘沽前线第七纵队指挥部，与第七纵队司令员邓华、政治委员吴富善进行了周密协商。12月27日，刘亚楼和萧华赶回孟家楼，向林彪提出的建议是："先打天津，同时也不放弃对塘沽的包围。即便是塘沽的一部分守军跑了，也扭转不了华北国民党军覆灭的命运。"

当时罗荣桓已经起程去西柏坡参加中央会议去了，林彪思考良久，终于下了缓攻塘沽改打天津的决心。1948年12月29日，林彪、刘亚楼共同签署的给中央军委的电报中，在详细报告了塘沽、大沽的地形和敌守备情况后说："我军拟以5个纵队的兵力包围天津，进行攻击天津的准备。在我未攻击前，如敌突围则先歼突围之敌。如我准备成熟时，敌尚未突围，则发动总攻歼灭天津之敌，盼军委电示。"

毛泽东同意了林彪、刘亚楼缓攻塘沽改打天津的作战计划。当天晚上，毛泽东在西柏坡复电说：

林刘：

二十九日十一时电悉。

（一）放弃攻击两沽计划，集中5个纵队准备夺取天津是完全正确的。……

军委

艳亥

林彪、刘亚楼如释重负，心里的一块石头落了地。

天津战役在即，担任东北野战军参谋长的刘亚楼向林彪主动请缨，担任天津战役的总指挥，上级同意了刘亚楼担任天津战役总指挥的请求。至此，远在西柏坡的中央军委、毛泽东根据天津战役瞬息万变的战场形势，随时作出具体的部署和指挥。

东北野战军第一、第二、第七、第八、第九纵队和特种纵队大部及第六、第十二纵队各一个师，共22个师34万人，配有山炮、野炮、榴弹炮等大口径火炮538门，坦克、装甲车46辆，迅速转兵包围天津。从1948年12月30日至1949年1月2日的四天之内，34万大军将天津围了个水泄不通。天津地区地形极其复杂，它被永定河、大清河、子牙河、白河和运河诸条水系切成许多段，形成了易守难攻的水网地带。

1947年1月以来，国民党军在侵华日军原来修筑的工事基础上，继续构筑城防工事。到1948年下半年，城内外修筑了380座巨大碉堡，构成了众多碉堡群。环绕全市挖成了宽10米、深4.5米的护城河，放进运河水和海河潮水。在护城河以外还架设有数道铁丝网和鹿寨，周围埋设数以万计的地雷，同时将城周围数里以内村庄一律焚毁，扫清射界。天津守军有2个军10个师，连同特种部队及保安团共13万人。

刘亚楼根据天津地形狭长的地理特点，以及敌军防守部署和工事配系情况，确定了东西对进、拦腰斩断，先分割后围歼的作战方针，并据此拟订了具体的作战计划。国民党天津警备区司令是陈长捷，他在得知东北野战军围困天津之后，做好了守与战的各项准备。

陈长捷与傅作义的关系非同一般，他们同是保定军校的校友，又都出身晋军而脱离晋军，尤其在涿州之战中，他们困守孤城3个多月，从此他们的关系情同手足。陈长捷平时称呼傅作义不叫司令只叫"大哥"。天津战役是战还是和，陈长捷在等待着傅作义的命令。傅作义认为，天津城的城防坚固，至少能坚持3个月的时间。所以，傅作义一面派出和谈代表与平津前线司令部进行和谈，一面命令陈长捷加强城防准备打仗，他多次电令陈长捷坚持就有办法。

刘亚楼一直想把天津守军主力调到城北，造成城区中心地带兵力空虚，以便于攻城部队东西对进，拦腰斩断。所以，刘亚楼把谈判地点设在了离杨柳青镇不远的大南河村，刘亚楼让联络参谋通知对方说：刘司令正在路上，大约要25分钟才能赶到。可事实上，刘亚楼是过了30分钟才穿好大衣出发。他让司机开车绕天津发电厂转悠了一圈，然后风尘仆仆地赶到大南河村。刘亚楼向陈长捷谈判代表说："对不起，让诸位久等了！我紧赶慢赶，车过宜兴埠，老百姓拦路告状说，一个上千户人家的大村子，被陈长捷的一把火烧得光光的。车到杨柳青，又耽搁了好久。"陈长捷的谈判代表见吉普车车轮上沾满了泥浆，刘亚楼的大衣上也落了一层土，就信以为真。他们一估算：刘亚楼走了将近1个小时，证明他是从天津北面的杨村方向赶来的。

陈长捷的谈判代表提出了要求：守城部队只放下重武器携带轻武器撤至塘沽，然后从海上南撤。很显然，对方提出的谈判条件，分明是想从包围圈里逃跑。刘亚楼当场拒绝。

他根据中央军委的指示，向陈长捷谈判代表提出4条意见："一、天津为华北主要工业城市，人民解放军甚望和平解决，以免遭受战火破坏。二、一切天津国民党军队应自动放下武器，人民解放军保证这些军队官兵生命财产安全及去留自便。三、人民解放军停战24小时，等候天津守军的答复。四、如果天津守军不愿放下武器，则人民解放军将发动进攻，天津守军的首领们，应担负天津遭受战火破坏的责任而受到严厉惩罚。"刘亚楼最后又加重语气说："上述意见限24小时内答复，天津守军至迟应于1月13日晚上12点以前放下武器；否则，我军将于14

日开始攻城。"

4名谈判代表回到天津市区，如实地向陈长捷进行了汇报。陈长捷根据报告和部下的侦察，确认刘亚楼的主攻方向就在天津城北。他当即下令将"王牌"军第一五一师从金汤桥核心地区调到城北，以加强那里的防守。调整城区布防以后，陈长捷和蒋介石的嫡系将领就战与和的问题开始推诿扯皮。

为了最大限度地保护好天津这座华北地区重要的工商业城市，毛泽东指示平津前线司令部与傅作义代表先后进行了3次谈判，傅作义一直在谈、战之间采取试探方式，寻求新的突破口。1949年1月14日上午，傅作义派出了与毛泽东在延安时期有过"交情"的"剿总"副司令邓宝珊，到平津前线司令部进行第三次谈判。但是第三次谈判开始的时候，已经超过了第二次谈判《会谈纪要》规定的时间，即1月13日午夜之前，天津守军放下武器。

1949年1月14日上午10点，天津战役总指挥刘亚楼下达了总攻开始的命令。解放军攻城部队在密集炮火的掩护下，总攻天津的战斗开始了。天津城环城碉堡工事主阵地上，到处都发生了激烈战斗，炮声隆隆惊天动地。尤其东北地区和西营门监狱南运河地区，烟雾朦胧，远不见人。解放军在密集炮火掩护下，冲击前进，手榴弹密密爆炸，火花四射，迫使国民党守军第六十七师的一个营沿着交通壕争先恐后逃命，互相践踏，壕中死尸垒垒。这些残部蜂拥溃退的时候，又被自己团长所指挥的机关枪扫射，慌不择路的溃兵死伤无数。紧追其后的解放军官兵突破了西营门监狱附近国民党守军的城防线，攻占了附近的一些碉堡。解放军在南运河两岸首先冲进城防线的，由十几人到几十人，到百余人，直至中午左右达到千余人。解放军进城后，占据了西营门监狱附近的房屋，掩护后续部队前进。国民党守军的炮兵集中火力，轰击西营门监狱南运河两岸土堤大道，企图阻止解放军后续部队增援。但到了黄昏的时候，市郊外围的解放军源源不断地冲进了天津市区。

陈长捷从各方面电话得知城防主阵地线东西门相继被突破后，立即派出总预备队保安师到西营门监狱附近增援，指定第六十七师师长李学正指挥，保安师部队在解放军攻城部队的猛烈打击下一触即溃。

解放军攻入天津

　　解放军的攻城部队经过激战，很快攻入主城区，并向天津城中心的金汤桥突进。战前，天津战役总指挥说，哪支部队先冲到金汤桥，就授予哪支部队"金汤桥部队"称号，因为只要占领了位于天津中心的金汤桥，天津国民党守军就将被完全切割。那是一个视荣誉胜于生命的重要时刻，无数面红旗在枪林弹雨中数次倒下，又数次被竖立起来。官兵们随着自己部队用鲜血染红的旗帜左突右杀，呐喊着朝金汤桥猛冲过去。

　　此时此刻的陈长捷多次给傅作义发报，请示要与解放军进行和谈，可是他得到的傅作义的答复仍是那句老话："再坚持一下，坚持就有办法。"

　　1949年1月15日，当数面红旗在金汤桥上高高飘扬的时候，陈长捷北平城里的傅作义"大哥"再也没有回天之术了。

　　天津，这座被傅作义称为至少能坚守3个月的城市，攻城部队只用了29个小时就全部占领了。天津战役歼灭俘虏国民党守军共13万人，生俘包括国民党天津警备司令陈长捷等高级将领。天津守敌被歼之后，傅作义所在的北平成了一座真正的孤城。

链　接

陈长捷（1892—1968）

　　福建闽侯螺洲（今属福州）人。早年考入保定军校，后来在阎锡山的部队中服役，历任团长、旅长、师长、军长等职务。抗日战争中他率部参加过南口战役和平型关战役，后任国民党第六集团军总司令及天津警备司令部部司令。平津战役中被俘以后关押在抚顺战犯管理所。1959年12月4日特赦释放后，任政协上海市秘书处专员等职。

北平和谈：皇城根下谋共识

> 大军围困北平城，是战是和两相衡。
> 双方共谋签协议，大义为重敛刀兵。

1949年1月15日，天津解放的隆隆炮声震撼了北平城里的傅作义，共产党90万大军齐聚北平城下，在城外围形成一道道包围圈，战争一步紧似一步地逼近这座名城。傅作义在华北摆下的"千里一字长蛇阵"，先失新保安，再失张家口，紧接着退往江南的唯一海上通道天津、塘沽也落入了解放军之手，解放军一举攻下北平城已经成为轻而易举的事了。为了保护这座即将攻取的城池，解放军围城部队请来著名建筑史学家梁思成，让他把重要的文物古迹和古建筑的地点在地图上标出来，并命令部队在进行攻击练习的时候要准确地进行计算，以确保文物古迹不被炮火击中。

远在西柏坡的毛泽东对夺取和保护这座特殊的城市显出了少有的耐心，他要尽最大可能做傅作义的工作，并给他充分的考虑时间。

早在1948年11月中旬的一天，有一位特殊人物携带着著名民主人士彭泽湘书写的两封信，来到了刚刚解放一年的石家庄。他要通过共产党在石家庄的领导人把这两封信转交给西柏坡的毛泽东，以表达傅作义要求和谈的意图。毛泽东收到这两封信以后，马上抓住时机，于11月19日，以聂荣臻名义起草了回复彭泽湘的电报。电文说：

> 符老先生带来虚（7日）、寒（8日）两日大示收到，当即转呈上峰，弟个人认为某先生既有志于和平事业，希派可靠代表至石家庄先作第一步之接洽。

毛泽东出于保密方面的考虑，一些地方用了比较隐晦的语言，在这封信里提

223

到的某先生就是傅作义。彭泽湘收到这封电报，立即转告了傅作义。傅作义接到这封电报，经过一番思考之后，决定准备使用既打又谈的两手策略。

来到石家庄的那位特殊人物，接受毛泽东的邀请走进西柏坡，就和平解放北平问题进行了交谈。这位特殊人物就是毛泽东在湖南上学时期的恩师符定一。

随着华北战局的急剧变化，到了1948年12月中旬，华北军区第二、第三兵团把傅作义嫡系部队主力分割包围在张家口、新保安两个孤立据点围而不打。东北野战军入关之后，分成左、中、右三路大军直扑北平、天津、塘沽等地，即将形成隔而不围的态势。傅作义集团的西窜大门、南撤之路将被关死。这时候的傅作义为了挽回败局，决定用和谈的方式寻找出路。傅作义委派了平明日报社社长崔载之和中共地下党员李炳泉前往东北野战军辖区进行接洽。为保密起见，傅作义派李炳泉的堂兄，也就是华北"剿总"联络处长李腾九带上电台称病住院，与外界隔绝了联系，专门与崔载之、李炳泉所携带的电台联络。

《平明日报》是华北"剿总"的机关报，傅作义的喉舌，作为社长的崔载之没有官方身份，傅作义为什么要让他来谈判呢？傅作义看重的就是崔载之的身份，如果被国民党保密

毛泽东与符定一在西柏坡合影

符定一(1877—1958)

　　湖南衡山人。著名文学家。以《联绵字典》传名于世。1912年，在长沙创办省公立高等中学并亲任校长。是年，年方19岁的毛泽东在投考了几所学校均因对学校教育宗旨、方法等不满意而自动退学后，参加了该校的招生考试，符定一亲自面试。韶山冲的农家子弟落落大方，侃侃而谈。符定一一下子就发现，这个青年不仅有广博的文史知识和超常的敏捷思维，又老成持重。后来，符定一看出毛泽东特别注意国家强盛、民族兴旺等大事，相信他将来必能成大器，就格外器重、关照他。新中国成立后，历任中央文史研究馆馆长、政务院文化教育委员会委员、政协委员等职。

崔载之（左一）、苏静（左二）、李炳泉（左三）

局、中统发现了，也好搪塞，很难和傅作义本人扯上直接关系。李炳泉只是这次谈判的牵线人，但他不是傅作义的代表。傅作义的这次谈判带有明显的以守为攻的试探性。

这一次出城谈判，傅作义提出三个条件：第一，参加联合政府，军队为联合政府指挥；第二，商定起义时间，并在一定时间内为他保密；第三，要求中共停止战斗，双方谈判解决。

林彪、罗荣桓向中央军委作了报告。深谋远虑的毛泽东早已经看透了傅作义的心思。毛泽东认为，傅作义之所以提出以上三个条件，主要是由于解放军突临北平城郊，为了争取布防时间，是一个试探性行动。为了减少战争对人民生命财产以及千年古都的破坏，毛泽东决定紧紧抓住这个机会。1948年12月16日，毛泽东在西柏坡给平津前线司令部发去了指示电：

> 林罗刘：
>
> 　　对傅作义代表谈判以争取敌人放下武器为基本原则……这次傅作义派人出城谈判只是一种试探性的行动，如果傅方有诚意谈判，他还会有代表出来的。……（节选）

从这时候开始，毛泽东开始直接指导平津前线司令部与傅作义代表的谈判。

正如毛泽东所料，这时的傅作义仍处于犹豫徘徊之中，派人出城谈判，带有试探性，采用的是缓兵之计，第一次谈判没有获得任何结果。为了促使傅作义下定和平谈判的决心，1948年12月25日，新华社以陕北权威人士谈战争罪犯名单的电讯稿列出以蒋介石为首的43名头等战犯。其中，傅作义的名字被列在第31位。

傅作义对自己被列入国民党战犯似乎早有预感，他曾多次跟自己的亲信说："与毛泽东进行和谈是冒着三个死：第一，几年来我对部下一直在讲'剿共'戡乱，现在突然来一个一百八十度大转弯，如果他们要是想不通肯定要打死我；其次，这件事情弄不好泄露出去，蒋总统肯定要以叛变罪处死我；再有，共产党可以随时把我当战犯处死。"

为了争取傅作义早日起义，中共华北局城工部长刘仁指示北平地下党，通过各种社会关系去做傅作义的工作，促使他坚定和谈的信心。

身为傅作义女儿、中共地下党员的傅冬菊根据地下党的指示，从天津回到北平，一方面陪伴照顾她的父亲，一方面将傅作义的情况发给平津前线司令部，然

傅作义女儿傅冬菊

阎又文

后又转给中央军委和毛泽东。聂荣臻在晚年的回忆录里写道："几十年来，我打过许多仗，能够如此及时了解对方最高指挥官的动态，还是不多的。这对我们做出正确判断，下定正确决心，进行正确部署，具有重要的作用。"①

阎又文是傅作义的机要秘书，又是中共地下党员。他利用在傅作义身边工作的机会，把傅作义的谈判策略以及绝密情报透露给了中共地下党。在傅作义被列为国民党头等战犯之后，阎又文对傅作义提出了自己的猜想："蒋介石对你不率部南撤肯定会生疑。华北丢了再去南方，蒋不会饶过你。共产党正在和我们和谈，这时把你和蒋绑在一起，应该是为了解除蒋的怀疑。"不久之后，由中共地下党员李炳泉转达给傅作义一封毛泽东亲拟的电报，证实了阎又文的猜测，彻底打消了傅作义的疑虑。

领会了毛泽东真实意图的傅作义决定重新回到谈判桌上，他派出了华北"剿总"土地处少将处长周北峰、燕京大学教授、民主同盟副主席张东荪来到蓟县八里庄，与平津前线指挥员进行了第二次谈判。

在谈判代表出城之前，傅作义明确交代了具体的谈判条件：一是平、津、塘和绥远一起解决；二是平、津等地允许其他党派和报纸存在；三是政府要有进步人士参加；四是军队不要用投降方式解决，可调到城外用整编的方式解决。

1949年1月6日15时，毛泽东致电平津前线司令部，指示他们在谈判中要向傅方表明以下几点：

林罗刘：
……2.（傅作义）不能取骑墙态度，只能站在人民解放军一方面，其军队编为人民解放军一个军，不能用其他名义。3.除傅部外，其他一律缴械，军官眷属，按对待郑洞国部办法办理。4.迅速解决，否则我军即举行攻击。……

①聂荣臻.聂荣臻回忆录[M].北京：解放军出版社，1986：704.

1949年1月8日，聂荣臻与周北峰、张东荪举行会谈。周北峰、张东荪转达了傅作义的谈判条件。在1月9日的正式会谈中，双方着重讨论了傅方军队出城改编的问题。周北峰又提出：傅作义所属部队以团为单位出城改编；释放在新保安、张家口、怀来战斗中被俘的傅部官兵，不以战俘看待；安排傅方军队、行政、文教人员，对其以往罪行既往不咎；对傅作义本人给予适当安排。聂荣臻随即根据中央指示，逐条作了答复：在所有军队解放军化、所有地区解放区化的前提下，以整编方式改编傅作义所属部队，要求其先头部队必须于1月12日13时前出城；新保安、张家口、怀来被俘人员一律释放；对傅部下属一律不咎既往，愿意留下者安排适当工作，愿意回乡者，发足路费，颁发证明，准予返乡；对傅作义本人，不以战犯看待，政治上给予一定地位，保证其私人财产安全。

经过双方商谈达成一致意见后，形成了一个《谈判纪要》。《纪要》中明确指出：1949年1月13日午夜以前，傅作义集团余部放下武器。

周北峰回到北平，来到傅作义办公室，对第二次谈判情况做了汇报。此时的傅作义仍旧观察着天津战局的变化，以便获得谈判桌上更加有利的筹码。1949年1月14日，《谈判纪要》约定的最后期限已过，上午10点，天津战役的总攻开始了。

就在人民解放军对天津发起总攻的当天，傅作义派出自己的重量级人物、华北"剿总"副司令邓宝珊为全权代表，开始了第三次谈判。

邓宝珊是被傅作义专门派飞机从包头接到北平的。1月14日上午，邓宝珊等到达了通县的五里桥，开始与林彪、聂荣臻就和平解决北平问题进行谈判。

聂荣臻十分严肃地说："周先生，我们上次谈得很清楚，1月13日午夜是答复的最后期限。我们曾通过北平城里的同志向贵方作过多次催问，这一点你是知道的，但你们迟迟不作答复，我们已经下达了攻打天津的命

★★★★★

邓宝珊(1894—1968)

甘肃天水人。国民党陆军上将。早年参加中国同盟会，辛亥革命时，曾参加新疆伊犁起义。1924年任国民革命军二军师长，后代理甘肃省主席。抗日战争期间多次到延安与共产党领导人会晤，赞同抗日民族统一战线政策。解放战争时，任华北"剿总"副司令。新中国成立后，任甘肃省长、政协全国委员会常委等职。

令，这次谈判就不包括天津了。你们有什么意见？"

周北峰这时候才发现，上次在八里庄参加谈判的刘亚楼参谋长没有在场，大概是去指挥进攻天津的作战了。

邓宝珊也有些怅然，没想到一见面中共方面就给来了一个下马威。他虽然知道这责任在于傅作义犹豫不决，解放军只好先在天津动手，但不相信解放军能在短时间内拿下天津。于是，邓宝珊对聂荣臻说："我们出来，傅先生已下了决心，天津就别打了。"

聂荣臻说："你我都是军人，你也知道，仗一打响就不好收拾了。"

一阵沉默之后，邓宝珊对周北峰说："用你的名义打个电报，将这个情况报告总司令，请他作指示。"

就在人民解放军对天津发起总攻的这一天即1月14日，毛泽东发表了《关于时局的声明》，提出了同南京国民党政府及任何国民党地方政府和军事集团进行和平谈判的八项条件。声明明确指出：

……虽然中国人民解放军具有充足的力量和充足的理由，确有把握，要不了很久的时间之内，全部地消灭国民党反动政府的残余力量；但是，为了迅速结束战争，实现真正的和平，减少人民的痛苦，中国共产党愿意和南京国民党反动政府及其任何国民党地方政府和军事集团，在下列条件的基础上进行和平谈判。这些条件是：（一）惩办战争罪犯；（二）废除伪宪法；（三）废除伪法统；（四）依据民主原则改编一切反动军队；（五）没收官僚资本；（六）改革土地制度；（七）废除卖国条约；（八）召开没有反动分子参加的政治协商会议，成立民主联合政府，接收南京国民党反动政府及其所属各级政府的一切权力。……

毛泽东在声明中还向人民解放军指挥员、战斗员发出号令：在南京的国民党反动政府接受并实现真正的民主的和平以前，你们丝毫也不应当松懈你们的战斗努力。声明最后强调指出："对于任何敢于反抗的反动派，必须坚决、彻底、干净、全部地歼灭之。"

天津战事的告急、毛泽东的声明，促使北平城里的傅作义下定了和谈的决心。1月15日上午，国共双方军队高级将领的最后一次正式和谈开始了。

这次和谈持续了一整天，直到深夜才结束。双方代表商谈的主要内容是：北平国民党军开出城外的地点、改编方案、补给、团以上军官的安排原则、军政机构移交和接管办法，等等。这次和谈是在边打边谈中进行的。天津战场上的进程和态势直接影响着傅方谈判代表的心态。邓宝珊原以为"固若金汤"的天津起码也能坚持个把月时间，可以捞取一些资本，令他没想到的是解放军仅用了29个小时全歼天津国民党13万守军，警备司令陈长捷被活捉。北平城里的傅作义也感觉到彻底失去谈判桌上的筹码，无奈中，只好准备与中共达成和平解放北平的有关协议。为了防止傅作义再生变故，1949年1月16日，毛泽东为中央军委起草了致林、罗、聂的电报，提出了战与和的两手准备：

> 林罗聂：
> ……傅方要求军队出城，不要开得太远及各部驻地不要过于分散，这是惧怕缴械的表示。我们意见：第一步你们可以答应他们这样做，使他们放心出城。……
> ……积极准备攻城。此次攻城，必须做出精密计划，力求避免破坏故宫、大学及其他著名而有重大价值的文化古迹。你们务必使各纵首长明了，并确守这一点……（节选）
>
> 军委
> 十六日十八时

双方代表继续会谈。会谈一直进行到深夜，整理归纳出十项条款。最后，林彪、罗荣桓、聂荣臻和邓宝珊、周北峰等分别在《北平和平解放初步协议》上签了字。

签字以后的傅方代表邓宝珊如释重负，为了尽快达成正式协议，他对罗荣桓说："贵军是否派一个代表随我们入城，便于进一步联络与商谈，这也是傅先生所希望的。"

罗荣桓当即答应道："那好吧，既然傅先生、邓将军都希望我军派代表入城联络，那我们就派苏静处长作为我军的第一名代表，与邓将军一同入城。"

临行时，林彪从大衣口袋里掏出一封没有封口的信递给邓宝珊说："请邓先生将这封信转交给傅将军。"邓宝珊看完信以后神色忧郁，他暗自决定等以后方便的时候再让傅作义看这封信，以免节外生枝。

第二天即1月17日上午9点，邓宝珊和苏静等人乘坐一辆吉普车驶出了通县的五里桥，踏上了去北平城的行程。

走进北平城的苏静与傅作义的秘书兼政工处处长王克俊、平明日报社社长崔载之、傅作义的机要秘书兼政工处副处长阎又文一起，根据在城外已经达成的初步协议一条一条地进行了细化。时间不长，就达成了一个18条的协议和附件。当天晚上，苏静就将《协议书》正文以及附件的全文电告了平津前线司令部。司令

解放军进入北平

部首长接到苏静的电报后，立即将《协议书》的要点用电报发给了中央军委。

远在西柏坡的毛泽东先是粗略地看了一遍，然后与周恩来逐条逐句地推敲，对条文内容和词句做了修改，形成了正式的协议文本。

1月21日，苏静以"解放军东北野战军前线司令代表"的身份，王克俊、崔载之以"国民党军华北总部代表"的身份，分别在《关于和平解决北平问题的协议》上签了字。

该协议共18条，其主要条款规定：（1）自本月二十二日上午十时起双方休战。（2）过渡期间，双方派员成立联合办事机构，处理有关军政事宜。（3）城内部队兵团以下（含兵团）原建制、原番号，自二十二日开始移驻城外，于到达指定驻地约一月后实行整编。……

当天，傅作义将协议中的某些要点通过国民党中央社发表了。

1949年1月22日，《关于和平解决北平问题的协议》生效。上午10点，国民党20万守军正式开出城外准备接受改编。

从1948年11月29日开始，到1949年1月31日结束，平津战役历时64天，解放军以伤亡3.9万人的代价共歼灭和改编国民党军队52万多人，华北全境基本解放，并使华北、东北两大解放区完全连成了一片，为和平解放全国其他城市，促使国民党军队起义，提供了可以借鉴的成功模式。

链 接

崔载之（1909—1961）

河北行唐人。1932年北京国立师范大学国文系毕业。1937年全面抗日战争爆发后，参加傅作义部的三十五军，任军政治部宣传科长。1946年2月，在傅作义资助下，到北平创办《平明日报》。作为傅作义代表，为北平和平解放做出了重要贡献。新中国成立后，历任水电部办公厅副主任、全国政协委员、北京市第三届人大代表。

阎又文（1914—1962）

山西荣河人。1934年考入山西大学法学院。1938年，经过长期考察，在傅作义部队的我党地下党员潘纪文将其秘密发展为中共地下党员。新中国成立前，他公开身份是傅作义秘书、国民党少将，实为中共隐蔽战线上的共产党员；新中国成立后，他明为国民党起义将领，实为党的统战工作者。新中国成立后，先后任水利部办公厅主任，农业部粮油生产局局长。1962年9月25日，因患食道癌去世，年仅48岁，葬于八宝山革命公墓。直到他逝世31年后的1993年，阎又文的地下工作者身份才得以公开。2009年北京和平解放60周年，北京市档案管展出的"北平和平解放史料展"上，阎又文同刘厚同、何思源、傅冬菊三人并列为北平和平解放的功臣，肖像置于显著位置。

李炳泉（1919—1970）

河北任丘市人。曾就读于西南联合大学地质系，1940年12月加入中国共产党，开始了地下党的工作生涯。因地下工作中断学业，后来从复旦大学毕业。1948年，作为北平地下党的代表，时任《平明日报》采访部主任的李炳泉亲自联络并直接参加了北平和平谈判，为促成傅作义率部起义，北平和平解放做了重要工作。新中国成立后，历任《人民日报》记者，《北平解放报》副刊组副组长，新华社国际部副主任、外事部主任兼全国记者协会书记处书记。

古都新生：倾城欢呼迎解放

沉舟侧畔千帆过，病树前头万木春。
千钧之笔签协议，古都北平迎新生。

★★★★★

苏静（1910—1997）

福建海澄（今龙海）县人，1932年参加红军，并参加了长征。抗日战争时期，历任八路军一一五师东进支队司令部秘书长兼军法处处长等职，参加了平型关等战役和开辟山东抗日根据地的斗争。解放战争时期，历任东北民主联军司令部情报处处长、东北野战军司令部作战处处长等职。1955年被授予中将军衔。新中国成立后，历任中南军区副参谋长、人民解放军总参谋部军务部部长、国家计划委员会副主任等职。

在天津市红桥区东子牙河桥西侧平津战役纪念馆的展室里，陈列着一支旧式派克牌钢笔，许多参观者来到展台前面，都要神情凝重地走上前去驻足观看。这支笔见证了北平的和平解放，记载了一段重要历史，是一支千钧之笔。

1949年1月21日，东北野战军司令部作战处处长苏静以"东北野战军前线司令代表"的身份，在《关于和平解决北平问题的协议》上签字。从北平和平谈判开始到协议签署，苏静一直用的就是在平津战役纪念馆陈列的那支笔。苏静也非常珍爱这支派克钢笔，一直携带在身边使用。直到1995年11月9日，苏静将它捐献给了平津战役纪念馆。

《关于和平解决北平问题的协议》签字的当天，协议中的要点通过国民党中央社发表，蒋介石在国民党内部的激烈斗争、全国战场形势严峻的逼迫下再一次下野。1月22日凌晨4

时，远在西柏坡的毛泽东又给平津前线总前委发去了指示电：

林罗刘：

……北平二十余万敌军出城改编，你们须令各兵团各纵首长均看作一件大事，全军紧张地周密地在你们的统一指挥下对付这一个大事件，达到完满地处理此事件之目的，务必不要有轻敌疏忽之观点。（节选）

军委
二十二日四时

就在平津前线司令部按照毛泽东的指示，紧锣密鼓准备接收改编北平国民党守军的时候，傅作义也作了周密布置。他在中南海亲自主持了军以上高级将领会议，宣读了《关于和平解决北平问题的协议》内容。

在这个会议上，蒋系兵团司令石觉、李文提出，让傅作义允许他们带嫡系军官飞回南京。为了减少执行协议的阻力与防止意外，傅作义当即回答说："愿走者听便，不过诸位必须按照协议各条款执行，保证自己部队不毁一物，不放一枪，不伤一人。"在征得解放军同意以后，第四兵团司令李文、第九兵团司令石觉及第十三军、十六军、三十一军、九十四军团以上军官于23日被傅作义派飞机送回了南京。这些军官飞回南京之后才知道，他们的蒋总统已经下野了。

从1949年1月22日开始，北平国民党守军以师为单位，陆续开

解放军接管北平城城防

到城外指定地点听候改编。傅作义也带着他的华北"剿总"司令部在警卫团的保护下，乘车离开了中南海办公地点，走出北平城，回到了北平西郊的罗道庄。

1949年1月28日，是中国的传统节日除夕。北平城里的老百姓听说北平马上就要和平解放了，他们自发地走上街头舞起了龙灯、放起了鞭炮，到处是一派和平欢乐的气氛。美国记者杰克·贝尔登曾这样写道："人心向背的急剧改变，乃是中国共产党取得胜利的最直接的原因……"[1]

1949年1月31日，被史学家们称为北平城的解放日。解放军的入城部队正式

---

①[美]杰克·贝尔登.中国震撼世界[M]. 北京：北京出版社，1990.

★★★★★

邓宝珊(1894—1968)

广西南宁市人。1926年加入中国共产主义青年团。1929年参加百色起义，1930年转入中国共产党。中国人民解放军优秀的政治工作领导者和军事指挥官。1955年被授予中将军衔。新中国成立后，历任中国人民解放军政治学院副院长、院长，福州军区副政委，中国人民解放军装甲兵政委等职。

接管了北平城的防务。在一张大家熟悉的北平城防务交接的老照片中显示，两辆吉普车停靠在西直门的城墙根儿下，交接双方持枪相互敬礼，乍一看国共交接双方彬彬有礼，交接有序。可是，据开国中将莫文骅回忆说，这张老照片的背后，有着一段惊心动魄、鲜为人知的故事。

1月31日上午，当时担任东北野战军四纵政治委员的莫文骅坐着一辆敞篷的美式吉普从白石桥直奔西直门下。紧随其后的是在辽沈战役塔山阻击战中立下大功的一队解放军官兵。

在莫文骅他们刚刚在西直门城门口停下的时候，突然城门楼上传来一阵"哗哗啦啦"拉枪栓的声音。一个国民党哨兵大声喝道："站住，你们是干什么的？"莫文骅把手一挥，身边的一个班长立即冲着城门楼喊道："我们是奉命接防的解放军。"站在城楼上的国民党哨兵"啪"的一声，把机枪在射击口上一架喝道："我没接到命令，不能交，你们退出去！"莫文骅一听这话大怒，他马上传下命令："把那4门大口径的大炮拉过来，立刻架炮，给我瞄准了。不交城，就给我开炮！"西直门这边的军情传到了平津前线司令部全权代表陶铸那里，在陶铸的亲自干预下，国民党方面赶紧下令，撤出北平城里所有的城门防务。

1949年1月31日中午12点30分，激动人心的时刻到了。中国人民解放军先头部队东北野战军第四纵队第十师迈着整齐的步伐，在一辆敞篷汽车的引导下，由白石桥向着西直门走来。站在路两旁的北平市民立即欢呼起来，他们跳着，跑着，跟随着解放军的入城队伍一起行进。

就在北平市民沉浸在北平和平解放的欢腾喜悦时刻，2月1日，李济深、沈钧儒、马叙伦等56位爱国人士联名致电毛泽东、朱德，祝贺北平和平解放。2月2日凌晨，毛泽东以他和朱德的名义连夜复电：

林彪、罗荣桓、聂荣臻、薄一波诸同志及东北人民解放军、华北人民解放军全体同志们：

庆祝你们解放北平、天津，从而在基本上解放了全华北的伟大胜利。……凡此伟大胜利，都是我人民解放军英勇善战，前后方军民协力奋斗和全国人民、全国各民主党派、人民团体一致赞助的结果。……

……国民党反动政府无论在军事上、政治上和经济上都已经陷于四分五裂、动摇崩溃的绝境，除了彻底接受中国共产党所提出、而为全国人民所拥护的八项和平条件，按照人民的意志和北平的范例，实现真正的民主的和平以外，它就将彻底地被歼灭。

现当伟大的北平古都解放的历史节日，特向我全体英勇的三百余万人民解放军致敬意！一切在解放战争中牺牲的烈士们永垂不朽！

中国共产党中央委员会

一九四九年二月二日

1949年2月3日，中国人民解放军就要在古老的北平城举行入城仪式了。当入城仪式报告摆在西柏坡毛泽东的案头之后，毛泽东彻夜未眠，他对平津前线司令部拟定的入城部队要穿越西方领事馆的东交民巷表示极大赞同。毛泽东说："穿过得好，好，好！"

1949年2月3日，这是一个晴朗的日子。这一天早晨，人们一群群一队队从四面八方涌向解放军入城部队将要经过的地方。上午10时，4颗信号弹腾空而起，在空中划出四道彩色弧线，人民解放军迈着矫健的步伐，在装甲车的引领下开进了北平城。

解放军坦克部队进入北平城，清华大学等学校师生爬到坦克车上，与人民解放军共享胜利的喜悦

入城式的队伍以挂有毛主席、朱总司令肖像的彩车为先导，紧跟其后的为装甲车队、炮兵车队、坦克车队、摩托化部队、骑兵方队和步兵方队。

坐在入城部队最前面指挥车里的丁铁石团长引导着装甲车队和入城队伍列队前进。丁铁石曾经在马本斋率领的回民支队转战华北，令日军闻风丧胆。解放战争时期，他率领着战车团参加了辽沈、平津两大战役。今天他又开着装甲战车，走在了人民解放军入城队伍的最前面。

在前门大街，当由美国制造的"大道奇"卡车拉着大炮开过来的时候，欢迎的人群又拥上前去，高呼"欢迎解放军入城！""庆祝北平解放！"等口号。许多民主党派人士、教授、学者、社会名流也纷纷汇入欢迎解放军的人流。

在前门的箭楼上，搭建了临时检阅台。平津前线司令员林彪、政治委员罗荣桓，平津卫戍区司令员聂荣臻，中共北平市委书记彭真、市长叶剑英等，登上了前门箭楼，检阅入城部队。

解放军的入城队伍在欢迎群众的夹道中缓缓地驶过前门之后，向着东交民巷开去。入城部队开着由美国人制造的装甲车、坦克、卡车，拉着美制大炮，浩浩荡荡地驶过了东交民巷，驶过了美国领事馆门前。这个自1901年《辛丑条约》签订以来一直为帝国主义盘踞的使馆区，今天，中国的军队和人民第一次在这里扬眉吐气，昂首走过。

从上午10点到下午4点，前面的入城队伍已经过了平安里，后面的队伍还在向前门走来。北平的街道变成了人的河流，整个北平城成了歌声的海洋。欢迎人群中，一位女青年在衣服上写下了"天亮了"三个明媚的大字，欢快地扭着秧歌挤在欢迎解放军的人群里。

2月4日，也就是入城式后的第二天，北平市人民政府接管了旧北平市政府，叶剑英作为北平市人民政府第一任市长，代表人民接掌了北平市的政权。就在这一天，2000多名中共地下党员集聚在宣武门外的大礼堂里，第一次举行了公开会议。林彪、聂荣臻、叶剑英、薄一波、彭真、刘仁等与地下党员们见了面。

林彪走上主席台讲的第一句话是："今天，我们北平的地下党员终于从地下转到地上了。"就这么一句话，全场一下子沸腾起来了！当时担任北平高等工业学校地下党总支部书记的王大明晚年回忆说："我们这些年轻人把帽子都扔上了天，大家摘下了口罩，彼此相认，相互指着对方：'原来是你呀！'欢呼、握手、拥抱。"

1949年2月12日，北平市20多万人潮水般涌到天安门外举行集会，欢庆解放。北平市市长叶剑英在会上发表重要讲话。他宣布北平市在军事管制时期，要完成"系统建立人民的革命政权，推行新民主主义的政策"等六大任务。叶剑英的洪亮声音，通过扩音器传遍了每一个角落，通过无线电广播传到了全中国。后来，毛泽东见到叶剑英的时候风趣地说："我听收音机了，你那个讲话真是'声嘶力竭'啊，为新政权呐喊，就是要有这么一股子劲头！"

叶剑英在解放北平会议上讲话

经过一个多月的紧张工作，国民党军"剿总"系统和伪中央系统以及在北平的党、特、军、政、警等机关，国民党政府的中央、中国、交通、农业各大银行在北平的分行，铁路、邮政、电讯，石景山发电厂、炼钢厂、兵工厂等重要工业企业被接管。清华、北大、戏剧学校、电影制片厂以及电台、报纸、新闻出版等30多个部门也被接管。

就在和平解决北平问题协议正式生效的第二天，1949年2月1日，《人民日报》以"北平解放经过"为题，全文登载了由毛泽东起草，以林彪、罗荣桓的名义于1月16日给傅作义的那封信。毛泽东在这份函文中使用了一些激烈的言词，函文警告说："如果贵将军及贵属竟敢悍然不顾本军的提议，欲以此文化古城及二百万市民生命财产为牺牲，坚决抵抗到底，则本军将实行攻城。……城破之日，将军及贵属诸反动首领，必将从严惩办，决不姑宽，勿谓言之不预。"毛泽东称这封信为最后"通牒"。

傅作义耐着性子把信看完之后，非常气愤地说道："太不像话了，怎么有这等事，部队已经出城了，城防也交了，我再也没用了……"

傅作义之所以这样气愤，是因为他想起了早在1946年10月11日攻占张家口以后，他在报纸上刊登过一篇带有侮辱性的《上毛泽东书》的文章。这才刚刚过了两年多的时间，共产党已经胜利在握。傅作义心里暗想：这是不是毛泽东故意和自己过不去？于是，在2月3日，傅作义致函林彪、罗荣桓，说自己在解放战争中负有罪责，应受惩处。傅作义也给毛泽东写了信，大意是：请指定时间地

点，战犯傅作义投案自首。

前面曾经提到过，1949年1月16日第三次谈判结束以后，林彪曾经把毛泽东的这封信交给过邓宝珊，请他转交给傅作义，邓宝珊当时并没有转交。原来，邓宝珊觉得信中措辞太严厉，傅作义可能受不了。于是，邓宝珊决定暂时不交给傅作义看，以免节外生枝，甚至推翻整个和平协议。后来，在苏静的一再催促下，邓宝珊才将这封信交给了傅作义的女儿——中共地下党员傅冬菊。傅冬菊看了之后，也觉得信中措辞严厉，就把这封信压了下来。所以，当傅作义在看到《人民日报》刊登的这份公函的时候倍感突然。其实，毛泽东对傅作义是充分理解和宽容的，他马上指示平津前线司令部同傅作义坦诚地交换一下意见。林彪、聂荣臻、叶剑英在北京饭店宴请了傅作义，就"通牒"之事坦诚地交换了意见。

在提到这封信的时候，林彪解释说："这是合乎你过去行为的事实，事后公布此信，乃是将你过去的错误作一结论。既不因你过去之罪，抹杀今日北平之功，也不可因你今日北平之功，而含糊过去之罪。"话到此时，傅作义心中沉甸甸的包袱终于放了下来。

1949年2月22日，一架民用飞机从北平西郊机场起飞，直奔石家庄方向。机舱里坐着上海民众代表团成员颜惠庆、邵力子、章士钊、江庸以及专程去拜见毛泽东的傅作义、邓宝珊和阎又文。傅作义一直不知道他的机要秘书阎又文是中共地下党员。

傅作义等到达西柏坡以后，首先受到了中央军委副主席周恩来的欢迎，并畅

周恩来（左三）、傅作义（左五）、邓宝珊（左四）等在西柏坡

谈和平解放北平的胜利经过。

当天下午，毛泽东和朱德一起来到傅作义的下榻处看望傅作义。傅作义急忙迎上前去，双手握着毛泽东的手，他说的第一句话是："我有罪！"毛泽东回答说："你有功，谢谢你。"随后，毛泽东又同邓宝珊、阎又文一一握手。晚上，毛泽东和周恩来又来到了傅作义的住处，毛泽东愉

毛泽东与傅作义

快而风趣地对傅作义说："宜生，过去我们在战场上见面，清清楚楚，今天，我们是姑舅亲戚，难舍难分。蒋介石一辈子要码头，最后还是你把他给甩掉了。"这几句话一下子道破了傅作义的心思，使他一个月来积聚在心头的疑虑顿时冰消雪化。傅作义内疚地说："主席，我半生戎马，除抗日外，罪恶不小。"毛泽东说："和平解放北平，你功劳很大，人民是不会忘记你的！"周恩来对邓宝珊说："邓先生，我们是长期合作的老朋友，现在你回'娘家'了。"邓宝珊听后深受感动，他说："我这次为北平和平解放做了一点事，也算尽了我的一点绵薄之力，就算我回'娘家'的见面礼吧！"

1949年3月23日，毛泽东踏上了去北平的行程。1949年3月25日，毛泽东在北平西苑机场检阅人民解放军受阅部队，36门火炮向空中发射了144发不具任何杀伤意义的炮弹，古都北平和平解放。

链　接

傅作义（1895—1974）

山西荣河（今山西省万荣县）人，保定军校毕业，原为阎锡山部属，隶属晋绥派系。23岁进入阎锡山部，从排长逐级升任师长，1931年任军长，同年被国民政府任命为绥远省主席。抗日战争期间，战功卓著，有"布衣将军"之称。新中国成立后，历任政协常委、副主席，国防委员会副主席，水利部部长等职。

政体奠基

　　1948年5月，中共中央发表"五一口号"，得到民主党派、社会贤达的热烈响应，他们克服重重困难，奔赴解放区，与中共共商国是。

　　1948年9月，华北人民政府成立，成为新中国政权建设的雏形，为新中国开基创制。

　　1949年9月21日至30日，中国共产党与民盟等民主党派及各界代表在北平召开中国人民政治协商会议，会议通过了具有临时宪法性质的《共同纲领》，完成了建立中华人民共和国的准备工作。

开基创制：政体奠基新中国

> 开基创制自石门，人民投票政权新。
> 莫道王子村落小，永世丰功说到今。

1948年8月18日夜晚，刚刚解放不到一年的石家庄市上空，突然传来了飞机的轰鸣声。3架国民党轰炸机飞抵中山路南侧人民礼堂附近，盘旋俯冲之后，投下了十几枚重磅炸弹。巨大的爆炸声使正在中山路上行走的市民们纷纷逃散。事后有人惊呼，这次国民党飞机投下的炸弹距离轰炸目标人民礼堂只有200多米的偏差。如果没有这个偏差，在人民礼堂出席重要会议的代表们将会出现人员伤亡，中共中央的高级领导、高级将领也有可能在这次轰炸中遭遇不测。那么，这天晚上在人民礼堂举行的是什么会议，出席会议的人员究竟都是一些什么人呢？

原来，1948年8月7日至19日，石家庄解放后迎来了第一次盛会，华北临时人民代表大会在人民礼堂，也就是现在石家庄市中山路上的人民影院举行。8月中旬的石家庄酷热难耐，会议却总是关门闭窗，悄悄地在夜间举行。这次大会对外声称生产工作会议，之所以这么保密，是因为潜伏特务活动频繁，国民党经常派飞机来轰炸。

在这次大会开幕式上，董必武在开幕词中指出：这次大会"将成为全国人民代表大会的前奏和雏形。因此，它是中国民主革命历史中划时代的一次大会，在中国民主革命历史上将占有光荣的篇章"。

8月18日晚上7时，华北临时人民代表大会第七次会议继续在人民礼堂举行，并选举华北人民政府委员会委员。按照会议程序，清点代表人数，向代表发票、写票。代表们全部写完票以后，执行主席宣布开始投票。正当代表们井然有

序投票的时候，突然一声巨响，房屋剧烈震动，电灯熄灭，会场一片漆黑，屋里的代表们感到脚下和整个楼体都在震颤，房顶上的粉尘碎屑唰唰啦啦掉了下来。大会秘书长宋劭文、副秘书长平杰三高喊："大家不要慌，原地不要动！不要动！"那些饱经战火的与会代表们，马上意识到是敌机夜间空袭。

代表们都镇静地坐在自己原来的位置上，听着外面的轰炸声。十多分钟以后，会场里的电灯亮了，代表们有条不紊地继续投票。此后，经过两个多小时紧张而仔细的工作，统计出70位候选人中有27人当选政府委员。当大会执行主席宣布董必武、聂荣臻等27人当选为华北人民政府委员时，会场一片欢腾。这次出席会议的541名代表都是来自解放区和国统区的精英人物，其中有董必武、聂荣臻、薄一波、徐向前等高级领导和将领。会议举行完毕之后，代表们走出会场，有人长嘘一声，开玩笑说："敌人点炮庆祝我们会议顺利召开呢！"

1948年是中国人民解放战争的重要转折年。人民解放军的力量不断发展壮大，国民党军队丧失了大量的有生力量。蒋介石在1948年8月3日召开的军事检讨会议开幕式上不得不承认："就整个军事而言，则我们无可讳言的是处处受制，着着失败。"国民党军队被迫由战略进攻转变为"全面防御"，这标志着战争形势的根本转变。1947年底，毛泽东在中共中央会议上指出："这是一个历史的转折点。这是蒋介石的二十年反革命统治由发展到消灭的转折点，这是一百多年以来帝国主义在中国的统治由发展到消灭的转折点。"在中国革命历史的转折关头，中央工委书记刘少奇致电毛泽东，提议合并晋察冀和晋冀鲁豫两解放区，使之成为西北、中原和华东战场的巩固后方，继而完成支援全国解放的任务。

毛泽东看了刘少奇2月16日关于提议晋察冀与晋冀鲁豫两区合并的电报后，遂于2月20日给刘少奇复电，表示赞同刘少奇的意见，并提议由中央工委于3月底召集彭真、聂荣臻、薄一波、陈毅、邓子恢、康生、饶漱石到中央工委开会，讨论两区合并问题。

为了尽快成立华北人民政府，晋冀鲁豫和晋察冀两边区参议会驻会参议员，于1948年6月26日在石家庄举行联席会议。会议通过了关于召开华北临时人民代表大会，产生统一的华北人民政府的重要决议。1948年6月30日，中共中央华北局发出了《关于召开华北临时人民代表大会的通知》。8月5日开始举行预备会，推选董必武、聂荣臻、薄一波、彭真等33人组成华北临时人民代表大会主席团；推举杨秀峰、万丹如、孟甫等11人组成资格审查委员会，对出席华北临时人民代

表大会的代表资格进行了审查。预备会为后来的华北临时人民代表大会做好了充分的准备。

华北临时人民代表大会在石家庄人民礼堂召开

8月19日，华北临时人民代表大会闭幕以后，本应该接着召开华北人民政府委员会第一次会议，选举华北人民政府主席、副主席，任命各部门各机构负责人，但由于多位委员忙于前线战事，不能出席，决定推迟到1948年9月20日，在河北平山县王子村继续举行。

为了人民政府的成立，早在1940年1月，毛泽东在其名著《新民主主义论》里，就曾庄严宣告："我们共产党人，多年以来，不但为中国的政治革命和经济革命而奋斗，而且为中国的文化革命而奋斗；一切这些的目的，在于建设一个中华民族的新社会和新国家。"到了1945年4月24日，在中国共产党第七次全国代表大会上，毛泽东再一次明确提出："中国急需把各党各派和无党无派的代表人物团结在一起，成立民主的临时的联合政府……"1947年10月10日，毛泽东又在《中国人民解放军宣言》中进一步明确号召："联合工农兵学商各被压迫阶级、各人民团体、各民主党派、各少数民族、各地华侨和其他爱国分子，组成民族统一战线，打倒蒋介石独裁政府，成立民主联合政府。"

1948年4月30日，中共中央发布"五一口号"，进一步号召"各民主党派、各人民团体、各社会贤达迅速召开政治协商会议，讨论并实现召集人民代表大会，成立民主联合政府"。"五一口号"立即得到各民主党派的热烈响应，纷纷致电中共中央和毛泽东主席，表示衷心拥护中国共产党的主张，愿意立即行动起来，为筹备成立民主联合政府，建立新中国而共同努力奋斗。正是在这样一个特定的历史条件下，为了建设巩固的根据地，为了新中国的政权建设，探索并积累经验，华北人民政府即将应运而生。

到了1948年9月20日，华北人民政府委员会第一次会议将要在河北平山王子

村召开。就在这一天的白天，国民党飞机又飞临华北人民政府驻地上空盘旋、狂轰滥炸。距离王子村仅有1华里的平山县城南关，许多民房和店铺被炸毁。据时任华北人民政府文书科副科长的马永顺回忆说：不知是凑巧，还是国民党事先得到情报，两次轰炸，都是在选举华北人民政府领导人的时候。

华北人民政府委员会第一次会议于9月20日晚上7时如期举行。会议选举董必武为华北人民政府主席，薄一波、蓝公武、杨秀峰为副主席，并任命各部门负责人。会后，政府发出通令，启用华北人民政府印信。9月22日，华北人民政府根据《华北人民政府组织大纲》，设立秘书厅、民政部、教育部、财政部、工商部、农业部、司法部、劳动局、财经委员会、水利委员会、法院、监察院和银行等政府工作机构。9月26日，华北人民政府宣告成立，董必武主席等领导就职视事。27日发布布告，宣布华北人民政府成立，晋冀鲁豫、晋察冀两边区政府撤销。在华北人民政府委员中，各民主党派、人民团体的成员和无党派人士占了三分之一，有的人还担任了政府副主席、部长、主任、院长等重要职务，为建立以共产党为领导的多党合作政权和民主高效

华北人民政府委员会第一次会议在平山县王子村举行

华北人民政府部分成员合影

政府进行了有益的探索，并为新中国的各级机构确定了基本的组织模式，进行了有益的尝试。

董必武担任华北人民政府主席期间，就居住在一个普通的农家小院子里，繁忙的工作之余，他每天都要用纺车纺线。

已经66岁的闫清海老人是董必武在西柏坡期间认下的干儿子。1948年秋天，两周岁的闫清海得了一场大病，当娘的眼看孩子快没气儿了，拿起一块破苇席裹了裹，扔到了村口的碾盘上。恰巧路过的董必武和夫人何莲芝听到有孩子啼哭。何莲芝抱起孩子，惊讶地对董必武说："这是房东家的孩子，怎么扔到这儿了？"

平山县西柏坡村村民闫清海

董必武急忙对夫人说："还有救，马上送医院。"何莲芝抱着闫清海跑进了中央机关医院。

两个星期后，董必武夫妇拉着闫清海回到了房东家，闫清海的娘看见欢蹦乱跳的亲生儿子，一下子惊呆了。她上前一步，拉着儿子在董必武夫妇面前一跪说："叫干爹。"董必武急忙拉起闫清海，批评他娘说："以后家里有难事找人民政府。孩子有病，可别再扔孩子啊。"从此，闫清海一家与董必武一家的关系辈辈相传，延续至今。

华北人民政府在王子村期间，随着辽沈战役节节胜利，国民党东北战场的失败已成定局。1948年10月21日，蒋介石急忙飞抵北平商议解救东北的对策，他们很快制订出作战计划，趁冀中冀西兵力空虚，组织一支快速机动部队偷袭石家庄，威胁中共中央和解放军总部，一旦得手就可以达到动摇解放军全局部署的目的。蒋介石把这次计划称为"围魏救赵"之计。10月23日上午，傅作义召开秘密军事会议，出动3个军、10个师、1个旅共10万兵力，分三路秘密向南开进，对外称援晋兵团，实为进攻石家庄。当时石家庄和保定之间没有华北野战军主力部队，石家庄守城部队人数更少。在平山县的兵力只有一个团，大约1000人，中央警卫团的一个手枪连，也只有百十来人。面对严峻的战局，周恩来迅速在作战室起草电文部署兵力，让西柏坡的中央警卫团开始在村外构筑工事，部分机关往深山疏散。

为防御国民党军傅作义部队的偷袭，10月30日，华北人民政府及其部分职能部门从河北平山县王子村暂时转移到了山西阳泉市和平定县城。同时迁去的还有第二保育院、干部疗养院等。

在山西阳泉市和平定县开展工作期间，董必武、林伯渠、谢觉哉、蓝公武、

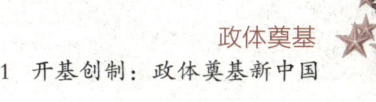

杨秀峰等主要领导十分关心这里的土地改革、政权建设、工商业发展及文化教育问题，百忙之中听取了阳泉市委和平定县委的汇报，并对当地的各项工作给予了具体有力的指导。

11月7日，华北人民政府又转移到了河北省平山县的东冶村。

11月18日，华北人民政府在东冶村召开第三次政务会议。会议讨论通过了《华北人民政府办事通则》。还讨论通过或原则通过一系列重要法令、法规。有关政权建设工作的有：《华北区村县人民政权组织条例》（草案）、《华北区村县人民代表会议选举条例》（草案）等；有关财政经济工作的有：《华北人民政府关于成立中国人民银行发行统一货币的命令》《华北区工商业申请营业登记暂行办法》等；有关教科文工作的有：《华北人民政府关于颁发普通中学师范学校暂行实施办法令》《华北人民政府关于保护古迹文物的训令》等。

随着辽沈战役的结束，淮海、平津战役的节节胜利，12月8日，董必武、薄一波等联名颁布"为接收平津必须统一筹划抽调干部"的命令。12月13日，军委发出准备接收北平、天津、唐山的指示。

12月15日，华北人民政府在东冶村召开第四次会议，董必武着重强调："关于入城各项纪律，亦必须规定，先做思想动员，纠正不正确观念，并由秘书厅拟具入城守则分发，以便于工作切实遵守。"

华北人民政府还承担起华北、华东、东南和西北战场的支前任务，先后支援了淮海、平津、晋中、太原、张家口等战役，形成了长达1000多公里的供应线。据不完全统计，仅在平津战役中，华北人民政府共组织民工154万人，修路7000余公里，架桥372座，动用火车300多列，汽车3000多辆，担架2万余副，大车38万辆，运粮3.1亿斤。5000万人民统一的力量，成为解放战争巩固的后方基地。

更值得一提的是，作为华北人民政府直接领导下的石家庄，它的建设与发展为全国的解放建设提供了可以借鉴的成功经验。据随解放军一同进入石家庄，新中国成立后曾担任市长的臧伯平回忆说：当时我们进入石家庄市，中央就有了明确指示，要在石家庄搞出建设城市、管理城市的经验。中央还派了很多人来进行调查研究和指导工作，如李维汉、胡乔木、齐燕铭等。石家庄市刚刚解放，百业待兴，如何对待原有的工商业，关系到经济能不能稳定发展的大问题。当时政策很明确，除了特务、汉奸和与敌人勾结的不法分子是打击对象以外，一般资本家和中小工商业者不是打击对象，而是保护和改造对象。除了没收官僚资本、银

行，控制货币发行以外，对一般工商业和资本家的财产也给予保护，扶持指导他们正当生产和正当营业。还有一条就是保护人才，对科技、管理人才，尽量安排使用。

1949年1月31日，人民解放军开入北平城内，北平和平解放。2月13日，华北人民政府从西柏坡王子村迁抵北平。

尽管华北人民政府只历时1年零1个月，却为新中国统一财政、恢复经济、发展生产积累了经验，并为多党合作制度、党政关系、人民代表大会制度等的确立，进行了积极的探索，成为新中国政权建设的雏形。在组建中央政府时，毛泽东指出，中央人民政府的许多机构，应以华北人民政府的所属有关机构迅速建立起来。

1949年9月21日，中国人民政治协商第一次全体会议隆重开幕。会议一致通过了新政协共同纲领，选举产生了中央人民政府委员会，毛泽东当选为中华人民共和国中央人民政府主席，6位副主席中有宋庆龄、李济深、张澜3位民主人士。在随后召开的中央人民政府第一次会议上，任命周恩来为政务院总理。1949年10月1日，毛泽东主席向全世界庄严宣告：中华人民共和国中央人民政府今天成立了！

中央人民政府成立以后，政务院10月25日举行了第二次会议，决定接管华北人民政府所辖的各省市和所属各部、会、院、行。10月27日，中央人民政府主席毛泽东颁布命令："中央人民政府业已成立，华北人民政府工作着即结束。原华北人民政府所辖5省2市改归中央直属。中央人民政府的许多机构，应以华北人民政府所属有关机关机构接洽办理交接。希即令所属各单位分别与本府所属各有关机构接洽办理交接。并于数日内将交接手续办理完毕为要。"

10月26日，董必武向华北人民政府所属各单位发出通知：本府定于10月31日结束，停止办公。1949年10月31日，举行了华北人民政府向中央人民政府政务院正式移交会议，董必武在会上宣布："华北人民政府自去年9月以来迄今共13个月，在全体工作人员努力下，完成了支援前线及发展生产两大任务。"至此，华北人民政府圆满完成了它的历史使命。

"五一口号"：登高一呼齐响应

> "五一口号"唤群雄，一石激起浪千重。
> 众星拱北成大势，蓝图描画此心同。

1948年4月下旬，地处河北、山西、河南三省交界的涉县迎来了一场大雨。俗话说"春雨贵如油"。喜雨降临，农田院落随处可见农民忙碌的身影，犁地的、备种的。这时有一个四十来岁，略显书生气的小伙子也忙个不停，他就是时任新华通讯社社长的廖承志。新华社从延安撤离后，落脚到了距离西柏坡以南200多公里的涉县东西戌村。

廖承志兴趣广泛，开口就是幽默笑话，拿笔能绘漫画。在中共领袖的心目中，小廖不仅是一个坚定可靠的革命者，还是革命队伍中的一个"活宝"。

廖承志拟了一份电报发到阜平县城南庄，请示中央首脑，询问五一劳动节快到了，中央有什么重要事情要发布。

按照惯例，为纪念五一国际劳动节，每年到了这个时间节点，中共都会通过新华社对外发表宣言、口号，刊发文章和社论。1948年五一劳动节自然也不会例外。廖承志的电报很短，但却引起毛泽东和周恩来等中

廖承志

★ ★ ★ ★ ★

廖承志（1908—1983）

广东归善（今惠州）人。国民党元老廖仲恺和夫人何香凝的儿子。杰出的社会活动家。1924年加入中国共产党。至新中国成立前一直活跃在中共的理论和宣传战线。1952年任中央统战部副部长、外联部副部长。

共中央领导人的高度重视。因为，此时在中国，国民党统治即将崩溃，中共中央该是对外公布共产党人的政治主张、提出新中国政权蓝图的时候了。

《中共中央发布纪念"五一"劳动节口号》初稿很快起草完毕，放在了毛泽东案头。初稿清样写在一张韧性很好的白纸上，用蓝色钢笔用竖排版的方式书写，字迹清晰工整。初稿一共24条，内容包括向社会各方面的致敬和问候。如"向解放军全体将士致敬！""庆祝解放区和全国农民的土地改革工作的胜利！"等。

毛泽东看后把目光停留在第五条："工人阶级是中国人民革命的领导者，解放区的工人阶级是新中国的主人翁，更加积极地行动起来，更早地实现中国革命的最后胜利"，他思索片刻拿起毛笔将这一条整体删掉，改为"各民主党派、各人民团体及社会贤达，迅速召开政治协

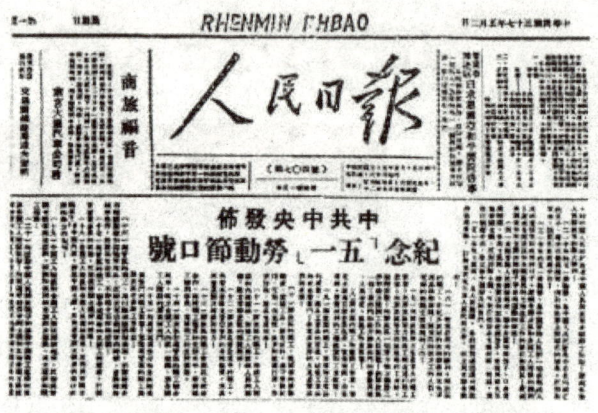

《人民日报》1948年5月2日发表"五一口号"

商会议，讨论并实现召集人民代表大会，成立民主联合政府"。新增内容挤在原稿文字之间，上下穿插虽显凌乱但一气呵成。

原稿第二十三条："中国人民的领袖毛主席万岁！"第二十四条："中国劳动人民和被压迫人民的组织者，中国人民解放战争的领导者——中国共产党万岁！"也被毛泽东删去。删去2条，增添1条，共保留了23条。

毛泽东的这一改动从内容上看，似乎是删减了一些空泛的口号，但仔细推敲新加的文字，字里行间有着他深层的战略构想。像上文提到的第五条，说明他对未来新中国蓝图有了一个基本勾勒，而要详尽描绘这个蓝图，绝非一人一党之事。所以，协商共和、相邀开国成为毛泽东考虑的重点。

协商共和，怎么协商？国民党1946年1月在重庆召开过政治协商会议，现在共产党也想组织政治协商，两党的会议怎么区别？周恩来提出在"政治协商会议"前面加一个"新"字。加了"新"字还不够，毛泽东提出：关于政协会议的决定原则，"必须求得到会各主要民主党派及各人民团体的共同一致，并尽可能求得全体一致"。强调求得全体一致，以此来充分体现共产党对成立民主联合政

府的诚意和决心。

果然，《中共中央发布纪念"五一"劳动节口号》一发表，立即引起海内外各种政治力量的关注。很快"五一口号"成为爱国民主人士热议的话题。

中国民主促进会常务理事马叙伦在香港得知"五一口号"后，心情异常激动，他戴着黑框眼镜提笔写了一篇《读了中共"五一口号"以后》。文章中这样说道："这些口号，虽然是为着纪念五一劳动节而发的，它的精神是贯穿到世界的民族解放运动、民主运动和职工运动，它的号召是普遍到全国劳动人民、全国知识分子、自有资产阶级、各民主党派、社会贤达和其他爱国分子。"

同样，年逾八十、身在香港的致公党领袖司徒美堂在香港建国酒店7楼航空厅举行记者招待会，公开表明自己的政治主张。

当着国民党中央社《大公报》《华侨报》《华商报》等香港媒体的记者，司徒美堂做了题为"国是主张"的书面发言。他用爽朗而又洪亮的声音对记者说："敝人自年前来港，格于环境，未能与新闻界诸君见面，十分抱歉。当前国内形势大变，谁为爱国爱民，谁为祸国殃民，一目了然。本人虽然年迈，但一息尚存，爱国之志不容稍懈。"司徒美堂的立场在海内外产生了巨大影响。他的每一次举动都像重磅炸弹在海内外引起巨大轰动。

"五一口号"发表的确是一石击水，而且消息传播的叠加效应逐步显现。民革、民盟、中国民主促进会、中国农工民主党、中国致公党、中国人民救国会、三民主义同志联合会、无党派人士主要负责人李济深、何香凝、谭平山、李章达、蔡廷锴、郭沫若等12人齐聚李济深家，讨论如何响应。

郭沫若快人快语："迅速召开政治协商会

阜平县城南庄晋察冀军区大院 毛泽东办公地点

★★★★★

司徒美堂（1868—1955）

广东开平人。著名旅美华侨领袖。1905年在美国设立"安良总堂"，任总理，投身孙中山领导的民主革命运动。中国致公党创始人。新中国成立前夕，司徒美堂应毛泽东之邀辗转回国参加中国人民政治协商会议。新中国成立后，曾担任中央人民政府委员、全国政协委员、全国人大常委会委员和中央华侨事务委员会委员等职。

议，讨论并实现召集人民代表大会，成立民主联合政府。一个崭新的国家就要诞生了。"

谭平山说："伪国大，伪总统，蒋介石是三民主义的叛徒！我们现在要挖蒋根！"提起蒋介石，谭平山情绪愤懑难以平静，三绺儿胡须一翘一翘。

谭平山话音刚落，蔡廷锴紧接话茬："八年抗战结束才几天，蒋介石就把全国拖进内战的火海！"谭平山边思索边说："共产党和我想到一起了！"

你一言我一语，结果商定除了各党派发表自己的响应声明，还应联名响应。5月5日，上述7位民主党派和无党派人士联合签名响应并致电毛泽东，盛赞中共的"五一口号"。

校场口血案

1946年2月，重庆各界在校场口举行庆祝旧政协胜利闭幕大会，民盟中央执委李公朴担任大会总指挥。会上国民党特务进行破坏，李公朴和郭沫若等人被特务打伤。同年5月，李公朴从重庆返回昆明，遭到国民党特务严密监视。1946年7月11日晚，李公朴在昆明惨遭国民党特务杀害，史称"校场口血案"。

下关惨案

1946年4月23日，上海5万多群众集会游行反对内战，抗议美国干涉中国内政，"要求驻华美军立即撤退""停止对国民党的一切军事援助"。并选派上海工、学、商等各界人民团体代表马叙伦、阎宝航、林汉达、盛丕华、雷洁琼等十余人赴南京请愿。当请愿代表行至南京下关车站时，遭国民党特务殴打，马叙伦、雷洁琼等多人被打伤。史称"下关惨案"。

总部设在上海的民主建国会得知香港的民主人士响应"五一口号"，立即召开秘密会议研究决定赞成香港民主党派的表态，并指定章乃器、孙起孟为驻香港代表。马来西亚的65个侨团，代表有组织的侨胞10万余人，旅法参战华工总会，加拿大、古巴等地华侨社团和设在香港的人民团体也做了"积极响应"的表态。

在海内外一片积极响应声中，还有一种声音特别引人注目，这个声音来自中国民主同盟，简称"民盟"。

《中共中央发布纪念"五一"劳动节口号》发表之后，各民主党派纷纷表态，愿与共产党同舟共济。而以不偏不倚、恒守中间立场著称的"民盟"，此时还能不能坚持"第三条道路"？还有两件事，让民盟彻底丢掉了幻想。这两件事一个是"校场口血案"，一个是"下关惨案"。

1946年7月15日，民盟云南支部领导人闻一多在悼念李公朴先生的大会上，发表了著名的《最后一次演讲》，当天下午被国民党特务杀害。

张澜清楚地记得1945年毛泽东在重庆与国民党谈判期间，他同周恩来几次密谈，双方商定在提出重大政治主张之前，事先彼此协商。这一谅解开创了中共与民盟政治合作的先河。张澜回顾抗战以来发生在他和蒋介石之间的一件件往事，想起了蒋介石曾当面威胁他"不要上共产党的当！"年已古稀的张澜毅然决定，选择同共产党合作。

1947年下半年，国民党政府宣布"民盟"为非法团体，多数中央委员都被列入国民党特务暗杀的黑名单。面对政治高压，"民盟"被迫妥协，"民盟"总部宣布解散。

而面对报复，张澜在被迫解散的第二天，以个人名义向上海报界发表声明，严正表示"本人对于中国和平、统一、民主前途之信念，本人为此目标之努力，并未稍更。本人诚恳希望盟友在爱国公民之立场上，在法律之限度内，继续为我国之和平、统一、民主而努力"。

从上述情况看，张澜的政治立场是明显站在共产党一边的。但中共中央发布"五一口号"，邀请"各民主党派、各人民团体及社会贤达"参与新政协时，民盟年纪最大、威望最高的张澜，还有其他几位重要领导人黄炎培、沈钧儒、罗隆基均没有及时地公开表态。是沉默，是等待时机，还是盟内意见不一？由于通信落后，西柏坡迟迟得不到"民盟"准确信息。这与其他民主党派的表态有明显的"时间差"。

1948年的中国，社会各党派的力量已经很悬殊。极个别小党派甘愿附庸在蒋介石身上，成为国民党的傀儡。而暂避香港的民主党派虽然数量最多，但像一盘散沙。截至1948年5月，中国境内的民主党派约有12个，其中有8个（总部）在香港。

除了民主党派，还有无党无派人士，代表人物有：郭沫若、马寅初、张奚若、李达、符定一、欧阳予倩、周谷城等。

为什么这么多带有"左派"色彩的民主党派和领袖人物都集中在香港这个弹丸之地？这是因为当时的香港还没有回归中国，归英国管辖。国民党虽然是中国的合法政府，但对香港也是鞭长莫及。香港不仅以世界闻名的自由港著称，政治环境也比较中立，这样香港就成了避风港。此时，毛泽东在西柏坡，民主党派在港英政府管辖的香港。一南一北，遥相呼应。

面对共产党和民主党派之间的密切联系，蒋介石迅即出手。

他的第一招：以中国合法政府的地位与港英政府交涉，要求限制香港的反政府活动。当时南京政府驻港外交机构叫特派员公署，直接或间接遥控特工，监视社会各个角落有无反政府动向。第二招：在美国的支援下，使用最先进的无线电侦测技术侦破中共秘密电台，破坏中共在香港的地下电信联络。第三招：大量潜伏特务，制造恐怖和暗杀事件。

1948年8月，通过中共地下党努力，香港各界对《中共中央发布纪念"五一"劳动节口号》的动向才源源不断地传到西柏坡。

至此，因交通堵塞、信息不通导致民主党派对中共的猜测，随着信息沟通很快烟消云散。接着，周恩来为中共中央起草致上海局、香港分局并告吴克坚、潘汉年指示：

> 与李济深、冯玉祥、章伯钧、谭平山及其他中间派反蒋分子保持密切联系，尊重他们，多对他们做诚恳的解释工作；争取他们，不使他们跑入美帝圈套里去，是为至要。

中共中央进驻西柏坡时，并没有统战部这个机关，当时叫城市工作部，办公地点在西柏坡以东五华里的李家庄。为了隐蔽起见，对外叫"工校研究室"，机要科对外叫"文工队"。1948年9月26日，中共中央发出通知，将城工部改名为统战部。

开国前夜，中共五大书记在西柏坡运筹帷幄，特别是在1948年5月2日发表的《中共中央发布纪念"五一"劳动节口号》，通过新华社正式对外发布，为以后的协商共和、民主建国、凝聚中华民族的力量起到了巨大的历史性作用。

链 接

民主党派

中国国民党革命委员会简称"民革"，名誉主席宋庆龄，主席李济深；中国民主同盟简称"民盟"，主席张澜，本部原来在上海，国民党宣布为非法组织后，转移到香港，张澜等人滞留在上海，沈钧儒、章乃器到香港开展日常工作；中国致公党，主席陈其尤；中国民主促进会，主席马叙伦；中国人民救国会，主席李章达；中国农工民主党，主席彭泽民；中国国民党民主促进会，主席蔡廷锴；三民主义同志联合会，主席谭平山。

中国民主同盟（简称"民盟"）

1941年在重庆成立，是当时中国民主党派中成分最复杂、盟员最多的民主党派之一。3月份成立时，黄炎培为主席。8月份，张澜接任主席职务。"民盟"的成立标志着中国有了一个主要由知识分子组成的社团组织。抗战时期的民盟积极参与调解国共矛盾，在国共合作、共御日寇中发挥了积极作用。由此，部分民盟领导人认为，抗战时期，政治上可以超然独立，以后也可以采取不偏不倚的"中间立场"；幻想在国共两党之间寻找第三条道路。1948年1月"民盟"宣布同中共中央携手合作，为摧毁国民党反动政府，成立新中国做出了历史性贡献。

李济深（1885—1959）

广西苍梧人。著名民主主义革命家。早年毕业于北京陆军大学，曾留学日本。1924年任黄埔军校教练部主任、副校长，1925年任国民革命军第四军军长。北伐战争时期，任国民革命军参谋长。新中国成立后，历任中央人民政府副主席、中国国民党革命委员会中央委员会主席、中央常务委员会主席、政协副主席、人大常委会副委员长等职。

张澜（1872—1955）

四川南充（今西充县莲池乡）人。著名民主人士、人民教育家。1941年参与发起中国民主政团同盟（1944年改为中国民主同盟），1941年10月继黄炎培之后担任中国民主政团同盟中央执行委员会主席，任民盟中央执行委员会主席、民盟第一届中央委员会主席。新中国成立后，历任中央人民政府副主席、人大常委会副委员长、政协副主席等职。

沈钧儒（1875—1963）

浙江嘉兴人。清光绪进士。著名爱国人士，法学家、政治活动家。早年加入同盟会，辛亥革命胜利后，他反对袁世凯恢复帝制，积极参加北伐，发起救国会，参加国民参政会。1941年倡议组织中国民主同盟会，后改组中国民主同盟。新中国成立后，历任中央人民政府委员、最高法院院长、人大常委会副委员长、政协副主席、中国民主同盟主席等职。

陈其尤（1892—1970）

出身名门望族。1911年参加孙中山领导的中国同盟会。1931年在香港加入中国致公党。1938年因揭露国民党的高官腐败被蒋介石囚禁。1941年获释后移居重庆。其间，广泛接触进步人士和中国共产党，逐渐倾向革命。1946年回到香港，致力于恢复致公党的组织，成为该党的组织者和领导人。1947年在香港参加致公党改组工作，后当选为致公党第三届中央副主席。新中国成立后，历任致公党主席、人大常委会委员、政协委员等职。

马叙伦（1885—1970）

浙江余杭人。早年曾托章太炎介绍加入孙中山领导的中国同盟会（未知其加入与否）。五四运动之后，曾两次担任教育部次长，一度代理教育部部长。其间，掩护李大钊翻译、传播共产主义思想。1945年抗日战争胜利后，投身爱国民主运动。1945年和王绍鳌、许广平、周建人、赵朴初等人在上海发起成立中国民主促进会，当选常务理事。新中国成立后，历任新中国第一任教育部部长、第一任高等教育部部长。将《义勇军进行曲》作为国歌，最初是他的建议。

李章达（1890—1953）

广东东莞人。近代民主革命家。早年加入同盟会，当过孙中山的警卫团团长。1925年，当选为国民政府惩吏院委员兼国民政府军法委员会主席。廖仲恺遇害后，国民党右派分子掀起了反对国共合作的高潮。他开始认清了国民党右派的真面目。抗日战争后直到新中国成立前，他一直与中共支持的进步组织密切合作。1949年初，应中共邀请参加了中共领导下的政协筹备工作。新中国成立后，先后担任广东省党政军要职和中共华南分局要职。

彭泽民（1877—1956）

广东四会人。1906年加入中华革命同盟会，是吉隆坡分会负责人之一。1927年参加"八一"南昌起义，任革命委员会委员。1930年参与创建中国国民党临时行动委员会（中国农工民主党前身），任中央干事会干事。抗战爆发后，向国民党提出《抗日救国的八项主张》，在香港创办《抗战华侨》，宣传抗日。1941年"皖南事变"后，同宋庆龄等联名写信给国民党当局呼吁团结抗日。抗战胜利后，在香港领导南方民主运动，并任"反内战大同盟"常务委员。

蔡廷锴（1892—1968）

广东罗定人。行伍出身，由士兵一步步升为十九路军上将总司令。淞沪抗战中率领十九路军在"一·二八"事变后奋起抗击日军，致使日军侵占上海的阴谋终不能得逞。1946年3月12日，蔡廷锴等在广州李章达的住所举行会议，正式成立中国国民党民主促进会。新中国成立后，历任中国人民政治协商会议第四届全国委员会副主席、全国政协副主席、国防委员会副主席、国家体委副主任等职。

谭平山（1886—1956）

广东高明（今佛山市高明区）人。中国政坛宿将之一。第一次国共合作时期，他以共产党员的身份参加国民党，并任中央执行委员会的组织部长，毛泽东是宣传部长。参与领导南昌起义，后被中共中央的"左"倾领导开除党籍，后加入国民党，曾受宋庆龄、邓演达委托组织反蒋团体。1945年谭平山在重庆组织三民主义同志联合会，是国民党内部民主反蒋的骨干成员。

众星拱北：群贤齐聚解放区

> 解放区天晴朗朗，民主人士话语长。
> 肝胆相照言国是，协商共和把家当。

1948年"五一口号"发布之后，在中共确定的邀请名单中，除了有一部分分散在华北、华东等地，民主党派的总部和主要领导基本上都集中在香港。涉及营救和护送的民主党派、无党派人士代表约300人。

为了确保他们一路安全，中共整个邀请和护送民主人士分北线和南线两条线路。北线主要是护送平、津、沪的民主人士到河北省平山县李家庄。南线则是经海路沿东海、渤海进入朝鲜的罗津港，再辗转到安东（今丹东），然后到哈尔滨。

1949年1月的一天，在北平八大处的山脚下，有四位知识分子身穿厚厚的棉衣，在十几位解放军战士的保护下乘上一辆大卡车向西南方向开去，这四位分别是燕京大学教授雷洁琼和爱人严景耀，还有民盟华北支部负责人费孝通、张东荪。他们是应中共邀请到李家庄参加新政协筹备的前期准备工作。

1949年1月，雷洁琼接到中国民主促进会主席马叙伦从哈尔滨发来的电报，电报指示"……代表民进去西柏坡参加共产党的会议"。当时，北平还没有解放，为了安全起见，经请示上级，同意雷洁琼由爱人严景耀

燕京大学教授雷洁琼和丈夫严景耀合影

257

★ ★ ★ ★ ★

雷洁琼（1905—2011）

女，广东台山人。北京大学教授。著名的社会学家、法学家、教育家，杰出的社会活动家，中国民主促进会的创始人之一和卓越领导人。1946年6月23日，雷洁琼作为上海人民团体联合会成员，赴南京和平请愿，是"下关惨案"的亲历者和见证人。新中国成立后，曾先后担任全国政协副主席、全国人大常委会副委员长。

★ ★ ★ ★ ★

费孝通（1910—2005）

江苏吴江人。著名社会学家、人类学家、民族学家、社会活动家，中国社会学和人类学的奠基人之一。其著作《江村经济》曾被国外许多大学的社会人类学系列为学生必读参考书之一。

陪同一块儿前往。

费孝通此时也坐在这辆敞篷车上，虽然车子颠簸不定，但他看到沿路延绵不断的支前送粮队伍异常兴奋，不时问这问那。同车的战士也很活跃，沿途给费孝通讲了好多故事。这给这位以研究中国社会特别是农村经济而闻名的社会学家留下了深刻的印象。他没有想到，西柏坡之旅的第一课不是中共领袖，而是往前线送粮的民兵支前队。费孝通心里琢磨，毛泽东在《论持久战》和《将革命进行到底》里说过，中国革命的胜利必须依靠人民群众，打一场人民战争。那么，这些支援前线农民的活动，是不是就是人民战争？

当时，这些民主人士从平津国统区大城市前往解放区。从北平、天津等北方城市到西柏坡，路途虽没有香港那么遥远，但同样要冒很大的风险。为了安全，他们大多经中共中央华北局城工部设在沧州机务段的对外称作"和平教会"的交通站辗转泊镇，然后经石家庄再到平山县李家庄。

符定一、吴晗、刘清扬、周建人、韩兆鹗以及吴蘖梅的代表何惧就是走的上述路线。而雷洁琼、费孝通、张东荪等4个人则是由部队护送沿太行山南行。楚图南、翦伯赞、田汉等人则是经山东解放区进入河北，再由中共华北局地下党安排进入平山县李家庄。

民主人士到达解放区后，不仅受到了当地群众的热情接待，毛泽东也抽时间在西柏坡和李家庄会见他们，费孝通、张东荪、雷洁琼、吴晗、符定一、胡愈之等民主党派人士、社会贤达都曾在河北这个小山村与中共领袖论古今、言国事，促膝谈心。

与此同时，南线的护送工作也在秘密地进行。1948年5月的一天，远在香港的李济深家里集中了何香凝、谭平山、蔡廷锴、马叙伦、陈其尤、李章达等中国政坛的名人，他们在商讨如何响应中共的"五一口号"。因为李济深是民主人士在香港的"头面人物"，其一言一行十分引人注目。

史学家吴晗

"五一口号"发布的第二天，毛泽东手捻毛笔，挥毫致函李济深、沈钧儒。信中以协商的口气具体提出了召开政治协商会议的时间、地点、参会党派和原则、实施步骤等，实际上是对中共中央"五一口号"有关内容作了阐释。信中说："在目前形势下，召集人民代表大会，成立民主联合政府，加强各民主党派、各人民团体的相互合作，并拟订民主联合政府的施政纲领，业已成为必要，时机亦已成熟。国内广大民主人士业已有了此种要求，想二兄必有同感。……会议的地点，提议在哈尔滨。会议的时间，提议在今年秋季。并提议由中国国民党革命委员会、中国民主同盟中央执行委员会、中国共产党中央委员会于本月内发表三党联合声明，以为号召。"

"五一口号"发表之后，毛泽东立即亲笔致函李济深、沈钧儒，其用意十分明确。

根据"五一口号"的精神和毛泽东的建议，5月2日，周恩来又具体开列了一个邀请民主人士来解放区参加新政协的名单，其中包括李济深、冯玉祥、何香凝、李章达、沈钧儒、吴晗等29人。

毛泽东写给李济深、沈钧儒的信发出之后，周恩来电令钱之光立即动身到香港具体执行这一任务。电报指示钱之光：

> 到香港后会同中共香港分局，香港工委方方、潘汉年等，接送在港民主人士北上进入解放区。

曾任南京中共代表团办公厅主任的钱之光，这次去香港的身份是"解放区救济总会特派员"。按照周恩来的电令，钱之光很快在香港安营扎寨，对外办起了"华润公司"，表面上是经商办实业，暗地里安排护送爱国人士进入解放区。

香港当时聚集的民主党派，有民盟方面的沈钧儒，民革方面的何香凝、李济深、柳亚子，民盟新加坡支部的胡愈之、沈兹九夫妇。还有内地很多文化界人士数百人。

这么多人通过秘密的方式进入解放区，走空中航线不现实。因为从香港登机到伦敦，必须经过英国控制的海关，而英国与南京政府有正式的外交关系，英国政府对共产党的态度完全是"西方立场"。走海路也不是十分安全。

爱国将领、著名民主人士冯玉祥于1946年9月赴美国。1948年7月，冯玉祥接到共产党邀请，从美国乘苏联"胜利号"轮船回国参加政协筹备工作，不幸和女儿冯晓达在海上遇难。

冯玉祥遇难后，周恩来在之后的行程安排上可谓细致如发。他电令香港分局对民主人士搭乘苏联的轮船要慎重处理，叮嘱钱之光等人要做到：

> 没有船行保证不能乘；民主人士有顾虑不能乘；就是船行有保证，民主人士无顾虑也不能都乘一条船。

护送香港民主人士北上，周恩来用的心思最多，发给香港的电报也最多。他继续电告香港分局：

> 在港的民主人士北上必须做到万无一失！而且，每条船都必须有共产党员随船护送。

经过精心安排，第一批来到解放区民主党派领袖名单确定，他们分别是蔡廷锴、谭平山、沈钧儒、章伯钧、林一元。由共产党员章汉夫、李嘉人护送。租用"宝德华"号货船，悬挂苏联国旗。

浩渺的海洋，随处可触的暗礁，"宝德华"号像一叶扁舟随波起伏。舵手紧盯

1948年，中国国民党革命委员会主要成员在香港合影（前排中间为李济深）

罗盘，蔡廷锴、章汉夫和船员们喊着号子手持长篙，随时防止船体偏离航向，触到暗礁。

经过海上 8 天的航行，9 月 20 日凌晨，"宝德华"号前方终于隐约看到了陆地。船长指着身旁的地图，告诉随船护送的中共党员章汉夫："现在我们已经到了朝鲜的罗津港。"章汉夫明白，此时辽沈战役正在酣战，民主人士只能从朝鲜登陆，经过罗津港再辗转从牡丹江乘火车到哈尔滨。

得知第一批民主人士顺利登岸，当天周恩来在西柏坡又拟出邀请港沪、长江以南民主人士77人和平津地区民主人士24人，并很快确定香港北上的第二批名单，他们是马叙伦、鲁迅夫人许广平和他们的儿子周海婴、陈其尤、沙千里、曹孟君、丘哲等30多人。由共产党员连贯等护送，租用香港船只"华中轮"，悬挂葡萄牙国旗。

在这批护送的民主人士中，有一位特殊的客人——鲁迅和许广平的儿子——周海婴。

民主人士北上期间，先后共分4批，20多船次，但在航行路途中唯有鲁迅的儿子周海婴拍摄了为数不多的照片。这是因为民主人士北上参加新政协在当时是中共的绝密行动，周海婴先生的业余爱好意外地成了用照片记录这段历史的唯一见证。

在海上航行期间，周海婴还拿着一个小本

★ ★ ★ ★ ★

冯玉祥（1882—1948）

安徽巢县（今巢湖市）人。民国时期著名军阀、军事家、爱国将领、民主人士。国民革命军陆军一级上将，蒋介石之结拜兄弟。在国民党中的位置曾一度仅次于蒋介石。由于冯玉祥坚决反对蒋介石的独裁统治，所以遭到排挤。之后以"水利考察专使"的身份逗留美国。在美国，冯玉祥利用各种场合发表演讲，先后发表了《我为什么同蒋介石决裂》《致蒋介石的一封公开信》等文章或演讲，要求蒋介石下台。

冯玉祥（右一）及家人

民主人士北上到安东（今丹东）后的合影，左起第六位是鲁迅夫人许广平（周海婴拍摄）

子，让同船的伯母、叔叔留言。其中，郭沫若在题写的诗中写道："团团毛冷线，船头日夜编。北行日以远，线编日以短。化作身上衣，大雪失其寒。乃知慈母心，胜彼春晖暖。"

"五一口号"发表之后，李济深作为中共邀请的重要民主人士，按说应该最早动身，但是他并没有出现在前两批北上的民主人士之中。其实，李济深没有动身与多方面牵制有关。首先，李济深不只是中共和民主阵营关注的对象，美国的一些政客和国内一些既反蒋又反共的所谓中间势力也是三番五次地找上门来，想利用李济深在军界的影响和在国内外的声望，组织一个国共政府之外的第三政府来取代蒋介石；其次，港英政府以为了确保"任公（李济深字任潮）安全"为借口，增加岗哨，加派警力；再次，国民党军统特务暗中盯梢，监视李济深的一举一动。在风口浪尖上的李济深稍不谨慎，就有生命危险。

李济深的"光说不动"还有一个原因，就是李济深的妻子身患重病滞留上海，儿子也在内地遭到国民党监视。在顾虑重重中，中共地下党负责人潘汉年、国民党元老廖仲恺的夫人何香凝与他商量万全之策，推心置腹地提示他迅速抉择，促其不要再犹豫。于是，李济深毅然决定北上。

1948年12月26日，圣诞节的第二天，香港沉浸在节日气氛中，中共香港分局负责人潘汉年亲自来到李济深家里安排秘密离港的行动计划。把国民党安排的密探、眼线一一甩掉，躲开国民党特务的监视，李济深随同何香凝、朱蕴山、吴茂荪等人登上游艇，佯装散心。入夜以后，神不知鬼不觉地登上"阿尔旦"号，并于次日凌晨安全出港。旋即，李维汉又将香港发来的密电送至毛泽东、周恩来：

> 货物安全出港，英姑娘没有送行。

这句暗语的"货物"指李济深，意思是李济深已经安全离开香港，"英姑娘"是指英国方面没有跟踪监视。看完密电，毛、周二人悬着的心才算放下。

此时，国民党特务突然发现紧盯的李济深不见了。接着，白崇禧派专机到香港接李济深去武汉入伙也扑了个空。港英当局一时不知所措。

李济深登上"阿尔旦"号时是一身商人打扮。上船后，李济深和朱蕴山都被安排在船长室，因为船长室可以免除海关检查。当货船行至台湾海峡时，虽然海上有舰艇盘查，天上有飞机盘旋，但"阿尔旦"号凭借船头飘扬的苏联国旗，坚持着正常的航速。按前两批北上航行的时间推算，一般8到10天，"阿尔旦"号应该靠岸，为什么10天过去了还不见身影？周恩来急电大连迅速查明原因。原来"阿尔旦"号过了台湾海峡之后坏了一个引擎，加上顶风航行，所以比正常航行慢了许多。船速虽慢，但船上的乘客却异常兴奋，那心情真可谓"千里江陵一日还"。李济深在茅盾递来的书册上欣然题字：

> 同舟共济，一心一意，为了一件大事！一件为着参与共同建立一个独立、民主、和平、统一、康乐的新中国的大事！同舟共济，恭喜恭喜，一心一意，来做一件大事。前进！前进！努力！努力！

1949年1月7日，经过海上12天的航行，李济深终于安全抵达大连。三天后到达沈阳。

第三批输送的民主人士最多，同船的有茅盾夫妇、朱蕴山、章乃器、彭泽民、洪深、邓初民等。到达沈阳的当天，李济深立即致电毛泽东、周恩来，电文称赞：

> 中国共产党的领导，路线正确，措施得当，是大势所趋，人民的期盼。

1949年2月1日，李济深与先期到达东北解放区（哈尔滨）的各民主党派、各人民团体、文化艺术界、新闻界、社会科学界和其他方面有影响的爱国民主人士沈钧儒、马叙伦、郭沫若等56人，联名致电毛泽东、朱德等人，庆祝人民解放战争的伟大胜利。

第二天，毛泽东给李济深等56人发出复电：

此次人民解放战争之所以胜利，是由于全国人民不畏强御，团结奋斗，各民主党派各人民团体一致奋起，相与协力，从而使人民解放军获得各方面的援助，使人民的敌人完全陷于孤立，胜负之数，因以判明。

★ ★ ★ ★ ★

章乃器（1897—1977）

浙江青田人。救国会"七君子"之一，中国近代史上一位特立独行的爱国民主先驱。1918年毕业于浙江商业学校（今浙江工商大学）。后从事金融工作，曾在上海任浙江实业银行副总经理。我国著名的爱国民主人士，中国资信业第一人。中国民主建国会发起人。新中国成立后，历任中央人民政府政务院政务委员、中央财经委员会委员、粮食部部长、中国民主建国会中央副主任委员。

香港民主人士陆续抵达解放区，使得仍然滞留在国民党统治区的知名爱国人士生存环境更加艰难。身在上海的张澜、黄炎培、罗隆基已经处于国民党保密局的严密监视之下。1949年2月，在上海地下党的帮助下，黄炎培带着夫人到永安公司假借购物，他们前脚进商场，然后迂回从后门出来，甩掉特务跟踪隐藏在女儿家里。第二天又化装登船离开上海，3月14日又由地下党陪同绕道从香港前往北平。黄炎培夫妇25日到北平正赶上毛泽东在西苑机场阅兵，在机场黄炎培又一次见到了久别的毛泽东。同船的还有姚维钧、盛丕华等人。

从1948年8月到1949年9月，陆续乘船北上的民主人士共有4批20多次，共计300多人，加上党内干部共有1000多人，一路上人人安全。

在之后召开的第一届中国人民政治协商会议上，李济深、张澜、宋庆龄三位民主人士当选为中央人民政府副主席。郭沫若、黄炎培当选为政务院副总理。朱学范等一大批爱国民主人士被组阁到政务院担任重要职务。

情动浦江：宋庆龄命驾北上

诚邀庆龄建新国，同意北上为共和。
继承中山革命志，伟大一生功勋卓。

　　1949年春节来临，上海到处是一派节日气氛，宋庆龄住所前来拜年的朋友络绎不绝。这天上午，曾任宋庆龄秘书的柳无垢佯装拜年转交给宋庆龄一封绝密电报：

　　中国革命的形势已使反动派濒临死亡的末日，沪上环境如何，至所系念。新的政治协商会议将在华北召开，中国人民革命历经艰辛，中山先生遗志迄今始告实现，至祈先生命驾北来，参加此一人民历史伟大的事业，并对于如何建设新中国予以指导。至于如何由沪北上，已告梦醒与汉年、仲华切商，总期以安全为第一。谨电致意，伫盼回音。

中共中央
1949年1月19日

　　宋庆龄看了电报并没有马上回应。给宋庆龄送电报的人是地下秘密工作者华克之。具体部署和操作这项任务的是远在西柏坡的周恩来和香港的潘汉年。

　　在复杂而微妙的形势下，中共安排宋庆

★★★★★

华克之（1902—1998）

　　江苏扬州市人。原名华皖，化名华克之是刺杀汪精卫时所用。与多位国民党上层人物结有莫逆之交，后秘密加入中国共产党。曾用过几十个别名，化装过各色人物，周旋于日、美、英和汪精卫、国民党上层人士之间。他在隐蔽战线与敌人斗争的惊险情节跌宕起伏，是一位谍战奇才。逝世后公开使用的名字是"张建良"。

★★★★★

廖梦醒（1904—1988）

广东归善人。廖仲恺、何香凝的长女，是廖承志的胞姊。早年追随孙中山投身反帝反封建运动。1924年加入国民党，1931年加入中国共产党。抗日战争时期，参加中国妇女抗敌后援会及保卫中国同盟，任宋庆龄秘书，负责宋与中共方面周恩来的联络工作。1949年后，历任全国人大代表、政协委员、妇联执委等要职。为中国妇女解放事业做出了贡献。

★★★★★

潘汉年（1906—1977）

江苏宜兴人。1925年秋加入中国共产党。左翼文化运动的创始人和领导人之一。他是党在白区统战工作的重要领导者、指挥者和实践者。新中国成立初期，他成功开展了上海工商界统战工作。毛泽东曾对潘汉年在统战工作等方面做出的杰出贡献给予高度评价。

龄秘密行动确实有相当大的难度。在周恩来的周密安排下，密电首先发到了中共设在上海的地下组织。电报发出之前，中共中央又拟电要求：

> 由梦醒译成英文并附信，派孙夫人最信任而又最可靠的人如金仲华送去，并当面致意，万一金不能去，可否调现在上海与孙夫人联络的人来港面商。

电报中梦醒是指廖仲恺、何香凝的女儿廖梦醒。因为父亲廖仲恺、母亲何香凝是孙中山最忠诚的同志，廖梦醒从小就与宋庆龄熟稔。1915年10月25日，孙中山与宋庆龄在日本结婚，参加他们婚礼的除了廖仲恺一家外，只有少数几个朋友。当时廖梦醒11岁，但日文已很流利，是孙中山与宋庆龄婚礼的"小翻译"。

此次秘密安排宋庆龄北上，周恩来在审这份电报稿时又加上一段话：

> 第一必须秘密，而且不能冒失。第二必须孙夫人完全同意，不能稍涉勉强。如有危险，宁可勿动。

接到中央的电报，方方、潘汉年、刘晓进行了认真研究。为顺利完成这项任务，他们决定派具有丰富地下工作经验的华克之携带信件秘密去上海，北上的大致路线是，准备先接宋庆龄到香港，然后再护送她与何香凝一起北上。华克之后来回忆："对于完成这一任务的细节与可能遇到的问题，潘汉年都予以设计，详细介绍，反复交代，要求保证宋庆龄的绝对安全。"① 华克之到达上海后，通过柳无垢转交了信件。

1949年2月20日，华克之再次来到柳无垢家听候宋庆龄的回应。柳无垢递上一封宋庆龄用英文撰写的亲笔复函：

> 亲爱的朋友们，请接受我对你们诚恳邀请的深切的感谢。我非常抱歉，因身体有病，不克即日成行，但我的心是与你们连在一起的。我深信，在你们英勇、智慧的领导下，这一章历史——那是早已开始了，不幸于二十三年前被阻——将于最近将来光荣地完成。

宋庆龄经慎重考虑决定留在上海，继续领导中国福利基金会开展工作，迎接解放。中共中央尊重她的意见。

宋庆龄"一动不如一静"，拟在上海迎接解放的想法很快通过电报传到了西柏坡。

1927年4月12日，国共合作的局面彻底分裂。同年9月，宋庆龄带着孙中山的遗愿成功地对苏联进行了访问。她表示"我一回到中国，首先要做的一项工作，就是展开一个同样伟大的运动"。但令宋庆龄失望的是，这时的蒋介石已经彻底背叛了孙中山"联俄、联共、扶助农工"的三大政策，手头正忙着"剿灭共匪"。对此，宋庆龄公开表示抗议。1931年，宋庆龄在上海发表了《国民党已不再是一个政治力量》的声明。宋庆龄在声明中说："尽管蒋介石继任孙中山的职务，成了国民党的领袖。但是如果不能贯彻他的政策，他们便不再是革命的党。"宋庆龄断言，"国民党作为一个政治力量已经不再存在了，已经灭亡了……"

果然像宋庆龄断言的那样，到1949年1月，经过辽沈、淮海、平津三大战役，国民党政府已经岌岌可危，全国解放指日可待。但此时上海还在国民党手中，对待宋庆龄，蒋介石自然不敢轻易下手。但是对待与宋庆龄有来往，被认为有嫌疑的人那是绝不留情。这个时期，国民党的行刑队在街上抓到所谓的"共党分子"，不加审讯，就地处决，上海处在一片白色恐怖之中。

宋庆龄决定"一动不如一静"，不是因为她惧怕蒋介石，而是在国际国内形势复杂多变的情况之下，宋庆龄需要沉着应对。

1949年，蒋介石在大陆的统治行将结束。在退守台湾之前，蒋介石为了捞取政治资本，在社会上散布说宋庆龄将在国民党政府就职。为此，宋庆龄在上海英商《字林西报》（英文）上以中国福利基金会的名义发表声明：

---

①黄祥豫，主编. 潘汉年在上海[M].上海：上海人民出版社，1996.

中山夫人今天宣布：关于她将在政府中就职或担任职责的一些传说，是毫无根据的。孙夫人进一步声明，她正在以全部的时间和精力致力于中国福利基金会的救济工作。她是这个中国福利机构的创始人和主席。

为了拉拢宋庆龄，李宗仁亲自登门拜访，请宋庆龄以个人身份北上，向中共领导转达"和谈诚意"。宋庆龄断然拒绝。

政治拉拢无效，再用亲情感召。5月19日，宋庆龄收到妹妹宋美龄和弟弟宋子良的来信，信中婉言相劝："我们知道你在中国的生活一定很艰苦，希望你能平安、顺利。如果我们在这儿能为你做些什么的话，只要我们能办到，请告诉我们。"

共产党希望她"命驾北上"到北平来，国民党盼望她"命驾莅京"到南京去。摆在宋庆龄面前的是两条泾渭分明的路，选哪条？宋庆龄信仰坚定，决心已下。

1949年5月27日上海解放，邓小平和陈毅一进上海就立即拜访了宋庆龄，并在她的住处增派了一个连的警力，以确保宋庆龄的人身安全。

这个时候的毛泽东已从西柏坡到了北平，新中国的筹建也是一日紧似一日。眼看着开国大典的日期一天天临近，可宋庆龄还没有来到北平，中共的领袖们心里非常着急。6月19日，新政协筹备会议闭幕当日，毛泽东拿起笔饱含深情地写道：

庆龄先生：

重庆违教，忽近四年，仰望之诚，与日俱积。兹者全国革命胜利在即，建设大计，亟待商筹，特派邓颖超同志趋前致候，专诚欢迎先生北上。敬希命驾莅平，以便就近请教，至祈勿却为盼！专此，敬颂。大安！

毛泽东

一九四九年六月十九日

周恩来也拿起笔给宋庆龄写道：

庆龄先生：

沪滨告别，瞬近三年，每当蒋贼肆虐之际，辄以先生安全为念。今幸解放迅速，先生从此永脱险境，诚人民之大喜，私心亦为之大慰。现全国解放在即，新中国建设有待于先生指教者正多，敢借颖超专程迎迓之便，谨陈渴望先生北上之情。敬希早日命驾，实为至幸。

毛泽东与宋庆龄第一次见面是1926年1月在国民党全国第二次代表大会上。第二次是在1945年9月，毛泽东到重庆与蒋介石谈判，其间宋庆龄不顾国民党特务的盯梢，短短10天内4次拜访、宴请毛泽东，参加毛泽东、周恩来举行的茶会、酒会。

1949年6月25日，邓颖超带着这两封信在廖梦醒的陪同下来到了上海，但邓颖超既没有马上拜访宋庆龄，也没有马上把中共领袖的亲笔信送去，而是由廖梦醒先去探访。直到6月30日时机成熟，邓颖超才向宋庆龄出示了毛、周亲笔邀请函。宋庆龄接过邓颖超递过来的毛泽东、周恩来的亲笔信，看得非常仔细，字里行间寻找着、回味着……

良久，宋庆龄才和和缓缓地说："此事容我再仔细想一想。"原来，宋庆龄有一个难解的心结。在1949年之前，她曾两次到过北平。第一次是1925年春天，她陪同孙中山先生抱病北上。不久，孙中山病逝于北平。逝世前夕，孙中山签署遗嘱，包括《国事遗嘱》《家事遗嘱》和《致苏俄遗书》三个文件。在国事遗嘱中，他总结了40年的革命经验，发出了"革命尚未成功，同志仍须努力"的号召。第二次是1929年春夏，南京中山陵落成，她到北平参加丈夫的灵柩南移活动即奉安大典。从此，一提到北平，宋庆龄就伤心不已。邓颖超看到孙夫人没有立即动身的意思，决意安心住在上海，耐心等待孙夫人的抉择。

精诚所至，金石为开。直到两个月后，宋庆龄表示"同意北上"。"同意北上"只有4个字，但字字千金，这是一种选择，也是一种信任，更是对新中国的全部寄托。

于是，孙中山夫人宋庆龄应毛泽东、周恩来的盛情邀请，第三次北上。一路同行的有周恩来的夫人邓颖超，还有她长期的工作伙伴廖梦醒。此时的宋庆龄是

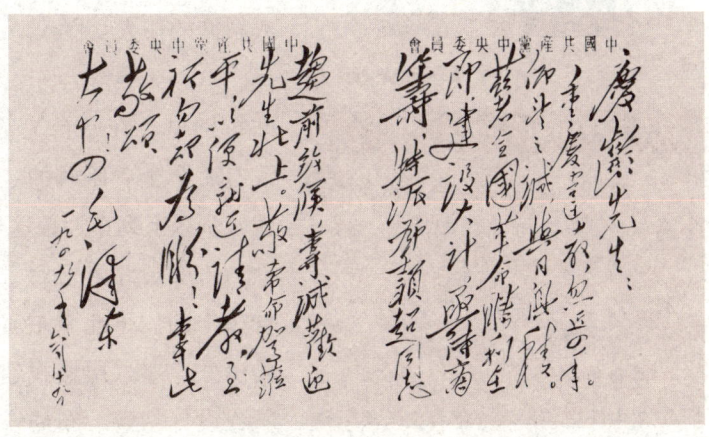

1949年6月，毛泽东亲笔致函宋庆龄，邀请她北上参与中国人民政治协商会议

什么心情,她自己后来曾经这样描述:

当田野在火车的窗外飞掠而过……当沿途的城市、市镇和乡村飞驰而过,当我看到……无数大小的河流……我就感觉到,我们中国是可以成为富饶之地的,一切基本的条件都具备了……这也使我明白,中国人民如果要从天然富源中获得最高生产量,必须面对巨大的工作。但是我也看到,任何成就都是我们力所能及的。人民的力量将是我们的推动力……在每一个表示进步的例子中,我看到中国迅速复兴建设的另一个希望。

1949年8月28日,宋庆龄抵达北平火车站,在车站等候和迎接她的队伍里,毛泽东、朱德、周恩来等中共领袖亲自到场。毛泽东还特地换上了他平时不大穿,只有迎送贵宾时才穿的衣服。曾加入孙中山创办的同盟会的林伯渠和董必武站在毛泽东身旁,他们早在孙中山流亡日本时就是他的追随者。还有一支队伍阵容空前,他们中有孙中山最重要的助手、遇刺殉难的廖仲恺的夫人何香凝和诗人、散文家柳亚子,两人都是坚定的国民党左派。面对政治危难,他们坚定地维护宋庆龄坚持国共合作的主张,都是宋庆龄可信赖的同志。

中国国民党革命委员会时任领导人李济深,著名的救国会"七君子"领头人、已有74岁高龄的法学家沈钧儒,作家、学者郭沫若,廖仲恺、何香凝之子廖承志以及来自不同界别的翘楚们齐聚车站,迎候这位深受国人敬仰的伟大女性。

这一天,毛泽东、朱德等领导人到火车站特别早,在站台上等了很长时间。其间,没有一个坐着闲聊的。列车刚停稳,毛泽东就健步登上列车迎接这位伟大的中国女性。

宋庆龄北上之后,先是住在由周恩来亲自选定的位于北平东城区方巾巷的一栋二层楼房。这座二层楼式建筑原是日本商人的住所,设计精致,布局合理。一楼是客厅和餐厅,宋庆龄住在楼上。宋庆龄在此住了约10

★★★★★

郭沫若（1892—1978）

四川乐山人。原名郭开贞,笔名沫若。著名文学家、剧作家、诗人,是中国新诗奠基人之一。同时,还是历史学家、古文字学家、书法家、学者、社会活动家,致力于世界和平运动。他著述颇丰,主编《中国史稿》和《甲骨文合集》,全部作品编成《郭沫若全集》38卷。

年时间，后定居在北京后海北沿46号。

北京后海北沿46号是一座古式庭院，始建于清康熙年间，为大学士明珠府邸，后为末代皇帝爱新觉罗·溥仪的父亲醇亲王载沣的府邸花园。周恩来亲自为宋庆龄选定这里居住，宋庆龄虽一再逊谢，但中央没有采纳她的意见。改造后的这座王府花园是在原来主体建筑以西，接建了一座中西合璧的二层主楼，作为宋庆龄的住所。主楼的南、西、北三面均有土山。庭院内水域布局由后海引入，环绕庭院。主楼南草坪

宋庆龄

保留着数棵古槐，参天茂盛，生机盎然。从她的书房向南眺望，不远处有一棵百年古槐，这棵古槐树参天茂盛，形似凤凰。后来，宋庆龄给这棵槐树取名"凤凰国槐"。至今，这棵古槐虽已经历300年风雨，依然枝叶繁茂。

1949年9月，第一届中国人民政治协商会议在北平隆重举行，宋庆龄当选为中华人民共和国中央人民政府副主席。之后，宋庆龄先后担任全国人民代表大会常务委员会副委员长、中华人民共和国名誉主席。

1956年9月，宋庆龄作为特邀代表列席中国共产党第八次全国代表大会并讲话。她说："中国人民积了几十年惨痛的经验教训，终于在中国共产党正确的领导下，很快地解脱了帝国主义的束缚，消灭了封建主义，取得了社会主义革命的决定性的胜利。经过两次革命，我们已经推翻了那人吃人的剥削制度而站立起来……"

日出
东方

1949年3月，中共七届二中全会召开；4月，人民解放军攻克太原，华北地区彻底解放；4月23日，人民解放军"百万雄师过大江"，一举解放南京，蒋家王朝覆灭。

1949年10月1日，中华人民共和国成立，新中国从此如气势磅礴的朝日雄踞于世界东方。

空城新计：一纸电文退敌兵

蒋介石偷袭空城，毛泽东智退敌兵。
巧施计围魏救赵，西柏坡岿然不动。

　　1948 年 10 月 24 日的清晨，细雨绵绵，冷风阵阵。西直门火车站一片忙碌，突然一个身影出现在站台上，他来回地走动，眼睛不停地看着装车的人，并默默数着车厢和列车上的货物，然后便匆匆离开。此人非同一般，他的公开身份是北平《益世报》采访部主任，而他的另一个身份是中共地下党员刘时平。

　　1948 年 10 月 23 日，位于北平的华北"剿匪"总部门前，岗哨林立，戒备森严。上午 10 点刚过，一些军事要员相继而出，有的行色匆匆，有的紧锁双眉，有的喜形于色。骑兵第十二旅旅长鄂友三刚回到

1948 年时的西直门火车站

家，就听卫兵报告，说是有一位姓刘的先生前来拜访。鄂友三起身一看，原来是多日不见的同乡同学加密友刘时平。

　　刘时平这次可不是简单的老乡间的拜访，而是接到了上级的指示，到鄂友三这来打探情报的。

同学相聚，免不了开怀畅饮。他们两人感觉对饮不够尽兴，于是又叫来了两个老乡，一个是国民党国防部保密局华北站长兼"剿总"爆破大队大队长杜长城，一个是宪兵第三营营长刘建龙。几杯酒下肚，鄂友三醉意朦胧，说出了上午傅作义召集他们开会，是部署想偷袭西柏坡的作战计划。而杜长城告诉刘时平，他的爆破大队在西直门火车站装车完毕，待命出发。刘时平得知这一情况马上举杯：我为兄弟们送行。于是，推杯换盏，畅快豪饮。

★ ★ ★ ★ ★

刘时平（1915—1999）

内蒙古包头市人。原名刘光兴，又名刘秀南，笔名胡笛。1936年参加革命，1937年加入中国共产党。从事新闻工作。20世纪40年代，利用合法报刊，揭露反动势力，写过诸多有影响的报道，曾于1945年冒生命危险真实报道李公朴事件。新中国成立后，历任《解放日报》驻北京特派记者，复旦大学新闻系副教授，《人民日报》地方记者组副组长、记者兼中国社会科学院研究生院新闻系副主任。

酒席一直进行到第二天的清晨，鄂友三等三人是烂醉如泥。这时，刘时平急忙抽身，来到了西直门火车站。于是，就出现了开头的那一幕。刘时平探明了发车时间和发车方向及部队番号，随后立即报告地下党领导人李炳泉和崔月犁。当天，这份军机情报就传到了中共中央所在地西柏坡。

蒋介石和傅作义做梦也没有想到，10月23日，他们在华北"剿总"召开秘密军事会议，可到了第二天，即10月24日的上午10点左右，会议的内容已变成无形的电波，传到了西柏坡毛泽东的手中。其实，搜集这一情报的不止刘时平一人，时任华北局城市工作部长的刘仁、打入华北"剿总"二处特务组织驻石门联络站负责人的地下党员李智（化名殷志杰）也通过不同渠道把情报火速报送西柏坡。

1947年11月12日，石家庄解放，从此晋察冀和晋冀鲁豫两大解放区连成一片，成为华北解放区。蒋介石一直以来就想夺回这个极其重要的战略要地。从石家庄解放的第二天起，蒋介石就多次派飞机轰炸石家庄，1948年5月，他又下令阎锡山派赵俊义偷袭石家庄，结果中途被解放军截击。这次的偷袭和前几次都不一样，因为时局发生了极大的扭转，9月24日济南解放，10月15日锦州解放，东北全境解放在即，平津、淮海战役已拉开序幕，太原、归绥（今呼和浩特）等大

城市也被解放军重兵包围，中国共产党夺取全国胜利指日可待。

然而，蒋介石并不甘心面对这种局面，他从南京急忙飞到北平，召集了平津高级军官会议商讨对策，无果而散。蒋介石仍不罢休，他从不利的战局中看到了战机。而此时，人民解放军华北野战军主力仍在平绥（远）线的包头、大同、张家口附近进行局部作战，在冀中只有少数的地方武装，真正有作战能力的队伍只有保卫党中央的仅千人左右的队伍。可以说，石家庄实际上是一座空城。

1948年10月19日，在北平东城的圆恩寺，蒋介石对傅作义面授机宜：目前共党总部所在地兵力空虚。不如趁机组成一支快速奇袭部队突袭石家庄和西柏坡，一举捣毁共产党总部，一夜之间就可扭转北线战局。即使达不到预期的目的，也可以打乱解放军的战略部署，配合辽西兵团夺回锦州，也可以缓解解放军对太原、归绥的围攻。

傅作义深知毛泽东足智多谋，并且善于出奇制胜，在毛泽东面前搞偷袭，岂不是班门弄斧？可又一想，这次偷袭的确能迫使正在平绥西段和太原发动攻势的共军主力东调，减轻归绥和太原的压力。再说了，傅作义自从当上华北"剿总"司令以来，还没有什么作为。蒋介石曾经命令他偷袭济南，也曾经命令他参加辽西会战，可他均未从命。总是这样顶着不干也不是长久之计，对自己也没什么好处。如果这次偷袭石家庄能够成功，对扭转战局将是一大创举。傅作义权衡利弊，最后接受了这一任务。于是，蒋、傅二人密谋了偷袭兵团的调配、任命以及偷袭事件总部署等。蒋介石对傅作义叮嘱再三："这次偷袭一定要绝对保密，而且是越快越好。"

10月23日上午，傅作义在华北"剿总"司令部召开高级秘密军事会议。遵照蒋介石的面谕，首先下达了偷袭石家庄的作战任务和部队编制的命令，任命九十四军军长郑挺锋为总指挥，骑四师师长刘春芳、新二军三十二师师长刘化南为副总指挥，率3个军、10个师、1个旅共10万兵力，分偷袭和策应两个梯队。以骑兵为先导，由沧县等地出发，各部在10月26日全部集结保定，然后28日拂晓分别南下向西柏坡和石家庄发动偷袭，中心攻击目标是西柏坡。

10月24日上午10点左右，西柏坡中央机要处收到急电后，机要参谋译好电文，立即送给了毛泽东。

毛泽东作为中共军队的最高统帅，他有一个特点，那就是身边不留多少人，他甚至下令把中央警卫团也派到了太原作战。当时，华北军区留守在西柏坡的兵力只有一个团，也就1000人左右，而且，从北平到石家庄不到300公里，其中保定以北的铁路还控制在国民党军手里。从保定到石家庄也只有100多公里。参加袭击的蒋、傅军除骑兵外，基本上都是机械化部队。他们只需两天就可到达石家庄。而解放军的主力远在平绥线上，即使日夜兼程至少也需要四天的时间才能赶到。这就是说，中共军队必须在徐水到定县不足百余里的战线上，抗阻偷袭的傅作义部队三天以上，等待主力部队赶到。形势异常严峻，石家庄和西柏坡危在旦夕！

10月24日下午和晚上，中央军委先后3次收到华北军区转来的有关蒋介石和傅作义偷袭西柏坡的绝密急电。经过紧张研究，一个反偷袭作战方案应运而生。毛泽东决定采取三项措施：一是快速调兵遣将，保卫中央机关。决定冀中第七纵队迎击敌兵，同时动员20余万民兵埋地雷破坏道路，阻击敌人。调第二兵团日夜兼程南下，预定在定县以北地区歼灭进犯的敌人。二是做撤退准备。中央机关将机要文书档案等一类文件运到后方，从延安来的革命后代也进行了转移。三是进行广泛的宣传战，迷惑迟滞敌人。

面对严峻形势，毛泽东与周恩来、朱德磋商，先令胡乔木根据来电写一篇揭露蒋、傅阴谋的消息，然后与周恩来一起拟电杨得志、罗瑞卿、耿飚兵团，令其迅速从平绥线向平汉线转移。又拟电聂荣臻、薄一波，紧急动员沿线军民做好迎击偷袭的准备。同时，由任弼时等组织党中央机关向太行山深处的涉县一带转移。

部署完毕，毛泽东亲自修改了胡乔木写的消息，他增加了"确息"和指明参加这次偷袭行动的蒋、傅军队的具体番号，以显示解放军对其阴谋早已了如指掌。

消息全文如下：

（新华社华北25日电）确息：当我解放军在华北和全国各战场连获巨大胜利之际，在北平的蒋匪介石和傅匪作义，妄想以突击石家庄破坏人民生命财产。据前线消息：蒋傅匪首决定集中九十四军工程师及新二军两个师经保定向石家庄进袭，其中九十四军已在涿县定兴间地区开始出动。消息又称：该军配有汽车，并带炸药，准备破坏。但是蒋傅匪首此种穷极无聊的举动是注定要失败的。华北党政军各首长正在号召人民动员起来，配合解放军，坚决、彻底、干净、全部地歼灭敢于冒险的匪军。

第一封电文播发出去以后，为了配合解放军对付敌人的军事行动，毛泽东除命令有限的兵力在敌人可能进攻的沿线阻击外，还命令冀中、北岳的广大军民全力以赴地参加"紧急行动"。在敌人通过的大小道路上，埋设地雷，设置障碍。此时的毛泽东深知在这个时候攻心的重要性。于是，26日拂晓，他动手写了第二条消息：

（新华社华北26日电）为了紧急动员一切力量，配合解放军歼灭可能跑向石家庄一带进扰的蒋、傅匪军，此间党政军各首长已向保石线及其两侧各县发出命令：限于3日内动员一切民兵及地方武装，准备好一切可用的武器，以利作战，尤其注意打骑兵的方法。闻蒋、傅匪军进扰石家庄一带的兵力，除九十四军外，尚有新骑四师及骑十二旅，并附属爆破队及汽车百余辆，企图捣毁我后方机关、仓库、工厂、学校、发电厂、建筑物。据悉，该敌准备于27日集中保定，28日开始由保定南进。进扰部队为首的有九十四军军长郑挺锋，新编骑四师师长刘春芳，骑十二旅旅长鄂友三（即今春进扰河间之敌）。此间首长们指示地方各界，切勿惊慌，只要大家事先有充分准备，就有办法避其破坏，诱敌深入，聚而歼之。今春敌扰河间，因我方事先毫无准备，受到部分损失，敌部也被其逃逸。此次务希全体动员对敌，不使敢于冒险的敌人有一兵一卒跑回其老巢。今年5月，阎匪锡山、傅匪作义曾有合扰石家庄的计划；保石线及正大线各县曾经一度动员对敌，后来阎匪军一师在盂县被歼，傅匪军惧歼未动，但保石线人民已有了一次动员的经验；此次因蒋匪介石在北平坐镇，傅匪作义不敢不动。华北军区已向各县指出，不要以为上次未来，此次也不会来，不做准备，致受损失。即令敌人惧歼不来，我有此准备总是有利无害。

和第一条相比，毛泽东的第二条消息更加注重对具体问题的分析，消息明确地告诉敌人：不要以为你们偷袭的企图我们不清楚，恰恰相反，你们的一举一动都在我们的掌控之中。这两条消息在华北地区播发之后，可以说是最准确最有力的作战动员令。

及时播发的消息不仅鼓舞着人民的斗志，同时也在傅作义部队中引起了强烈的震动。时任国民党华北"剿总"政工处副处长的由竹生一到保定，就发现了刊有《蒋傅匪军妄图突袭石家庄》的号外。当他看见"郑挺锋、刘春芳、鄂友三"的名字时，由竹生立即发电报到总部，同时派人把"号外"送回北平。此次偷袭行动的前线总指挥郑挺锋一到保定就收听到中共新华广播电台的广播，在部队刚集结完毕，准备全面出击前，他忧心忡忡地致电傅作义："彼方既有所感，

1948年毛泽东在西柏坡

必然已有准备，袭击恐难收效……"而让他没想到的是，傅作义的复电竟是："总统面谕，一切仍按原计划执行。"

当时，作为偷袭行动总指挥的傅作义处于进退两难之中。这一行动刚刚开始就停止进攻，对他来讲是不能接受的，对正在"督阵"的蒋介石也没法交代。所以，傅作义没有采纳部下的建议，要求部队继续南进。28日，用4天时间集结起来的国民党军从保定出发，在10架飞机的掩护下，分4路向石家庄进发。

1948年10月28日《人民日报》一版头条刊登的由毛泽东亲自撰写的关于迎击敌军南袭的报道

10月28日，参加偷袭的各路部队在保定集结完毕，向南直取石家庄。同时，为了保证前方部队的安全，傅作义特命势力强大的嫡系三十五军和中央系十六军从北平南下作为接应部队，形成强兵压境之势。

29日拂晓，毛泽东接到傅作义的部队到达方顺桥的情报后，立即着手写了第三条消息。消息开头写的是"口播稿"。稿中称："傅匪作义军郑挺锋、刘春芳、鄂友三、杜长城（爆炸队长）等部总共不过2万人。昨28日已窜至保定以南之方顺桥"。接着，描述敌军行动的具体情况，最后宣告，"我保石线两侧各县……广大人民群众，均已完成作战准备等待着敌军到来，配合正规军大举歼敌"。消息写好后，新华广播电台迅速播出。

人民解放军华北野战军主力三纵、四纵和二纵的一部虽星夜兼程，接近石保线，原在冀中的七纵已投入战斗，但兵力仍显不足。毛泽东果断决定"围魏救赵"，以解西柏坡之危。他三次致电刚歼灭廖耀湘兵团的林彪、罗荣桓、刘亚楼，派兵冀东，威胁北平。经过两天的兵力调动和前线部队的交火，解放军回援部队已抵保石线，东北部队开始南下，直逼北平。而傅军兵无斗志，前线总指挥郑挺锋从我28日的广播中得悉其亲如同胞的堂弟郑挺艾部在辽沈战役中被歼，十分悲痛，想以母病重为由请求调离。傅作义对此次的偷袭行动开始动摇了。

面对军心开始动摇的傅作义部队，毛泽东乘胜追击，已经着手对这支"心乱"之师做最后一击了。于是，毛泽东开始动手写了第四篇文稿，即《评蒋傅匪军梦想偷袭石家庄》：

> （新华社华北31日电）当国民党军队的将军们都像一些死狗，咬不动人民解放军一根毫毛而被人民解放军赶打得走投无路的时候，白匪崇禧、傅匪作义似乎还有一点生命力，就被美国帝国主义者所选中，成了国民党的宝贝了。蒋匪介石已经是一具僵尸，没有灵魂了。什么人也不相信他，包括他的所谓"学生"和"干部"在内。在美国指令之下，蒋匪介石提拔了白崇禧、傅作义。白崇禧现在已是徐州、汉口两个"剿总"的统帅，傅作义则是北线的统帅，美国人和蒋介石现在就是依靠他们挡一挡人民解放军。但是究竟白崇禧、傅作义还有几个月的寿命，连他们的主人和他们自己也不知道。蒋匪介石最近时期是住在北平。在两个星期里，由他经手送掉了范汉杰、郑洞国、廖耀湘三支大军。他的任务已经完毕，他在北平已经无事可做，昨日业已溜回南京。蒋介石不是项羽，并无"无面目见江东父老"那种羞耻心理。他还想活下去，还想弄一点花样去刺激一下已经离散的军心和人心。亏他挖空心思，想出了偷袭石家庄这样一条妙计。蒋介石原先是要傅作义组一支轻兵去偷袭济南的，傅作义不干。偷袭石家庄，傅作义答应了，但要出本钱。傅作义出骑兵，蒋介石出步兵，附上些坦克和爆炸队，从北平南下了。真是异常勇敢，一个星期到达了望都地区；指挥官是郑挺锋。从这几天的情报看来，这位郑将军似乎感觉有些什么不妥之处，叫北平派援军。又是两家合股，傅作义派的是三十五军，蒋介石派的是十六军，正经涿州南下。这里发生一个问题：究竟他们要不要北平？现在北平是这样的空虚，只有一个青年军二〇七师在那里。通州也空了，平绥东段也只有稀稀拉拉的几个兵了。总之，整个蒋介石的北方战线，整个傅作义系统，大概只有几个月就要完蛋，他们却还在那里做石家庄的梦！

毛泽东在这篇评论中指出：你傅作义要不要北平？你还有几个月的寿命？这与其说是讲给全国人民听的，倒不如说是专门写给傅作义看的。与其说是一份恩威并施的劝降书，不如说是一种经典的攻心术。在毛泽东这篇评论播发后的第二天凌晨，傅作义就放弃了偷袭计划，他十分惧怕重蹈罗历戎三军被歼的覆辙，急令其部队迅速返回北平。当部队撤退到徐水时，被解放军南北夹击。傅作义部队损失官兵3700多人、汽车90余辆、战马240匹及其他大量作战物资，以失败告终。

两天后，当蒋介石获悉解放军第三纵队31日晨才赶到沙河负责阻击任务，而在此之前西柏坡确实没有守兵的时候，方知上当。他捶胸顿足，后悔莫及。当有人建议杀个回马枪的时候，蒋介石仰天长叹："晚了晚了，这个时候毛泽东是真的有准备了。"

偷鸡不成反蚀把米。可故事还没有结束。作为这次偷袭的总指挥郑挺锋回到部队，唯恐上峰责怪他指挥不力，于是他向蒋介石和傅作义谎报战果，说什么他的部队在这次行动中，烧毁棉花20多万斤，炸毁工厂40多家。傅作义心知肚明，但为了鼓舞士气，他竟发出通令，宣称郑挺锋提升为兵团司令；鄂友三由旅长晋升为骑兵师长；刘化南师允许扩编成军，并兼任保定警备司令。但实际上郑、鄂、刘三人一直原职未动，所谓的提升只不过是画的一张充饥的饼而已。

《三国演义》中的诸葛亮曾用"空城计"瞒过了司马懿。历史有时候是何等的相似，如果说石家庄是街亭，那么这西柏坡就是名副其实的西城。傅作义没有想到，毛泽东一不用老军扫街，二不用在城楼抚琴，只是一连挥笔写下了4条新闻，智退了他的10万兵。更让他没想到的是，仅仅4个月后，他被中共请到了西柏坡，和毛泽东、周恩来相对而坐，而且后来成为了中央人民政府中的一员。

链 接

崔月犁（1920—1998）

河北省深县人。原名张广印。1937年6月参加革命，同年12月加入中国共产党。1982年4月任卫生部部长、党组书记，兼任全国爱国卫生运动委员会副主任。在中共第十二次全国代表大会上当选为中央委员。在中共第十三次全国代表大会上当选为中央顾问委员会委员。

刘仁（1909—1973）

原名段永鹬（段永强），1927年加入中国共产党。解放战争时期，任中共华北局组织部副部长、城工部部长。中华人民共和国成立后，历任中共北京市委组织部部长，市委副书记、第二书记，中共中央华北局书记处书记。

特殊卫队：寂静战场显神威

> 柏坡岭下西黄泥，布防侦破短讯急。
> 风险迷离香山路，寂静战场写传奇。

2009年一部名为《潜伏》的电视连续剧在屏幕上热播，从而掀起了一股"谍战热"。几年过去了，人们对于隐蔽战线往事的追寻和探究依然乐此不疲。虽说电视剧进行了大量的艺术加工，但是其中还是有不少的细节是源于真实的历史。由于工作使命的特殊性，他们的真实姓名和身份不被人知晓，隐蔽工作也是越秘密越安全，因此对于很多人来说，这些无名英雄们多带有神秘色彩。在河北省西柏坡有一个地方叫做国安厅，走进大门，赫然映入眼帘的是"无名丰碑"四个大字，无数的没有名字的小星星悬挂周围，后人用这种方式来祭奠我们的无名英雄们。

1949年2月3日，正是农历的大年初六，这一天，鞭炮声、锣鼓声、人们的欢呼声响彻整个北平城。北平和平解放了，中国人民解放军队伍举行盛大的入城式，分别从永定门和西直门进入北平城，整整走了6个小时。与此同时，远在西柏坡的中共中央正在筹划着迁址工作。时任中共中央直属供给部副部长范离在北平勘察驻地。当范离结束他在北平的调查回到西柏坡后，中共中央并没有作出最后决定。

1949年2月，中共中央派出了一个14人的行动小组再次赶往北平。此行动小组肩负着一个重要而绝密的任务，负责此次行动的是一个非常重要的人物。

这个重要人物就是有着"中共特工王"称号的李克农，当时的中共中央社会部代部长。毛泽东曾笑称李克农为"共产党的大特务"，美国中情局也把他看作中国共产党内最强有力的对手。他是隐蔽战线的灵魂人物，一生充满了传奇。他与中共历史上的许多重要事件联系在了一起，并且发挥了举足轻重的作用。早在1931年4月26日，钱壮飞送出的顾顺章叛变的消息就是通过他及时的传递，才使得中共中央免遭一劫。这么重量级的人物，他此行的目的到底是什么呢？

2月初，中共中央机关、解放军总部及毛泽东等准备迁驻北平，这可是一件非同寻常的大事。中共中央在西柏坡成立了转移委员会，由周恩来、杨尚昆等人负责。李克农开始在香山进行全方位勘察，香山林木繁茂、地理位置十分隐秘，而最高峰鬼见愁557米的海拔高度，非常适合警卫部队安排防空部署。

当时，由于处在即将成立新中国的特殊历史时期，香山这块地方在被确定为中共中央进驻北平的第一站之后，为了保密，对外有另一个名称"劳动大学"，这种做法其实在西柏坡时就有了先例。那时中共中央的驻地被称作"工农学校"，刘少奇被称为"刘校

李克农（1899—1962）

安徽巢县（今巢湖市）人。被誉为"党的秘密工作四杰"之一。在长期的革命生涯中，他多次在紧急关头保卫了党中央的安全，在关键时刻向党中央提供了决策性情报，为中国人民的解放事业做出了重大贡献，曾任中央军委总情报部部长、中国人民解放军副总参谋长。1955年被授予上将军衔，是一名从"寂静战场"上走出来的特殊将军。

长"，朱德被称为"朱校董"。一些人不知内情，以为真是学校，跑来投考。香山的"劳动大学"也出现过类似的情况。不过，单从这一点就看得出来，"劳动大学"这块牌子对中共中央机关隐身，确实起到了很好的保密作用。在环境和站点确定之后，接下来要面临的就是警卫和安全问题，当时的北平并不太平，反革命活动，打暗枪、放信号弹、抢劫、盗窃等破坏活动时有发生。在这样的局势和社会治安状况下，要保卫"劳动大学"的安全可不是一件容易的事。要承担这么一个重大任务，仅仅靠原来的中央警备团和北平市纠察总队已经远远不够了。

怎么办呢？增调援兵。李克农这时候想到了吴烈。吴烈是当时第四十五军第一三三师师长，1930年参加红军后，一直在搞警卫工作。最初，他是在红军总前委的特务大队。长征到陕北后，他是中央警卫教导大队的大队长。1949年2月中旬，吴烈负责保卫中共中央机关、保卫毛泽东等领导人，同时还负责北平市的卫

成任务。这个师改为第二〇七师，由吴烈担任师长。这个师参加过一些战斗，有一定的战斗经验，而且队伍中还有一批骨干，绝大多数是翻身农民，政治上可靠。后来，吴烈历任中央军委公安部队参谋长、北京卫戍区司令员。

这是很大的转折。任务变了，斗争形式也由与公开的敌人作战转变为与暗藏的敌人进行斗争。部队不但面临着思想上的大转弯，而且在斗争手段上也必须从头学起。经过短暂的培训，3月初，这支秘密警卫部队悄然由河北固安县开进北平。

这支警卫队的组建对当时北平的安保工作无疑是雪中送炭，但这远远不够。随着三大战役的结束，一批批特务分子也分别从华北、西北、东北潜伏到北平，北平敌情形势异常严峻。相关资料显示，当时的北平仅国民党特务组织就有114个，职业特务达8500多人，他们无时不在伺机破坏。眼看距离中共中央迁北平的日期越来越近，而此时敌特和间谍组织却还没有查清楚，怎么办？

1949年3月5日，中共中央在西柏坡举行七届二中全会，就在会议召开后的第三天，也就是1949年3月8日清晨，又有一支特殊队伍从西柏坡附近的西黄泥村向北平方向进发了。

上面提到的警卫部队二〇七师已经在3月初出发去了北平，那么，这支队伍又是一支什么样的队伍呢？他们就是便衣警卫人员。当时，公开说法是要选拔社会工作人员。

一开始的具体要求是：

1. 家庭出身贫下中农，政治上要绝对可靠；

2. 年龄在25岁以下，身体健康；

3. 具有三年党龄、五年军龄。

1月18日下午，被挑选出来的部队官兵到河北建屏县西黄泥村训练班集中。后来建屏、平山两县合并称平山县。这期训练班在村子中两个坐西朝东的大院里。南边那处院子是教学区，北边院子则是生活区。

这期训练班共有160多人，主要来自三个部门：一是华北军政大学。这部分同志都是连排干部，他们长期在前方作战，具有丰富的战斗经验。二是中央警备团。这部分同志也都是连排级干部，他们长期担负保卫党中央、毛主席的任务，具有丰富的警卫工作经验。三是中共中央社会部。这部分干部长期在敌占区从事隐蔽工作，具有丰富的反敌反特斗争经验。来自这三个部门的干部混编组成便衣保卫队，简称便衣队。当时中央的考虑是，这三部分人员组合在一起优势互补，

毛泽东与便衣队员合影

来共同完成任务。当时这项新的秘密的工作并不是马上被训练班的学员所接受，于是有人提出了异议。

1月19日下午，中央社会部的一位负责人到南院点名并宣布编队情况。在点名之前，来自华北军政大学的李广仁根据原单位一些人的反映，直接向这位负责人提问："据说，这个训练班是社会部办的便衣人员训练班，我们结业以后是当特务。我们部分同志不愿意当特务，想回华北军大继续学习，好在毕业后走上战场杀敌。"这位负责人说："我们这个训练班的全称是中央社会部便衣人员训练班。你们这一期学员是为保卫党中央、毛主席将来进驻北平而培训的便衣警卫干部。毕业后去北平，直接由李克农部长领导。你们都是按照严格标准挑选出来的政治上可靠的同志，担负的是最机密的保卫任务，或者说要完成的是一项特殊的任务，也可以简称特务。但是，我们这里所说的特务和国民党那种搞暗杀的特务完全是两码事。"这位领导人的实话实说打消了大家的疑虑。

90多岁高龄的高富有曾经就是这个训练班中的一员，在西柏坡无名英雄纪念馆的墙上显要位置贴着他的照片。高富有当时担任便衣保卫队的队长，在此之前，曾担任中央警备团手枪连连长，是出了名的神枪手，有百步穿杨的本领。此后一直在毛泽东身边，

高富有

担负着保卫党中央和中央首长安全的任务。

当时便衣保卫队的队员都穿着军装，后来每个人都发了便衣，用来工作时的乔装打扮。队员中有许多人长期在根据地从事保卫工作，他们经验丰富，身手不凡，遇事不慌，胆大心细。

3月10日，便衣队到达北平，李克农立即就给高富有安排了任务。用三天时间熟悉地形，三天后发枪。以前便衣队员用的都是步枪，这次为了保证做好保密安全工作，上级部门特意为便衣队队员们每人配了一支美制左轮手枪。这种枪体积小，便于携带。

发了枪，便衣队立即开始执行第一次任务：负责从西直门到香山这条路的安全保卫。从香山到西直门大约19公里，化装后的便衣队把整条路线给控制了，一路上那些蹬三轮的、修皮鞋的、卖糖葫芦的，都是高富有的人。

当时的西直门还有城门，城门附近拐弯死角很多，是特务频繁串联碰头的地方，还曾经发生过暗杀的事件，便衣队就在那儿设立了一个卖香烟花生的摊位。除了摆摊，有的队员还要扮成商人。

便衣队的队员们开始意识到，干什么得像什么，要不然就要暴露身份。他们根据工作需要，扮成了工人、商人、店员和学徒。

便衣队经过近10天的建站、学习和实地演练，很快熟悉了新的工作方式，投入到设点、布防、侦破中。在香山地区的公安分驻所的派出所、交警队配备了较多的便衣保卫队队员，同时便衣队与公安局、二〇七师共同在西直门、海淀、青龙桥、香山设立了几个检查站。这对一些重大案件的侦破起了关键的作用。

1949年3月22日，叶剑英、李克农就进北平的沿途工作部署给在西柏坡的周恩来发去了请示密电。在中央档案馆的解密文件中保存着当时的密电：

> 周任杨并报中央：
>
> 关于铁路布置如下：
>
> （一）从涿州到清华园，共十二个站，约六十余公里，两小时即可到达。现每站派负责人员两名，一守电话，一钉道岔，并监督车辆通过。
>
> （二）编三个列车，每列车八个车皮，三十辆摩托车巡道。第一列车挂八个票车，载警卫队及少数干部及保卫人员为压道车。第二列车挂八个卧车，一辆餐车，此车即区委主车。第三列车五个票车，三个行李车，专载高级干部。
>
> （三）第一列车开西直门车站下车，然后用卡车将他们直送香山。第二列车直开清华园车站（极少数欢迎人员即在该站迎接），然后换乘汽车开西郊飞机场阅兵，并

与工、农、青、妇及民主人士、学生等见面。第三列车则开前门外东车站，然后乘汽车巡城一周，一面可以转移目标，一面让初到北平的高级干部观光一番。

（四）　以上系先由代远今晨召集少数铁道高级干部布置的，以后又由克农、刘英才、郭洪涛晚间亲自去西直门、清华园两车站查勘。虽然清华园车站甚小，但适合于警戒，而西直门车站则很复杂，且汽车过多容易走发。

（五）　因此请你们注意，谁必须乘卧车或必须随卧车同行者，谁喜欢巡城观光者，均需预有分配，并电告所需大小车辆的数目，以便准备。因自己的司机太少了，临时找来的司机不甚放心。

（六）　至于环城道口警戒（广安门、西直门、清华园）及便衣警戒等，今晚找吴烈、王凡、杨奇清、叶运高等再计划。

（七）　由长辛店乘汽车到西郊飞机场，必须从广安门穿越经西直门而到飞机场，此处并无好公路可走，似乘火车为妥。以上布置是否妥当，请立复。

叶　李

寅养戌

在这支特殊卫队护卫下，中央顺利地从西柏坡迁移到了北平。

对于这些年轻的从事保卫工作的人来说，考验才刚刚开始。1949年11月中旬，中央军委某部的监听电台截获了一份发往台湾"国防保密局"总台的密电，发报代号为"0409"。经技术人员破译，密电内容是发报者窃取到有关毛泽东即将出访苏联的情报。他们要在毛泽东访苏途中进行暗杀活动。

当时出于对毛泽东安全的考虑，曾经提出出访时间向后推延。但由于苏联方面已经为毛泽东的出访作出了大量的安排，所以出访不宜再行改变。现在唯一能做的就是尽快侦破此案。根据李克农的指示，当时公安分局下设的派出所在业务上受公安局和便衣保卫队双层领导，主要的派出所、便衣保卫队都派人担任了副所长。

毛人凤，国民党保密局局长。这个时候他正在台湾草山别墅与美国顾问布赖德共进午餐，同时密谋在大陆的这次特别行动。他命令代号"0409"每天汇报一次情况，内容为毛泽东访苏的路线、时间和行程等。

在北京朝阳门内路南的一座四合院内，李克农正在精心组织指挥这次战斗，首先从特务的活动经费开始着手。就在这个时候，一笔从香港汇过来的款项引起了李克农的注意。根据调查，经常出入银行取这笔款项的人叫计采楠，他们随即对计采楠进行了监视。计采楠经常去的一个地方是北城豆角胡同33号院，而监听

电台发现并截获"0409"密电的发报区域，就在豆角胡同一带。

侦察员以电业局职工身份，通过查电表发现计家每天的用电量比同院的人家多出好几倍，隐蔽在计家院内的特情还用测电表测出计家夜晚用电量激增且室内忽明忽暗，这与监听台收到的敌台发报时间正相吻合。

这天晚上7点多，一架没有国籍的飞机沿着朝鲜东海岸小心翼翼地向东北飞来。按照"0409"的指示安排，飞机来到哈尔滨市不远处的一座山林里，空投下两个人就飞走了。他们一落地就被从北平赶来的侦察人员控制住了。这两个人的具体任务是指导技术纵队研究爆炸毛泽东专列的具体措施，并代表保密局向他们颁发委任状和奖金。几小时后，被毛人凤留在大陆押宝式的东北技术纵队就主动向李克农摊牌了，共有170多人。

与此同时，在缴获的敌特档案中，侦察人员看到了计兆祥的名字，他是计采楠的弟弟，于1948年从国民党政府特警学校毕业，经过潜伏、搜集情报、收发电报等训练，被任命为保密局北平潜伏台台长。李克农随即决定对计兆祥和计采楠进行逮捕。

当公安人员来到计兆祥家里的时候，毫无准备的计兆祥来不及反抗就束手就擒。在计兆祥家的房顶夹层，发现了一台美制电台，一支美式左轮手枪，一沓情报底稿和写在《古文观止》上的密码。正是用这部电台，计兆祥和台湾国民党保密局保持通信联络达一年之久，为毛人凤提供了大量政治要员的行踪时机。计兆祥承认他就是"0409"，计采楠为其作联络。

这时候，在台湾台北近郊国民党保密局本部里，毛人凤十分焦急，他已经去电给大陆的"0409"号，催其回复暗杀队员的准备情况，可是过了约定时间还没有开机，突然过了一段时间，那边又发来电报了，到底发生了什么呢？

原来，李克农让计兆祥用这部电台给台湾保密局长毛人凤发去了一封长长的电报，电报的内容大致是这样的：

> 毛人凤先生：
>
> 　被你们反复吹嘘的"万能潜伏台"已被起获，少校台长计兆祥束手被擒。今后贵局派遣的特务，我们将悉数收留，只是恕不面谢。告诉你，讲话的是李克农。你们现在"寄人篱下"，好景不长。你若率部来归，我李克农可以保证你们的安全。告诉你，发报员就是你新提升的少校台长计兆祥。

毛人凤担心的局面还是出现了。这个案子很快破获了。1949年12月6日，毛泽东乘坐他的专列，如期访苏。

北平城中潜伏的特务早已如惊弓之鸟。李克农命令北平市公安局侦讯处，开展对国民党各系统特务分子的秘密自首登记工作。便衣队配合协助有关部门，先后破获了9个国民党特务的潜伏组织。在不到两个月的时间里，前来自首登记的特务达2000多人。随后，北平公安机关根据自首人员提供的情况，展开大搜捕。北平城的状况有了明显好转。

师生对决：兵戎相见太原城

> 无边落木萧萧下，不尽汾水滚滚来。
> 师生同饮一河水，兵戎相见孤城开。

★ ★ ★ ★ ★

徐向前（1901—1990）

山西五台人。中国人民解放军的缔造者之一。黄埔一期生。1927年加入中国共产党。1955年被授予元帅军衔。新中国成立后，历任解放军总参谋长、国防部部长、中华人民共和国中央军委副主席等职。

滹沱河从地理位置上来讲，只是发源于山西境内的一条再普通不过的河流，但是从历史上讲，这条河却又非同寻常。在河的两岸有两个村子，一个是永安村，一个是河边村。两个村子都不大，但是20世纪这里分别出现了两个叱咤风云的人物，一个是统治山西38年之久的"山西王"阎锡山，另一个是中国人民解放军的元帅徐向前。1948年10月到1949年4月初，徐向前带病组织指挥太原战役，任太原前线司令部司令员兼政治委员、中共太原前线总前委书记。

阎锡山1883年出生于山西省五台县河边村，与河边村一河之隔的，就是徐向前的家乡永安村。

徐向前出生于1901年11月6日，18岁时，徐向前第一次来到省会太原，成为山西省国民师范的学生。而这所学校的创办者正是山西都督阎锡山。

在国民师范学习的两年间，徐向前多次看到阎锡山光顾校园并以师长的身份训话。1924年，徐向前投笔从戎，考入黄埔军校第一期，开始了他的戎马生涯。据说，得知老家出了一位黄埔军校生，阎锡山曾派人看望这位自己学校的学生和同乡。徐向前在回忆录中说，因为有这层关系，阎锡山从未找过他家里的麻烦。在国民党晋绥军担任军需官的大哥徐受谦也没有受到牵连。

在黄埔军校期间，蒋介石对徐向前的评价并不高，认为他没有出息。而阎锡山在刚开始的时候，也并不把徐向前放在眼里。可是后来，徐向前用自己的行动证明当年黄埔军校的校长看走了眼，同时也让当时国民师范的校长大吃一惊。阎锡山和徐向前师生二人的最后一次较量就是在他们的家乡——太原。

其实在1948年6月中旬，阎锡山就已经尝到自己这位"学生"的厉害了。徐向前以少胜多，40天内连克县城14座，以6万地方部队消灭对手的10万大军。至此，阎锡山丧失了大部分县市，手中只剩下太原、大同两座孤城。损兵折将，退守太原的阎锡山曾经发出一声感叹："难道秀才的后代就真是一个军事家？"秀才指的是徐向前的父亲。

一年后，两人却要在自己的老家山西太原面临着生死决战。

山西，东倚巍巍太行，西邻滔滔黄河，进可问鼎天下，退可割据一方，历来就是兵家必争之地。

对于国民党而言，自1946年6月战争爆发到1947年6月，其军队已丧失战略主动权，解放军从战略防御逐步转入战略进攻。守住太原，相当于守住通往大西北的门户。

而对与其交战的对手共产党来说，拿下太原还有一个原因。我们从地图上可以看出，太原距离西柏坡不过200多公里，临汾攻坚战时，驻守山西和北平的国民党军就曾合谋夹击石家庄；此后，华北守军司令傅作义又以"援晋兵团"的名义偷袭西柏坡，虽然两次均未成功，但由此可见，太原直接威胁到中共中央的安全。

1948年7月16日，西柏坡来电，电报的起草人是毛泽东。电报的内容是：

> 太原空虚，有乘胜夺取的可能。望首先控制机场，以尽可能短促时间完成攻城准备，即行攻城。

从电报的内容中，我们不难看出中央军委对于拿下太原的急切心情。当时恐怕谁也不会想到，解放太原将成为全国解放战争城市攻坚战中历时最长、战斗最

为激烈、付出代价最大的一场战役。太原战役从1948年10月5日发起，至1949年4月结束，长达半年之久。

就在西柏坡这封电报发出不到一周的时间内，1948年7月22日，蒋介石亲自飞抵太原，与阎锡山商议保卫太原事宜。被东北、山东战场搞得焦头烂额的蒋介石在高级军事会议上许诺要尽最大力量援救太原，令拨给太原粮价款20万亿元、运费10万亿元。要知道，这笔巨额费用占到国民党政府当年7月总支出的五分之一。

此时的阎锡山踌躇满志。他明白，他的政治生命是与山西紧密相连的，离开山西，他就成了无根之草，所以不到最后关头，他还要拼命赌上一把。阎锡山认为国民党在战场上连连失利是指挥不行，他自认为是中国一流的军事家。阎锡山已经修筑了5000多座碉堡，甚至扬言，地球转动一天，我们的防御工事就要加强一天。如果站在罕山顶上看过去，可以说整个太原城的每一个山冈、每一个要地都被像坟包一样的碉堡给覆盖了。这些碉堡里面有粮食有水还有各种生活设施，碉堡和碉堡之间下面有坑道连着，既能够独立作战又能够相互支援，再加上铁丝网、城墙，还有环城铁路，环城铁路上有装甲列车在日夜不停、周而复始地巡逻，城防更显得壁垒森严。在这些碉堡的坚固拱卫之下，30万人口的太原成为全国少有的坚固设防的城市。有人说，太原是当时防御工事最坚固、防御体系最完整的一个城市。

阎锡山曾经对太原有个很形象的比喻，他将太原比喻成一个人的形体，东山好比太原头，手是南北飞机场，两脚插在汾河西，太原城内是五脏。

徐向前也同样对太原的历史地理了如指掌，他提出从南和北两个方向把东山的主峰切断。只要攻下四大要塞中的一线阵地，相当于切断了太原的咽喉，使得阎锡山身首分离。

1948年夏秋之际，接到军委的指示，徐向前向被称为"塞中塞、堡中堡"的东山四大要塞同时发起进攻。东山四大要塞争夺战之激烈残酷，在整个解放战争中也是少有的，各主要阵地上平均每平方米都要落下数发炮弹，以至焦土三尺，难以成垒，战士们只能用尸体堆积防御工事。

四大要塞激战期间，徐向前司令员抱病坐着担架来到前沿阵地指挥，兵团政治部主任胡耀邦也在战斗最激烈的时候赶到前线做宣传工作。

在这个不到8公里的战线上，双方动用火炮800余门，阎军主力已被歼灭。

此时一鼓作气乘胜进军，的确存在速战速决的可能。但是，面临的困难也是显而易见的。一年来连续作战，始终未得到及时休整的徐向前兵团严重减员，而且徐向前兵团的炮兵，面对太原这样坚固设防的城市也显得力不从心。深谙兵法的徐向前是断然不会轻易冒险的。因此，他向中央军委提出了缓攻太原的建议。中央军委回电同意，徐向前兵团随即转入休整阶段。

徐向前站在汾河谷地向北眺望，穿过雾气氤氲的原野，可以遥见整个古城太原。对这里，徐向前并不陌生，这里有他人生起步的母校，有他的老乡同学、亲朋好友，还有现在的对手阎锡山。

徐向前外表温文尔雅，甚至有些腼腆木讷。美国有个记者海伦·福斯特采访他时这样描述道："这是一位身体清瘦，皮肤苍白，嗓音微颤，似乎容易激动的知识分子类型的人。"

但是，徐向前的指挥风格与其外表恰成鲜明对比。在长期的艰苦战斗中，他锻炼出非凡的勇气和丰富的战斗经验。李先念回忆说："向前具有惊人的军事胆略，从不知恐惧为何物，越是大仗、硬仗、恶仗来临，他越是生龙活虎，精神百倍。"

经过20多天的休整之后，徐向前再次发起进攻。华北野战军进攻比较顺利，已经打开第二道防线缺口。

阎锡山损失兵力严重，达4万余人。这时候，他不得不起用一支特殊部队，即当时参与太原战役的被俘日军。2006年，日本拍摄了一部电影《蚁之兵队》，讲的是日军战败以后，有一支2000多人的日军没有被解除武装，而是编入了阎锡山的部队，卷入了国共内战中。这个电影并不是日本编剧虚构，而是确有其事。阎锡山知道，一旦国人知道他还豢养着这样一支部队，那影响可就不得了了，所以他一直没有公开。这支部队也就成了一支见不得光的幽灵部队。现在太原城危在旦夕了，阎锡山不得不把自己的底牌都亮出来了。

日本投降以后，阎锡山企图利用投降的日军来巩固他的统治，对抗共产党，而日军则希望通过阎锡山的庇护留在中国，趁机卷土重来。所以，就出

被俘的日军

现了这支畸形的部队。

徐向前对这张底牌的出现并不意外。他在《徐向前回忆录》中说："这位山西土皇帝，和蒋介石差不多，外战外行，患有恐日症。他表面上摆出一副'守土抗战'的架势，实际上准备见风使舵，对日妥协，保存实力。他对部下曾说：'抗日要准备联日，联共要准备剿共。'这就是他的如意算盘。"[1]

其实，这支日军部队也难以改变阎锡山的败局。早在1948年7月解放晋中的时候，徐向前的勇猛作战使日军部队吃了不少苦头，徐向前部队一举歼灭阎锡山10万多人，并重创了这支日军部队。当时被围日军一听到徐向前的名字，通常会做出两种举动，立刻缴械投降或者剖腹自杀。在接下来的太原战役中，徐向前部队又歼灭千余名参战的日本兵，俘虏400多人。至此，阎锡山部队中的参战日军已经全部被徐向前歼灭。

就在双方交战正酣的时候，西柏坡于1948年11月16日发出缓攻太原的电令。这是当时的电报原文：

> 徐周：
>
> 　　估计到太原攻克过早，有使傅作义感到孤立，自动放弃平、津、张、唐南撤，或分别向西、向南撤退，增加尔后歼灭的困难，请你们考虑下列方针是否可行：再打一二个星期，将外围要点攻占若干并确实控制机场，即停止攻击，进行政治攻势。部队固守已得阵地，就地休整。待明年一月上旬东北我军入关攻击平、津时，你们再攻太原。
>
> 　　　　　　　　　　　　　　　　　　　　　　　　　　军委
> 　　　　　　　　　　　　　　　　　　　　　一九四八年十一月十六日

接到电报的徐向前斟酌了再斟酌，他向中央军委表达了一个隐藏在心中许久的想法：和平解放太原。《徐向前回忆录》中说："我和周士第曾向中央及华北局提出：阎锡山如能降服，减少我方伤亡，保存太原军工及各种建设，其人力物力统为我用，利益甚大。"[2]

早在1937年，时任八路军第一二九师副师长的徐向前曾经回到过山西，与阎锡山进行谈判，这是身居要职的两人第一次也是唯一一次正式的见面，当时在徐向前等人的极力劝说下，他们达成了一致目标，共同抗日。事隔十几年之后，徐向前仍然希望阎锡山以大局为重，用和平的方式来解放太原。中央军委采纳了徐

---

[1][2]徐向前.徐向前回忆录[M].北京：解放军出版社，2005：428、587.

向前的建议。

推迟攻取太原，原因何在呢？来看一下当时整个中国北方的局势。

在西北，战场形势非常紧张。在华东，1948年9月华东野战军仅用9天时间攻克山东济南；在东北，辽沈战役刚刚结束，而此时傅作义军团仍盘踞在北平、天津。为稳住傅作义集团，防止他向南或西转移与其他军队形成会合，而增加解放军歼灭敌军的难度，于是，西柏坡在此时发出推迟攻取太原的电报。

根据西柏坡来电中的指示，身在太原前线的徐向前一边在准备战事，一边在做争取阎锡山部下的工作。这里不得不提到一个人物，他差一点改变了整个太原战役的进程。这个人是谁呢？

黄樵松

黄樵松，1901年出生于河南省尉氏县，21岁投笔从戎，进入冯玉祥的西北军。抗战中，先后参加了娘子关战役、台儿庄战役、徐州会战和武汉会战。因台儿庄作战有功，被授予青天白日勋章。

黄樵松时任国民党三十军军长，他所领导的部队是阎锡山方面战斗力最强的。如果黄樵松能够率部起义，那么，解放军将有可能一举拿下太原甚至不战而胜。黄樵松内心也渴望和平，可是就在他决定起义的几天前，被部下出卖了，在南京被蒋介石杀害，时年48岁。

黄樵松起义虽未成功，但在守军内部产生了很大影响。在外围作战中，共有5400多名守军起义。城墙虽在，人心已散。

1949年悄无声息地到来了，华北最大的三座城市北平、天津和太原都在围困中度过了新年。就在此时，传来一个对阎锡山来说非常糟糕的消息。在平津战役中，傅作义接受和平改编，北平和平解放。

傅作义出身晋绥军，是阎锡山的老部下。北平的和平解放对阎锡山是一个沉重打击，这在阎锡山的上层干部中引起了极大的震动，他也从此失去了一个重要的物资补给基地。山西不少军政人员的家属也都在北平，军心、人心为之动摇。

就在北平签署和平协议的几天后，西柏坡再一次来电：

解决太原问题的部署
（一九四九年一月二十四日）
林罗聂，杨罗耿，杨李，并告华北局及徐周陈：各电均悉。（一）北平和平解决

后，太原亦有和平解决之可能。华北第一、第二兵团的大休整，应放在夺取太原之后。（二）杨罗耿、杨李待林罗派出接替所任防务之部队到达后，即开至石家庄附近休整半个月，即向太原开进。（三）东北临时配属之两个炮兵团，即直接向太原开进，受徐周陈指挥，控制太原一切机场，迫使阎匪谈判，和平接收太原。如阎匪顽抗，则待华北二、三兵团到达后，实行攻城。

军委

二十四日十八时

　　电报的关键词"迫使阎匪谈判，和平接收太原"，可以看出当时中央也希望用和平的方式来解放太原。可是这样的方式是否可行呢？徐向前当时找到阎锡山的老师，请他去劝说阎锡山和平解放太原。当阎锡山听说老师的来意之后，竟然将老人家给杀害了。

　　太原在当时情况下就是一座名副其实的孤城。蒋介石也曾建议阎锡山和军政干部们乘飞机撤往西安，但这一建议被他拒绝，他仍然坚持固守孤城，并致电同僚："不死守太原，等于形骸，有何用处！"

　　尽管嘴上是这么说，但暗地里，明知大势已去的阎锡山却为了退路亲自导演了一个金蝉脱壳的大剧。阎锡山暗示自己的部下让李宗仁给自己发一封电报。3月28日，李宗仁果然给阎锡山发了一封电报，说是"党国大事，待诸公前来商决，敬请迅速命驾"。阎锡山接到李宗仁的电报，当即批了"有飞机即去"5个大字。第二天，阎锡山召开要员会议，先让秘书念了李宗仁的电报，然后表态说，"这次到南京大概会多住几天，不过你们放心，一旦太原吃紧，我一定在24小时之内赶回来"。当天下午，阎锡山离开太原飞往南京，把任务交给忠心效命于他的五个人，俗称"五人小组"，再也没有回来。这样一种匆忙离开太原的方式显然和阎锡山一直对外宣称的誓死守卫太原不一致。

　　阎锡山走了，此时的徐向前也身患肋膜炎，高烧不止。和谈破裂，解放太原的步伐在加紧。时任解放军副总司令的彭德怀也加入到了太原前线指挥部，与病重不能上前线的徐向前一同指挥太原战役。为了保持指挥的连续性，作战命令和报告仍沿用徐向前的名义签署。

　　4月22日夜，守城阎军再次拒绝和谈。23日的夜幕悄无声息地降临了，城里城外陷入了几天来少有的寂静之中。然而，对双方将领而言，这却是一个不眠之夜。远在上海的阎锡山也预感到败亡的结局即将到来，他把自己的继母、夫人、儿子、儿媳等亲属先后送往台湾和美国之后，也不得不考虑如何安抚为他效命的部属。

梁化之，阎锡山的姨表亲，也是他最为信赖的人。这天夜里，阎锡山向太原守军总领梁化之发了两封电报，其中一封是这样的："五人小组：太原守城事，如果军事没有把握，可以政治解决。"这被后人解释为一封投降电报，但是当时它却被梁化之悄悄地藏了起来。

总攻已经开始，五人小组顽抗到底。一颗颗红色信号弹撕裂拂晓前的夜空，1300余门大炮齐声怒吼，向太原城墙猛烈轰击。经过四个多小时的战斗，1949年4月24日，太原被攻克。

此时的阎锡山已经在广州当起了国民政府的行政院长，听到太原被解放军攻克的消息，他通过广播对山西人民作了最后告白：

山西全体同胞们，我这一回没有赶上回到太原，同我的文武干部及全体军民共同奋斗共同牺牲，我很惭愧，我心上也很不安。现在，我天天想到这里，心上还非常难受。但我在一天，一定一刻不会忘了你们。

阎锡山不会忘记的人很多，但是不知道包不包括他的学生徐向前。曾经见证他们命运交锋的国民师范寂寥无声，徐向前来了，阎锡山却已离去，再也未能回来。

链　接

阎锡山（1883—1960）

　　山西省五台县河边村（今定襄县河边镇）人。日本陆军士官学校第六期毕业生。曾任北方国民革命军总司令、军事委员会副委员长、太原绥靖公署主任、山西省政府主席、国民政府行政院院长、国防部部长等职。一级上将。号称"山西王"。1949年去台湾。

进京赶考：以史为鉴警钟鸣

兴亡之谜费疑猜，一代伟人话未来。

进京赶考谋伟业，雄鸡一唱天下白。

春风拂绿，春意盎然。随着辽沈、淮海、平津等三大战役的结束，中国人民革命战争取得全国性胜利的日子已然不远。

1949年3月5日到13日，中国共产党召开了具有深远历史意义的七届二中全会。3月23日，党的七届二中全会的新闻公报由新华社向全国发表。就在同一天，毛泽东、周恩来、刘少奇、朱德、任弼时率领中共中央机关离开西柏坡，前往北平，正式将党的工作重心由乡村转入城市，并开始着手建立新中国的筹备工作。

毛泽东在西柏坡的最后一夜，难以入睡。这一夜，毛泽东批阅完文件后，又站在窗前眺望着夜空，春分刚过，微寒拂面，他一支接一支地抽起烟来。直到凌晨三四点钟，才上床睡觉。临睡前，他嘱咐卫士长李银桥说："9点以前一定叫我起床。"

第二天早晨，周恩来还是如常早起，做好了出发的准备后。他看了看时间，指示李银桥："不要9点叫醒主席，让主席多睡一会儿。"因此，到了上午10点，警卫员才叫醒毛泽东。

初春的空气异常清新。周恩来见到毛泽东问道："没有休息好吧？应该多休息一会儿才好，长途行军坐车是很累的。"

毛泽东笑道："今天是进京的日子，不睡觉也高兴。今天是进京'赶考'嘛，进京'赶考'，精神不好怎么行呀？"

周恩来笑着说道："我们应当都能考试及格，不要退回来啊。"

毛泽东郑重地说："退回来就失败了。我们决不当李自成，我们都希望考个好成绩。"

毛泽东把进京执政当做是"赶考"，这说明进京对共产党人来说是何等的重要。

对一个读书人来说，10年寒窗苦读，只在于一朝赶考，赶考可以改变一生的命运，进京赶考是人生大事。对中国共产党来说，自1921年成立近28年来，经历了千难万险，血雨腥风，有无数党的优秀儿女为之献出了宝贵生命，胜利来之不易，的的确确需要倍加珍惜。

如此说来，西柏坡的最后一夜对于毛泽东来说，与其说是兴奋得睡不着，不如说是担忧得睡不着。赶考，还要考个好成绩，到底谁将会考我们呢？毛泽东和周恩来心里都明白，是人民，是历史，是国内外的敌人，是眼前的一个烂摊子，是资产阶级、资本家。他们都在前面等着考共产党人。而两位领导人反复提到的"赶考"二字到底有着怎样的渊源和深刻的内涵呢？这，不得不从一本仅有三十多页的小册子说起。

1944年3月10日，郭沫若为纪念明朝末年李自成领导的农民起义军打进北京，推翻明王朝又仓皇败逃三百周年，写成了著名的《甲申三百年祭》一文。

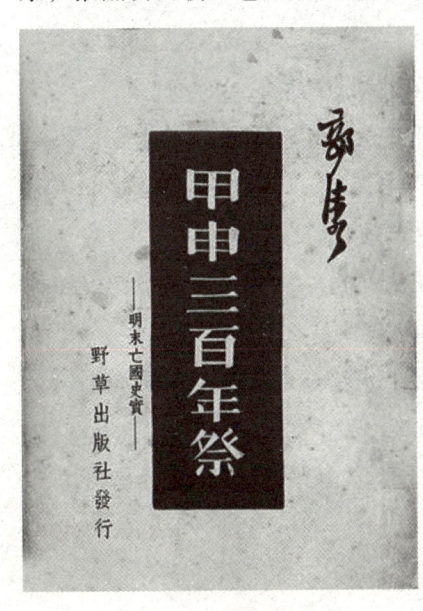

《甲申三百年祭》

17日，郭沫若便把写好的文稿送交给当时在重庆的董必武审阅。仅仅过了一天，重庆《新华日报》就开始连载郭沫若的这篇文章。连载期间，这篇文章在当时的社会影响强烈。郭沫若在这篇文章中，运用历史唯物主义的观点精辟地分析了这次农民大起义失败的经验教训。

《甲申三百年祭》一文认为，那次农民大起义之所以从巨大胜利的顶峰迅速跌落下来（1644年进入北京，1645年就以失败告终），主要原因就是部分首领骄奢淫逸，生活腐化。

遥想当年，李自成打了18年的仗，做了18天的皇帝。进京的40天，几十万大军贪图

享乐，官兵骄奢淫逸，纪律废弛，人心涣散，作风蜕变。这40天，是农民革命运动由盛而衰、从顶峰开始急速跌落的40天，是天翻地覆的40天。可见，作风一变，"其兴也勃焉，其亡也忽焉"。

"决不要被胜利冲昏了头脑"，"小胜即骄傲，大胜更骄傲，一次又一次吃亏，如何避免此种毛病，实在值得注意"。毛泽东熟读史书，分析时局，不仅对李自成的失败有着清醒认识，更提出了要引以为戒的警示。

《甲申三百年祭》发表仅20多天，也就是1944年4月12日，毛泽东便在延安高级干部会议上专门指出："我党历史上曾经有过几次表现了大的骄傲，都是吃了亏的。近日我们印了郭沫若论李自成的文章，也是叫同志们引为鉴戒，不要重犯胜利时骄傲的错误。"

然而，与此同时，国统区则正在以《中央日报》为首，对同一篇文章发起"围剿"，认为《甲申三百年祭》是在"影射当局"，为此不惜组织专人对文章进行围攻。如果用这件事情来审视角力的国共双方，一方虚怀若谷、不断自省，另一方则掩耳盗铃、盲目自大，实则胜负已分。

1945年，法西斯德国于5月8日宣布无条件投降，世界反法西斯战争在西方取得了胜利。但在远东战场，日本帝国主义却仍做垂死挣扎。而当时的国民党政府在四大家族统治下，横征暴敛，巧取豪夺，民怨沸腾，士气低落，在对日作战中一触即溃。日本侵略者一直打到了贵州的独山，重庆为之震动，人心惶惶。国民党政府已准备把"陪都"搬迁到西康山区，这是抗日战争胜利前的最黑暗时刻。

为了将全民族抗战坚持到底，中共中央提出建立民主联合政府的主张，决定同国民党当局重开谈判。黄炎培等人为了国共合作奔走，以夺取抗日战争的最后胜利，应中共中央、毛泽东主席之邀，于1945年7月1日飞赴延安访问。

一天下午，毛泽东在百忙之中，特地邀请黄炎培再一次到他家做客，促膝长谈了一个下午。毛泽东问黄炎培在延安三四天的考察有什么感想。

作为一位老资格的资产阶级政治家，在饱经世事沧桑之后，黄炎培向中国无产阶级先锋队的领袖明确而尖锐地提出了一个重大而发人深省的问题。

他说："我生六十多年，耳闻的不说，所亲眼看到的，真所谓'其兴也勃焉，其亡也忽焉'，一人，一家，一团体，一地方，乃至一国，不少单位都没有能跳出这周期率的支配力。"

黄炎培先生一席话不无根据。中华民族几千年的历史从某种角度看，就是各

朝各代兴亡更替的历史。历朝历代都没跳出兴亡的周期率，只是盛衰的时间有长有短而已。

对此，毛泽东这位精通中国历史的伟人当即回答："我们已经找到了新路，我们能跳出这周期率。这条新路，就是民主。只有让人民来监督政府，政府才不敢松懈；只有人人起来负责，才不会人亡政息。"

人民，还是人民。人民日报、人民邮政、人民解放军等等，毛泽东如此强调人民二字，就因为人民一直在他心中。

一晃近四年，黄炎培提出的问题更加紧迫地摆在了毛泽东面前。眼前的胜利比历史上任何时候都重大，毛泽东还没进城，就曾明确警示全党："可能有这样一些共产党人，他们是不曾被拿枪的敌人征服过的，他们在这些敌人面前不愧英雄的称号；但是经不起人们用糖衣裹着的炮弹攻击，他们在糖弹面前要打败仗。"

★★★★★

黄炎培（1878—1965）

江苏川沙（今属上海市）人。中国近现代著名的爱国主义者和民主主义教育家，是中国近代职业教育的创始人和理论家。他以毕生精力奉献于中国的职业教育事业，为改革脱离社会生活和生产的传统教育，建设中国的职业教育，做出过重要贡献。

光阴荏苒，"千秋窑洞对"不觉已过去了60多年。"千秋窑洞对"时，毛泽东充满自信的治国方略源于他的人格魅力与博大的胸怀，更源于他博览群书之后的高瞻远瞩以及他对中国革命进程的准确把握。

赶考之路，任重道远。其实，毛泽东早就对此有着非常敏锐的警觉和清醒的认识。1945年以来，随着党在军事上的胜利，新的根据地不断扩大，一些党员干部在局部地区掌权之后，被胜利冲昏了头脑，出现了贪图享乐的苗头。

1947年5月，在抗战胜利后最早建立的东北根据地，东北行政委员会颁发了第一个《东北惩治贪污暂行条例》，不仅清楚地界定了贪污行为，还规定了量刑标准。《条例》颁布后，很快就查处了一批贪污腐化分子。1948年，华北解放区还发出《关于反贪污浪费的指示》。

当解放战争要取得全面胜利时，该建立一个什么样的国家，这是个大问题，怎样建立一个国家，更是个大问题。打下江山，更要坐稳江山。眼前的一切困难

和现实，五千年历史没有答案，空前的成功其危险性也在加大。所有这些问题都考验着毛泽东，考验着中国共产党。

而在西柏坡时期，七届二中全会会场悬挂的画像为何遭到毛泽东两次严厉批评？毛泽东复信吴玉章，为何反对"毛泽东主义"的提法？"六个不准、进京八项注意"又折射出共产党人怎样的自律意识？

苏河清，晋察冀军区政治部电影队队员。他在回忆中说："有一天，当时是我们电影队的队长汪洋跟我说，你马上准备出发，到某某地方去，领导上也没有说你拍什么东西，你到那个地方去，就知道了。"

后来，苏河清来到了西柏坡，他和摄影助手的任务就是拍摄七届二中全会的场景。苏河清很清楚地记得，会场在中央大院的西北角儿，是临时搭建的中央大伙房。土坯垒墙，檩条搭顶，没有椽子，将苇帘直接搭在檩上，上面便抹泥封顶了。这座房子比不上民房坚固，但比民房宽敞得多，缺点是伙房里连电灯都没有，只能借助自然光进行拍摄。

1949年3月5日是个艳阳天。34名中央委员、19名候补中央委员齐聚西柏坡，出席了新中国建立前夕最重要的一次会议——中共中央七届二中全会。

就是在如此简陋的环境中，毛泽东提出了"两个务必"。他特别强调：在胜利面前，务必使同志们继续地保持谦虚、谨慎、不骄、不躁的作风，务必使同志们继续地保持艰苦奋斗的作风。

如今，走进西柏坡七届二中全会旧址，主席台中央悬挂的就是毛泽东和朱德

七届二中全会会场

的照片。其实，当时最初悬挂的是马、恩、列、斯和毛泽东以及朱德的画像。3月5日那天，毛泽东一进会场便提出批评说："开会不要挂我们的像，这样不好，应该挂马、恩、列、斯的照片。"

于是，会场第二天就挂上了四位国际伟人的像。可大家议论纷纷，你一言我一语，说法不一。就又将毛主席和朱总司令的像挂在两旁。结果再次受到毛泽东的严厉批评。会议的最后一天，根据毛泽东的提议，大会通过了"六条规定"，即：

一、不做寿。二、不送礼。三、少敬酒。四、少拍掌。五、不以人名作地名。六、不要把中国同志同马、恩、列、斯平列。

其实，早在1948年，毛泽东在回复吴玉章的一封信中就说道："现在没有什么毛泽东主义，因此不能说毛泽东主义。""有些同志在刊物上将我的名字和马恩列斯并列，说成什么'马恩列斯毛'，也是错误的。你的说法和这后一种说法都是不合实际的，是无益有害的，必须坚决反对这样说。"

由此看来，对于"赶考"二字的理解，以及在未来政权建设的设想上，毛泽东显示出了远见卓识的历史观，他没有把胜利当成胜利，没有把进城当做落脚休息。

即便在七届二中全会上，关于"进城"的问题讲得够清楚了，可在临进北平的时候，毛泽东又把中直机关各部、委、办的负责人叫来，对大家说："我们要进北平了，希望大家一定要做好准备。我说的准备不是收拾盆盆罐罐，是思想准备。要告诉每一个干部和战士，我们进北平不是去享福，决不能像李自成进北京。"

毛泽东不仅给头头们讲，还让他们给大家讲。搬家指挥部组织了几次报告会。第一个让总政副主任傅钟传达七届二中全会精神，着重讲了有关进城的事，"防止资产阶级思想腐蚀""防止骄傲自满"等。中央外事组王炳南讲了外交政策。中央组织部副部长安子文讲了干部问题，他特别解释了毛泽东的这几句话：

"我们进北平以后，马上要建立我们新的国家，有许多重要工作要做，很多人要在政府里当官。但是，不管当多大的官，或分管什么工作，都是为人民服务，都是人民的公仆。如果当了官要搞享受，那就是李自成。谁要这样，为自己服务，谁就要完蛋！"

接着，各单位进行座谈。这一谈就更具体热闹了。有请在北平做过地下工作的，还有的请北平到解放区来的大学生，讲北平的风俗人情。还有一些到北平打前站的人正好回来了，警卫班请他们讲所见所闻：

"尤其是那些太太小姐们，最惹人注目了！"

"一定是穿着讲究，相貌漂亮啦？"听的人搭话。

"你们不要笑话我这大老粗说出的大粗话，我给她们总结了几句话，形容得最贴切啦。"

"你也会形容？"

"你们听着我说。她们个个都是：捞鱼的胳膊，过河的腿，火烧的头发，吃死孩子的嘴。"

大家听了哈哈一阵大笑。

这天下午，警卫员李二亭陪毛泽东在村边散步。主席有意识地考问李二亭。

毛泽东："二亭啊，想没想过，我们进了北平城，你想干点什么？"

李二亭："进了北平，我得给家里写封信，让家里也高兴高兴，然后……"

毛泽东："然后再干点什么？"

李二亭："然后再看看皇帝住的金銮殿，太后住过的万寿山。如果有星期日，我要把北平城逛一遍，也不白活这一生！"

毛泽东："二亭啊，我们进驻北平城，决不会像李自成只'住十八天'，我们住下来就永远不走了。北平城迟早会让你逛个遍的，不要那么着急。至于给你的家人写信，倒是件好事，但也不用立即……"

这是一段意味深长的对话，这是一段寓意深刻的对话。时间只隔了一天，李二亭和他的警卫班就收到了一份办公厅印发的"进京守则"，内容是：

一、把党的艰苦朴素的优良作风、光荣传统带进城市；二、严格执行三大纪律八项注意；三、不准进人民家，不准随便进入戏院、电影院等公共场所；四、绝对保守党中央机关的秘密，不知者不应求知，自己知道的不得外传；五、出门不准携带武器，不准携带机密文件；六、进城三个月不准通信、会客、访友，不准外出游览名胜古迹；七、不许贪污浪费，不被金钱美女收买利用，不被阿谀奉承迷了心；八、手不许乱动，嘴不许乱说，脚不许乱走。

一共定了八条，也叫"进京八项注意"。

这个时候，党的领导人都明白，夺取全国胜利，这只是万里长征走完了第一步，后面的路还很长，更艰苦，更伟大。

1949年3月23日的上午，长长的车队从西柏坡出发，途经的家家户户门前都有一出恋恋不舍的送别：

说不完的话，

叙不完的情。

谁知你们何时能再来？

可别忘了咱这小山村！

朱总弼时给他们说着告别话，

挥起手的是少奇恩来毛泽东。

老太太们的袖口脸上抹，

扑簌簌的热泪沾衣襟。

小孩子们乱跑又乱嚷，

俺们也要进北平……

其实，在出发前，中央机关的人早已忙活起来，整理文件、图书，装箱或打捆儿。借老乡的东西全部送还，坏了的赔偿新的。房漏的补房，窗坏的修窗。院里扫净，缸里挑满水。还成立个善后工作处，由秘书处长曾三、供给部长邓典桃两人负责，工作人员有苏培良、崔维德等八九人，一家家进行检查……

这些事情说着容易，办起来却很繁杂的。中央这么多单位，所使用的所有家具，比如桌椅板凳几乎全部是从老乡家里借来的。借的时候是当地干部帮的忙，稍稍一粗心，没在家具上记下名字。毛泽东要他们一定要亲自交还老乡，这可就有难处了。

毛泽东这样要求是对的，既然用了两年（早来的中央工委）或10个月，完全应该负责交还。如果拍拍屁股，起来就走，老乡更找不到自己的家具了。

中央各单位的人无非是要费点事儿。他们把当地帮忙借家具的人找来，一件件回忆和寻找主人。记不准的，就把老乡叫来认领。善后工作处让老乡报了个单子，找到的，对了号以后便勾销，找不到的，一律赔偿。因为一时弄不清楚，毛泽东便让这个工作处留下来，又多住了一个月，所有问题都解决清楚了，才离开西柏坡。

就这样，车队缓缓离开这个太行东麓的小山村，告别了西柏坡。

第一批出村的是11辆中小吉普，这是中央首长的车队。第一辆是带路的小吉普，第二至第十辆，分别是毛泽东、刘少奇、朱德、周恩来、任弼时等人以及他

西柏坡五大书记群像

们的家属。第二批出村的是中央警卫处，中央机要室，军委一局、二局……这后面的车辆全是大卡车。

离开西柏坡，大部队到达的第一个县就是唐县。2009年，在唐县的淑闾村的一个仍保有老式建筑风格的民居里，李成瑞的弟媳、85岁的葛贵多老人回忆起当时的场景仍然是记忆犹新："60年前，毛主席曾经住过这儿，主席带领的部队不扰民，天黑了之后才进村住下，第二天一大早就离开。很多村民只知道来了一支解放军部队，直到几天后大家才知道，原来当时来的就是毛主席。"

当年的葛贵多年仅25岁，好奇的她从门缝里看到了毛主席。但当时出于安全保护，并没有人告诉她这个人的身份。后来，这件事也成了她对儿孙们讲得最多的故事。

中央机关离开西柏坡到达保定。听说保定市要举行庆祝大会，周恩来根据毛泽东的意见，电告华北局：

闻此地将举行庆贺大会，主席认为不妥，连北平也不要开庆祝大会，因以我党中央迁移名义，号召人民庆贺并不适当，望速停止北平及各地庆贺行动。

中央机关到达保定时，街上很多人认出了毛泽东，满街都是人，都等着看毛主席一眼，公安局负责同志请示是否要净街。毛泽东当即表示不赞成净街、驱赶群众的做法。周恩来说：“不要净街，不要限制群众的自由，更不能影响商店开门营业，主要是把街道上的交通秩序维持好。”

车队缓缓行进，毛泽东在汽车里不断地向群众招手致意。不开庆祝会，不大张旗鼓地搞欢迎。中央机关的车队就这样缓缓前行。1949年3月24日，中共中央和解放军总部到达保定，25日凌晨改乘专列，从涿州出发，到达北平。下午3点，毛泽东等前往西苑机场检阅部队，受到北平各界人士和群众的热烈欢迎，当天傍晚移居香山的双清别墅。

1949年9月30日，中国人民政治协商会议第一届全体会议做出决议：中华人民共和国定都北平，即日起改名为北京。

★ 05

天堑摊牌：宜将剩勇追穷寇

> 六朝古都映残阳，一帘幽梦说划江。
> 宜将剩勇追穷寇，雄师百万卷风樯。

1948年阳历的最后一晚，是一个令蒋介石心情沮丧的夜晚。

这天晚上，他在南京总统府举行了除夕晚宴。晚宴上他宣读了一份元旦文告，准备下野求和。这不禁引来了叹息一片，甚至还有人失声痛哭，空气中弥漫着别样的况味。

新年的钟声敲响了，此时南京城更多的人在寻找、在等待、在打听着来自北方的声音。而人们最终听到的是从西柏坡发出、新华社播发的社论《将革命进行到底》：

要用革命的方式，坚决、彻底、干净、全部地消灭一切反动势力，不动摇地坚持打倒帝国主义、封建主义、官僚资本主义，在全国范围内推翻国民党的反动统治，建立无产阶级领导的以工农联盟为主体的人民民主专政的共和国！

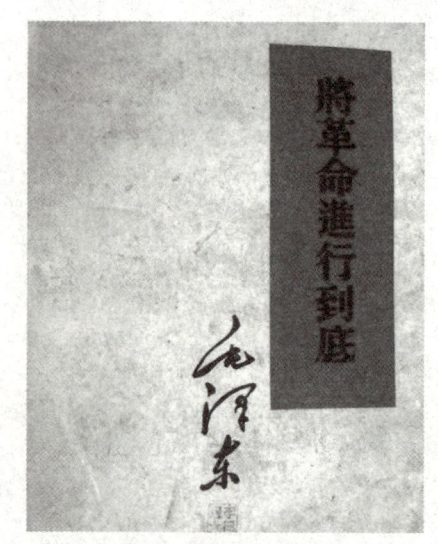

《将革命进行到底》

这份由毛泽东起草的社论以胜利者的姿态，宣布一个无可争议的事实：中国人民将要在伟大的解放战争中获得最后的胜利。

但是，为了与南京政府进行和谈，1月14日，毛泽东发表《关于时局的声明》，提出了八项和平条件：（一）惩办战争罪犯；（二）废除伪宪法；（三）废除伪法统；（四）依据民主原则改编一切反动军队；（五）没收官僚资本；（六）改革土地制度；（七）废除卖国条约；（八）召开没有反动分子参加的政治协商会议，成立民主联合政府，接收南京国民党反动政府及其所属各级政府的一切权力。

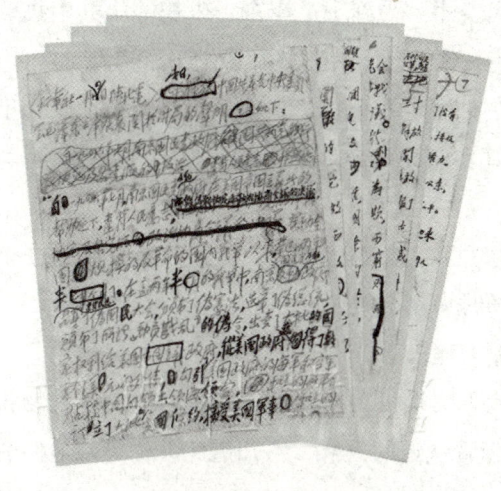

《关于时局的声明》手稿

毛泽东的这八项和平条件，对蒋介石来说，简直就是要他"无条件投降"的最后通牒。这是蒋介石无论如何也不能接受的。

就在这个时候，李宗仁和白崇禧也趁机来"逼宫"。1949年1月21日，内外交困的蒋介石走投无路，在官邸以低沉的语调宣布辞去总统职务，退隐浙江溪口老家，而李宗仁则走上了历史前台。1月22日是个周末，代总统李宗仁急不可耐地开始办公，他要做的第一件事就是致信毛泽东，国共需要坐下来谈谈。

李宗仁之所以急于递过来和平的橄榄枝，其实有着自己的如意算盘，他想通过和谈，同中共实行"划江而治"，以保住国民党统治的"半壁江山"。

蒋介石与李宗仁可以说是芥蒂很深的政敌了，但在划江而治这一点上两人却高度一致。划江而治，即"确保长江以南若干省份的完整"，同时强调"备战要旨"，应"以整饬军事为重"。

李宗仁政府的打算也是守江谋和。他和白崇禧追求的最大战略目标，就是经谈判求得停战和解，保全长江以南省份，与中国共产党以长江为界，在美国支持下坐稳半壁江山，并彻底取蒋而代之。《李宗仁回忆录》中有这样一段描述：

和的可能性既已极其渺小，而根据民族传统，降又不可，则只有凭长江天险，拒敌渡江。然后希望友邦美国改变政策，助我安定金融，稳定民心军心……但是长江天险是否可守，军队是否可靠，皆成问题……后顾前瞻，都感到这一残局无法收拾。然既已肩此重任，也只有拿死马当活马医，走一步算一步了。

为了实现自己的"划江而治"，1949年2月14日，李宗仁派出了"上海人民和平代表团"，作为敲门使团，试图利用他们的社会声望敲开"谋和"之门。面

对这个有着特殊使命的"敲门"使团，2月20日，中共中央从西柏坡发出了电报：

> 请告颜邵章江，毛主席欢迎他们来谈，时间二十二日或二十三日。

1949年2月22日晚上7点，上海使团一行人到达了中共中央驻地平山县西柏坡。在西柏坡期间，"上海人民和平代表团"受到了毛泽东、朱德等中共中央领导人的接见。双方经过会谈，达成八点秘密协定，为正式和谈铺平了道路。

这个时候的蒋介石虽然已经下野，回了老家溪口，但他不过是从幕前躲到了幕后。蒋介石的算盘打得响啊，他打算在三到六个月内，编练新兵二百万，再与中共决战。

国民党那边的两派势力，一个看似主和，却心存"划江而治"的幻想；一个看似不问世事，却在幕后操纵一切，随时为复出做准备。

面对着这样的谈判对手，和谈之路前途未卜。

1949年4月1日，南京政府和平代表团乘机飞往北平。代表团的关键人物张治中最后一个登上舷梯，他深沉地回望着欢送的人群，不知道此去，等待他们的到底是什么。

下午3点，飞机抵达北平。张治中出了机舱，缓缓走下舷梯，来接机的仅是中共和谈代表团秘书长齐燕铭、北平市政府秘书长薛子正、第四野战军参谋长刘亚楼等人。他心里很纳闷，按照惯例，周恩来作为中共一方首席代表，应当到机场迎接，现在不仅周恩来没有去，其他和谈代表一个都没出现。

张治中等人感觉受了冷遇，自然不痛快。张治中曾经和周恩来打过交道，在他的印象里，周恩来彬彬有礼，进退有节。而这次却如此怠慢自己，张治中感到莫名其妙。

代表团一行人被接到六国饭店，一进门，没看到夹道欢迎的人群，却看到"欢迎真和平、反对假和平"这样一条标语。这几件事凑在一起，让代表团成员的心好像跌落到了谷底。

晚上6点钟，周恩来和中共代表团其他成员到六国饭店去看望张治中一行，并设宴招待，饭后双方代表即开始分别商谈。张治中本想质问周恩来为何如此怠慢，没想到等来的却是周恩来一顿劈头盖脸的批评！

多年之后，张治中先生机要秘书、曾担任国民党和谈代表团秘书的余湛邦，对此还记忆犹新：

　　"这次交谈，据我事后从张、邵口中所知，谈及三方面的问题。周恩来一开始就以极其严肃的态度质问张治中：'你为什么离南京前到溪口去见蒋介石？'这样突如其来的质问，使张治中蓦然一惊，正想加以解释，周接着说：'你这种做法，完全证明了蒋介石的所谓下野是假的，他还在幕后操纵控制！'此时的张治中才明白，周恩来为什么不到机场去迎接的真正原因。张治中赶紧解释说，自己去溪口明着是看望蒋介石，其实是想摸摸蒋介石的底，而且近来京沪间一些人纷纷发表言论，给和谈制造障碍，他去溪口并且在回南京后马上发表了新闻，对这些人起到威慑的作用。蒋既然表示愿意和平，愿意终老故乡，一切交由李宗仁主持，这些人就不敢反对了。"

　　余湛邦在《我所亲历的三次国共谈判》一书中记录道：

　　"张的反复解释和补充，没能使周恩来满意。周最后说：不管你怎样说，只能说明蒋介石还在发指示，说明你们不是真要和平。这种由蒋介石导演的假和平，我们是不能接受的。"

　　张治中也感觉到，自己所要面对的是一次"无法讨价还价"的谈判。接下来的谈判，周恩来建议采取"个别对话"的方式，听取南京方面的意见，一进入正题，在第一条的战犯问题上就卡壳了。

　　1948年12月25日，新华社发布了43名国民党战犯的名单，这一名单基本上囊括了当时国民党政府党政军大员，第一号就是蒋介石，第二号是李宗仁。

　　对于战犯问题，张治中在见到毛泽东的时候，一再说蒋介石已经下台，一切交由李宗仁主持，并且明确表示愿意和平，愿意终老故乡，终身不担任国家职务，为了便于和谈进行，希望战犯问题不要写入和平协定条文。毛泽东表示可予考虑宽大处理。

　　其实战犯问题并不是最大的问题，双方真正的分歧是在渡江问题上。4月4日，新华社播发毛泽东撰写的社论《南京政府向何处去》，宣告人民解放军就要向江南进军了，这不是拿空话吓唬你们，无论你们签订接受八项条件的协定也好，不签这个协定也好，人民解放军总是要前进的。

　　三天后，毛泽东在香山分别会见国民党和谈代表。为了达成有利于人民的协定，使和谈取得成功，人民解放军遵照军委指示，数度推迟渡江战役发起时间。

　　此时，退居幕后的蒋介石也一直在密切关注局势的发展。事实上，他坐镇溪口，敏感地注视着北平和谈的进展情况。南京李宗仁的一举一动，他都了如指掌。

实际上，国共谈判一开始，蒋介石就以国民党总裁身份向广州中央党部发去指示，要以党的名义压迫李宗仁照此执行：

（一）和谈必须先订停战协定；

（二）共军何日渡江，则和谈何日停止，其破坏责任应由共方负之。

受到了蒋介石的指示，4月12日，和谈问题特种委员会在南京做出五项决议，其中第五项为：渡江问题应严加拒绝！这实际上已将南京方面的底牌完全亮了出来：只要中共坚持渡江，和谈就不可能成功。

4月13日双方结束了非正式商谈后，进入正式谈判阶段。周恩来亲自将整理后的《国内和平协定草案》送到北京饭店，请民主人士提意见。民主人士对《草案》的八条24款逐条地进行了仔细研究，反应良好，只是觉得有些条款似有过分宽大之感。如"惩办战犯"一条，本打算写明"元凶""主犯"的名单，但南京政府代表团认为这条是和谈的最大障碍，再三要求不列成条文。为了便于南京代表团做南京政府的工作，在毛泽东的同意下，周恩来将这条作了修改。中共代表团坚持其应当坚持的，忍让其所能忍让的，既掌握了原则，也做了必要的让步。

4月13日晚，国共双方代表在中南海勤政殿举行第一次正式谈判，讨论由中共代表团提出的《国内和平协定草案》。14日，南京政府代表团经过一天的研究，提出一个修正案。为了使谈判获得进展，周恩来遵照毛泽东的指示，在不损害人民利益、不影响解放全中国的前提下，再一次做了最大的让步，根据南京代表团提出的40多条意见接受修改了20多处。修改完后，再一次到北京饭店征求各民主党派民主人士的意见。4月15日晚7时，周恩来向张治中提交《国内和平协定（最后修正案）》，并表示这是最后的一个文件。

当晚9点，双方代表举行第二次正式谈判。周恩来先把定稿的修改点做了说明。张治中也作了较长的发言，他说："在我们代表团的立场来说，这个《国内和平协定》既然是最后的文件，我们对它如果认为是完全对的，就答应签字；认为不能签字就不签字。不是说还有商量，还有字斟句酌的余地。只是同意签字，不同意就拉倒。如果'最后文件'是照这样解释的话，那么我们代表团同仁现在就没有再发表意见的理由，也没有发表意见的必要了。"

张治中发言时，周恩来耐心倾听，聚精会神。周恩来和张治中不是初交，而是多年的挚友。黄埔军校初办时，张治中就进了黄埔，后任黄埔第四期军官团团长，时任黄埔军校政治部主任的周恩来从那时开始就与他共事。二十多年来，周恩来对张治中为人公正、厚道，刚直不阿的性格和为国家民族而奋斗、为祖国的和平事业而奔走的精神是熟知的，也是非常尊敬的。但即便如此，在大是大非的原则问题上，周恩来毫不回避地谈出了自己的意见。

4月17日，为了使集中在北京饭店的各民主党派负责人、著名民主人士以及北平各大学的教授对和谈有个正确的认识，对和谈的结果有个必要的思想准备，周恩来做了《关于和平谈判问题》的报告。报告完后，李济深、张澜等民主人士围住周恩来提醒说："恩来兄，南京政府是不会签字协定的。""还

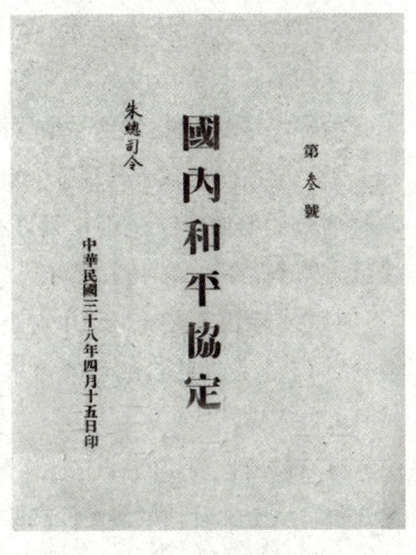

《国内和平协定》

是及早准备渡江吧！"……可见民主人士和共产党肝胆相照，也盼望着渡江，尽早打垮蒋介石，解放全中国。

与此同时，以邓小平为书记的总前委也密切地关注、配合着国共和谈。4月10日，总前委向中央军委汇报：5月长江将进入桃花汛期，江面比七八月还宽，届时渡江将发生极大困难，且百万大军云集江边，连绵阴雨也将使部队粮草供应出现严重困难。

也在这一天，李宗仁的亲信刘仲容再去北平。临行时，李宗仁一再交代他竭尽所能，使毛泽东放弃渡江。说起刘仲容其人，早在延安的时候他就与毛泽东相识。刘仲容一下飞机，就被接到双清别墅毛泽东处，并直言李、白还是坚持划江而治。

毛泽东认为这是一厢情愿，解放军已决定近日渡江。毛泽东让刘仲容转告李宗仁：他在解放军渡江以后不要离开南京，如果认为南京不安全，可以飞到北平来，共产党会对他以贵宾款待，那时和谈仍可继续进行。

刘仲容立即用电话向李宗仁作了报告，李宗仁无动于衷。

至于白崇禧，本来就坚决反对中共渡江，对这样的解决办法更不赞成。中共得知李宗仁、白崇禧的态度后，决定最后"摊牌"！

4月13日下午，双方代表团再次举行正式会议。按照毛泽东的指示，周恩来解释了协定（《国内和平协定》）草案的要点，并征求对方的意见。第二天，南

京代表团在修正案中依然表示，力求缓和，避免刺激，意在能使南京方面所接受。

谈判至15日告一段落，当晚，周恩来把最后定稿的《国内和平协定》递交给了张治中，并对张说："这不是草案了，这是最后的一个文件。"

张治中在回忆录中写道："当时我对恩来先生说：'所谓最后的文件，是不是解释为最后的通牒？是不是只许我们说一个对或者不对？'周恩来对这点表示，是最后的态度。"

对此，余湛邦在回忆录中对当时的情景是这样描述的：

"周恩来首席代表最后的宣布，有如天空中的一声霹雳，使国民党的代表们感到万分震惊。"

南京政府代表团回到住处，连夜开会充分讨论，一致认为中共已经做了很大的让步，从全文看，虽然条件高些，但如能了然于"战败求和""天下为公"的道理，不囿于一党一派的私利，以国家元气、人民生命财产为重，则唯有毅然接受。最后大家推黄绍竑代表、屈武顾问把"协定"带回南京去，说服南京政府接受。

黄绍竑、屈武带着《国内和平协定》到南京后，关于这个"协定"的讨论，在国民党内，在蒋、桂两派之间，不啻引起一场大地震。白崇禧拿过"协定"匆匆读了一遍，怒气冲冲地对黄绍竑说："亏得你，像这样的条件也带得回来！"

第二天，桂系要员聚集在一起商讨对策时，仍然指责黄绍竑。随后，由张群带着"协定"去溪口向蒋介石请示。蒋介石阅罢拍桌大骂："文白无能，丧权辱国！"憋了几个月的蒋介石终于强硬地行动起来。他把南京的李宗仁撇在一边，命令蒋经国传达他一系列手谕，给前方将领打电话，部署最后一拼："告诉汤恩伯，让他给我好好打，一定守住长江天险！""告诉白崇禧，和谈已经破裂，华中地区全靠他了！"……20日深夜，李宗仁、何应钦复电张治中并各代表，拒绝接受《国内和平协定》。

由于李宗仁、白崇禧对和平协定不敢也不愿接受，蒋介石的意见自然成为主导一切的关键。4月19日和20日，国民党和谈问题特种委员会秉承蒋介石的旨意，最终决定拒绝《国内和平协定》。

张治中接到电报后和代表团其他人员商量了一下，立即约见周恩来。周恩来看了电报后冷静地说："好嘛，这样也好，我们可以省去许多麻烦。"毛泽东听了周恩来的报告后只说了两个字："过江！"

在历时20天的国共和谈中，中共方面以诚相待，一再让步；南京政府方面则以谈判拖延时间，妄图划江而治，将中国一分为二，致使和谈破裂。

虽然国共和谈失败了，但谈判中提出的《国内和平协定》所产生的影响是巨大的，它极大地动摇了国民党军队官兵的意志，加速了国民党军队的崩溃。谈判中，周恩来坚持我党基本原则，抓住实质问题，既挫败了国民党企图"划江而治"、利用和谈获得喘息机会的阴谋，又教育了广大人民群众，争取了第三方面人士。

4月21日，作为中国人民革命军事委员会主席的毛泽东和中国人民解放军总司令的朱德联名发出了向全国进军的命令。

随着声声号角，中国人民解放军百万大军，在东起江苏江阴、西至江西湖口的几百公里的战线上，千帆竞发，万炮齐鸣，浩浩荡荡横渡长江……

链　接

张治中（1890—1969）

安徽省巢县（今巢湖市）人。著名爱国将领，黄埔系骨干将领，原国民党陆军二级上将。中国国民党革命委员会领导人之一。

黄绍竑（1895—1966）

广西容县人。新桂系三巨头的第二位，以政治谋略见长，历任第七军党代表，广西省主席，十五军军长，湖北省、浙江省主席，内政部长等职。是他将新桂系融入国民党，使之成为党内最大的实力反对派。他本人也不拘于广西一带，侧身庙堂之上，为新桂系开创了广阔的政治空间，李宗仁成为总统就是他政治生涯的顶峰。1949年和谈之际，他再次施展谋略，意图为桂系保住20万军队，但却被白崇禧拒绝，最终没能挽救新桂系的覆灭。

天翻地覆：百万雄师过大江

> 剑指南京气如虹，几欲渡江费思中。
> 千帆飞渡风云起，涛翻浪涌东方红！

1949年1月1日，南京各大报纸都在醒目的位置，刊登了"中华民国总统"蒋介石的《中华民国三十八年元旦告全国军民同胞书》。在这篇《新年文告》中，人们没有新年伊始万物复苏的景象，而是感觉到蒋介石无可奈何的情绪：

> 政府卫国救民的志职未能达成，而国家民族的危机更加严重，这是中正个人领导无方，措施失当，有负国民付托之重，实不胜惭惶悚栗，首先应当引咎自责的。
> ——蒋介石《中华民国三十八年元旦告全国军民同胞书》

同样是1949年元旦，中国北方一个偏僻小山村的清晨，风和日丽，设在西柏坡的新华广播电台向全世界播放了毛泽东亲笔起草的新年献词。他给这篇文章起了一个大气磅礴的标题——《将革命进行到底》，毛泽东对胜利的信心与豪情溢于言表：

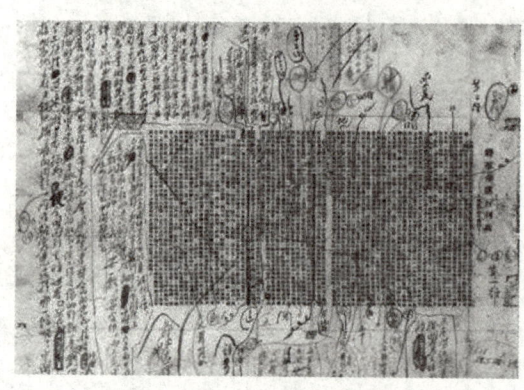
《将革命进行到底》修改稿

> 中国人民将要在伟大的解放战争中获得最后胜利，这一点，现在甚至连我们的敌人也不怀疑了。

一九四九年中国人民解放军将向长江以南进军，将要获得比一九四八年更加伟大的胜利。

一九四九年将要召集没有反动分子参加的以完成人民革命任务为目标的政治协商会议，宣告中华人民共和国的成立，并组成共和国的中央政府。这个政府将是一个在中国共产党领导之下的、有各民主党派、各人民团体的适当的代表人物参加的民主联合政府。

——毛泽东《将革命进行到底》

淮海战役结束的第十一天，也就是1949年1月21日，蒋介石乘坐"美龄号"专机在南京上空盘旋了一周。坐在一旁的蒋经国发现，父亲的目光久久凝视着机翼下的长江和南京古城。一言不发的蒋介石当时想的是什么呢？

在国民党统帅的位置上坐了二十余年的蒋介石清楚地知道，这是他最后一次俯瞰南京了。随后，"美龄号"把他带到了老家——浙江奉化溪口。

一年后，蒋介石这样描述自己当时的心情："我在当时不得不离开这我亲自建立的首都和总理陵墓所在之地的时候，内心所不堪忍受的就是自感今后我无死所了。"

蒋介石下野了，李宗仁由副总统变成了"代总统"。毛泽东发表新年献词后依然住在西柏坡，三大战役的胜利并没有让毛泽东放松下来，在他的心中谋划着更为宏大的蓝图。斗争了20多年的毛泽东和蒋介石现在都身居山中，但他们无暇欣赏眼前的青山绿水，而是把眼光不约而同地投向了中国的第一大河——长江。

长江东西横贯中国版图，历来被兵家视为天堑。这条中国最大的河流从湖口至入海口宽达一千至上万米，每年4月春雨之后进入汛期，降水增多，不仅水位猛涨，而且风大浪高。沿江广阔地域河流湖泊较多，对大兵团作战更为不利。在中国古代战争史上，长江不止一次地记录下征战中的搏杀：东汉末年，曹操率领的80万大军征战赤壁，因不服水土，不习水战，结果丢盔卸甲，所以三国鼎立；南、北朝对峙近百年，皆因长江阻隔，江南朝廷的半壁江山得以保全。

经历了三大战役后，1949年的蒋介石已没有了三年前大举进攻解放区的底气，国民党军队总兵力已经下降到204万人，作战部队仅剩146万人。解放军兵力却增加到了358万人。大势已去的蒋介石就把长江作为他东山再起的唯一希望。1月25日，刚下野四天的蒋介石就在奉化溪口召见众将领，部署长江防守。

他将长江防线分为两大区：江西湖口以西至武汉，由华中军政长官白崇禧指挥

40个师共25万人防守；湖口以东至上海，由京沪杭警备总司令汤恩伯指挥75个师共45万人防守。国民党海军100多艘舰艇日夜沿江巡游，空军4个大队随时待命。一时间，近百万国民党军队沿长江沿岸排起了一道由枪林弹雨组成的防线。再加上耀武扬威的空军和海军，此时的国民党构筑了一套陆海空立体防御体系。

毛泽东清楚地知道，无论是蒋介石的江南布防，还是李宗仁的"和谈"，都是企图以长江为界，各治一方，在中国的历史上再出现第二次南北朝的分裂局面。这是毛泽东坚决反对的，为了子孙后代，中华民族必须统一。

毛泽东眼中的长江，不仅仅是一条地理上的分界线。1949年的长江已被赋予了两种民族命运的抉择。渡江作战的成败，关系到中国革命的最终结局。毛泽东深知渡江作战对中国革命意味着什么，所以中央军委曾有过四次渡江作战的设想。早在1946年11月21日的中共中央会议上，毛泽东就把"向长江以南进军"作为解放战争未来的发展方向。毛泽东于1947年12月4日第二次提出渡江作战，准备派部队南渡长江。由于粟裕"斗胆直陈"，渡江时间再次推迟。淮海战役前夕，毛泽东在《一九四八年十月十一日给饶漱石、粟裕、谭震林并告华东局、中原局的电报》里要求华东野战军"以十一、十二两月完成淮海战役。明年一月休整，三至七月同刘邓协力作战，将敌军至江边各点固守。秋季你们主力大约可以举行渡江作战"。这是毛泽东第三次提出渡江的问题。1948年12月，毛泽东第四次制订渡江作战计划，中央军委决定在1949年5月或6月渡江。

1948年底，淮海战役进入尾声，身居西柏坡的毛泽东已开始策划进军江南了。12月12日，总前委收到毛泽东发来的电报：

> 黄维歼灭后，请刘陈邓粟谭5同志开一次总前委会议，商讨在邱、李歼灭后的休整计划、下一步作战计划及将来渡江作战计划，以总前委意见带来中央。

刘伯承、陈毅、邓小平驱车百余里，来到华野的驻地，找到正在指挥作战的粟裕、谭震林。五位指挥员研究了渡江作战和部队整编方案。

1949年3月5日，中共中央在西柏坡召开了中共七届二中全会后，调整了以邓小平、饶漱石、陈毅等组成的中共中央华东局，并将渡江战役的发起时间定为4月10日。3月31日，邓小平亲自制定了《京沪杭战役实施纲要》，渡江战役的总体计划是：以三野的第八、第十兵团共35万人组成东集团，由司令员粟裕、参谋长张震指挥；以三野的第七、第九兵团共30万人，组成中集团，由谭震林指挥；二野部队9

个军共35万人，再加上四野十二兵团组成西集团，由刘伯承指挥。邓小平、陈毅在合肥瑶岗的总前委统一指挥作战，他们将攻下南京的时间表估计为45天。

然而就在4月10日，总前委突然接到毛泽东的急电，要求暂缓渡江。原来中共与南京代表团的谈判有了进展。电报中说，"……如果此项协定签订成功，则原先准备的战斗渡江改变为和平渡江。因此，渡江时间势必推迟半个月或一个月。"

4月1日，南京政府和谈代表张治中、邵力子、章士钊、黄绍竑、李蒸、刘斐一行飞抵北平，举世瞩目的国共谈判开始。蒋介石以国民党总裁身份向广州中央党部发去指示，以党的名义压迫李宗仁照此执行：（一）和谈必须先订停战协定；（二）共军何日渡江，则和谈何日停止，其破坏责任应由共方负之。

长江两岸列阵的将领不仅关注着北平的谈判，也都在关注着眼前这条大河的水情变化。南岸期待着汛期快速来临，立志坚守，让历史上兵败长江的悲剧再次重现。北岸是志在必得，无论遇到什么困难，也要在五六月份汛期到来之前，把胜利的旗帜插到长江南岸。

北平谈判桌前的斡旋紧张进行，隔江对阵的双方大军表面上都在静静等待，而暗地里都为自己的计划精心准备。4月6日夜晚，沉寂了多日的江面上突然响起了枪炮声，国民党的《中央日报》报道说，有一支共军的渡江先遣队已经登上长江南岸。

淮海战役结束后，中共军队就已经开始了渡江的准备工作，他们训练战士，打捞修补船只，很快筹集到了两万多只船。二十七军军长聂凤智提出了一个大胆的想法，能不能在渡江战役之前派一支精干的小分队偷渡到江南，配合当地游击队搜集情报。

4月6日晚9点30分，300人的先遣队分乘15只木船，趁着夜色向南岸出发。船到江心，突然被敌人发现，偷渡变成了强渡，一部分战士奋力冲上岸，一部分中弹被江水卷走，上岸的官兵藏到了大山深处。这支渡江先遣队在南岸的14天中，与皖南地方党组织和游击队一起摸敌情、发情报。他们的故事后来被拍成了电影《渡江侦察记》。

4月15日，《国内和平协定》的最后修正案送到了国民党代表团，周恩来强调，这是不可变动的最后文件，并限定南京政府答复的最后期限为20日前。

16日一早，南京代表团的黄绍竑与顾问屈武携带"协定"乘专机飞返南京请示。

李宗仁看了"协定"犹豫不决无主张，何应钦、顾祝同等坚决反对，白崇禧

也不答应。李宗仁就更不敢拿主意了，令人马上送去溪口征询蒋介石的意见，同时要求中共暂缓签字日期。

蒋介石看过"协定"，拍案大骂："文白（张治中字）无能，丧权辱国！"

18日，在广州的国民党中央常务委员会遵照蒋介石指令发表声明，拒绝《国内和平协定》，通知在南京的李宗仁和行政院长何应钦照办。

19日，李宗仁主持召开和谈指导委员会最后一次会议，决议电告张治中，请中共延长签字期限，就若干基本问题继续进行商谈。当天晚上南京广播：对和平协定8条24款似未便同意，尤以渡江要求，实非即可同意。

毛泽东要张治中转告李宗仁，中共拒绝延期签字的要求。20日，李宗仁、何应钦联名致电张治中：中共所提之要求，政府已无考虑余地。南京政府最终拒绝在《国内和平协定》上签字，国共和谈彻底破裂。

国民党政府最终没有在和平协议上签字，和平渡江的希望没有了。1949年4月20日，渡江部队中集团总指挥谭震林下达了"开始渡江"的命令，瞬间千船竞渡，直冲南岸。

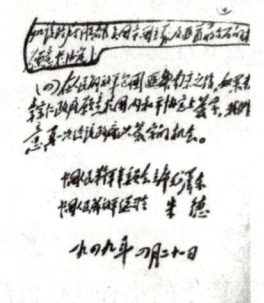

毛泽东、朱德发布《向全国进军的命令》手稿

4月21日，毛泽东和朱德联名发布《向全国进军的命令》，命令中国人民解放军"坚决、彻底、干净、全部地歼灭中国境内一切敢于抵抗的国民党反动派"。东集团在南京浦口至南通的张黄港，中集团在芜湖裕溪口至枞阳镇段，西集团在江西湖口至安徽枞阳镇段分别渡江。成千上万当地群众无怨无悔地支援解放军渡江。有人说：是人民群众用双手把解放军送过长江的。西路渡江部队在刘伯承的指挥下，于21日16时渡江。近千门大炮把炮弹铺天盖地地倾泻到南岸敌军阵地上，接着几十万大军争入激流，直冲对岸，仅用4个小时，就控制了宽200余里、纵深10里至20里的登陆场。至23日，西路主力全部渡过长江。

东集团的第十兵团当时面临着渡江战役中最严重的威胁，然而他们渡得最容易，这最难和最易都是因为对面的国民党江阴要塞。当时国民党在这里苦心经营多年，山顶有炮台，山腰有战壕，山脚有地堡，7000多人在这里驻守，配备30多门重炮，火力可控制30公里的江面。如果从正面进攻，成功率几乎是零。然而当渡江部队通过时，竟没有一颗炮弹落在战士们的头上，这一奇迹要归功于中共地下工作者的精心准备。4月21日晚，当渡江部队开始进攻，并炮击守军二十一军阵地的时候，富有戏剧性的一幕上演了。

渡江命令海报

担任要塞黄山炮台总台长的唐秉林是中共地下党员，他接到二十一军打来的电话，要求他立即火力支援。就在他刚要布置手下不要开炮的时候，要塞司令戴荣光突然出现在指挥部里。戴荣光是要塞的最高指挥者，而且他又是誓死效忠国民党的军人，平时他住在城里，很少到要塞来。戴荣光的突然出现给唐秉林一个措手不及。

当东集团开始渡江的时候，戴荣光又下达了开炮的命令。唐秉林让炮兵装上了没有引信的炮弹。只听炮响不见炮弹的戴荣光顿时暴跳如雷：这是打的什么炮？你们放礼炮欢迎吗？就在这时，在要塞卧底的中共地下党员唐冰玉等人冲上前来，当场宣布起义。眨眼间成了俘虏的戴荣光如梦方醒。被地下党控制的炮台迅速将炮口指向了国民党二十一军的阵地。遭到炮击的二十一军官兵破口大骂：你们瞎眼了？怎么自己人打自己人？

几乎在江阴要塞起义的同时，林则徐的侄孙、国民党海军第二舰队司令林遵率领25艘军舰起义，在镇江的国民党江防舰队的23艘舰艇也向人民解放军投诚。日后这些军舰造就了新中国的第一代海军。

4月23日，中国人民解放军的百万大军已全部登上长江南岸。此时的南京一片混乱，国民党的大小官员纷纷逃离。李宗仁在空荡荡的政府大楼里坐了最后一夜，这一天距他上任接替总统职务，刚好三个月。第二天清晨，他带领少数随从乘坐最后一架飞机离开南京，飞往桂林。坐在飞机上的李宗仁和下野时的蒋介石

一样，让飞行员驾驶飞机在南京上空盘旋，只不过他比蒋介石多绕了一圈。

1949年4月24日，象征国民党统治权力的总统府上升起了南京解放的第一面红旗，宣告了国民党22年统治的覆灭。

一个月前，毛泽东从中国最后一个农村指挥所河北省平山县西柏坡村迁入北平香山双清别墅，当他看到4月23日的《人民日报》号外时，异常兴奋，头版头条通栏标题是"人民解放军占领南京"。毛泽东没有和任何人交谈，回到办公室，又看了一遍报纸。他首先给邓小平、刘伯承写了贺电。随后，毛泽东诗兴大发，当即挥毫泼墨，这就是那首著名的《七律·人民解放军占领南京》：

钟山风雨起苍黄，百万雄师过大江。虎踞龙盘今胜昔，天翻地覆慨而慷。
宜将剩勇追穷寇，不可沽名学霸王。天若有情天亦老，人间正道是沧桑。

中国人民解放军全线渡江后，势如破竹，先后解放了杭州、武汉、南昌。6月2日，人民解放军登上了上海崇明岛。渡江战役从1949年4月20日开始，到6月2日结束，共歼敌43万余人，为向全国进军创造了有利条件。

蒋介石早在1949年元旦的日记中写道："去年一年的失败与耻辱之重大为从来所未有，幸赖上帝的保佑，竟得平安过去了，自今年今日起必须做一新的人，新的基督人，来做新民，建立新中国的开始，以完成上帝所赋予的使命。"但是蒋介石已经没有机会来实现这一使命，最后他还是永远地离开了浙江奉化溪口。这一天是4月25日，此一走他就再也没有回来。

历史将建立新中国的重任交给了毛泽东和他的战友们。1949年10月1日，毛泽东在天安门城楼向全世界宣告："中华人民共和国中央人民政府今天成立了！"中国共产党人前仆后继、浴血奋战的理想，终于变成了现实！

毛泽东《七律·人民解放军占领南京》手迹

链 接

李宗仁（1891—1969）

　　广西临桂（今桂林市临桂区）人。中国国民革命军陆军一级上将，中国国民党"桂系"首领，曾任中华民国首任副总统、代总统。抗日战争爆发后，李宗仁任第五战区司令长官，取得台儿庄大捷，这是对日抗战爆发后中国军队首次于正面战场取得的重大胜利。1965年7月经瑞士、中东回到北京。

参考文献

1. 王玉平主编，张志平主审：《西柏坡与新中国》，中央文献出版社1999年12月第1版。

2.《聂荣臻传》编写组：《聂荣臻传》，当代中国出版社1994年12月第1版。

3. 王聚英：《最后一个农村指挥所——中共中央移驻西柏坡史》，中央文献出版社2001年11月版。

4. 邓家荣：《开国第一任央行行长：南汉宸》，中国金融出版社2006年1月版。

5. 王律：中共石家庄市委党校学报，2011（2）。

6. 刘树慧主编：《石门是这样打开的》，石家庄日报社 CN13-1341/1 冀（2007）第079号。

7. 刘统：《中国的1948年：两种命运的决战》，生活·读书·新知三联书店2006年第1版。

8.《粟裕传》编写组：《粟裕传》，当代中国出版社2007年第2版。

9. 严晓燕：《在粟裕身边的战斗岁月（老侦察科长严振衡的回忆）》，中央文献出版社2009年版。

10. 袁德金，刘振华：《中国革命战争纪实：解放战争》，人民文学出版社，2001年7月版。

11. 中共开封市委党史办公室、中共商丘地委党史办公室编：《豫东战役》，河南人民出版社1988年9月版。

12. 王树增：《解放战争（1945年8月—1950年5月）》，人民文学出版社2009年8月版。

13. 谌虹颖：《王近山中将》，解放军文艺出版社2005年5月版。

14. 王运芳：《中共中央移驻西柏坡前后》，中共党史出版社1998年4月版。

15. 王聚英：《略论中共"九月会议"的历史作用》，载于《西柏坡研究文集》，河北人民出版社1999年11月版。

16. 许世友：《许世友上将回忆录》，解放军出版社2005年5月版。

17. 粟裕：《粟裕回忆录》，解放军出版社2010年1月第3版。

18. 解放战争著名战役系列片《中秋夺城夜》，中央电视台1998年。

19. 刘统：《东北解放战争纪实》，人民出版社2004年5月版。

20. 刘统：《解放战争全纪录》，青岛出版社2010年8月版。

21. 魏碧海：《四野战事全纪录》，长城出版社2011年1月版。

22. 《东北解放战争全记录：烽卷黑土地》，中央电视台专题片。

23. 齐一飞：《捣毁廖兵团指挥部》，《老年生活报》（2009年）。

24. 任桂兰：《统领万岁军：梁兴初将军的戎马生涯》，中国青年出版社2004年版。

25. 唐义路：《中国人民解放军全国解放战争史》，军事科学出版社1997年版。

26. 蒋介石：《苏俄在中国》，1956年12月25日在台湾出版，"中央文物供应社"印行。

27. 张雄文：《无冕元帅：一个真实的粟裕》，人民出版社2008年7月第2版。

28. 夏继诚：《淮海战役秘密战》，当代中国出版社2009年4月版。

29. 张雄文：《毛泽东粟裕与淮海决战》，人民出版社2011年6月版。

30. 张高陵：《大决战》，国防大学出版社1998年5月版。

31. 杨得志：《杨得志回忆录》，解放军出版社2011年1月第2版。

32. 杨成武：《杨成武回忆录》，解放军出版社1987年6月版。

33. 中央档案馆：《共和国雏形——华北人民政府》，西苑出版社2000年3月版。

34. 郝在今：《协商共和》，中国华侨出版社2009年1月第2版。

35. 王俊彦：《廖承志传》，人民出版社2006年11月版。

36. 张兴汉：《从徒工到侨领——司徒美堂文学传记》，湖南文艺出版社1987年9月版。

37 卢礼阳：《马叙伦》（著名民主人士传记丛书），花山文艺出版社1999年9月版。

38. 周海婴：《鲁迅与我七十年》，南海出版公司2001年9月版。

39. 姜平：《李济深全传》，团结出版社2002年6月版。

40. 伊斯雷尔·爱泼斯坦：《宋庆龄——二十世纪的伟大女性》，人民出版社2008年9月版。

41. 何大章：《宋庆龄伟大光荣的一生》，中国和平出版社2006年9月版。

42. 何鲁丽：《宋庆龄的后半生》，人民文学出版社2009年12月版。

43. 徐向前：《徐向前回忆录》，中国人民解放军出版社2007年第4版。

44. 山西文史资料第四十四辑，政协山西省委文史资料研究委员会编，1986年版。

45. 金一南：《苦难辉煌》，华艺出版社2009年版。

46. 阎锡山：《阎锡山日记》，九州出版社2011年版。

47. 陶纯：《血色雄关——太原会战纪实》，解放军文艺出版社2005年5月版。

48. 郭沫若：《甲申三百年祭》，人民出版社2004年4月第3版。

49. 阎涛：《日出东方》，河南人民出版社1997年6月版。

50. 余湛邦：《我所亲历的三次国共谈判》，中国社会科学出版社2004年9月版。

51. 李宗仁口述，唐德刚等撰：《李宗仁回忆录》，华东师范大学出版社1995年12月版。

52. 张治中：《张治中回忆录》，华文出版社2007年版。